现代会计学精品系列教材

审计学

——原理与实务

（第 3 版）

主　编　韩晓梅
副主编　汪　洁

清华大学出版社
北京交通大学出版社
·北京·

内 容 简 介

本书以注册会计师审计的法律、法规和专业标准为依据，以注册会计师审计的基本理论、基本知识和基本方法为主线，重点介绍审计职业、审计过程及其在业务循环中的应用，并对其他审计类型加以简要介绍。本书注重吸收、借鉴国内外理论研究的新成果和新经验，充分考虑审计发展的未来趋势，力求具有可读性、实用性和前瞻性。

本书的内容既具有本土色彩，又具有国际视野，能与国际审计发展的大趋势保持一致；既能满足高校审计教学的需要，又能作为广大财会人员和审计人员培训、考试的参考书。

图书在版编目（CIP）数据

审计学：原理与实务 / 韩晓梅主编．—3 版．—北京：北京交通大学出版社 ：清华大学出版社，2019.1

（现代会计学精品系列教材）

ISBN 978-7-5121-3761-5

Ⅰ.① 审…　Ⅱ.① 韩…　Ⅲ.① 审计学-高等学校-教材　Ⅳ.① F239.0

中国版本图书馆 CIP 数据核字（2018）第 250546 号

审计学：原理与实务

SHENJIXUE：YUANLI YU SHIWU

责任编辑：黎　丹

出版发行：清 华 大 学 出 版 社　邮编：100084　电话：010-62776969　http://www.tup.com.cn

北京交通大学出版社　邮编：100044　电话：010-51686414　http://www.bjtup.com.cn

印 刷 者：北京时代华都印刷有限公司

经　　销：全国新华书店

开　　本：185 mm×260 mm　印张：26　字数：649 千字

版　　次：2019 年 1 月第 3 版　2019 年 1 月第 1 次印刷

书　　号：ISBN 978-7-5121-3761-5/F・1831

印　　数：1～2 000 册　定价：59.00 元

本书如有质量问题，请向北京交通大学出版社质监组反映。对您的意见和批评，我们表示欢迎和感谢。

投诉电话：010-51686043，51686008；传真：010-62225406；E-mail：press@bjtu.edu.cn。

第3版前言

中国注册会计师审计准则体系自2006年正式发布以来，已经历两次修订。为了进一步规范注册会计师的执业行为，提高执业质量，中国注册会计师协会于2010年修订了《中国注册会计师审计准则第1101号——注册会计师的总体目标和审计工作的基本要求》等38项准则，并规定自2012年1月1日起施行。而近几年来，随着我国资本市场的改革与发展，政府有关部门、监管机构和投资者对注册会计师执业质量提出了更高的要求，期望注册会计师出具的审计报告具有更高的信息含量和决策相关性，以降低资本市场的不确定性和信息不对称带来的风险。为进一步顺应市场各方的需求，体现审计准则持续趋同要求，中国注册会计师协会借鉴国际审计报告改革的成果，并结合我国当前的实际情况，在原审计准则体系的基础上拟订了《中国注册会计师审计准则第1504号——在审计报告中沟通关键审计事项》等12项准则，并于2016年12月28日由财政部批准发布。

为了体现审计准则的最新修订成果及相关要求，反映审计实务的发展变化，我们在前版教材的基础上进行了修订。本版教材根据2016年发布的最新审计准则及应用指南，重点修订了第7章中“审计业务约定书”相关内容，第8章中“考虑利用他人工作”及“审计工作底稿”相关内容，第11章中“货币资金和交易性金融资产审计”相关内容，第12章中“特殊项目审计及完成质量控制复核”相关内容，以及第13章中“审计报告”相关内容。同时，本版教材还根据审计学教学改革与实践应用的需要，结合学生学习及知识结构的顺序性与相关性，对部分章节的结构与内容进行了调整与完善。本版教材由韩晓梅和汪洁修订。

审计理论、专业标准和审计实务随着社会经济环境而不断发展变化，我们将继续保持关注，努力为读者提供最新的知识。

编　者

2018年11月

第 2 版前言

中国注册会计师审计准则体系自 2006 年正式发布以来，实施已有 3 年的时间，总体运行情况良好。最近几年，审计环境发生了重大变化，国际审计准则作出了重大修订，我国审计实务中也面临一些新的需要解决的问题。为了保持与国际准则的持续全面趋同，进一步解决我国审计实务中的新问题，提高执业质量，维护公众利益，2009 年以来中注协对中国注册会计师审计准则进行了全面修订，共涉及 38 个审计准则项目。

国务院转发的财政部《关于加快发展我国注册会计师行业的若干意见》，要求以诚信建设为行业发展的生命线，以维护公众利益为宗旨，以职业道德建设为核心，坚守独立、客观、公正的职业立场，全面提升行业的诚信度和公信力。2009 年 10 月，财政部发布了《中国注册会计师职业道德守则》和《中国注册会计师协会非执业会员职业道德守则》（以下统称职业道德守则）。职业道德守则的发布，是注册会计师行业贯彻落实国务院办公厅转发财政部《关于加快发展我国注册会计师行业的若干意见》的重大举措，也是行业贯彻落实科学发展观的一个重大成果。职业道德守则系统、全面地阐述了中国注册会计师和中注协非执业会员的职业道德标准，对于加强注册会计师行业职业道德教育、完善中国注册会计师执业实践，深化注册会计师行业诚信建设，必将起到重要的指导和规范作用。

为了体现审计准则的最新修订成果和职业道德守则的要求，反映审计实务的发展变化，我们在第 1 版的基础上对本书进行了修订。第 2 版重点修订了本书第 4 章“注册会计师职业道德”，根据职业道德守则的规定对中国注册会计师职业道德基本原则、概念框架和具体要求进行了更新。此外，第 2 版还对全书涉及审计准则修订的内容进行了更新。

审计理论、专业标准和审计实务随着社会经济环境而不断发展变化，我们将继续保持关注，努力为读者提供最新的知识。

编　者

2010 年 3 月

第 1 版前言

2006 年 2 月 15 日，财政部发布了由《中国注册会计师执业准则》和《企业会计准则》组成的新会计准则和审计准则体系，实现了中国会计、审计准则与国际准则的实质趋同。本次新会计准则和审计准则的发布是中国会计、审计准则建设中的重大突破，是我国会计、审计发展史上新的里程碑。

新会计准则和审计准则体系的发布也导致现有的审计学教材滞后于实务的发展。为便于会计学、审计学专业和其他相关经济管理专业的学生掌握审计专业标准的最新变化，正确理解和运用新审计准则，我们根据《中国注册会计师执业准则》和《企业会计准则》编写了本书。本书的作者全是从事审计学教学多年的高校教师。在编写的过程中，我们在融入新准则精髓的同时，也根据多年的教学经验，注重本书的可读性。具体来说，本书有以下几个主要特点。

1. 与新审计准则保持一致，体现了审计准则的最新变化和精髓，同时涵盖了审计实务中的热点问题。本书以财政部发布的《中国注册会计师执业准则 2006》和中国注册会计师协会发布的《中国注册会计师执业准则指南 2006》为基础，将新审计准则的主要要求和核心理念融入全书。同时，本书着力阐述了信息技术和电子商务的发展对审计的影响，并对公司治理中的相关问题进行了阐述。

2. 以审计业务为核心，构建了既重视审计技术过程，又不孤立理解审计的教材框架。本书分为三个部分。第一部分是审计环境篇，从审计的发展历程、注册会计师职业、注册会计师审计的制度环境、注册会计师职业道德、注册会计师法律责任，以及信息技术对审计的影响等方面，阐述了社会、法律、技术等对注册会计师审计的内、外部环境所造成的影响。第二部分是审计过程篇，根据风险导向审计的要求，将审计过程分解为业务承接、计划审计工作、风险评估、风险应对、终结审计和审计报告等若干环节，并对风险应对中的控制测试和实质性程序这两种主要审计程序进行了详细介绍。第三部分是注册会计师提供的其他业务，对财务报表审计之外的鉴证业务和相关服务进行了简要介绍。

3. 在保持理论体系严谨的同时，力求做到生动活泼，增强读者阅读的兴趣。审计学是会计学、审计学专业及相关经济管理专业学生接触的第一门审计课程（有时是唯一一门），审计学又是一门相对比较抽象、需要大量职业判断的学科，对于教师和学生来讲，这门课程显得比较空洞和枯燥。为了激发学生对于审计学的学习兴趣，促进学生对审计的全面理解，我们精心选取了与各章主要知识点相关的背景资料和相关链接，为学生提供了相关的背景知识，建立了理论与实际联系的桥梁。同时，我们在每章后列出了阅读文献，为学生延伸阅读提供了指南。另外，我们还设计了形式多样的案例与习题，帮助测试学生对于本章内容的掌握情况。其中，讨论题适合在教师的引导下进行课堂讨论，以开阔学生的思路，提高他们综合运用理论知识解释实际问题的能力。

本书的编写具体分工如下：第 1、4、5、9、12 章及第 10.5 节和 11.8 节由韩晓梅撰写；第 2、7、13 章由张洪珍撰写；第 3、6、10（第 10.5 节除外）、11 章（第 11.8 节除外）和第 14.5 由倪慧萍撰写；第 8、14（第 14.5 节除外）、15 章由王晓震撰写。最后由韩晓梅对全书进行了总纂定稿。

由于作者水平有限，本书不足之处在所难免，恳请读者批评指正。

编　者

2007 年 10 月

目 录

第1篇 审计环境

第2篇 审计过程

第3篇　注册会计师提供的其他业务

第 1 篇

审计环境

Shenji huanjing

第1章

审计概述

【学习目标】

◇ 了解审计产生的动因理论

◇ 理解注册会计师审计的产生与发展

◇ 掌握审计的定义与目标

◇ 了解不同的审计类别

◇ 了解注册会计师审计与政府审计和内部审计的区别

◇ 掌握审计模式的演进

【相关注册会计师执业准则、会计准则】

◇ 中国注册会计师鉴证业务基本准则

◇ 中国注册会计师审计准则第1101号——注册会计师的总体目标和审计工作的基本要求

引　言

王董事长是生化博士，回国前在美国一大型药厂工作了10年，后决定回国发展。王董事长具有产品及技术研发能力，但苦于无资金，于是集合亲朋好友出资成立了东方生化科技公司（未公开发行），并担任董事长。股东多不参与公司经营管理，为了解除股东疑虑，王董事长与他们商量，聘任一位股东们可以接受的注册会计师，对公司每年的财务状况与经营成果加以审计。

1.1 注册会计师审计的产生与发展

注册会计师审计是社会经济发展到一定阶段的产物，是保证经济稳定有序发展的重要机制之一。审计自产生至今，经过不断地发展和完善，已经形成了一套比较科学完整的体系，对促进社会经济的发展与稳定起着越来越重要的作用。

1. 审计产生的动因

审计因何而产生，又缘何而发展，是审计理论中人们关心的首要问题，即审计动因问题。关于审计动因问题的解释，一直没有停止过争论。各种审计动因理论林林总总，大约有8种之多，其中影响较大的主要有“受托责任论”“信息论”“保险论”“代理论”。

在各种审计动因理论中，“受托责任论”长期以来占据着主导地位。

(1) 受托责任论

受托责任论的基本观点是，审计“因受托经济责任的产生而产生，并伴随着受托经济责任的发展而发展”①。受托责任论认为，“审计起源的前提条件是受托责任关系的存在。也就是说，没有委托受托关系的存在，便不可能有审计行为、审计思想和审计制度的产生。何谓委托受托关系呢？就是财产所有者将财产的经营管理权委托给财产管理者而形成的一种经济责任关系”②。受托责任论将审计的本质归结为，“审计是在财产所有权与经营管理权相分离的经济关系下，基于经济监督需要而产生的；它是评价、确认和证明受托代管或代为经营者是否履行了其所负经济责任的一项经济监督活动”③。简而言之，在受托责任论看来，审计的本质是对受托责任履行情况的检查和评价。

(2) 信息论

信息论的基本观点是，审计因股东和管理层之间存在的信息不对称而产生，并伴随着投资者信息需求的发展而发展。信息论认为，“股东之所以要求审计，是因为财务信息可用来决定企业的市场价值，投资者可利用财务信息做出理性的决策。……审计可以提高财务信息的可信性，从而可以增进财务信息的价值”④。信息论将审计的本质理解为对财务信息的鉴证活动，目的在于“增加财务信息的可信度，减少信息使用者采用缺损信息而做出非最佳决策的风险”⑤。

(3) 保险论

保险论的核心观点是，审计的作用在于分担风险。保险论认为，“与股份公司利益相关的各集团和股东，为防止经理们舞弊而引起灾难性的损失，都愿意从自己将要得到的收入中支付一部分费用来聘请外部审计人员，这部分审计费用就称之为保险费用。同时把审计的效果视为保险价值。”⑥ 保险论将审计的本质视为一种保险行为，可减轻投资者和其他利益相关者的风险压力。

(4) 代理论

代理论认为，要使经理人员的利益与股东的利益趋于一致，将管理部门的报酬与其工作业绩挂钩不失为一种有效的方法。在代理关系的处理中，不仅资本所有者希望通过审计来“促使经理人员保持诚实”，经营者也有意愿“请求注册会计师对其编制的财务报告的可信性进行鉴证，以便向股东及有关方面证明其经营的努力性”，⑦ “于是就产生了委托外部审计人员作为股东代理人对管理部门的财务报告进行审查的需求”⑧。代理论将审计视为一种监督机制，在健全公司代理关系的过程中有着不可替代的作用；同时认为注册会计师自身也是股东的代理人，他和审计委托人之间同样存在信息不对称和目标函数不一致的问题。

---

① 杨时展．《世界审计史》序//文硕．世界审计史．2版．北京：企业管理出版社，1996.

② 文硕．审计的起源．中国审计，1986(7)：42.

③ 阎金锷．审计定义探讨．审计研究，1989(2)：7.

④ 胡春元．审计风险研究．大连：东北财经大学出版社，1997.

⑤ 汤云为，储一昀．当代审计面临的挑战．上海审计，1997(5)：3.

⑥ 胡春元．审计风险研究．大连：东北财经大学出版社，1997.

⑦ 孙铮．社会审计与证券市场会计规范中的审计监督．审计研究资料，1996(4)：4－5.

⑧ 胡春元．审计风险研究．大连：东北财经大学出版社，1997.

2. 西方发达国家注册会计师审计的起源与发展

注册会计师审计起源于意大利合伙企业制度，形成于英国股份制企业制度，发展和完善于美国发达的资本市场，是伴随着商品经济的发展而产生和发展起来的。

1）注册会计师审计的起源

注册会计师审计起源于16世纪的意大利。当时地中海沿岸的商业城市已经比较繁荣，而威尼斯是地中海沿岸国际航海贸易最为发达的地区，是东西方贸易的枢纽，商业经营规模不断扩大。由于单个的业主难以向企业投入巨额资金，为适应筹集所需大量资金的需要，合伙制企业便应运而生。合伙经营方式不仅提出了会计主体的概念，促进了复式簿记在意大利的产生和发展，也产生了对注册会计师审计的最初需求。尽管当时合伙制企业的合伙人都是出资者，但是有的合伙人参与企业的经营管理，有的合伙人则不参与，所有权与经营权开始分离。这样，那些参与经营管理的合伙人有责任向不参与经营管理的合伙人证明合伙契约得到了认真履行，利润的计算与分配是正确、合理的，以保障全体合伙人的权利，进而保证合伙企业有足够的资金来源，使企业得以持续经营下去。因此在客观上产生了由与任何一方均无利害关系的第三者对合伙企业进行监督、检查的需求，人们开始聘请会计专家来担任查账和公证的工作。这样，在16世纪意大利的商业城市中出现了一批具有良好的会计知识、专门从事查账和公证工作的专业人员，他们所进行的查账与公证可以说是注册会计师审计的起源。

2）注册会计师审计的形成

注册会计师审计虽然起源于意大利，但它对后来注册会计师审计的发展影响不大。而英国在创立和传播注册会计师审计的过程中发挥了重要作用。

注册会计师审计产生的“催产剂”是1721年英国的“南海公司事件”。当时的“南海公司”以虚假的会计信息诱骗投资人上当，其股票价格一时扶摇直上。但好景不长，“南海公司”最终未能逃脱破产倒闭的厄运，使股东和债权人损失惨重。英国议会聘请会计师查尔斯·斯奈尔（Charles Snell）对“南海公司”的会计账目进行审查，并提出一份确认该公司存在虚假会计记录和舞弊行为的“查账报告书”，从而宣告了独立会计师——注册会计师的诞生。

18世纪初至19世纪中叶，英国的产业革命推动了资本主义经济的发展。随着产业规模日益扩大，企业大量涌现，相继出现了以发行股票筹集资本为特征的股份公司。公司的所有权与经营管理权呈现出更具现代意义的明显分离。股份公司的兴起在客观上产生了由独立会计师对公司财务报表进行审计，以保证财务报表真实可靠的需求。为了监督经营者的经营管理，防止其徇私舞弊，保护投资者、债权人权益，避免“南海公司事件”重演，英国政府于1844年颁布了《公司法》，规定股份公司必须设立监事审计制度，监事负责审查公司的会计账目，经过审计的财务报告才能向股东代表大会报告。公司的监事一职一般是由股东代表担任，由于他们大多对会计业务并不熟悉，难以有效监督，从而使这种监督制度流于形式。1845年英国又对《公司法》进行了修订，规定股份公司的账目必须经董事以外的人员审计。这一规定无疑对独立审计起到了推动作用，独立会计师业务得到了迅速发展，执业会计师队伍迅速扩大。到1853年，在苏格兰爱丁堡创立了世界上第一个执业会计师的专业团体——爱丁堡会计师协会。该协会的成立，标志着注册会计师职业的诞生。与此同时，英国实行了特许会计师制度，取得会计师资格必须经过严格的考试；会计师从事的主要业务是审计，此外也兼办编制财务报表、税务代理、财务和管理咨询等业务。英国成为当时世界上注册会计师审计发展的中心。这一时期英国注册会计师审计的主要特点是：注册会计师审计的法律地位得到了法律确认；审计的目的是查错防弊，保护企业资产的安全和完整；审计的方法是对会计账目进行详细审计；审计报告使用人主要是企业股东等。

3）注册会计师审计的发展

20世纪初，随着美国工业化的急剧推进，全球经济发展中心逐步移向美国。受英国会计师事业的影响，美国注册会计师审计也出现持续发展的局面。美国南北战争结束后，英国巨额资本流入美国，促进了美国经济的发展。为了保护广大投资者和债权人的利益，英国的注册会计师远涉重洋到美国开展审计业务，同时美国在原有基础上也很快形成了美国的注册会计师队伍。1887年，美国公共会计师协会（the American Association of Public Accountants）成立，1916年该协会改组为美国注册会计师协会，后来成为世界上最大的注册会计师职业团体。注册会计师审计逐步渗透到社会经济领域的不同层面。更为重要的是，在20世纪初期，由于金融资本对产业资本更为广泛的渗透，企业同银行利益关系更为紧密，银行逐渐把企业资产负债表作为了解企业信用的主要依据。这样，以证明企业偿债能力为主要目的的资产负债表审计在美国迅速发展起来。这一时期，美国注册会计师审计的主要特点是：审计对象由会计账目扩大到资产负债表；审计的主要目的是通过对资产负债表数据的检查，判断企业信用状况；审计方法从详细审计初步转向抽样审计；审计报告使用人除企业股东外，扩大到了债权人。

从1929年到1933年，资本主义世界经历了历史上最严重的经济危机，大批企业倒闭，投资者和债权人蒙受了巨大的经济损失。这在客观上促使企业利益相关者从只关心企业财务状况转变到更加关心企业盈利水平，而此时美国企业的筹资倾向也从由银行取得贷款转入证券市场，产生了对企业利润表进行审计的客观要求。美国1933年《证券法》规定，上市公司必须接受注册会计师审计，向社会公众公布注册会计师出具的审计报告。这种以利润表为中心的财务报表审计成为美国以立法形式规定的一种强制性审计。在这一时期，注册会计师审计的主要特点是：审计对象转为以资产负债表和利润表为中心的全部财务报表及相关财务资料；审计的主要目的是对财务报表发表审计意见，以确定财务报表的可信性，查错防弊转为次要目的；审计的范围已扩大到测试相关的内部控制，并以控制测试为基础进行抽样审计；审计报告使用人扩大到股东、债权人、证券交易机构、税务机构、金融机构及潜在投资者；审计准则开始拟定，审计工作向标准化、规范化过渡；注册会计师资格考试制度广泛推行，注册会计师专业素质普遍提高。

第二次世界大战以后，经济发达国家通过各种渠道推动本国的企业向海外拓展，跨国公司得到空前发展。国际资本的流动带动了注册会计师审计的跨国界发展，形成了一批国际会计师事务所，如普华永道（Price Waterhouse Coopers）、安永（Ernst & Young）、毕马威（KPMG）、德勤（Deloitte Touche Tohmatsu）等国际性会计师公司，为国际投资的发展提供了良好的环境。与此同时，审计技术也在不断发展：抽样审计方法得到普遍运用，风险导向审计方法得到推广，计算机辅助审计技术得到广泛采用。表1-1是注册会计师审计发展各阶段的主要特点。

表1-1　注册会计师审计发展各阶段的主要特点

时　间	阶　段	审计对象	审计目的	审计方法	其　他	报表使用人
1844年到20世纪初，形成时期（英国）	详细审计	会计账目	查错防弊	对会计账目进行详细审计	注册会计师审计的法律地位得到了法律确认	股东

续表

时　　间	阶　　段	审计对象	审计目的	审计方法	其　　他	报表使用人
20 世纪初到 1933 年(美国)	资产负债表审计	账目及资产负债表	判断企业信用状况	从详细审计初步转向抽样审计		股东、债权人
1933 年到第二次世界大战	财务报表审计	以资产负债表和利润表为中心的全部财务报表及相关财务资料	对财务报表发表审计意见，以确定财务报表的可信性，差错防弊转为次要目的	测试相关的内控，广泛采用抽样审计	审计准则开始拟定，审计工作向标准化、规范化过渡，注册会计师资格考试制度广泛推行	社会公众
第二次世界大战后				抽样审计方法得到普遍运用，风险导向审计方法得到推广，计算机辅助审计技术得到广泛采用	业务扩大到代理纳税、会计服务、管理咨询等领域	

3. 中国注册会计师审计的产生与发展

1）中国注册会计师审计的产生

中国注册会计师审计出现的时间较晚。20 世纪初，“中华民国”成立后，随着民族工商业的逐渐兴起，注册会计师审计应运而生。1918 年 6 月，谢霖上书北洋政府财政部和农商部，要求推行注册会计师制度。1918 年 9 月，北洋政府农商部颁布了《会计师暂行章程》，并于 9 月 7 日向谢霖颁发了第一号注册会计师证书。谢霖的正则会计师事务所、潘序伦的立信会计师事务所、奚玉书的公信会计师事务所及徐永祚的徐永祚会计师事务所被誉为当时的四大会计师事务所。之后，北洋政府又先后颁布了《会计师注册章程》《会计师复验章程》《会计师章程》等法规，对注册会计师审计的执业范围、内容和规则做了一些规范。1925 年上海率先成立了会计师公会，随后天津、武汉、广东、浙江、南京、山东等地的会计师公会也相继成立；1933 年，又成立了“全国会计师协会”。1929 年国民政府颁布公司法及后来的有关税法和破产法的实施，确立了会计师的法律地位，对我国早期会计师事业的发展起到了一定的推进作用。至 1947 年，全国已拥有注册会计师 2 619 人，并建立了一批会计师事务所。

新中国成立之初，注册会计师审计在经济恢复工作中发挥了积极作用。但后来由于推行苏联的高度集中的计划经济模式，中国的注册会计师审计便悄然退出了经济舞台。

2）中国注册会计师审计的发展

党的十一届三中全会以后，我国实行“对外开放、对内搞活”的方针，把工作重点转移到社会主义现代化建设上来，商品经济得到迅速发展，为注册会计师制度的恢复重建创造了客观条件。随着外商来华投资日益增多，1980 年 12 月 14 日财政部颁布了《中华人民共和国中外合资经营企业所得税法实施细则》，规定外资企业财务报表要由注册会计师进行审计，这为恢复我国注册会计师制度提供了法律依据。1980 年 12 月 23 日，财政部发布《关于成立会计顾问处的暂行规定》，标志着我国注册会计师职业开始复苏。1981 年 1 月 1 日，“上海会计师事务所”宣告成立，成为新中国第一家由财政部批准独立承办注册会计师业务的会计师事务所。我国注册会计师制度恢复后，注册会计师的服务对象主要是三资企业。这一时期的涉外经济法规对注册会计师业务做了明确规定。1984 年 9 月 25 日，财政部印发《关于成立会计咨询机构问题的通知》，明确了注册会计师应该办理的业务。1985 年公布的《中华人民共和国会计法》第二十条规定："经国务院财政部门或者省、自治区、直辖市人民政府财政部门批准的注册会计师组成的会计师事务所，可以按照国家有关规定承办查账业务。"这是新中国成立以来第一次以法律形式对注册会计师的地位和任务做出的规定，标志着我国注册会计师事业进入了一个新的发展时期。

1986 年 7 月 3 日，国务院颁布《中华人民共和国注册会计师条例》，同年 10 月 1 日起实施。1988 年 11 月 15 日，财政部领导下的中国注册会计师协会正式成立。1993 年 10 月 31 日，八届全国人大常委会第四次会议审议通过了《中华人民共和国注册会计师法》（以下简称《注册会计师法》），自 1994 年 1 月 1 日起实施。在国家法律、法规的规范下，我国注册会计师行业得到了快速发展，截至 2017 年 12 月 31 日，全国共有会计师事务所 7 524 家（不含分所），注册会计师 108 109 人，合伙人（股东）32 895 人，为改革开放、国有企业转换经营机制和社会主义市场经济体制的建立及有序运行发挥了积极的作用。

1996 年 10 月 4 日，中国注册会计师协会加入亚太会计师联合会，并于 1997 年 4 月亚太会计师联合会第四十八次理事会上当选为理事。1997 年 5 月 8 日，国际会计师联合会（IFAC）全票通过，接纳中国注册会计师协会为正式会员。按照国际会计师联合会章程的规定，中国注册会计师协会同时成为国际会计师准则委员会的正式会员。目前，中国注册会计师协会已与 50 多个国家和地区的会计师团体建立了友好关系。

1.2 注册会计师审计的定义与种类

1. 审计的定义

审计经过不断地发展和完善，到今天已经形成一套比较完备的科学体系。人们对审计的概念也进行了深入的研究，美国会计学会（AAA）在颁布的《基本审计概念说明》中把审计描述为："为确定关于经济行为及经济现象的结论和所制定的标准之间的一致程度，而对与这种结论有关的证据进行客观收集、评定，并将结果传达给利害关系人的系统的过程。"

注册会计师审计作为审计的一种类型，其内涵具有特殊性。因此，国内外许多会计执业组织都对注册会计师审计目标进行了定义，其中影响较大的是国际会计师联合会和美国注册会计师协会的定义。

国际会计师联合会下设的国际审计与鉴证准则理事会（IAASB）将注册会计师审计目标定义为："财务报表审计的目标是，使注册会计师（有时也指其所在的会计师事务所，下同）能够对财务报表是否在所有重要方面按照确定的财务报告框架编制发表意见。"

美国注册会计师协会（AICPA）在《审计准则公告》第 1 号中对审计目标的描述是："独立审计师对财务报表审计的目标是，对财务报表是否按公认会计原则在所有重大方面公允地反映财务状况、经营成果和现金流量发表意见。"

《中国注册会计师审计准则第 1101 号——注册会计师的总体目标和审计工作的基本要求》指出在执行财务报表审计工作时，注册会计师的总体目标是："（一）对财务报表整体是否不存在由于舞弊或错误导致的重大错报获取合理保证，使得注册会计师能够对财务报表是否在所有重大方面按照适用的财务报告编制基础编制发表审计意见；（二）按照审计准则的规定，根据审计结果对财务报表出具审计报告，并与管理层和治理层沟通。”

2. 审计的类别

为了正确地理解与掌握不同的审计形态，有必要按照一定的标准，对审计予以科学的分类。审计分类的标准很多，例如按审计范围的不同，可以划分为全面审计和局部审计、综合审计和专题审计；按审计时间的不同，可分为事前审计和事后审计、期中审计和期末审计、定期审计和不定期审计；按审计地点的不同，可分为就地审计、送达审计和远程网络审计；按审计动机的不同，可分为法定审计和任意审计等。本节主要按照审计目的和内容的不同及审计主体的不同，对审计进行分类。

1）按审计目的和内容分类

（1）财务报表审计

财务报表审计是指对被审计单位的财务报表（如资产负债表、利润表、股东权益变动表和现金流量表）、财务报表附注及相关附表进行的审计。这种审计的目的在于查明被审计单位的财务报表是否按照一般公认会计准则（在我国是指适用的《企业会计准则》和相关会计制度，下同），公允地反映其财务状况、经营成果和现金流量情况。

财务报表审计是近代股份公司出现后，由于公司所有权和经营权的分离，以及股份的社会化而逐渐发展起来的一种审计方式。在西方国家，从名义上讲，财务报表审计是保护股东权益的一种手段，但从实际效果看，财务报表审计所涉及的范围包括了与被审计单位有财务联系的各个方面。例如，在美国注册会计师协会颁布的《审计准则说明书》中，就详细规定了审计人员应考虑的有关事项。财务报表审计是现代审计中理论最完备、方法最先进的一种审计方式。本书主要论述财务报表审计。

（2）合规审计

合规审计是指为查明和确定被审计单位财务活动或经营活动是否符合有关法律、法规、规章制度、合同、协议和有关控制标准而进行的审计。由注册会计师或税务审核人员就企业所得税结算申报书是否遵从税法规定申报而进行的审计，是合规审计的典型例子。我国开展的财经法纪审计，如对严重违反国家现金管理规定、银行结算规定、成本开支范围、税法规定等行为所进行的审计，也是一种合规审计。其主要目的是检查财经纪律执行情况，揭露违法乱纪行为，如偷税漏税、乱挤乱摊成本、擅自提价涨价、滥发实物奖金、公款旅游、请客送礼、贪污盗窃、投机倒把、行贿受贿等。由于违反财经纪律手段的特殊性，审计机构应采取不同的审计对策。按照有关规定，审计机关对违反财经纪律的单位和个人有权予以经济制裁；对严重违法乱纪人员，有权向有关部门建议予以行政纪律处分；对触犯国家刑律的，有权提请司法机关依法惩处。开展财经法纪审计对于维护财经纪律的严肃性，保证和推动改革开放的深入进行，保护国家、企业和个人三者的正当权益有特殊意义。

（3）经营审计

经营审计是指为了评价某个组织的经济活动在业务、经营、管理方面的业绩，找出改进的机会并提出改善的建议，而对一个组织的全部或部分业务程序与方法进行的审计。经营审计的独立性要求不像财务报表审计那么严格。此外，内部审计人员、政府审计人员或注册会计师都可以执行经营审计。经营审计的结果以一定的报告形式传达给用户，但这种报告的形式与内容随着约定任务的情况不同而有着非常大的差别。经营审计的用户通常是被审计单位本身，而且经营审计报告很少被第三方所利用。

2）按审计主体分类

从国内外审计的历史和现状来看，审计按不同主体可划分为政府审计、内部审计和注册会计师审计，并相应地形成了三类审计组织机构，共同构成审计监督体系。政府审计、内部审计和注册会计师审计既相互联系，又各自独立、各司其职，泾渭分明地在不同的领域实施审计。它们各有特点，相互不可替代，因此不存在主导和从属关系。本书主要讲述注册会计师审计，此处对政府审计和内部审计略加介绍。

（1）政府审计

政府审计是由政府审计机关代表政府依法进行的审计。政府审计主要监督、检查各级政府及其部门的财政收支及公共资金的收支、运用情况。目前世界各国政府建立的审计机构，因领导关系不同而大体分为三种类型：由议会直接领导并对议会负责；在政府内建立审计机构并对政府负责，政府则对议会负责；由财政部门领导，在财政部门内部设审计机构兼管财政监督，实行财政、审计合一制度。我国审计机关由政府领导，分中央和地方两个层次。

最初的政府审计是随着国家管理事务中经济责任关系的形成，为了促使经济责任的严格履行而诞生的。现代意义上的政府审计是近代民主政治发展的产物。按照民主政治的原则，人民有权对国家事务和人民财产的管理进行监督。因此，各级政府机构和官员在受托管理属于全民所有的公共资金和资源的同时，还要受到严格的经济责任制度的约束。这种约束方式就表现为政府审计机关对受托管理者的经济责任进行监督。因此，政府审计担负的是对全民财产的审计责任。

政府审计的主要特点是法定性和强制性。拥有和管理国有资产的单位，都必须依法接受政府审计的监督。政府审计做出的审计决定，被审计单位和有关人员必须执行。政府审计机关的审计监督不受其他行政机关、社会团体和个人的干涉。表 1－2 是注册会计师审计与政府审计的区别。

表 1－2　注册会计师审计与政府审计的区别

项　目	注册会计师审计	政　府　审　计
审计方式	受托审计	强制审计
审计对象	一切营利及非营利单位	各级政府及其部门的财政收支情况及公共资金的收支、运用情况
审计监督的性质	根据其审计结论发表独立、客观、公正的审计意见，以合理保证审计报告使用人确定已审计的被审计单位财务报表的可靠程度	根据审计结果发表审计处理意见，如被审计单位拒不采纳，政府审计部门可以依法强制执行
审计实施的手段	由中介组织——会计师事务所进行，是有偿审计	行政监督，政府行为，无偿审计
审计的独立性	双向独立，既独立于第三关系人（审计委托人），又独立于第二关系人（被审计单位）	政府审计机构隶属于国务院和各级人民政府，因此在独立性上体现为单向独立，即仅独立于审计第二关系人（被审计单位）
法律和审计准则	《注册会计师法》和中国注册会计师协会制定的独立审计准则	《中华人民共和国审计法》和审计署制定的国家审计准则

(2) 内部审计

内部审计是由各部门、各单位内部设置的专门机构或人员实施的审计。它是随着企业规模扩大、内部分层管理的出现而逐步形成的。早期的内部审计诞生于19世纪中叶的英国。第二次世界大战后，由于市场经济竞争更加激烈，促使企业更加重视内部经济管理，内部审计得到迅速发展。外包也已成为国际内部审计发展的重要趋势。国际内部注册会计师协会(IIA) 1999年对内部审计的定义是：内部审计是一种独立、客观的保证与咨询活动，目的是为机构增加价值并提高机构运作效率。它采取系统化、规范化的方法来对风险管理、内部控制及治理程序进行评估和改善，从而帮助机构实现目标。

内部审计主要监督检查本部门、本单位的财务收支和经营管理活动。目前世界各国内部审计部门的设置因报告关系不同而大致分为三种类型：一是向本单位财务总监或主管财务的副总经理报告；二是向本单位总经理报告；三是向本单位董事会报告。我国目前的内部审计部门一般由本部门、本单位的主要负责人领导，业务上接受当地政府审计机构或上一级主管部门审计机构的指导。由于内部审计机构隶属于本单位，其独立性不充分，因此与外部审计相比，具有一定的局限性。表1-3是注册会计师审计与内部审计的区别。

表1-3 注册会计师审计与内部审计的区别

项 目	注册会计师审计	内 部 审 计
审计的独立性	双向独立	受本部门、本单位直接领导，仅强调与所审计的其他职能部门相对独立
审计方式	受托进行	根据本部门、本单位经营管理的需要自行安排施行
审计内容和目的	主要围绕财务报表进行，对财务报表发表审计意见	主要检查各项内部控制的执行情况等，提出各项改进措施
审计职责和作用	需要对投资者、债权人及社会公众负责，对外出具的审计报告具有鉴证作用	只对本部门、本单位负责，只能作为本部门、本单位改进管理的参考，对外不起鉴证作用，并对外保密

1.3 审计模式的演进

审计模式是审计导向性目标、范围和方法等要素的组合，它规定了如何分配审计资源、如何控制审计风险、如何规划审计程序、如何收集审计证据、如何形成审计结论等问题。审计环境的不断变化和审计理论水平的不断提高，促进了审计模式和方法的不断发展和完善。截至目前，一般认为，审计模式和方法的演进经历了账项基础审计（accounting number-based audit)、制度基础审计（system-based audit)、风险导向审计（risk-oriented audit）几个阶段。

1. 账项基础审计

账项基础审计存在于19世纪中叶到20世纪40年代的这段时间。在这一时期，由于英国的法律规定了所有股份公司和银行必须聘请注册会计师审计，致使英国注册会计师审计得到了迅速发展，并对当时欧、美及日本等国产生了重要影响，而且英国的审计模式在当时占据着主导地位。早期的英国注册会计师审计没有成套的方法和理论，只是根据揭弊查错的目的，以公司的账簿和凭证作为审查的出发点，对会计账簿记录进行逐笔审查，检查各项分录的有效性和准确性，以及账簿的加总和过账是否正确、总账与明细账是否一致，以获取审计证据，达到揭弊查错的审计目的，因此该种审计模式又被称为详细审计。详细审计阶段注册会计师审计已经由任意审计转为法定审计；审计对象是会计账簿；审计目的以揭弊查错、保护企业资产的安全和完整为主；审计报告的使用人也主要为公司的股东。详细审计阶段是审计发展的第一阶段，在审计史上有着十分重要的地位，详细审计中的精华方法一直沿用至今。

一方面，账项基础审计是在当时被审计单位规模较小、业务较少、账目数量不多及审计技术和方法不发达的特定审计环境下产生的。由于注册会计师可以花费适当的时间对被审计单位的账簿记录进行详细审查，所以在一定程度上和一定的时期内可以实现揭弊查错的审计目标。另一方面，以现代审计环境的视角来看，账项基础审计不对内部控制的存在及有效性进行了解和测试，虽然可以对缺乏内部控制或内部控制极度混乱的企业高效率地开展工作，验证有关凭证的真实性和合法性，但是围绕账表事项进行详细审查，又费力又耗时，且无法验证账项、交易的完整性，使得注册会计师不能保证发现可能存在的重大舞弊，很难得出可靠的审计意见，审计结论存在很大隐患。

所以，经历一段时期之后，随着企业规模的日渐增大和审计范围的不断扩大，对被审计单位的账目记录进行详细审查的成本越来越高，客观上要求对账项基础审计进行改进。注册会计师审计开始转向以财务报表为基础进行抽查；审计方式由顺查法改为逆查法，即先审查资产负债表有关项目，再有针对性地抽取凭证进行详细检查。在此阶段，抽查的数量很大，但由于采取判断抽样为主，注册会计师仍难以有效地揭示企业财务报表中可能存在的重大错弊。

2. 制度基础审计

制度基础审计存在于20世纪40年代到20世纪70年代这一期间。20世纪40年代以后，随着社会和经济的发展，企业规模不断扩大，业务急剧增加，会计账目越来越多。企业为了管理的需要，开始建立内部控制制度。财务报表的外部使用者越来越关注企业的经营管理活动，日益希望注册会计师全面了解企业内部控制情况，审计目标逐渐从揭弊查错发展到对财务报表发表意见。早期的账项基础审计模式在日益复杂的经济环境面前显得越来越不可行，过多的人工成本降低了注册会计师的边际收益率。为了保证审计质量，提高审计效率，必须寻找更为可靠的、更有效的审计方法。1938年的美国麦克森·罗宾斯公司倒闭事件成为审计史上最大的案件，该事件不仅削弱了公众对审计的信任，也暴露出审计在方法和程序方面存在的弊端。

经过长期的审计实践，注册会计师发现企业内部控制制度与企业会计信息的质量具有很大的相关性。如果内部控制制度健全有效，财务报表发生错误和舞弊的可能性就小，会计信息的质量就较高，从而审计测试的范围就可以相应缩小；反之，就必须扩大审计测试的范围，抽查更多的样本。因此，顺应审计环境的要求，为了提高审计效率、降低审计成本、保证审计质量，账项基础审计发展为制度基础审计。制度基础审计要求注册会计师对委托单位的内部控制制度进行全面了解和评价，评估审计风险，制订审计计划，确定审计实施的范围和重点，规划实质性程序的性质、时间和范围，在此基础上实施实质性程序，获取充分、适当的审计证据，从而提出合理的审计意见。

与账项基础审计相比，制度基础审计在制订审计计划时，不仅考虑审计的时间资源和人力资源，还考虑内部控制制度的健全程度和有效性。通过了解和评价被审计单位的内部控制制度，发现其薄弱之处，有重点、有目标地进行重点审计。制度基础审计注重剖析产生财务报表结果的各个过程和原因，减少了直接对凭证、账表进行检查和验证的时间和精力，改变了以往的详细审计方法，使得抽样审计有了一定的基础。这不但调整了工作重点，保证了审计质量，还提高了审计工作的效率，节约了审计时间和费用。但是，制度基础审计也存在一些不足之处：第一，进行控制测试有时不能减轻实质性程序的工作量，工作效率并不能得到有效提高；第二，内部控制的评价存在很强的主观性和随意性，容易产生偏差，对审计规划产生不良影响；第三，运用制度基础审计很难有效地规避三类审计风险，即误报、违法舞弊和经营失败；第四，使用范围受限制，当被审计单位内部控制制度不健全或者内部控制制度设置健全但执行不好时，就不宜采用制度基础审计。

3. 风险导向审计

1）传统风险导向审计

在经历了账项基础审计和制度基础审计之后，审计模式和方法进入了风险导向审计阶段。审计风险既受到企业固有风险因素的影响，如管理人员的品行和能力、行业所处环境、业务性质、容易产生错报的财务报表项目、容易受到损失或被挪用的资产等导致的风险；又受到内部控制风险因素的影响，如账户余额或各类交易存在错报，内部控制未能防止、发现或纠正的风险；还会受到注册会计师实施审计程序未能发现账户余额或各类交易存在错报风险的影响。因此，注册会计师仅以内部控制测试为基础实施抽样审计就很难将审计风险降至可接受的水平，抽取样本量的大小也很难说服政府监管部门和社会公众。为了从理论和实践上解决制度基础审计存在的缺陷，注册会计师职业界很快开发出了审计风险模型，称之为传统的审计风险模型，即

审计风险＝固有风险×控制风险×检查风险①

在传统的审计风险模型中，审计风险是由会计师事务所风险管理策略所确定的，谨慎行事的会计师事务所往往将其确定为较低水平。固有风险和控制风险则与企业有关，注册会计师可以通过了解企业及其环境，以及评价内部控制对两者做出评价，在此基础上确定检查风险，并设计和实施实质性程序，以将审计风险控制在会计师事务所确定的水平。审计风险模型的出现，从理论上解决了注册会计师以制度为基础采用抽样审计的随意性，又解决了审计资源的分配问题，即要求注册会计师将审计资源分配到最容易导致财务报表出现重大错报的领域。从国外文献看，早在1983年，美国审计准则委员会就把这一审计思想写入了审计准则公告第47号，要求注册会计师在充分评估固有风险和控制风险的基础上确定检查风险，最终将审计风险控制在可接受的水平。同时，还要求将重要性原则与审计风险模型一同运

① 2003年10月，国际审计和鉴证准则委员会（IAASB）发布了一系列新的审计风险准则，要求注册会计师在审计过程中更深入地进行风险评估，并对审计风险模型做出重大改动。修改后的审计风险模型为：审计风险＝重大错报风险×检查风险。

用，以降低审计风险，并明确注册会计师应当承担的责任。从方法论的角度讲，注册会计师以传统的审计风险模型为基础进行的审计可称为风险导向审计方法（risk-oriented audit approach），一般称为传统风险导向审计。

2）现代风险导向审计

20 世纪 80 年代以后，世界经济急剧变化，科学技术日新月异，各种文化相互渗透，市场竞争日益激烈，人类开始迈入较为成熟的信息社会和知识经济时代。在这种情况下，企业与其所面临的多样的、急剧变化的内外部环境的联系日益增强，内外部经营风险很快就会转化为财务报表错报的风险。这种环境的快速变化使注册会计师逐渐认识到被审计单位并不是一个孤立的主体，它是整个社会的一个有机组成部分。如果将被审计单位隔离于其所处的广泛经济网络，注册会计师就不能有效地了解被审计单位的交易及其整体绩效和财务状况。

按照传统风险导向审计方法，注册会计师是否实施审计程序、何时实施及在多大范围内实施，完全取决于对检查风险的评估。注册会计师在运用传统风险导向审计方法时，通常难以对固有风险做出准确评估，往往将固有风险简单地确定为高水平，转而将审计资源投向控制测试（如果必要）和实质性测试。由于忽略对固有风险的评估，注册会计师往往不注重从宏观层面上了解企业及其环境（如行业状况、监管环境及目前影响企业的其他因素；企业的性质，包括产权结构、组织结构、经营、筹资和投资；企业的目标、战略及可能导致财务报表重大错报的相关经营风险）；而仅从较低层面上评估风险，容易犯"只见树木，不见森林"的错误。也就是说，传统风险导向审计方法注重对账户余额和交易层次风险的评估。但企业是整个社会经济生活网络中的一个细胞，所处的经济环境、行业状况、经营目标、战略和风险都将最终对财务报表产生重大影响。如果注册会计师不深入考虑财务报表背后的东西，就不能对财务报表项目余额得出一个合理的期望。而且，当企业管理当局集体舞弊时，内部控制是失效的。如果注册会计师不把审计视角扩展到内部控制以外，就很容易受到蒙蔽和欺骗，不能发现由于内部控制失效所导致的财务报表存在的重大错报和舞弊行为。因此，随着企业财务欺诈案的不断出现，国外一些会计师事务所在 20 世纪 90 年代对传统风险导向审计方法进行了改进。改进后的风险导向审计方法具有以下特征：一是注重对被审计单位生存能力和经营计划进行分析，从宏观上把握审计面临的风险；二是注重运用分析性程序，以识别可能存在的重大错报风险；三是在评价内部控制有效的情况下，减少对接近预期值的账户余额进行测试，注重对例外项目进行详细审计；四是扩大了审计证据的内涵。注册会计师形成审计结论所依据的证据不仅包括实施控制测试和实质性测试获取的证据，还包括了解企业及其环境获取的证据。人们将改进后的风险导向审计方法称为现代风险导向审计，或称为风险导向战略系统审计（risk-oriented strategic systems audit）。

风险导向战略系统审计方法是对传统风险导向审计方法的改进，两者本质的区别在于审计理念和审计技术、方法的不同。与传统风险导向审计方法相比，风险导向战略系统审计方法获取审计证据的领域更广，但在执行审计工作时仍然保留了许多传统做法。例如，运用审计风险模型，按照风险评估基础分配审计资源，实施审计程序，依据获取的审计证据对财务报表形成意见；只不过后者将审计学、系统理论和经营战略结合起来，更加重视企业面临的风险。传统风险导向审计方法通过综合评估固有风险和控制风险以确定实质性程序的范围、时间和程序，由于固有风险难以评估，审计的起点往往为企业的内部控制（如果没有必要测试内部控制，审计的起点则为财务报表项目）；风险导向战略系统审计方法通过综合评估经营控制风险以确定实质性程序的范围、时间和程序，审计起点为企业的经营战略及其业务流程。如果企业的业务流程不重要或风险控制很有效，则将实质性程序集中在例外事项上。

风险导向战略系统审计方法的优点是，便于注册会计师全面掌握企业可能存在的重大风险，有利于节省审计成本，克服缺乏全面性的观点而导致的审计风险。但该方法也存在局限性：一是会计师事务所必须建立功能强大的数据库，以满足注册会计师了解企业的战略、流程、风险评估、业绩衡量和持续改进的需要；二是注册会计师（至少对审计项目承担责任的注册会计师）应当是复合型的人才，有能力判断企业是否具有生存能力和合理的经营计划；三是由于实施的实质性程序有限，当内部控制存在缺陷而注册会计师没有发现或测试内部控制不充分时，注册会计师承担的审计风险就会大大增加。

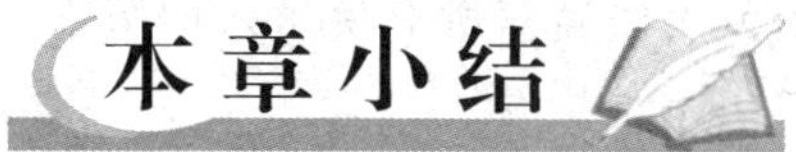

本章主要阐述了注册会计师审计业务的产生与发展、审计的目标与种类、注册会计师审计与政府审计和内部审计的关系、审计模式的演进等内容。审计是商品经济发展到一定程度时，随着企业财产所有权与经营权的分离而产生的。关于审计的概念有许多不同的描述，但对于财务报表审计目标的定义都趋于一致。审计按照主体的不同，可分为政府审计、内部审计和注册会计师审计，并相应地形成了三类审计组织机构，共同构成审计监督体系。三者各有特点，相互不可替代，因此不存在主导和从属关系。在审计发展的不同阶段，审计模式经历了三个发展阶段，即账项基础审计、制度基础审计和风险导向审计。风险导向审计的发展又可以分为传统风险导向审计和现代风险导向审计两个阶段。现代风险导向审计是20世纪90年代审计职业界顺应审计环境的变化而采用的一种新的审计模式。

案例与习题

一、讨论题

（一）案例主题：财务信息的用户

（二）案例资料：最近你无意中听到两个注册会计师的谈话，内容如下。

CPA1：要想知道公司财务报告的所有使用人的特定需要是不可能的，比方说，我怎么能够知道工会或者银行会如何利用我所审计公司的财务报告呢?

CPA2：可是你必须知道财务报告用户的需要，否则你无法判断某一个特定的交易事项的会计处理是否对用户非常重要。

CPA1：但是我无法知道他们所有人的需要，我只好将注意力偏向股东或者银行的放贷部门，他们是更重要的报表使用人。此外，是管理层最终负责报表的公允表达方式，我只负责对他们编制的财务报表发表意见，又不是我自己编制报表，你不要对我们审计人员期望太高了。

CPA2：是公众的期望，而非我的期望。我可不希望因为没有达到用户的要求而被告上法庭。但是我完全同意你的看法，要想知道所有用户的需要是相当困难的，而且每种用户需要的信息似乎都不同，你无法满足每一个人。如果利润高了，员工会要求加工资，税务局要求收取更多税，管理人员就希望将利润报告得低一点。我看我们只能运用会计准则来做判断，只要符合会计准则，我们就可以假设它是符合用户需要的了。

CPA1：这点我倒是同意的。行了，去吃饭吧。

（三）讨论要求

1. 为什么审计人员需要了解可能使用审计报告的各种用户及他们的需要呢？

2. 评价 CPA2 的结论：因为无法确知所有使用人的需求，结果就只能依赖会计准则判断财务报表是否得以公允表达。

3. 请指出以下的五种报表使用人的信息需求，并说明其可能存在的潜在冲突。

（1）现有的股东

（2）潜在的投资者

（3）企业内部的工会组织

（4）银行信贷部经理

（5）公司管理层

二、单项选择题

1. 注册会计师审计起源于（　　）。

A. 日本股份制企业制度　　B. 英国股份制企业制度

C. 美国合伙企业制度　　D. 意大利合伙企业制度

2. 注册会计师职业诞生的标志是（　　）。

A. 1581 年威尼斯会计协会的创立

B. 1721 年英国的“南海公司事件”

C. 1845 年英国《公司法》的修订

D. 1853 年苏格兰爱丁堡会计师协会的成立

3. 从 1844 年到 20 世纪初，是注册会计师审计形成的时期，这一时期英国注册会计师审计的特点，不正确的是（　　）。

A. 注册会计师审计的法律地位得到了法律确认

B. 审计的目的是查错防弊，保护企业资产的安全和完整

C. 审计报告使用人突出了债权人

D. 审计的方法是对会计账目进行详细审计

4. 注册会计师审计随着商品经济的发展而发展，下列观点不正确的是（　　）。

A. 注册会计师审计由初期的会计账目审计发展为资产负债表审计，进而发展为财务报表审计

B. 注册会计师审计的目标由查错防弊发展为判断企业信用状况，进而发展为确定财务报表的可信性

C. 注册会计师审计报告的使用人，从以企业股东为主发展为突出债权人地位，进而

扩展为整个社会公众

D. 注册会计师审计的方法由详细审计发展为制度基础审计，进而出现抽样审计方法

5. 中国历史上第一部注册会计师法规是（ ）。

A.《会计师条例》 B.《注册会计师条例》

C.《会计师暂行章程》 D.《会计师注册章程》

6. 中国第一家会计师事务所是（ ）。

A. 正则会计师事务所 B. 潘序伦会计师事务所

C. 立信会计师事务所 D. 上海会计师事务所

7. 按（ ），审计可划分为政府审计、内部审计和注册会计师审计。

A. 目的、内容的不同 B. 与被审计单位的关系的不同

C. 主体的不同 D. 范围的不同

8. 审计目的的确定，主要受（ ）的制约。

A. 审计范围 B. 审计主体

C. 审计对象 D. 审计方法

9. 一般目的审计和特殊目的审计的区别标准之一是（ ）。

A. 审计主体不同 B. 审计意见所表述的对象不同

C. 审计目标不同 D. 审计方法不同

10. 注册会计师审计意见中的“合法性”（ ）。

A. 仅指企业会计准则

B. 仅指财务会计方面的法律法规

C. 泛指除企业会计准则以外的财务会计方面的法律法规

D. 泛指除财务会计法规以外的任何法规

11. 注册会计师的审计意见，应合理保证财务报表使用人确定已审计财务报表的可靠程度。这意味着（ ）。

A. 不应由注册会计师保证已审计财务报表的可靠程度

B. 财务报表使用人应合理保证已审计财务报表的可靠程度

C. 注册会计师应合理保证已审计财务报表的可靠程度

D. 注册会计师的审计意见应合理保证已审计财务报表的可靠程度

12. 审计的对象，可以高度概括为被审计单位的（ ）。

A. 财务收支及其经济管理活动 B. 财务收支及其经营管理活动

C. 会计资料及其相关资料 D. 经济活动

13.（ ）的独立性表现为双向独立。

A. 注册会计师审计 B. 政府审计

C. 内部审计 D. 财经法纪审计

14. 下列有关政府审计和注册会计师审计的论断，正确的是（ ）。

A. 二者都是商品经济发展到一定阶段的产物

B. 二者都是外部审计，具有较强的独立性

C. 政府审计的产生晚于注册会计师审计

D. 二者在审计时所依据的审计准则基本一致

15. 注册会计师审计由三方面关系人构成，他们依次是（　　）。
A. 注册会计师、被审计单位、审计委托人
B. 注册会计师、审计委托人、被审计单位
C. 审计委托人、被审计单位、注册会计师
D. 审计委托人、注册会计师、被审计单位

三、多项选择题

1. 按目的、内容进行分类，审计可划分为（　　）。
A. 政府审计　　B. 财务报表审计
C. 合规审计　　D. 经营审计

2. 注册会计师的审计意见通常包括（　　）等内容。
A. 合法性　　B. 准确性　　C. 公允性　　D. 一贯性

3. 特殊目的的审计业务通常包括对（　　）进行审计。
A. 简要财务报表
B. 按照《企业会计制度》基础编制的财务报表
C. 财务报表的组成部分
D. 法规、合同所涉及的财务会计规定的遵循情况

4. 注册会计师审计与内部审计的主要区别包括（　　）。
A. 审计的独立性不同　　B. 审计方式不同
C. 审计内容和目的不同　　D. 审计的职能和作用不同

四、判断题

1. 根据审计准则，内部审计人员可以为注册会计师提供直接的帮助。可以说，内部审计工作是注册会计师审计工作的重要补充，但不能替代注册会计师的审计工作。（　　）

2. 一般而言，如果审计报告是真实的，那么财务报表也必然是真实的。（　　）

3. 从与被审计单位的关系来看，政府审计和注册会计师审计都属于外部审计，但是二者的审计对象不同。（　　）

4. 政府审计是由政府审计机关代表政府依法进行的审计，它是审计监督体系的重要组成部分。注册会计师审计和内部审计均是在政府审计的领导下进行的，作为政府审计的有效补充。（　　）

5. 公允性是指被审计单位财务报表在所有方面是否公允地反映被审计单位的财务状况、经营成果和现金流量。（　　）

6. 会计资料和其他相关资料是审计对象的现象，其所反映的被审计单位的财务收支及其有关的经营管理活动是审计对象的本质。（　　）

7. 注册会计师审计，是指注册会计师接受委托，对被审计单位的财务报表及其相关资料进行独立审查并发表意见。（　　）

8. 在审计职责和作用上，内部审计的结果不但能作为本部门、本单位改进管理的参考，而且对外也具有一定的鉴证作用，不必向外界保密。（　　）

9. 各级政府及其部门的财政收支情况及公共资金的收支、运用情况，政府审计部门均可依法进行审计，无须征得被审计单位的同意；而注册会计师审计则应接受委托后方能对被审计单位进行审计。（　　）

10. 注册会计师在审计过程中，发现被审计单位变更了会计处理方法，注册会计师认为这一变更是合理合法的，因此注册会计师应当发表无保留意见。（ ）

五、简答题

1. 如何理解审计的定义？审计和会计的关系如何？
2. 试比较注册会计师审计与政府审计的区别。
3. 审计模式是如何演变的？风险导向审计与制度基础审计的本质区别有哪些？

第 2 章

注册会计师职业

【学习目标】

◇ 了解注册会计师职业资格和后续教育

◇ 明确会计师事务所的设立、组织形式与业务范围

◇ 了解注册会计师协会职责及管理体制

◇ 掌握注册会计师执业准则

【相关注册会计师执业准则、会计准则】

◇ 中国注册会计师执业准则

◇ 企业会计准则

引 言

全球经济一体化时代的到来，使得注册会计师国际化成为大势所趋、潮流所向。会计作为国际通用的商业语言，在经济全球化过程中扮演着越来越重要的角色。信息技术的革命，为会计国际化的发展提供了有力的技术支持，并加速了会计的国际化进程。与此同时，注册会计师行业却出现了人才紧缺的状态。如果要使中国会计师满足未来的需求，则需要至少 30 万名注册会计师人才。

2.1 注册会计师

2.1.1 注册会计师资格

为了保证独立审计质量，维护投资者和社会公共利益，提高注册会计师职业的声誉和权威性，世界上许多国家都建立了较为完善的注册会计师考试和注册制度。通过注册会计师全国统一考试是取得注册会计师资格的前提。我国于 1991 年开始组织全国注册会计师统一考试。通过考试，一大批优秀人才加入了注册会计师队伍。

1. 报考条件

根据《中华人民共和国注册会计师法》及《注册会计师全国统一考试办法》的规定，同时符合下列条件的中国公民，可以申请参加注册会计师全国统一考试专业阶段考试：具有完全民事行为能力；具有高等专科以上学校毕业学历，或者具有会计或者相关专业中级以上技

术职称。同时符合下列条件的中国公民，可以申请参加注册会计师全国统一考试综合阶段考试：具有完全民事行为能力；已取得注册会计师全国统一考试专业阶段考试合格证。

香港特别行政区、澳门特别行政区、台湾地区居民及外国人（简称港澳台地区居民及外国人，下同）具有完全民事行为能力，且符合下列条件之一的，可以申请参加注册会计师全国统一考试专业阶段考试：具有中华人民共和国教育行政主管部门认可的高等专科以上学校毕业的学历；已取得港澳台地区或外国法律认可的注册会计师资格（或其他相应资格）。同时符合下列条件的港澳台地区居民及外国人，可以申请参加注册会计师全国统一考试综合阶段考试：具有完全民事行为能力；已取得注册会计师全国统一考试专业阶段考试合格证。

2. 考试组织

财政部成立全国注册会计师考试委员会，全国考试委员会办公室设在中国注册会计师协会。各省、自治区、直辖市财政厅（局）成立地方注册会计师考试委员会，地方考试委员会办公室设在各省、自治区、直辖市注册会计师协会。

全国考试委员会组织领导全国统一考试工作，全面领导和组织考试工作，确定考试组织工作原则，制定考试组织工作方针、政策，审定考试大纲，确定考试命题，处理考试组织工作中的重大问题，指导地方考试委员会工作。全国考试委员会办公室在全国考试委员会领导下，负责考试的具体组织和实施，并指导各地方考试办的工作。地方考试委员会贯彻、实施全国考试委员会的规定，组织、领导本地区的考试工作，地方考试办公室在地方考试委员会的领导下具体负责组织本地区的考试工作。

3. 考试科目

我国于 1991 年开始举办注册会计师全国统一考试，已成功举办了 26 次，截至 2016 年年底，累计近 23 万人取得了全科合格证书。

为便于更多的境外行业专业人才加入中国注册会计师队伍，提升中国注册会计师整体服务能力，扩大中国注册会计师行业的国际影响力，自 2006 年起，中国注册会计师协会在欧洲地区设立了中国注册会计师统一考试考场。

随着注册会计师业务范围的不断拓展、注册会计师执业要求和职业判断能力要求的不断提高及国际化发展人才需求的不断提升，财政部决定对注册会计师制度进行改革，并从 2009 年起实行新的考试制度。现行考试制度划分为专业阶段考试和综合阶段考试。考生在通过专业阶段考试的全部科目后，才能参加综合阶段考试。专业阶段考试设会计、审计、财务成本管理、公司战略与风险管理、经济法、税法 6 个科目；综合阶段考试设职业能力综合测试 1 个科目。

4. 注册登记

个人会员是指取得注册会计师资格的自然人；团体会员是指依法批准设立的会计师事务所。

根据《注册会计师法》的规定，通过注册会计师考试全科成绩合格的，均可取得注册会计师资格；在取得注册会计师资格后，申请加入注册会计师协会，成为非执业会员。如果执业，还必须按照规定加入一家会计师事务所，具有两年审计工作经验，并符合其他审批条件。只有经批准注册并取得财政部统一印制的注册会计师证书的，方可执行注册会计师业务。注册由省级注册会计师协会办理，报财政部备案。

2.1.2 注册会计师职业后续教育

由于市场经济的快速发展，企业的经济业务和经营管理日趋复杂，社会对独立审计的期望也越来越高。为顺应这种需要，审计理论和方法也不断地向前发展，为此注册会计师就应不断地更新知识结构，提高专业素质和执业水平。如今，世界各主要国家都非常注重加强注册会计师职业后续教育，并制定了相应的职业后续教育准则。我国也于 1997 年颁布了注册会计师职业后续教育准则。

1. 职业后续教育的内容和形式

注册会计师职业后续教育的主要内容如下。

（1）会计准则及国家其他财务会计法规

注册会计师对被审计单位会计报表的合法性和公允性发表意见。注册会计师对会计报表发表意见的主要依据就是国家颁布的会计准则和相关会计制度。为了适应社会主义市场经济发展的需要，加强会计工作，维护投资者和债权人的合法权益，注册会计师应当熟悉会计准则、会计制度、国家其他财务会计法规及其发展变化。

（2）注册会计师审计准则和其他职业规范

注册会计师审计准则体系是注册会计师执行审计业务、出具审计报告的法定要求。注册会计师职业道德规范、注册会计师业务准则、会计师事务所质量控制准则和职业后续教育准则等职业规范，是对注册会计师执业资格、执业行为的具体规范。为规范注册会计师执业行为，保证和提高注册会计师执业质量，提高业务素质，中国注册会计师协会拟订和发布了一系列职业规范。

（3）与执业有关的其他法规

与注册会计师执业有关的经济法律、法规和行政规章，如《中华人民共和国会计法》《中华人民共和国注册会计师法》《中华人民共和国公司法》《中华人民共和国证券法》等法律及国务院及其主管部门发布的行政法规和部门规章，注册会计师必须学习和掌握。

（4）执业所需的其他知识与技能

为壮大会计师事务所规模，提高其业务收入，注册会计师在做好传统审计业务的同时，应当利用其专业优势不断扩展业务领域。因此，会计师事务所在吸纳其他专业人士，如税务专家、管理咨询专家的同时，注册会计师也需要了解和掌握多种知识及技能，如基建工程预决算、资产评估、投资咨询、管理咨询等。

注册会计师职业后续教育可以采取多种形式，参加中国注册会计师协会及其地方组织举办或认可的各种培训活动、大专院校的专业课程进修、相关专题研讨会。注册会计师职业后续教育也可采用中国注册会计师协会认可的以下形式：参加会计师事务所自行组织的专业研讨与培训；公开出版专业著作或发表专业论文；承担专业课题研究，并取得研究成果；个人专业学习与实务研究。

2. 职业后续教育的组织和实施

职业后续教育由中国注册会计师协会及其地方组织负责组织和实施。中国注册会计师协会的职责包括制定全国性的职业后续教育制度和办法；组织全国性的职业后续教育活动；制定全国性年度职业后续教育大纲；组织全国性职业后续教育教材的编写与选定；组织全国性职业后续教育的考核与检查。

各地方注册会计师协会在其上级协会的指导下，根据职业后续教育准则及其他相关要求，组织和实施本地区的职业后续教育。其主要职责是：制定本地区职业后续教育制度与办法；组织本地区职业后续教育活动；制定本地区年度职业后续教育大纲；组织本地区职业后续教育的考核与检查。

各会计师事务所也应根据职业后续教育准则和其他相关要求，合理地制订本所职业后续教育计划，并有效地组织本所注册会计师的后续教育工作。

3. 职业后续教育的检查和考核

大多数国家和地区职业后续教育检查与考核的标准均以学时数来计算。我国职业后续教育检查与考核也按注册会计师接受学习时间即学时数计算。注册会计师的职业后续教育情况由中国注册会计师协会及其地方组织负责检查和考核。目前，中国注册会计师协会确定的时间标准是：执业会员每年接受职业后续教育的时间不得少于 40 学时，3 年累计不得少于 180 学时；每年接受脱产培训的时间不得少于 20 学时，3 年累计不得少于 120 学时。

2.2　会计师事务所

2.2.1　会计师事务所的组织形式

1. 国外会计师事务所的组织形式

会计师事务所是注册会计师依法承办业务的机构。从世界范围来看，会计师事务所的形式包括独资制、普通合伙制、有限责任公司制、有限责任合伙制、股份有限公司制等形式。

（1）独资制

独资会计师事务所由具有注册会计师执业资格的个人独立开业，承担无限责任。其优点是：对执业人员的需求不多，容易设立，执业灵活，能够在代理记账、代理纳税等方面很好地满足小型企业对注册会计师服务的需求，虽承担无限责任，但实际发生风险的程度相对较低。其缺点是：无力承担大型综合业务，因此制约了其发展。

（2）普通合伙制

普通合伙会计师事务所是指由两位或多位注册会计师合伙设立，合伙人以各自的财产对事务所的债务承担无限连带责任。其优点是：多人共同出资，并以各自财产对合伙事务所债务承担无限责任；由于利益共享，能有效扩展业务，扩大规模。其缺点是：任何合伙人的执业行为都会影响整个事务所的生存和发展，因此风险较大。而且在事务所规模扩大到一定程度后不便于进行内部的管理。普通合伙制长期以来是西方国家，特别是美国会计师事务所的主要组织形式。

（3）有限责任公司制

有限责任公司会计师事务所是由若干名注册会计师通过认购股份组成的具有法人资格的事务所。注册会计师以其认购股份对会计师事务所承担有限责任，而会计师事务所以其全部资产对其债务承担有限责任。其优点是：有利于筹集资本迅速扩大事务所规模，业务发展较快。其缺点是：由于风险均摊，不利于强化对注册会计师不当执业行为的约束，从而淡化了注册会计师的风险意识和职业责任感。欧洲联盟成员国现在已允许会计师事务所采取股份有限公司形式。

(4) 有限责任合伙制

有限责任合伙会计师事务所是指由多个合伙人通过设立有限责任公司的方式组建的会计师事务所。事务所以其全部资产对其债务承担有限责任，而各个合伙人对其个人执业行为承担无限责任。当A合伙人负责一个审计项目，一旦发生审计诉讼，A对该项审计业务承担无限责任，但事务所内其他合伙人员对此项业务只负有限责任。该方式结合了合伙制与公司制会计师事务所的优点。

有限责任合伙制最早出现在20世纪90年代美国得克萨斯州，是20世纪80年代末房地产和能源价格剧烈震荡导致美国全国性的银行和储贷机构纷纷倒闭的间接产物，它顺应了当时美国注册会计师对减轻法律诉讼困扰的现实要求。1994年7月世界“六大”会计师事务所中的“安永”“永道”“普华”三家事务所在纽约联合宣言：各会计师事务所从现行的“无限责任合伙制”转变为“有限责任合伙制”。到1995年年底，原六大国际会计公司在美国的执业机构都已完成了向有限责任合伙制的转型。这既能壮大会计师事务所规模，又能促进注册会计师关注审计风险，因而得到了国际注册会计师职业界的认可。大中型会计师事务所也陆续开始转型。有限责任合伙制会计师事务所已成为当今注册会计师职业界组织形式发展的一大趋势。

(5) 股份有限公司制

股份有限公司会计师事务所也称会计公司，它是指注册资本由等额股份构成并由具有注册会计师执业资格的人认购，股东以其认购的股份对公司承担有限责任，公司以其全部财产为公司债务承担责任的企业组织形式。专业会计公司可以减轻注册会计师的个人所得税，集中大批注册会计师对大中型企业进行审计并降低其在诉讼浪潮中个人承担的风险。

在美国，大多数州的法律曾禁止以股份有限公司会计师事务所开业，主要担心会计师可能利用公司组织形式逃避个人责任。20世纪60年代以后，美国已有不少州允许公司形式的注册会计师事务所开业。

2. 我国会计师事务所的组织形式

按我国现行《注册会计师法》的规定，我国注册会计师目前只能设立有限责任会计师事务所和合伙制会计师事务所。注册会计师不能以个人名义承办业务，必须由所在的事务所统一承接和管理。

有限责任会计师事务所是指由注册会计师出资发起设立，通过共同出资并以其出资额为限对本所债务承担有限责任的社会中介机构。会计师事务所以其全部资产对其债务承担责任，会计师事务所的出资人承担的责任以其出资额为限。

合伙制会计师事务所是由2名以上的注册会计师共同出资设立，共同执业，合伙人按出资比例或协议以各自的财产对事务所债务承担连带责任的社会中介机构。合伙设立的会计师事务所债务由合伙人按出资比例或者协议的约定，以各自的财产承担责任，合伙人对会计师事务所的债务承担连带责任。

根据《注册会计师法》的规定，设立会计师事务所由财政部或省级财政部门审批。省级财政部门批准的会计师事务所，应当报财政部备案。会计师事务所审批设立、备案和发证程序如下。

① 会计师事务所发起人向省级财政部门提出申请。

② 省级财政部门应自收到申请文件之日起 30 天内决定批准或不批准，同时将批准符合规定条件的会计师事务所成立的有关材料报财政部备案，同时抄送省注册会计师协会和中国注册会计师协会。

③ 财政部发现批准不当的，应自收到备案报告之日起 30 日内通知原审批机关重新审查，同时抄送省注册会计师协会和中国注册会计师协会。

④ 由财政部统一印制“会计师事务所执业证书”，交地方财政部门发放。

在现阶段，我国 90%以上的会计事务所都选择了有限责任制形式。由于注册会计师与事务所承担的责任十分有限，虽然有助于会计师事务所控制业务风险，但是不利于保护投资者和其他会计信息使用者的合法权益，导致整个行业的违规可能性大大增加。就合伙制会计师事务所而言，合伙人要以各自的财产对事务所的债务承担连带责任，这种无限连带责任的威慑力使事务所不得不讲信誉，一旦某个合伙人有不讲信誉的行为，都可能对其他合伙人造成威胁，因此会首先在事务所内部遭到强烈的排斥；同时，因为合伙制的无限连带责任，因审计报告失实而受损的投资者可以要求民事赔偿，这就构成了监督事务所的外部威慑力量。事务所的内外双重压力促使注册会计师谨慎执业，违规操作的可能性相对减少。倡导注册会计师设立合伙制会计师事务所，将有利于增强注册会计师的风险意识和保证审计质量的责任感。

2010 年 7 月 21 日《关于推动大中型会计师事务所采用特殊普通合伙组织形式的暂行规定》（以下简称《规定》）的发布，标志着我国大中型会计师事务所将逐步转制为特殊普通合伙会计师事务所，这将促进我国会计师事务所做大做强。

《规定》指出，采用特殊普通合伙制组织形式的会计师事务所，一个合伙人或者数个合伙人在执业活动中因故意或者重大过失造成合伙企业债务的，应当承担无限责任或者无限连带责任，其他合伙人以其在合伙企业中的财产份额为限承担责任。

合伙人在执业活动中非因故意或者重大过失造成的合伙企业债务及合伙企业的其他债务，由全体合伙人承担无限连带责任。

这种合伙组织形式具有普通合伙的特点，又特殊于普通合伙。其实质仍然是普通合伙，《合伙企业法》中规定：特殊的普通合伙在本法未作规定时，适用于本法有关普通合伙企业的规定。

特殊普通合伙制组织形式具有合伙制事务所的优点：特殊普通合伙事务所中责任合伙人需要对审计失败承担无限责任，有利于树立良好的外部形象；相对于有限责任会计师事务所，特殊普通合伙制事务所更加体现了事务所的“人合”性质，有利于打造团结、合作的企业文化，良好的企业文化是种软约束，更是一种精神鼓舞，有利于事务所的长期发展；特殊普通合伙事务所有利于树立良好的企业形象。会计师事务所的声誉是事务所的生命线。

特殊普通合伙制组织形式吸收了有限责任事务所的优点：①事务所的损失较小。有限责任制事务所保护无过错的合伙人，可以防止因为个人的失误导致事务所遭受灭顶之灾，特殊普通合伙制，只有存在执业失误的人才承担无限责任，事务所损失相对小些。②税收层面的好处。有限责任会计师事务所属于公司形式，因此合伙人要承担两种税，即企业所得税和个人所得税。这样合伙人的税收负担就相对重些。特殊普通合伙制事务所属于合伙企业，合伙人只需要交个人所得税，合伙人的经济负担相对小些。这样就给予会计师事务所更大的分配剩余收益的权利。

但这也存在一些缺陷：加大了交易相对人的风险；存在公司治理缺陷；增加了司法成本；利益冲突复杂化。

2.2.2 会计师事务所的组织结构

会计师事务所的组织结构是其内部管理机构的组成形式，一个科学合理的组织结构，能便于会计师事务所日常管理，提高工作效率和工作质量。

在我国，会计师事务所的组织结构大致有两种，即所长负责制和董事会领导下的主任会计师负责制。在实行所长负责制的事务所里，所长对本所工作负全面责任，副所长协助所长工作。事务所可根据需要设置若干业务部门，分别负责不同工作。在实行董事会领导下的主任会计师负责制的会计师事务所里，董事会为事务所的最高权力机构，主任会计师负责日常业务，在机构设置上，因事务所规模、业务特点不同而有所差别。

在国外，会计师事务所的组织结构比较复杂，因会计师事务所类型不同而各具特点，但以合伙会计师事务所最为典型。合伙会计师事务所人员构成通常包括合伙人、部门经理、高级会计师和聘任会计师。其中，合伙人负责联络主要委托人，对审计工作结果作最终审核，批复审计收费，签发审计报告并对与审计报告相关的一切事项负最终责任；部门经理负责与委托人就审计报告或审计工作中发生的问题进行协商，直接监督和管理审计工作，详细审核审计工作底稿，向客户发出收费通知等；高级会计师直接负责拟订审计工作计划，指导聘任会计师的审计工作，对聘任会计师的工作进行复核；聘任会计师协助高级会计师拟订部分审计计划，直接负责所分派的审计任务的外勤工作。

合伙会计师事务所在其机构设置上有如下特征：一是可以设立有限责任合伙人；二是可以设立合伙人管理委员会，由若干主要合伙人组成。管理委员会推举其中一名合伙人担任负责人，管理委员会负责人即为会计师事务所负责人。不设立合伙人管理委员会的合伙会计师事务所，可由全体合伙人对会计师事务所的重大问题集体做出决定，并推举主任会计师一人担任会计师事务所负责人（主任会计师必须由合伙人担任）。

实际上无论哪种类型的会计师事务所，其内部工作人员的分工大体一致，即实行主任会计师（或所长、总经理）、部门经理、项目经理（或业务经理）三级管理制度。其中，主任会计师全面负责事务所工作，处理和决定所有重大事项；部门经理负责处理和决定本部门审计或咨询业务的业务接洽、质量管理、人员安排、指导和复核及其他重要事项；项目经理负责委派本项目小组的具体工作，检查助理人员工作底稿及工时记录，拟订各种审计方案和计划，就审计或咨询工作中的问题与客户进行协调等。

2.2.3 会计师事务所的业务范围

20 世纪 90 年代以来，许多会计师事务所不断调整发展战略，在保持传统审计业务稳步增长的同时，逐步转型为向社会提供多元化、全方位的专业服务。全球范围内的会计师事务所的业务范围呈现出多样化发展趋势，税务服务、技术服务、管理咨询服务和业绩管理服务、财务计划、IT 咨询服务、电子商务、网络认证、人力资源管理、信息系统可靠性、风险评估等非审计服务得到了蓬勃发展。例如，“四大”会计公司的管理咨询收入比重已经超过了审计服务的收入比重。因为随着经营环境的逐步改变，市场对拥有丰富经验和专业知识的注册会计师提出了更多的要求，而且由于审计业务已经趋于成熟，成长的空间有限，会计师事务所的发展必然需要拓展更广泛的业务领域。

1. 鉴证业务

鉴证业务是指注册会计师对鉴证对象信息提出结论，以增强除责任方之外的预期使用者对鉴证对象信息信任程度的业务。鉴证对象信息是按照标准对鉴证对象进行评价和计量的结果，如责任方按照会计准则（标准）对其财务状况、经营成果和现金流量（鉴证对象）进行确认、计量和列报而形成的财务报表（鉴证对象信息）。鉴证业务涉及的三方关系人包括注册会计师、责任方和预期使用者。三方之间的关系是，注册会计师对由责任方负责的鉴证对象或鉴证对象信息提出结论，以增强除责任方之外的预期使用者对鉴证对象信息的信任程度。

鉴证业务是会计师事务所的传统的核心业务。美国注册会计师协会成立了“鉴证服务特别委员会”，专门负责研究开发该服务领域，为注册会计师进军该领域制订战略计划。国际审计实务委员会于 2000 年 6 月发布了《鉴证业务国际准则》(ISAE)，为注册会计师从事鉴证服务提供了总体框架。美国各州法律都规定：只有持有注册会计师证书的人才能执行鉴证业务。因此，在这一领域，注册会计师处于法定垄断地位。鉴证业务具体又包括审计、审阅、其他鉴证业务等。

（1）审计

审计是指注册会计师对被审计单位编制的历史性财务报表是否符合公认会计原则，是否真实公允地反映了其财务状况、经营成果和对现金流量发表意见。具有筹资需要的证券上市公司、私人公司，以及政府和非营利组织都必须或可能委托会计师事务所提供审计服务，出具审计报告。审计服务是会计师事务所提供的一种需严格遵照准则进行的标准化程度很高的业务。

（2）审阅

审阅是指对历史性财务报表提供中度保证水平的一种鉴证服务。有时，一些非上市公司因某种目的（如向银行申请贷款），需向使用者提供财务报表，但又不愿承担全面审计所发生的高额审计费用，就可聘请会计师事务所对财务报表进行复核、审阅，做出有限保证。这样往往既能满足报表使用者的需要，又能降低鉴证费用。注册会计师对上市公司期中财务报表进行的鉴证也属于审阅业务。

（3）其他鉴证业务

除了审计和审阅业务以外，注册会计师还承办其他鉴证业务，如预测性财务信息审核、网域认证和系统鉴证等，这些鉴证业务可以增强使用者的信任程度。

自注册会计师诞生以来，提供会计报表审计服务一直是注册会计师的主要业务，但在这一成熟的市场份额相对稳定的审计服务市场，注册会计师之间的竞争也最为激烈。该服务领域的边际利润和所占收入比例近几年来不断下滑。很多会计师事务所不得不另辟蹊径，向非审计服务领域大举进军，事务所已延伸到更广泛的保证性服务领域。

2. 相关服务

相关服务业务主要包括对财务信息执行商定程序、代编财务信息、税务服务和管理咨询、资产评估等。在提供相关服务时，注册会计师不提供任何程度的保证。

（1）对财务信息执行商定程序

对财务信息执行商定程序，是注册会计师对特定财务数据、单一财务报表或整套财务报表等财务信息执行与特定主体商定的具有审计性质的程序，并就执行的商定程序及其结果出具报告。

（2）代编财务信息

代编财务信息，是指注册会计师运用会计而非审计的专业知识和技能，代客户编制一套完整或非完整的财务报表，或代为收集、分类和汇总其他信息。

（3）税务服务

日益复杂的美国税收法规为通晓税法的注册会计师提供了用武之地。美国国内收入署（IRS）允许注册会计师不必参加考试自动取得税务代理资格。税务服务包括税务代理和税务筹划。税务代理是注册会计师接受企业或个人委托，为其填制纳税申报表，办理纳税事项。尽管世界各国和地区从事税务代理的专业机构多种多样，但注册会计师始终是税务代理的主力军。税务筹划是由于纳税义务发生范围和时间不同，注册会计师从客户利益出发，代替纳税义务人设计可替代或不同结果的纳税方案。起始于所得税的纳税筹划，现已扩展到财产税、遗产税等诸多税种。

（4）管理咨询

自20世纪50年代起，伴随着企业之间在国内外市场上的竞争日益激烈化，企业经营管理的重要性日益突出，管理咨询业务异军突起。会计师事务所在长期提供审计服务过程中积累了大量有关企业经营管理的经验，这使得他们在提供管理咨询服务方面具有较大的优势。同时，审计市场日益饱和、边际利润下降的状况也迫使会计师事务所不得不拓展服务范围，寻求新的业务和利润增长点。注册会计师的管理咨询业务开始增长，其所带来的收入在事务所业务总收入中所占的比重不断提高。

管理咨询服务范围很广，几乎已深入到社会经济生活的方方面面，如为发展电子商务、经营战略规划、人力资源管理、供应链管理、风险评估、资本结构优化或资金筹措、预算管理、公司重组、内部控制设计等提供建议或帮助，均属于管理咨询业务范畴。

（5）资产评估

资产评估是对资产现时价值的评估，主要涉及存货和不动产的估价、企业兼并和合并等业务。资产评估业务是随现代企业制度的推行、企业股份制改造、资产重组、兼并、出售等涉及产权变动的经济活动日益增多，需要由独立的社会中介机构对资产价值进行评估而产生的。

美国注册会计师协会1997年开始设立“企业价值评估师”制度，通过考试授予从事企业价值评估服务的注册会计师企业价值评估师的资格。设立该项制度的原因如下。一是虽然注册会计师一直在提供企业价值评估服务，但随着业务量的增大，美国注册会计师协会认为有必要制定有关规则和程序，包括制定考试和资格认定办法、执业准则等，提高企业价值评估服务的质量。二是美国注册会计师协会只把企业价值评估师资格授予考试合格的注册会计师，并严格规定，具有良好执业记录的美国注册会计师协会会员才能取得考试资格，这就从源头上把握住了企业价值评估师的质量。

（6）其他服务

其他服务包括个人理财服务、诉讼支持，以及小型事务所提供的其他会计服务等。

随着会计师事务所以管理咨询服务为主的非审计服务的快速增长，公众对其能否保持审计的独立性越来越担忧。美国证券交易委员会前主席阿瑟·利维特（Arthur Levitt）就对美国会计公司向审计客户提供广泛、深入的非审计服务持反对态度。在他看来，为审计客户提供咨询服务的审计师事实上同时担任着存在利益冲突的两种角色，由于咨询业务更为有利可图，独立审计师常常经不起诱惑而放弃原则。

在安然、世界通讯等一系列大公司会计作假、审计失败事件的冲击下，美国国会于 2002 年 7 月颁布了《公众公司会计改革和投资者保护法案》（又称 Sarbanes-Oxley 法案），其中明确规定：执行任何发行证券公司的任何审计业务的会计师事务所，在执行审计业务的同时，提供以下非审计服务将是非法行为：会计记录和财务报表的编制；设计和实施财务信息系统；评估或估价、公证或出具实物捐赠报告书精算业务；内部审计外包业务；代为行使管理或人力资源职能；充当客户的经纪人或经销商、投资顾问或提供投资银行服务；提供与审计无关的法律服务或专家服务等。

事实上，鉴于 SEC 对审计独立性所持的强硬立场，从 2000 年起，美国“五大”会计公司就纷纷做出了分拆或出售其管理咨询部门的决定。当年 5 月，安永公司首先以其管理咨询业务收入的 2.78 倍的高价，即 124 亿美元，将其管理咨询部门正式卖给法国凯捷集团，组成凯捷安永咨询公司。安达信公司也于同年 8 月将其控股的子公司安达信咨询公司分拆，分拆后更名为埃森哲公司公开上市。毕马威公司则在 2001 年 2 月通过首次公开募股方式将旗下的毕马威咨询公司分拆上市，该公司后更名为毕博咨询公司。美国最大的会计公司普华永道公司于 2002 年 10 月将其咨询部门以 35 亿美元的价格出售给 IBM。在 SEC 高压下坚持认为提供咨询服务并不影响审计独立性，一直闻风不动的德勤公司（其首席执行官科普兰希望 SEC 允许其维持现行的经营模式，以便比较其未来的审计失败率是否高于其他几家），也拟以管理层收购的形式完成对下属咨询子公司的分离。咨询部门剥离后的会计公司还将继续提供不被 Sarbanes-Oxley 和 SEC 独立性规则禁止的咨询服务。

2.3　行业组织

2.3.1　国际会计职业组织简介

国际会计师联合会（IFAC）于 1977 年 10 月在德国慕尼黑成立，最初成员有 49 个国家的 63 个会计职业组织。目前，加入该会的成员已发展到 80 多个国家的 120 多个会计职业组织。IFAC 的宗旨是：在国际开展合作和协调，力求在技术、道德和教育等方面提高水平；促使会计师资格相互承认，在世界范围内发展和繁荣会计职业。其主要目标是：为会计职业界建立国际性技术职业道德和教育准则；用共同的目标发展地区组织；组织国际会计师代表大会，促进交流，以期达到共同的目的。联合会设理事会作为执行机构，由美、英、法、日等 18 个国家的代表组成。同时，联合会还下设了国际会计准则、国际审计实务、职业道德、教育、财务与管理会计、信息技术、会员资格、公共部门等专门委员会，分别负责相应方面的工作。国际会计师联合会为协调各国注册会计师的审计实务、促进独立审计的发展发挥了积极的作用。

2.3.2　我国会计师职业组织

中国注册会计师协会于 1988 年 11 月 15 日成立，并于 1995 年 6 月 19 日与中国注册审计师协会合并，联合组成注册会计师全国组织。联合后的中国注册会计师协会依法对注册会计师行业进行管理，接受财政部的监督、指导。2000 年 9 月，中国注册会计师协会、中国资产评估协会合并组成新的中国注册会计师协会，对行业实行统一管理。

1. 中国注册会计师协会的职责

中国注册会计师协会依法履行以下职责：

① 审批和管理本会会员，指导地方注册会计师协会办理注册会计师注册；

② 拟订注册会计师执业准则、规则，监督、检查实施情况；

③ 组织对注册会计师的任职资格、注册会计师和会计师事务所的执业情况进行年度检查；

④ 制定行业自律管理规范，对违反行业自律管理规范的行为予以惩戒；

⑤ 组织实施注册会计师全国统一考试；

⑥ 组织、推动会员培训和行业人才建设工作；

⑦ 组织业务交流，开展理论研究，提供技术支持；

⑧ 开展注册会计师行业宣传；

⑨ 协调行业内、外部关系，支持会员依法执业，维护会员合法权益；

⑩ 代表中国注册会计师行业开展国际交流活动；

⑪ 指导地方注册会计师协会工作；

⑫ 承担法律、行政法规规定和国家机关委托或授权的其他有关工作。

2. 协会权力机构和常设办事机构

协会最高权力机构是全国会员代表大会，其职权是：制定、修改协会章程；选举协会理事；讨论决定协会工作方针和任务；审议、批准协会理事会的工作报告；制定、修改协会会费管理办法；审议理事会提请全国会员代表大会审议的其他事项。

理事会由全国会员代表大会选举理事若干人组成，任期五年，可以连选连任。理事会对全国会员代表大会负责，其职权是：提议召开全国会员代表大会；选举协会常务理事会成员；选举协会领导成员；聘任协会常设执行机构领导成员；增补或更换协会理事；审议、批准协会常设办事机构的年度工作报告等。为履行其职权，理事会必须每年召开一次全体会议，必要时，可以提前或推迟召开。理事会全体会议选举名誉会长、名誉理事若干人，选举会长一人、副会长若干人、常务理事若干人。

协会的常设办事机构由秘书长、副秘书长若干人并配备必要数量的专职人员组成。办事机构部门的分设，由秘书长提出方案，经理事会讨论同意后，报财政部批准。秘书长主持协会常设办事机构的日常工作。

3. 地方注册会计师协会

各省、自治区、直辖市注册会计师协会是注册会计师的地方组织，其组织机构和章程，由本地区会员代表大会依法确定，报中国注册会计师协会和当地政府主管行政机关备案并接受监督和指导。

各省、自治区注册会计师协会根据需要可以设立市级协会，由省级协会批准，报全国协会备案。省级以下协会的组织运行和职责权限，依照有关法律、行政法规及所在地省级协会的规定办理。

2.4　注册会计师的行业管理

无论在国内还是在国外，寻求一个有效的监管模式一直是各国注册会计师行业研究的热点。注册会计师行业的监管也有自我监管模式、政府监管模式、自我监管和政府监管相结合模式。

2.4.1　外国注册会计师的行业管理

1. 美国注册会计师的行业管理

美国注册会计师职业团体相对自律，负责资格认定、制定标准等，各州政府发放执业证书，并对注册会计师进行适当的监管。

1）政府对注册会计师的监管

政府监管注册会计师职业的机构主要是证券交易委员会、法院和州会计委员会。

（1）证券交易委员会（SEC）

证券交易委员会于 1934 年由美国国会批准成立，作为一个独立的管理机构，担负着监督联邦证券法案实施的重要职责。虽然证券交易管理委员会对注册会计师审计业务的监管并不直接，但影响很大，对注册会计师的惩罚包括暂停或取消对公司进行审计的权力；上市公司财务报表的形式和内容、审计报告的内容，以及注册会计师的上市公司审计资格做出具体规定。注册会计师对其审计报告须负相应的法律责任，证券交易委员会有权对注册会计师的违规行为进行处罚。

（2）法院

当注册会计师违反专业准则，给审计报告使用人造成损失时，往往会招致法律诉讼。对此，法院可以依据有关的法律或判例，对注册会计师的违约、过失或欺诈等行为做出司法审判，注册会计师要对其执业行为承担相应的责任。

（3）州会计委员会

作为州政府的独立机构，州会计委员会根据州会计法的规定，有权颁发、更换或吊销注册会计师的执业许可证，多数州还对注册会计师后续教育做出了规定。由于州会计委员会颁发注册会计师执业证书，因此执业注册会计师如果严重违反州会计委员会制定的行为准则，将被吊销执业证书。尽管这种情况并不经常发生，但吊销执业证书将会迫使执业人员离开会计职业界。州会计委员会的主要工作是限制随便进入注册会计师职业的人士。

2）法律对注册会计师的约束

对注册会计师职业影响最大的是《1933 证券法》和《1934 证券交易法》。上述法律涉及注册会计师的民事责任和刑事责任，注册会计师在执行审计业务时，要充分认识到可能的潜在责任，保持应有的职业谨慎，以降低职业风险。

安然公司会计造假丑闻发生后，美国国会通过了《2002 萨班斯-奥克斯莱法案》。该法案要求组建一个公众公司会计监管委员会（PCAOB），负责监管注册会计师行业。委员会由 5 名成员组成，其中 3 名成员必须是非会计专业人士，其他两名是注册会计师。为保证委员会成员的独立性，法案要求每一位委员必须是全职，不受雇于其他任何人和从事任何职业或商业活动，不得参与任何事务所的利润分配或接受其报酬。委员会成员的任命权由美国证券交易管理委员会掌握，而且还必须与联邦储备委员会主席及财政部长协商之后再任命。公众公司会计监管委员会的主要职责包括：会计师的注册；制定审计等相关准则；检查、调查和惩戒。

3）行业自我管理

美国注册会计师职业界自我管理的组织主要包括美国注册会计师协会、政府会计准则委员会、财务会计准则委员会和州注册会计师协会。

（1）美国注册会计师协会（AICPA）

该协会负责制定和发布一般公认审计准则、职业道德规范及其他执业规范。为强化注册会计师行业的管理，该协会建立了同业互查委员会和 CPA 事务局。同业互查委员会主要负责同业互查相关标准的制定及对同业互查情况的监督和检查工作。CPA 事务局下设证券交易委员会业务部和私人公司业务部。会计师事务所可自愿选择加入或不加入业务部，但加入的事务所都必须遵守该部制定的质量控制标准和其他有关要求。

（2）政府会计准则委员会（GASS）

它是制定和发布政府单位会计和报告准则的主要部门，在结构上与财务会计准则委员会相似。美国注册会计师协会也要求其会员遵守该会发布的准则。

（3）财务会计准则委员会（FASB）

该委员会是独立的民间组织，主要制定和发布财务会计准则公告及相关的公告解释和技术简报。该会没有专门的机制保证其公告的执行，但由于美国注册会计师协会和证券交易委员会都要求执行该会颁布的准则公告，因而该会的准则公告及相关解释实际上具有很高的权威性。

（4）州注册会计师协会

州注册会计师协会独立于美国注册会计师协会，两者在组织机构和作用上都很相似。州注册会计师协会的主要工作是推进有利于注册会计师的州立法，并出版专业刊物等。

2. 日本注册会计师的行业管理

1）外部管理

日本注册会计师的外部管理主要包括法律规范和行政管理。

（1）法律规范

日本规范注册会计师的主要法律为《公认会计士法》，该法规定了公认会计士的业务范围、行政监督机关、行业自律团体、资格考试与注册以及法律责任等内容。

（2）行政管理

大藏省是公认会计士行业的最高管理机构，下设三个职能部门负责对公认会计士行业进行管理。其中：大藏省证券局企业财务课负责企业财务方面有关事务的管理，审查各监察法人上报的审计报告。组织和实施公认会计士的考试等；公认会计士审查委员会负责有关公认会计士制度运行情况的调查和审议、对监察法人和公认会计士的惩处、公认会计士考试的命题和阅卷工作；企业会计审议会负责制定企业会计准则、审计准则及相关制度等工作。

2）行业自我管理

日本公认会计士协会是公认会计士行业自我管理的组织。协会通过拟订审计准则和执业规则、对会员进行业务指导、执业监督等多种方式，来提高公认会计士审计业务和其他相关业务的质量，从而维护职业声誉，促进行业的繁荣和发展。

2.4.2　中国注册会计师的行业管理

我国注册会计师行业经过 30 多年的努力，目前已初步形成了一套包含法律、部门规章、行业自律性规范等内容的多层次、全方位的行业管理体制，为保障注册会计师事业的健康发展发挥了重要的作用。

近年来，我国政府不仅通过颁布法律法规的形式对注册会计师行业进行监督，还积极鼓励行业协会充分发挥自身职能，这在一定程度上保障和促进了注册会计师行业的健康发展。

1. 法律规范

《注册会计师法》是我国注册会计师行业管理的主要法律。该法规定了注册会计师考试与注册、注册会计师业务范围和规则、会计师事务所管理、行业协会及法律责任等内容。在我国，会计师事务所和注册会计师执行审计业务，以及政府有关部门和行业协会对注册会计师行业实施管理都必须遵守该法的规定。

《注册会计师法》是规范注册会计师执业行为，保障社会主义市场经济有序运转的重要法律。它的颁布实施有助于把各种相互抵消的力量统一起来，从而真正形成一个以注册会计师为主体的社会经济监督体系，使社会主义市场经济条件下的整个社会监督体系在法制化的轨道上有效地、规范化地运转。

2. 行政管理

我国有权对注册会计师行业进行行政管理的部门主要有财政部门、工商及税务部门和中国证券监督管理委员会（简称证监会）。其中，国务院财政部门和省级人民政府财政部门负责对注册会计师行业进行监督和指导，包括对注册会计师和会计师事务所的执业行为进行监督和收费管理，对注册会计师和会计师事务所执业过程中的违法和违规行为进行相应的处罚；工商行政管理部门可以依法对会计师事务所进行工商登记，对其业务范围进行监督；税务部门主要是对会计师事务所进行税务登记、税收征收和管理工作；证监会可会同财政部对注册会计师和会计师事务所从事的证券、期货相关业务实施管理和监督，包括对注册会计师和会计师事务所从事证券、期货相关业务的资格确认，对其执业行为进行监督检查等。

3. 行业自律

我国注册会计师行业自我管理的组织是各级注册会计师协会。中国注册会计师协会是注册会计师行业的全国性组织，省级注册会计师协会是其地方组织。在国务院财政部门的领导下，中国注册会计师协会通过制定审计准则和其他职业规范，组织注册会计师考试与培训，规范注册会计师的执业行为，提高独立审计工作的质量，有力地维护了审计职业的声誉，促进了审计事业的发展。当然，随着社会经济的不断发展，审计的外部环境也会不断变化，作为行业自律组织的注册会计师协会也必须进行相应的改革和完善，以更好地发挥其行业自律的职能，为社会主义市场经济的发展服务。

2.5 注册会计师执业准则

2.5.1 国际审计准则

国际会计师联合会（IFAC）是一个由职业会计师组成的非营利性组织，该组织于1977年成立，总部设在美国的纽约，其成员来自100多个国家的160多个会员团体。IFAC的目标是促进会计师行业准则在全球范围内的协调统一，使会计师能够站在公众利益的角度提供持续高质量的服务。中国注册会计师协会于1997年正式成为国际会计师联合会成员。

国际会计师联合会设有理事会、秘书处等机构及多个专业委员会。其中的国际审计与鉴证准则理事会（IAASB）是准则制定机构，负责国际审计准则的制定与推广。截至2006年1月，该理事会已经公布了鉴证业务基本准则、质量控制准则及数十个审计、审阅、其他鉴证业务和相关服务准则。质量准则是由IAASB制定的、执行所有业务必须遵守的准则，业务准则是审计准则、审阅准则、其他鉴证业务准则和相关服务准则的统称。IAASB公布的准则（或公告）的基本框架如图2-1所示。

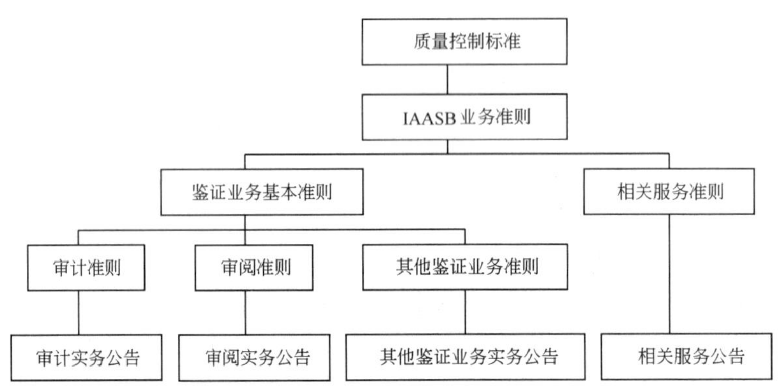

图2-1 IAASB公布的准则（或公告）的基本框架

2.5.2 中国注册会计师执业准则

1. 制定的背景与定义

2006年2月，我国颁布了新的注册会计师执业准则体系，自2007年1月1日起在所有的会计师事务所施行。这些准则的发布，标志着我国已建立起一套适应我国社会主义市场经济发展要求，顺应国际趋同大势的中国注册会计师执业准则体系，表明我国已顺利完成了审计准则建设的改革任务，中国审计准则体系实现了历史性的突破。

依据科学、严谨的审计准则，对财务信息进行审计鉴证，保障经济活动有序运行，是政府、公众和市场对注册会计师行业的期待，是注册会计师职业的职责，也赋予审计准则建设者艰巨的使命。

过去十多年来，我国一直致力于审计准则的建设工作，陆续制定实施了一系列审计准则，这对于提升注册会计师的执业质量，促进注册会计师行业的专业化发展，以及服务于市场经济建设，都起到了积极作用。审计准则作为衡量与保障注册会计师执业质量的权威标准，已得到社会各界的广泛认同。

注册会计师执业准则体系的出台顺应了两大时代背景：一方面，经济全球化和注册会计师审计准则国际趋同的大趋势，要求我国加速实现准则国际趋同，减少我国经济融入世界经济体系的障碍，改善我国经济贸易环境；另一方面，注册会计师面临不断变化的审计环境及由此带来的审计风险，迫切要求我们大力改进注册会计师执业准则，增强审计的有效性，增进社会公众对行业的信心，维护市场经济的稳定有序运行，保护社会公众利益。

2001 年以来，针对国际资本市场一系列上市公司财务舞弊事件，国际审计准则制定机构改进了国际审计准则的制定机制和程序，强调以社会公众利益为宗旨，全面引入了风险导向审计的概念，全面提升了国际审计准则质量。我国经济越来越广泛地融入世界经济体系，会计审计作为市场经济的基础设施和通用商业语言，面临着如何适应经济全球化带来的挑战和机遇。与此同时，信息技术的广泛运用，新型市场工具的不断创新，经济活动方式的日趋复杂，对新形势下注册会计师行业充分发挥鉴证职能，提高财务信息质量，应对市场风险，维护市场稳定，提出了新的更高要求。所有这些，都要求注册会计师的审计技术、审计方法和审计理念实现新的突破，并积极推进审计准则的国际趋同。

在这一背景下，我国提出“着力完善我国注册会计师审计准则体系，加速实现与国际准则趋同”的改革目标，遵循科学、民主、透明、公开的准则制定程序，完成了多项审计准则的制定工作和修订完善工作。

2. 执业准则体系框架结构

中国注册会计师执业准则体系包括鉴证业务准则、相关服务准则和质量控制准则三大部分。质量控制准则用于规范会计师事务所在执行各类业务时应当遵守的质量控制政策和程序，是对会计师事务所质量控制提出的制度要求；而鉴证业务准则和相关服务准则是按照注册会计师所从事业务是否具有鉴证职能、是否需要提出鉴证报告加以区分的。其中，鉴证业务准则由鉴证业务基本准则统领，按照鉴证业务提供的保证程度和鉴证对象的不同，分为审计准则、审阅准则和其他鉴证业务准则。审计准则是整个执业准则体系的核心，用来规范注册会计师执行历史财务信息审计业务，要求注册会计师综合使用审计方法，对财务报表获取合理程度的保证。在提供审计服务时，注册会计师对所审计信息是否不存在重大错报提供合理保证，并以积极方式提出结论。审阅业务准则用来规范注册会计师执行历史财务信息审阅业务，要求注册会计师主要使用询问和分析程序等，对财务报表获取有限程度的保证。在提供审阅服务时，注册会计师对所审阅信息是否不存在重大错报提供有限保证，并以消极方式提出结论。其他鉴证业务准则用来规范注册会计师执行除历史财务信息审计和审阅以外的非历史财务信息的鉴证业务，根据鉴证业务的性质和业务约定的要求，提供有限保证或合理保证。相关服务准则用以规范注册会计师代编财务信息、执行商定程序、提供管理咨询等其他服务。在提供相关服务时，注册会计师不提供任何程度的保证。图 2-2 和图 2-3 分别是中国注册会计师执业准则体系图和业务准则体系的构成图。

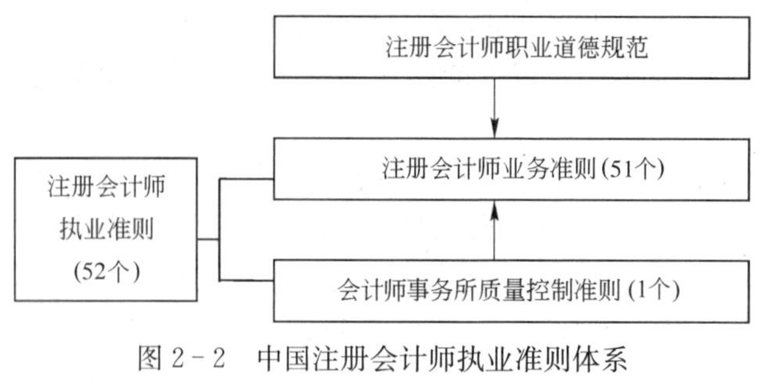

图 2-2　中国注册会计师执业准则体系

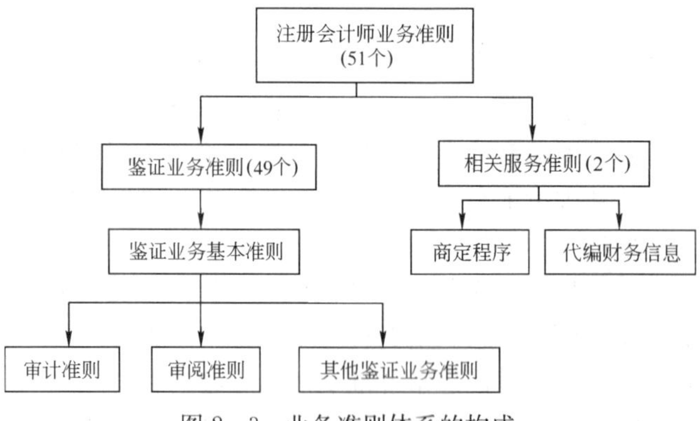

图 2-3　业务准则体系的构成

本章小结

本章主要包括注册会计师、会计师事务所、行业组织及行业管理、注册会计师执业准则等几大部分内容。

为了保证审计工作质量，保护投资者合法权益，维护注册会计师职业在公众心目中应有的权威，注册会计师考试与注册登记制度是注册会计师管理制度的重要内容。注册会计师职业后续教育贯穿于注册会计师整个职业生涯。

会计师事务所是注册会计师依法承办业务的机构，从各国的发展来看，主要有独资制、普通合伙制、有限责任公司制、有限责任合伙制等组织形式。我国会计师事务所的业务范围分为鉴证业务和非鉴证业务两大类。鉴证业务主要包括财务报表审计、审阅、验资、预测性财务信息审核、内部控制审核等；非鉴证业务包括执行商定程序、代编财务信息、税务服务、管理咨询、会计制度设计、信息系统设计与完善、风险管理等内容。

中国注册会计师协会作为注册会计师行业的自律性组织，依法对注册会计师行业实行管理、指导、督促注册会计师公正执业，严格遵守职业道德规范并接受财政部的监督和指导，依据《中华人民共和国注册会计师法》和《中国注册会计师协会章程》行使职责。

注册会计师执行审计业务应当遵循职业规范。中国注册会计师执业准则体系包括鉴证业务准则、相关服务准则和质量控制准则三大部分。其中，鉴证业务准则又分为审计准则、审阅准则和其他鉴证准则三类。在准则框架体系中，审计准则是其核心内容和重点所在。

案例与习题

一、单项选择题

1. 制定国际审计准则的机构是（　　）。

A. 国际会计联合会　　B. 国际会计标准委员会

C. 国际会计实务委员会　　D. 国际审计标准委员会

2. 中国注册会计师执业准则制定机构是（　　）。

A. 审计署　　B. 财政部

C. 中国注册会计师协会　　D. 中国审计学会

3. 我国规定，执业会员接受后续教育的时间三年累计不得少于（　　）学时。

A. 100　　B. 180　　C. 150　　D. 200

4.（　　）是各个合伙人对其个人执业行为承担无限责任，事务所内其他合伙人对此项业务只承担有限责任。

A. 独资会计师事务所　　B. 普通合伙会计师事务所

C. 公司会计师事务所　　D. 有限责任合伙会计师事务所

5. 设立会计师事务所应由财政部或（　　）审批。

A. 中国注册会计师协会　　B. 省级注册会计师协会

C. 省级财政部门　　D. 当地政府部门

二、多项选择题

1. 我国注册会计师业务范围包括（　　）。

A. 审查企业会计报表，出具审计报告

B. 验证资本，出具验资报告

C. 会计咨询与会计服务

D. 办理企业合并、分立、清算事宜中审计业务，出具相关报告

2. 我国目前规定会计师事务所组织形式可以是（　　）。

A. 个人独资会计师事务所　　B. 普通合伙制会计师事务所

C. 有限责任公司制会计师事务所　　D. 有限责任合伙制会计师事务所

3. 中国注册会计师执业准则体系包括（　　）。

A. 鉴证业务准则　　B. 相关服务准则

C. 质量控制准则　　D. 职业道德准则

4. 注册会计师职业后续教育的内容主要有（　　）。

A. 会计准则及其他财务会计法规
B. 审计准则及其他职业规范
C. 与执业有关的其他法规
D. 执业所需要的其他知识与技能

三、判断题

1. 1853 年，爱丁堡会计师协会成立，标志着英国首开注册会计师行业自律的先河。(　　)

2. 普通合伙会计师事务所降低了风险责任对执业行为的高度制约，弱化了个人责任。(　　)

3. 自行停止执行注册会计师业务满 1 年的注册会计师，准予注册的注册会计师协会将撤销其注册。(　　)

4. 2007 年 1 月 1 日施行的中国注册会计师执业准则引入了风险导向审计理念和方法。(　　)

5. 英国与美国相比，注册会计师团体自律程序更高。(　　)

6. 会计师事务所和注册会计师都可以接受业务委托。(　　)

四、简答题

1. 为什么说注册会计师职业后续教育应当贯穿于注册会计师整个职业生涯？
2. 试比较不同组织形式的会计师事务所的优缺点。
3. 中国注册会计师执业准则体系包括哪几大部分？具体有哪些内容？
4. 中国注册会计师执业准则体系有哪些主要特点？如何体现中国准则体系的国际趋同？

第3章

注册会计师审计的制度环境

【学习目标】

◇ 掌握公司治理、治理层、管理层的定义

◇ 了解公司治理规定的层次性和信息披露要求

◇ 掌握审计委员会的概念

◇ 了解我国《上市公司治理准则》对审计委员会组成的要求

◇ 分析我国《上市公司治理准则》中对审计委员会主要职责的规定

◇ 掌握内部审计概念和职能活动

◇ 了解审计委员会对内部审计的责任

◇ 了解注册会计师利用内部审计工作的原因

◇ 了解有关法律对审计的规定

【相关注册会计师执业准则、会计准则】

◇ 中国注册会计师审计准则第1151号——与治理层的沟通

◇ 中国注册会计师审计准则第1152号——向治理层和管理层通报内部控制缺陷

◇ 中国注册会计师审计准则第1411号——利用内部审计人员的工作

引　言

注册会计师审计是社会分工发展的产物。注册会计师是市场（特别是资本市场）的重要参与者，他们的行为必然受到市场其他参与者的影响。没有好的执业环境，注册会计师很难独善其身，保持独立、客观、公正。例如，我国上市公司治理结构存在严重缺陷，“内部人控制”现象十分严重，经营者事实上集公司决策权、管理权、监督权于一身。管治结构的不当导致注册会计师审计关系严重失衡。经营者由被审计人变成了审计委托人，并决定着审计人的聘用、续聘、收费等事项。因此，审计的独立性根本得不到保证。本章对注册会计师所处的制度环境展开分析，重点阐述审计客户的公司治理、审计委员会和内部审计对注册会计师审计的制度环境的影响。

3.1 公司治理

3.1.1 公司治理的定义

公司治理（corporate governance）是一个多角度、多层次的概念，可以分别从狭义和广义两方面来理解。

1. 狭义的公司治理

狭义的公司治理是指所有者（主要是股东）对经营者的一种监督与制衡机制。即通过一种制度安排，来合理地配置所有者与经营者之间的权利与责任关系。其主要目标是保证股东利益的最大化，防止经营者对所有者的背离。其主要特点是通过股东会、董事会、监事会及管理层所构成的公司治理结构进行内部治理。

2. 广义的公司治理

广义的公司治理不局限于所有者对经营者的制衡，涉及广泛的利益相关者，包括股东、债权人、经营者、雇员、供应商、客户、政府和社区等。公司治理是通过一整套包括正式及非正式的制度来协调公司与所有利益相关者之间的利益关系，以保证公司决策的科学化，从而最终维护公司各方面的利益。利益相关者通过一系列内部、外部机制来实施共同治理。公司治理的目标不再仅是股东利益最大化，而是通过保证公司决策的科学性，来保证公司各方面利益相关者的利益最大化。

无论是狭义公司治理还是广义公司治理，其中均涉及对公司的治理。在这个治理过程中股东与经营者的关系是值得关注的。通常，股东委托治理层作为其利益的代表，而经营者体现为以总经理为首的整个管理层，受治理层委托来经营公司。如此，在公司的治理中有关治理层与管理层的制衡关系安排就显得极为重要。治理层，是指对被审计单位战略方向以及管理层履行经营管理责任负有监督责任的人员或组织。治理层的责任包括对财务报告过程的监督；管理层，是指对被审计单位经营活动的执行负有管理责任的人员或组织。在某些被审计单位，管理层包括部分或全部的治理层成员。管理层负责编制财务报表，并受到治理层的监督。

注册会计师对管理层编制的财务报表进行审计，并就与财务报表审计相关且根据职业判断认为与治理层责任相关的重大事项，以适当的方式及时与治理层沟通。

3.1.2 公司治理对注册会计师审计的影响

特定的公司治理环境对注册会计师审计也会产生全方位的影响。这种影响必然要求注册会计师对公司治理予以充分的审计关注。公司治理对注册会计师审计的影响主要表现为以下几方面。

（1）独立性

如果公司治理存在缺陷，公司经营管理层就可能对注册会计师的聘请与解聘决策拥有实质的决定权。此时，注册会计师在这样不利的博弈局面下就可能迫于市场竞争压力而做出各种妥协，丧失实质上的独立性。

（2）审计风险

如果公司治理存在缺陷，公司管理层就可能达成集体合谋，进行会计造假。此时注册会计师依靠实施正常的审计程序可能无法发现此类舞弊和欺诈行为，使审计风险大大超出了可容忍的水平。

（3）审计方法

公司治理结构的缺陷可能造成内控制度中监督和控制这两个环节失效。因而，研究评价内控制度的结论难以作为判断的依据，制度基础审计方法和控制测试也就失去了应有的作用。

（4）审计判断

如果公司治理存在缺陷，公司管理层就有可能对注册会计师的审计判断施加不恰当的影响。

（5）审计成本

如果公司治理存在严重缺陷，注册会计师就可能对公司的内部监督、控制制度和会计信息的可信度缺乏信心，因此有时会不合理地过高估计审计风险，实施过多不必要的审计程序，导致审计成本大幅增加。此外，公司治理结构缺陷还会对审计市场产生不利影响，使注册会计师行业的竞争机制受到扭曲，导致整个行业无法真正形成优胜劣汰的良性竞争机制。

鉴于公司治理对现代审计的全方位、深层次的影响，注册会计师必须对公司治理的重要方面给予足够的审计关注。但审计关注并不只是对公司治理的各个方面进行泛泛的了解，而是一种本质性的深层关注。当前很多关于公司治理方面的信息正逐渐成为财务报告中必须披露的重要信息。

3.2　审计委员会

3.2.1　审计委员会概述

一般而言，审计委员会（audit committee）是董事会的子委员会（subcommittee），是董事会下属的工作机构。其由公司董事会成员组成，负责内部控制和财务报告等方面的监管。

审计委员会召开会议时，可以邀请管理成员或其他人参加，甚至是邀请他们加入审计委员会的商讨，但是任何一位得到邀请的外部成员都不具备完全的表决权。

在 2001 年之前，我国除很少几个在境外上市或对外国投资者发售股票的公司在董事会下设立审计委员会，绝大多数上市公司均无审计委员会。但随着 2002 年《上市公司治理准则》的发布，我国大部分上市公司在董事会下设立了审计委员会。《上市公司治理准则》第 52 条作了有关上市公司董事会可以按照股东大会的有关决议设立审计委员会等的规定后，还对审计委员会的组成、主要职责等作了规定。

1. 审计委员会的组成

审计委员会是董事会下的专门委员会，其成员自然地均是董事。对审计委员会的组成进行考察，侧重的是对董事会规模、独立性和财务专业性的考察。

（1）规模

通常审计委员会规模不受限制，一个 12～16 人的董事会中通常有 5～6 名审计委员会成员。我国《上市公司治理准则》没有对审计委员会的规模作规定。

（2）独立性

审计委员会的独立性是指审计委员会中独立董事占审计委员会规模的比例。有些国家，如美国，要求审计委员会的成员全部是独立董事。我国《上市公司治理准则》第52条要求，审计委员会中独立董事应占多数并担任召集人。

（3）财务专业性

审计委员会一度曾遭受的主要批评是很多服务于审计委员会的董事并不懂财务和内部控制问题；那些被推选到审计委员会中的人，依靠的是其业务或专业背景，通常并不理解复杂的财务或内部控制问题。现在，许多国家均要求审计委员会的独立董事中至少应有一名财务专家。我国《上市公司治理准则》第52条也同样要求，审计委员会中至少应有一名独立董事是会计专业人士。

2. 审计委员会主要职责

我国《上市公司治理准则》第54条对审计委员会的主要职责作了如下规定：提议聘请或更换外部审计机构；监督公司的内部审计制度及其实施；负责内部审计与外部审计之间的沟通；审核公司的财务信息及其披露；审查公司的内控制度。

3.2.2 审计委员会与注册会计师审计

审计委员会如何通过对注册会计师独立性的有效保护以提升审计质量，是审计委员会制度安排的核心内容之一。

1. 审计委员会与注册会计师聘任

在选聘注册会计师的过程中，审计委员会应评估注册会计师的独立性，如先行了解注册会计师职业团体及政府法令中有关独立性的规范，在选聘前与注册会计师商讨有无违背独立性要求的条款，在续聘的过程中检查独立性条款的遵循状况，并与注册会计师沟通，确定有无管理当局干涉注册会计师使其不能独立执业的情形。同时，审计委员会应向公司管理当局及内部审计部门征询对注册会计师独立性的看法，以便与注册会计师的答复做双向比较。

具体而言，在注册会计师的选聘、续聘和解聘问题上，审计委员会须履行如下职责：了解审计合约的性质与范围；向管理当局及内部审计部门征询有关审计质量的建议；了解会计师事务所在相关行业的审计经验；考察会计师事务所用于执行本公司审计合约的合伙人及人员的素质；评估注册会计师或其事务所在同业检查中的结果；考虑注册会计师或其事务所涉及的诉讼与法律责任问题是否会影响履行本次审计合约的能力；考察证券主管机关纠正或处分注册会计师或其事务所行为的情形；对于管理当局解聘注册会计师的提议，考察管理当局所提出的解聘理由，并与注册会计师讨论分析发生意见分歧的原因。

由于审计委员会在注册会计师选聘上更多的是参与复核，而管理当局仍旧占据着主导地位，因此即使有审计委员会作为后盾，注册会计师仍有可能基于诸般顾忌而屈服于来自客户管理当局的压力，从而对审计委员会有所隐瞒。在这一背景下，美国注册会计师协会（AICPA）所属的公众监督委员会（POB）于1995年发表了有关审计委员会的报告《董事、管理当局与注册会计师——保护股东利益的联盟》，建议在注册会计师与公司的委托合约中，应写明委托人是公司的审计委员会，明确表示注册会计师不受管理当局的操控。由纽约证券交易所与全美证券交易商协会共同成立的蓝带委员会（the Blue Ribbon Committee）在1999年2月发表的题为《关于改进公司审计委员会效果》的报告中也强调："外部审计人员的最终责任是向董事会负责，而审计委员会作为股东及董事会的代表，在选聘、评估是否胜任及更迭外部审计人员方面拥有终极的权威与责任”，借此希望改变由管理当局占据主导的立场，而由审计委员会担当起主要责任。

2. 审计委员会与注册会计师非审计服务

注册会计师除向客户提供审计和其他认证服务（assurance service）之外，还经常提供相关的管理咨询服务，包括项目研究与调查、向管理当局提供各项制度的改进建议、指出现存制度的缺失、列举各种替代的改善方案和推荐新方法等。这就产生了一个问题，即管理咨询等此类非审计服务是否会对注册会计师独立性造成伤害。一种观点认为，对同一公司，既进行审计又提供管理咨询，不会影响注册会计师的独立性，管理咨询与审计是可兼容的。其理由是，审计和管理咨询业务的服务对象不一。在审计业务中，对财务报表和审计报告感兴趣的全部公众才是真正的客户和委托人。至于被审计公司，只不过是负担着结算审计费用的责任而已。而在管理咨询服务当中，客户是管理当局，这样注册会计师实际上并未对同一客户既提供审计服务又提供管理咨询服务。另一种观点认为，审计和管理咨询不可兼容，注册会计师对同一客户既提供审计服务又提供管理咨询服务会影响其独立性。其理由是：在提供管理咨询服务的过程中，注册会计师作为顾问，实际上是扮演着决策者的角色。如果注册会计师一方面扮演着决策者的角色，另一方面又要对决策者的工作进行审计，无疑就处在审计自己工作的位置上。即使注册会计师不被视为决策者，但由于他同时具有双重身份，同客户建立起了密切的联系，这种联系促成客户和注册会计师的短期利益要保持一致。这样，在形成棘手的判断时，注册会计师就可能抱有偏见，从而可能损害其独立性。即使管理咨询不会影响实质上的独立性，也会影响形式上的独立性。因为注册会计师在为管理当局提供管理咨询的过程中，在第三关系人的眼里，肯定会在某些方面表现为不独立。例如，有专门的调查结果表明，97%的第三者对注册会计师的独立性特别重视；在被调查的财务经理中，几乎有一半的人担心注册会计师为同一客户同时提供管理咨询服务和审计服务可能会损害其独立性。

理论界的讨论也影响到监管部门的决策。鉴于越来越多的上市公司发生舞弊案件，为提高投资大众对财务报告的信心，美国证券交易委员会（SEC）于 2000 年 11 月对非审计服务加以重新规范，除了财务信息系统的设计及导入、内部审计外包与专家服务之外，限制或禁止注册会计师提供其他类别的非审计服务，诸如人力资源、交易经纪人、投资顾问、投资银行等。美国证券交易委员会前主席阿瑟·利维特（Arthur Levitt）就对美国会计公司向审计客户提供广泛、深入的非审计服务持反对态度。在他看来，为审计客户提供咨询服务的审计师事实上在同时担任存在利益冲突的两种角色，由于咨询业务更有利可图，独立审计师常常经不起诱惑而放弃原则。

在安然、世界通讯等一系列大公司会计作假、审计失败事件的冲击下，美国国会于 2002 年 7 月颁布了《公众公司会计改革和投资者保护法案》，其中明确规定：执行任何发行证券公司的任何审计业务的会计师事务所，在执行审计业务的同时，提供以下非审计服务将是非法行为：会计记录和财务报表的编制；设计和实施财务信息系统；评估或估价、公证或出具实物捐赠报告书精算业务；内部审计外包业务；代为行使管理或人力资源职能；充当客户的经纪人或经销商、投资顾问或提供投资银行服务；提供与审计无关的法律服务或专家服务等。

因此，如何发挥审计委员会的作用以确保注册会计师独立性就开始为人们所关注。

美国 Treadway 委员会的报告要求，审计委员会应于每一年度开始时，复核管理当局委托注册会计师提供管理顾问服务的计划，并对非审计服务的品种与预计费用加以评估。加拿大证券管理机关（Canadian Securities Administrations）则认为，如果公司寻求注册会计师提供非审计服务，审计委员会应评估其对注册会计师独立性可能造成的影响。1993 年美国内部审计人员协会研究基金会（IIARF）的调查也指出，仅有 10%的审计委员会不鼓励或禁止注册会计师执行管理咨询服务，多数的审计委员会主席认为复核非审计服务的性质是重要的。可见，就非审计服务而言，审计委员会须了解注册会计师所提供的非审计服务性质及其费用，委员会应与管理当局及内部审计主管讨论此项非审计服务是否可能危及注册会计师的独立性，并获取正面的答案，否则应促使管理当局及注册会计师解除此项服务合约。

3. 审计委员会与注册会计师的沟通

在审计委员会制度的演进过程中，各国政府、专业团体均非常重视通过审计委员会与注册会计师之间的沟通来保持注册会计师独立性。1978 年，美国司法人员协会公司法委员会（the Committee on Corporate Law of the American Bar Association）对审计委员会的基本功能描述如下："审计委员会在代表股东的董事会与外部注册会计师之间提供了适当的沟通渠道。"该委员会列举的审计委员会四项基本功能均涉及与注册会计师的沟通问题，如与审计人员就审计计划提出咨询、与审计人员及公司的内部审计人员就内部控制的适当性提出咨询等。AICPA 的 POB 发布的报告"董事会、管理当局与审计人员——保护股东利益的联盟"，强调注册会计师与审计委员会的互动沟通及与公司治理效率的关系。前述蓝带委员会也建议，审计委员会须与注册会计师进行对话，以探讨任何已披露的关系或服务是否影响审计目标与注册会计师的独立性，并建议公司董事会全体成员采取适当的行动以确保注册会计师独立性等。加拿大证券管理机关要求审计委员会应安排与注册会计师、内部审计部门、管理当局等进行协商的会议，并保持适当的会议记录。英国的凯布瑞报告规定审计委员会的委员在一年之中至少应该与注册会计师在无执行董事在场的情况下举行一次会议，以确保注册会计师在审计过程中不存在尚待解决的问题。

注册会计师与审计委员会之间的沟通为增进彼此间的了解架起了一道桥梁，从而也为注册会计师进行申辩提供了场所。注册会计师能够及时向审计委员会反馈与公司管理当局之间存在的分歧及在审计过程中所遭遇到的困难，与审计委员会讨论更迭注册会计师的缘由等事宜，从而维护注册会计师的权益，减轻公司管理当局对审计人员施加的压力，提高注册会计师的独立性。这种信息沟通一般由注册会计师以书面或口述方式与审计委员会讨论并确认审计委员会已充分理解沟通的内容。即使注册会计师认为没有可供报告的事项而未与审计委员会沟通，委员会亦需主动向注册会计师征询有无此类事项。就重要及必要沟通的事项而言，主要包括如下方面的内容。

① 注册会计师的责任。审计委员会应了解注册会计师在财务报表公允性、内部控制的适当性与舞弊侦查等事项上所担当的责任及所负责任的程度。

② 重要的会计政策。注册会计师应确定审计委员会了解：重要的会计政策的初次采用或变动及其应用；重要的非经常交易项目的会计处理方法；缺乏权威支持或同意的议题或所暴露问题的后果。

③ 重大的审计调整。注册会计师应告知审计委员会关于审计过程中的重大调整事项与

是否已将调整列入会计记录及对财务呈报过程的重大影响。

④ 与管理当局的不同意见。注册会计师应同审计委员会讨论与管理当局间的意见分歧和分歧对财务报表或注册会计师审计意见的个别或整体的重要影响。即使这些分歧已经获得解决，注册会计师仍有义务向委员会报告，以提示委员会注意各项敏感问题。意见分歧通常包括：会计原则的运用问题；管理当局有关会计估计的判断基础；审计的范围；财务报告的披露内容；注册会计师审计意见的类型等。

⑤ 执行审计业务过程遭遇的困难。

⑥ 在接受委托或续聘前与管理当局讨论的主要问题。任何在接受委任或续聘前与管理当局讨论的有关会计、审计及财务报告问题，注册会计师应与审计委员会作再度确认。

⑦ 蓄意误报财务状况或经营成果及在审计中所发现的不法行为（除非影响甚微且明显不重要）。

⑧ 所提供的顾问咨询等非审计服务及相关费用。

4. 审计委员会与审计范围及收费

审计独立性直接影响到注册会计师审计范围的确定，因此审计委员会可通过对审计范围的考查来影响审计独立性，进而提高审计质量。在审计中，注册会计师一般通过评估被审计公司的风险要素以决定其审计范围。AICPA 的审计准则委员会（ASB）发布的第 47 号审计准则说明书（SAS No. 47）《审计风险与重要性水平》，要求注册会计师执行审计时应对财务报表信息的有意误述或疏忽保持高度警觉性；SAS No. 82《在财务报表审计中考虑舞弊因素》，也强调审计人员在评估舞弊所造成的财务报表重大误导时必须注意的警示征兆。由于审计委员会对公司会计呈报、内部审计与外部审计过程负有监管责任，委员会必须考查注册会计师评估风险要素的尺度及其审计范围是否符合要求。为此，审计委员会应向注册会计师咨询其与内部审计人员对审计工作的协调程度，以期能达成有效率及有效果的审计并减少审计成本。同时，审计委员会亦应了解，由于注册会计师负有专业责任，其他人员的审计工作并不能替代注册会计师责任，不能为了减轻审计成本而限制注册会计师的审计范围。审计结束之后，审计委员会须确认注册会计师已按原定审计计划完成所有审计项目，如果出现实际的审计工作与原定审计计划不同，则应要求注册会计师说明发生重大变更的理由。因为审计计划的变动可能意味着在年度内发生了不寻常或未预见的交易及问题，而这恰是审计委员会监管的重点。

审计收费是影响审计独立性的重要因素。1993 年 AICPA 的 POB 发布的《面对公众利益：冲击会计职业的问题》的报告建议，审计委员会或董事会必须对有关审计收费的协议表示满意，并确信支付给注册会计师的审计费用足以确保公司获得完整而全面的审计服务。Adolph G. Lurie（1977）认为："低收费将可能无法取得适应情况需要的审计服务质量与形式。"审计委员会固然可以要求降低审计合约上过高的费用，但一味要求低收费可能造成"反服务"（disservice）的损害效果。IIARF 对审计委员会主席有关审计收费问题的调查结果表明，有 50%的主席赞同评估注册会计师审计收费的主要目的在于确认所支付的费用足以保证注册会计师提供充分的审计服务；另外 50%则认为主要目的在于确认所支付的费用与注册会计师的工作量相比较是否合理，并且没有人认为审计委员会应关切与最低审计收费有关的谈判。

3.3 内部审计

3.3.1 内部审计的概念

内部审计是指由被审计单位建立的或外部机构作为服务提供的一种评价活动。内部审计具有许多职能，其中包括检查、评价和监督内部控制的恰当性和有效性。内部审计人员是指执行内部审计活动的人员。内部审计人员可能属于内部审计部门或履行内部审计职责的类似部门。

3.3.2 内部审计的职能范围

内部审计有助于强化企业内部控制、改善企业风险管理、完善公司治理结构，促进企业目标的实现。由于内部审计不同于具有外部强制性的法定审计，其是被审计单位内部相对独立的一种评价活动，在哪些领域实施内部审计通常由被审计单位管理层决定。内部审计的范围和目标因被审计单位的规模、组织结构和管理层需求的不同而存在很大差异。

内部审计通常包括下列一项或多项活动。

（1）监督内部控制

被审计单位管理层有责任建立内部控制并关注其运行的一贯性。内部审计可以对被审计单位内部为实现经营目标，保护资产安全完整，保证遵循国家法律法规，提高组织运营的效率及效果而采取的各种政策和程序进行评价和审查。

（2）检查财务信息和经营信息

内部审计对财务信息和经营信息的检查可能包括检查用以确认、计量、分类和列报此类信息的方法，以及对个别项目实施的专项调查。专项调查通常包括对某些交易和账户余额进行详细测试，监督向监管部门提交报告的可靠性和及时性等。

（3）评价经营活动的效率和效果

效率强调投入产出比，效果强调达成什么样的结果。内部审计对经营活动效率、效果的评价包括对被审计单位非财务的控制活动，妥善保管资产的措施等的评价。

（4）评价对法律法规等外部要求及管理层政策等内部要求的遵守情况

内部审计可以对被审计单位在经营过程中遵守相关遵循性标准的情况做出相应的评价，包括评价国家相关法律法规的遵守情况、行业和部门政策的遵守情况、企业经营计划和财务计划的遵守情况、企业经营预算和财务预算的遵守情况、企业制定的各种程序标准的遵守情况、企业签订的各类合同的遵守情况等。

3.3.3 注册会计师对内部审计工作的利用

1. 注册会计师可以利用内部审计工作的原因

（1）两者的某些手段相似

尽管内部审计与注册会计师审计之间存在诸多差异，但两者用以实现各自目标的某些手段却通常是相似的。例如，为支持所得出的结论，内部审计人员与注册会计师都需要获取充分、适当的审计证据，都可以运用观察、询问、函证和分析程序等审计方法。

（2）两者的审计对象相关或重叠

内部审计对象与注册会计师审计对象密切相关，甚至存在部分重叠。因此，注册会计师应当考虑内部审计工作的某些方面是否有助于确定审计程序的性质、时间和范围，包括了解内部控制所采用的程序、评估财务报表重大错报风险所采用的程序和实质性程序。

2. 内部审计工作对注册会计师测试的影响

通过了解内部审计的工作情况，注册会计师可以掌握内部审计发现的、可能对被审计单位财务报表和注册会计师审计产生重大影响的事项。

如果内部审计的工作结果表明被审计单位的内部控制薄弱，控制环境存在缺陷，注册会计师在对拟实施审计程序的性质、时间和范围做出总体修改时应当考虑：在期末而非期初实施更多审计程序；主要依赖实质性程序获取审计证据；修改审计程序的性质，获取更具说服力的证据；扩大审计程序的范围。

如果内部审计的工作结果表明被审计单位的财务报表在某些领域存在重大错报风险，注册会计师就应当对这些领域给予特别关注。

3. 利用内部审计工作不能减轻注册会计师的审计责任

注册会计师应当对发表的审计意见独立承担责任，其责任不因为利用内部审计工作而减轻。注册会计师应当对与财务报表审计有关的所有重大事项独立做出职业判断，不应完全依赖内部审计工作。虽然内部审计准则要求内部审计机构和人员保持独立性和客观性，但考虑到内部审计是被审计单位的一部分，其独立性和客观性毕竟是有限的，无法达到注册会计师审计所要求的水平。因此，尽管内部审计工作的某些部分可能对注册会计师的工作有所帮助，但注册会计师必须对与财务报表审计有关的所有重大事项独立做出职业判断，而不应完全依赖内部审计工作。通常，审计过程中涉及的职业判断，如重大错报风险的评估、重要性水平的确定、抽样规模的确定、对会计估计和会计政策的评估等，均应当由注册会计师负责执行。需要强调的是，注册会计师对发表的审计意见独立承担责任，其责任不因为利用内部审计工作而减轻。

3.4　与注册会计师审计相关的法律法规

除了 1993 年公布的《中华人民共和国注册会计师法》中对注册会计师审计进行了规定外，我国近年来颁布的不少重要的经济法律、法规中，都有与会计师事务所、注册会计师审计相关的条款。这些法律法规中，最重要的就是《公司法》和《证券法》。

3.4.1　《公司法》中对注册会计师审计的规定

1. 有关审计方面的规定

（1）一人有限责任公司审计要求

该法第 62 条要求，一人有限责任公司应当在每一会计年度终了时编制财务会计报告，并经会计师事务所审计。

（2）有限责任公司审计要求

该法第 164 条要求，公司应当在每一会计年度终了时编制财务会计报告，并依法经会计师事务所审计。财务会计报告应当依照法律、行政法规和国务院财政部门的规定制作。

2. 会计师事务所获得资料的规定

该法第170条规定，公司应当向聘用的会计师事务所提供真实、完整的会计凭证、会计账簿、财务会计报告及其他会计资料，不得拒绝、隐匿、谎报。

3. 有关会计师事务所聘用与解聘的规定

该法第169条规定，公司聘用、解聘承办公司审计业务的会计师事务所，依照公司章程的规定，由股东会、股东大会或者董事会决定；公司股东会、股东大会或者董事会就解聘会计师事务所进行表决时，应当允许会计师事务所陈述意见。

4. 有关可协助监事工作的规定

该法第54条规定，监事可以列席董事会会议，并对董事会决议事项提出质询或者建议；监事会、不设监事会的公司的监事发现公司经营情况异常，可以进行调查；必要时，可以聘请会计师事务所等协助其工作，费用由公司承担。

3.4.2 《证券法》中涉及注册会计师审计的规定

证券法中涉及会计师事务所和注册会计师的条款有多处，可以从以下几方面加以概括。

1. 应包含经审计文件的规定

应包含经审计的文件指的是申请股票上市交易报送文件和已上市公司的年度报告。这两方面的规定是涉及注册会计师极为重要的法律条款。

（1）申请股票上市交易报告报送文件

该法第52条规定，申请股票上市交易，向证券交易所报送的文件中，应当包含“依法经会计师事务所审计的公司最近三年的财务会计报告”。如此，这就是对拟上市交易公司的审计要求的规定。

（2）已上市交易公司的年度报告

该法第66条规定，上市公司和公司债券上市交易的公司，应当在每一会计年度结束之日起4个月内，向国务院证券监督管理机构和证券交易所报送记载包括公司财务会计报告等内容在内的年度报告，并予公告。

2. 对证券公司进行审计的规定

该法第149条规定，国务院证券监督管理机构认为有必要时，可以委托会计师事务所对证券公司的财务状况、内部控制状况等进行审计或者评估。这同样也可认为是审计要求的规定。

3. 会计师事务所从事证券服务业务资格的规定

该法第169条对会计师事务所从事证券服务业务需要获取批准作了规定，规定会计师事务所必须经国务院证券监督管理机构和有关主管部门批准后，方可从事证券服务业务。

该法第226条对于未经批准，擅自从事证券服务业务的法律责任也作了规定。如果会计师事务所未经批准而擅自从事证券服务业务的，将会被责令改正、没收违法所得，并处以违法所得1倍以上5倍以下的罚款。

4. 审计时造成损失连带赔偿责任的规定

该法第173条规定，会计师事务所为证券的发行、上市、交易等证券业务活动制作、出具审计报告等文件时，应当勤勉尽责，对所制作、出具的文件内容的真实性、准确性、完整性进行核查和验证。如果制作、出具的文件有虚假记载、误导性陈述或者重大遗漏，给他人造成损失的，应当与发行人、上市公司承担连带赔偿责任，除非会计师事务所能够证明自己没有过错。

5. 与从事审计业务有关的股票禁止买卖交易的规定

对注册会计师从事与审计业务相关的股票交易禁止期，《证券法》也作了规定。该法第 45 条要求为股票发行出具审计报告等文件的证券服务机构和人员，在该股票承销期内和期满后 6 个月内，不得买卖该种股票；为上市公司出具审计报告等文件的证券服务机构和人员，自接受上市公司委托之日起至上述文件公开后 5 日内，不得买卖该种股票。该法第 201 条对于违反第 45 条规定而买卖股票的法律责任也作了规定。如果上述机构和人员违反规定而买卖股票，则责令依法处理非法持有的股票，没收违法所得，并处以买卖股票等值以下的罚款。

本章小结

本章是审计环境篇中的核心章节。本章以法的角度从公司层面对注册会计师审计的需求作了侧重分析。有关法律法规不仅对公司财务会计报告、年度报告等信息的披露提出了要求，而且还对这些披露的信息质量提出了经审计等要求。相关法律法规以法的强制性在对注册会计师审计的需求做出保障的同时，也对注册会计师审计的质量提出了要求。审计委员会，以提高信息披露质量作为其终极职责，是注册会计师审计质量的一个重要保障机构。内部审计，作为公司的一个职能部门，将会为审计委员会实现其职责提供基础保障。内部审计，由于与注册会计师审计在工作手段上相似、在工作对象上相关或重叠，使得其工作可能为注册会计师所用。2006 年 1 月 1 日实施的《中华人民共和国公司法》及《中华人民共和国证券法》可以被认为是除《中华人民共和国注册会计师法》外，与注册会计师审计关联度最大的法律法规。两个法案中有关法定审计的规定、有关财务会计报告等信息披露的规定对注册会计师行业影响最为深远。这些规定，对于已经从事审计或将要从事审计的人们，是不可不学、不可不牢记的规定。

案例与习题

一、讨论题

1. 公司治理模式种类及趋同方面的讨论

资料一

公司治理是联系各相关利益主体的制度安排和结构关系网络，属于基础制度层面，其根本目的在于试图通过这种制度安排，以达到相关利益主体之间的权利、责任和利益的相互制衡，实现效率和公平的合理统一。根据其监控主体的不同，当前世界上主要分为 3 种：外部监控模式（以英美为代表）、内部监控模式（以日德为代表）、家族监控模式（以东南亚为代表）。上述三种模式的划分并非绝对，并且历经百年的演变发展，尤其是 20 世纪 90 年代以来经济全球化的加速发展，资源的跨国界配置打破了以往区域分割的公司治理的生存环境。

外部监控模式的监控主体为外部发达的控制权市场，其主要特征在于股票的分散、发达的股票市场及由此而形成的竞争性公司外部控制权市场的存在；内部监控模式的监控主体为内部的相关利益者代表，其主要特征是具有绝对控制权的大股东的存在，交叉持股普遍，公司外部控制权市场不发达，在公司融资中银行的作用大于股票市场，经济关系稳定；家族监控模式是以家族为代表的控股股东主权模式，其主要特征为家族（包括裙带关系）直接控制公司的发展。

资料二

英美模式与德日模式的比较。市场主导的英美模式基于股权的分散与流通，强调通过股东用脚投票机制和活跃的公司控制权市场来实现对公司行为的约束与对代理人的选择及监控，秉承股东财富最大化的经营导向。其特征为：第一，股权分散化、流动性大，股票市场主导的外部控制机制发达。在股权高度分散的情况下，流动性强，股权结构也变得不稳定。由于分散的小股东监督成本过高，存在着搭便车的倾向，作为委托人的投资者对管理人员的直接监控作用有限，更多的是采取用脚投票的方式，即通过高效的资本市场来买卖股票，影响股价走势，进而在股票市场上对经营者形成巨大的外部约束与监督。第二，以股东价值最大化为公司治理目标。由于美英法律不允许银行直接持有公司股份，因此作为最大债权人的银行一般不参与公司治理。银行对公司治理的参与主要通过相机治理机制来运行，即当公司破产时接管公司，将债权转为股权，从而由银行对公司进行整顿。若公司经营好转银行则及时退出，若无法好转则进入破产程序。正是由于企业融资结构以股权资本为主，因而股东至上就成了公司治理的首要目标。银行导向型的德日模式侧重于内部治理，强调通过用手投票来兼顾各利益相关者，在诸多利益中寻求一种能促使公司长期稳定发展的平衡机制。其特征为：第一，股权集中与法人之间交叉持股，普遍实行主银行制。在德国和日本，法人与银行是股份公司最大的股东，股权集中程度较高，法人之间通常相互持股。比如在日本，以法人股东为核心，法人相互持股形成了稳定股东，所有者权利被架空，经营者行使决议权；而在德国，一般由银行来托管小股东购买的股票，银行可以替代股东行使权力。此外，两国以间接融资为主体的融资制度也都强化了债权人对公司的直接控制与监督能力，弱化了外部市场机制对经理人员的约束。第二，以相关者利益为公司治理目标。由于企业融资结构以债权与间接融资为主，因而公司治理目标相应着眼于债权人及利益相关者。公司治理不仅强调股东的利益，更强调包括债权人、员工的利益，其目标是公司整体利益的最大化。以此为目标，这种治理模式对公司和经理的评价，不是短期利润增长和股价上扬，而是更着重于公司的长期目标。所以，在公司正常运转时，一般不干预其经营管理，从而赋予了管理人员很大的权威。

英美治理模式倾向于一种间接约束机制，较多地是借助于股票市场的评价和外部接管市场的制约。而德日模式是一种直接约束机制，主张银行直接参与监控。比较而言，英美模式较外向，有助于公司发展大起；而德日模式偏内向，有助于防止公司发展出现大落。

要求：请就以上所提供的材料，进行有关公司治理模式的以下讨论。

(1) 公司治理模式还有哪几种？

(2) 中国公司治理模式属于哪一类？

(3) 公司治理原则是否出现了国际趋同迹象？

(4) 如果出现了公司治理国际趋同迹象，则趋同方向是什么？

二、单项选择题

1.《中华人民共和国公司法》最近修订版，是从（　　）开始施行的。

A. 2006 年 1 月 1 日　　B. 1994 年 7 月 1 日

C. 2014 年 3 月 1 日　　D. 2004 年 8 月 28 日

2.《中华人民共和国证券法》最近修订版，是从（　　）开始施行的。

A. 2006 年 1 月 1 日　　B. 2004 年 8 月 28 日

C. 1999 年 7 月 1 日　　D. 2014 年 8 月 31 日

三、多项选择题

1. 审计委员会的主要职责包括哪些？（　　）

A. 确认、评估和管理财务风险以及不确定事件

B. 对注册会计师的选择、独立性和工作结果进行评价

C. 对内部审计部门的能力、资源和工作结果进行评价

D. 参与有关内部审计部门负责人及整个内部审计职能日常的行政事务

2. 内部审计的职能范围主要包括（　　）。

A. 监督内部控制

B. 检查财务信息和经营信息

C. 评价经营活动的效率和效果

D. 评价对法律法规等外部要求及管理层政策等内部要求的遵守情况

四、判断题

1. 有关公司治理的规定，应尽可能地通过立法的形式加以强制规定。（　　）

2. 如果公司难以找到合适的独立董事，则可以不设立审计委员会。（　　）

五、简答题

列举公司可能的利益相关者。

第4章

注册会计师职业道德

【学习目标】

◇ 理解注册会计师职业道德的意义

◇ 了解国际会计师联合会（IFAC）职业会计师道德准则的主要内容

◇ 了解美国注册会计师协会职业道德的主要内容

◇ 解释中国注册会计师协会职业道德规范的主要内容

【相关注册会计师执业准则、会计准则】

◇ 中国注册会计师职业道德守则

◇ 中国注册会计师协会非执业会员职业道德守则

引　言

目前，在审计工作中，存在不少违背职业道德的现象，如会计师事务所竞相压价、不顾质量恶性竞争，为保收益不计后果接下家，面对干预和压力不能保持应有的独立性和谨慎原则而违心出具不实审计报告等，这些都需要通过强化职业道德约束来加以解决和规范。

4.1　注册会计师职业道德概述

4.1.1　注册会计师职业道德的含义

道德是社会为了调整人们之间及个人和社会之间的关系所提倡的行为规范的总和，它通过各种形式的教育和社会舆论的力量，使人们具有善和恶、荣誉和耻辱、正义和非正义等概念，并逐渐形成一定的习惯和传统，以指导或控制自己的行为。职业道德是某一职业组织以公约、守则等形式公布的，其会员自愿接受的职业行为标准。所谓注册会计师职业道德，是指注册会计师职业品德、职业纪律、专业胜任能力及职业责任等的总称。

20世纪初，社会经济迅速发展，注册会计师这一职业随着股份公司的出现而迅速发展起来。审计在股份有限公司的发展中起到了举足轻重的作用，由此注册会计师的职业道德问题也逐步为人们所重视。信息不对称和会计信息的复杂性加剧使得公众越来越依赖于注册会计师所提供的“保证”。但许多审计案件的发生使人们发现，审计案件中所存在的一些问题，并非完全是由于技术上或程序上的失误所造成，审计人员的日常行为和工作态度有时往往会成为问题的症结所在。因此，人们除了关注审计技术及程序的发展外，也开始关注审计人员的自身行为，并由此产生了注册会计师职业道德问题。

为了使注册会计师切实担负起神圣的职责，为社会公众提供高质量的、可信赖的专业服务，在社会公众中树立良好的职业形象和职业信誉，就必须大力加强对注册会计师的职业道德教育，强化道德意识，提高道德水准。注册会计师的道德水平如何是关系到整个行业能否生存和发展的大事，尤其在我国，注册会计师事业恢复与重建的历史只有 20 多年，注册会计师尚未普遍树立起强烈的风险意识、责任意识和道德意识。在推进社会主义市场经济建设中，强调注册会计师的职业道德，更有其深刻的现实意义和深远的历史意义。

4.1.2　注册会计师职业道德的作用

首先，注册会计师职业道德具有重要的经济功能。基于两权分离而产生的独立审计职业团体作为会计信息使用者的代理人而存在，在承担社会责任的同时，也同样具有个人效益最大化的价值取向。作为独立的个体，注册会计师及会计师事务所首先考虑的是经济利益问题，即如何在激烈的市场竞争中生存的问题。其次，由于独立审计工作具有高度的专业性，其服务质量的好坏对于会计信息使用者来说是很难判断的，导致双方信息不对称。这种信息不对称为注册会计师采取投机行为提供了条件，也增加了会计信息使用者的忧虑，进而提高了交易费用，降低了会计服务市场的运行效率。职业道德则成为一种重要的“信号”，成为会计信息使用者判断注册会计师服务质量高低的依据，信誉好的质量高，相应的报酬也应较高。可见，职业道德是独立审计职业团体对社会公众的公开承诺，是取得外部信任、树立注册会计师职业形象、保持生存和发展的重要手段。

另外，注册会计师职业道德有法律规范所不具备的特殊功能。注册会计师职业道德构筑了控制从业人员越轨行为的第一道防线，从行为动机入手，防患于未然，并注意通过潜移默化的作用来塑造从业人员的职业道德，促进从业人员养成良好的职业习惯和品质。道德能够对人们的行为活动发生经常性的、深刻的影响，形成强大的职业道德力量，促进审计工作的发展。

但同时也应该注意到，与法律规范不同，职业道德特殊功能的发挥是以从业人员自觉的道德承担为基础的，需要从业人员具有较强的自律能力。但自律能力的培养和形成必须借助外部力量（即以规范形式出现的制度伦理）的制约和限制，经过多次反复认识、升华，才能逐渐地形成稳定的道德行为习惯和心理倾向，将被动他律变成行为人内在的自觉自律，这样道德的力量才能从根本上发挥出来。

4.1.3　注册会计师职业道德规范

从世界各国来看，凡是建立了注册会计师制度的国家，都制定了相应的注册会计师职业道德规范，以明确注册会计师应达到的道德水准。

1. 国际会计师联合会职业道德规范

国际会计师联合会（IFAC）为了协调国际职业道德规范，制定和颁布了《职业会计师道德守则》（*Code of Ethics for Professional Accountants*）。IFAC 道德委员会于 1996 年 7

月发布了《职业会计师道德守则》，并先后于 1998 年 1 月、2001 年 11 月、2006 年 7 月和 2009 年 7 月对该准则进行了修订。IFAC 于 2009 年 7 月最新发布的《职业会计师道德守则》包括三部分的内容：第一部分为守则的一般应用，它适用于所有职业会计师，除非有特别说明；第二部分为仅适用于执行公共业务的会计师的职业道德规范；第三部分为仅适用于受雇职业会计师的职业道德规范（适当时也可以适用于执行公共业务的会计师）。

（1）守则的一般应用（适用于所有职业会计师）

这部分由两大内容组成，其一是导言和基本原则，其二是对 5 个基本原则的说明。在导言中指出了职业会计师的责任并不是为了专门满足某个客户或雇主的需要，而是为了对公众承担责任，即公众利益。基本原则是为了达到职业目标，职业会计师必须遵循的原则，具体包括以下内容。

① 正直。职业会计师在所有职业和商业关系中必须坦率、诚实。

② 客观性。职业会计师不应当允许偏见、利益冲突或他人的不当影响超越其职业或商业判断。

③ 专业胜任能力和应有的谨慎。职业会计师有义务随着业务、法规和技术的不断发展，将自己的专业知识和技能保持在一定的水平之上，以确保客户或雇主能够享受到合格的职业服务。职业会计师在提供职业服务时应保持应有的职业谨慎和勤勉的作风，并且遵守适用的技术和职业准则。

④ 保密性。职业会计师应对在职业和商业关系中所获得的信息保密，除非有法定的或专业的披露权利或义务，否则未经适当的特别授权，职业会计师不得向第三方披露任何所获得的信息。职业会计师不能利用在职业和商业关系中所获得的信息为自己或第三方谋取利益。

⑤ 职业行为。职业会计师应当遵守相关的法律和规章，并且避免任何有损整体职业信誉的行为。

（2）适用于执行公共业务会计师的职业道德规范

该部分涵盖了执行公共业务会计师可能面临的威胁与防护、业务约定、利益冲突、第二次意见、收费和其他类型的佣金、职业服务营销、礼物与款待、客户资产的保管、客观性和独立性等。

（3）适用于受雇职业会计师的职业道德规范

该部分涵盖了受雇会计师可能面临的威胁与防护、潜在冲突、信息的表述与报告、充分的专业能力、财务利益和诱因等。

2. 美国注册会计师协会职业道德规范

美国注册会计师协会专门设立了职业道德部，负责职业道德规范的制定和发布。美国注册会计师协会的职业道德规范由职业道德原则、行为规则、行为规则解释和道德裁决四部分组成。

（1）职业道德原则

职业道德原则是对注册会计师应当具备的品质做出的一般性规定，包括责任、公众利益、正直、客观和独立、应有的谨慎、服务的范围和性质。职业道德原则表明了注册会计师承担的责任，也反映了职业道德的基本信条。这些原则要求，即使牺牲个人利益也要履行职业责任，坚持正确的行为。

（2）行为规则

美国注册会计师协会的章程要求，会员应当遵守《职业道德守则》中的规则，并对偏离规则的行为做出合理的解释。如果说职业道德原则是注册会计师的理想行为，则行为规则就是注册会计师行为的最低标准，具有强制性。

（3）行为规则解释

由于经常会有会员就某一具体规则提出问题，因而有必要对行为规则做出公开解释。美国注册会计师协会职业道德部成立了一个主要由执行公共业务的执业人员组成的委员会，对行为规则进行解释。在解释最终定稿之前，要向职业界征求意见。虽然解释不具有强制性，但会员要在纪律检查听证会上证明背离解释的正当理由。

（4）道德裁决

道德裁决是美国注册会计师协会职业道德部执行委员会根据一些具体的实际情况做出的解释，也是行为规则及其解释在具体情况和案件中的应用。同行为规则解释一样，道德裁决也不具有强制性，但要求会员说明任何背离的理由。

3. 中国注册会计师职业道德规范

为了保证中国注册会计师行业的健康发展，树立良好的职业形象，中国注册会计师协会一直非常重视注册会计师的道德教育和道德标准建设。1992 年 9 月 30 日，中国注册会计师协会依据《中华人民共和国注册会计师条例》颁布了《中国注册会计师职业道德守则（试行）》。1996 年 12 月 26 日，中国注册会计师协会依据《中华人民共和国注册会计师法》正式颁布了《中国注册会计师职业道德基本准则》，以替代《中国注册会计师职业道德守则（试行）》。考虑到基本准则只对注册会计师职业道德作了原则性的规定，需要进一步制定具体准则以对如何遵循职业道德的要求加以具体指导，中国注册会计师协会制定和发布了《中国注册会计师职业道德规范指导意见》，从 2002 年 7 月 1 日起实施。

2009 年 10 月，中国注册会计师协会发布了《中国注册会计师职业道德守则》（以下简称《职业道德守则》）和《中国注册会计师协会非执业会员职业道德守则》。《职业道德守则》包括五个组成部分，即《中国注册会计师职业道德守则第 1 号——职业道德基本原则》《中国注册会计师职业道德守则第 2 号——职业道德概念框架》《中国注册会计师职业道德守则第 3 号——提供专业服务的具体要求》《中国注册会计师职业道德守则第 4 号——审计和审阅业务对独立性的要求》和《中国注册会计师职业道德守则第 5 号——其他鉴证业务对独立性的要求》。《职业道德守则》将于 2010 年 7 月 1 日起施行，并全面取代以前的职业道德规范。

2009 年发布的《职业道德守则》主要有以下特点：一是全面规范了注册会计师的职业道德行为。《职业道德守则》涵盖了注册会计师业务承接、收费报价、专业服务工作的开展等所有环节可能遇到的与保持职业道德相关的情形，分别提出了明确的要求。二是突出强调了注册会计师行业的社会责任。《职业道德守则》特别强调注册会计师的独立性问题，对注册会计师如何保持独立性、如何处理与审计客户的利益冲突，切实做到独立、客观、公正执业，给予了详尽指导和要求，并对涉及公众利益的审计项目（比如上市公司审计等），向注册会计师提出了更高的职业道德要求。三是为注册会计师解决职业道德遇到的问题提供了方法指导。《职业道德守则》就如何识别对职业道德产生不利影响的情形，如何评价各种情形对职业道德的影响和危害程度，以及如何采取有效的防范措施解决这些不利影响等，给予了具体的方法指导。四是实现了与国际会计师职业道德守则的全面趋同。《职业道德守则》涵盖了国际会计师职业道德守则对注册会计师的所有要求和内容，是我国继审计准则国际趋同后，在职业道德准则方面实现趋同的重大行动，体现了我国对国际准则持续全面趋同的主张和承诺。

此外，为了规范非执业会员从事专业服务时的职业道德行为，促使其更好地履行相应的社会责任，维护公众利益，中注协发布了《中国注册会计师协会非执业会员职业道德守则》。该守则从职业道德基本原则、职业道德概念框架、潜在冲突、信息的编制和报告等方面做出规定。把行业非执业会员纳入职业道德建设的规范体系，是本次职业道德守则制定的一大突破。目前，中注协12万多非执业会员分布在政府部门、事业单位、企业、院校等各个领域。

4.2 中国注册会计师职业道德基本原则、概念框架和具体要求

4.2.1 注册会计师职业道德基本原则

注册会计师为实现执业目标，必须遵守一系列前提或基本原则。这些基本原则包括诚信、独立、客观和公正、专业胜任能力和应有的关注、保密、良好的职业行为。

（1）诚信

注册会计师应当在所有的职业活动中保持正直，诚实守信。注册会计师如果认为业务报告、申报资料或其他信息存在下列问题，则不得与这些有问题的信息发生牵连：

① 含有严重虚假或误导性的陈述；

② 含有缺少充分依据的陈述或信息；

③ 存在遗漏或含糊其辞的信息。

注册会计师如果注意到已与有问题的信息发生牵连，应当采取措施消除牵连。

（2）独立

注册会计师执行审计和审阅业务及其他鉴证业务时，应当从实质上和形式上保持独立性，不得因任何利害关系影响其客观性。实质上的独立性是一种内心状态，使得注册会计师在提出结论时不受损害职业判断的因素影响，诚信行事，遵循客观和公正原则，保持职业怀疑态度。形式上的独立性是一种外在表现，使得一个理性且掌握充分信息的第三方，在权衡所有相关事实和情况后，认为会计师事务所或审计项目组成员没有损害诚信原则、客观和公正原则或职业怀疑态度。

会计师事务所在承办审计和审阅业务及其他鉴证业务时，应当从整体层面和具体业务层面采取措施，以保持会计师事务所和项目组的独立性。

独立性是注册会计师执业审计业务的灵魂，注册会计师只有具备独立性，才可能做到客观、公正，独立原则是客观、公正原则的基础。注册会计师要以自身的信誉向社会公众表明，被审计单位的财务报表是真实与公允的。在市场经济条件下，投资者主要依赖于财务报

表判断投资风险，在投资机会中做出选择。如果注册会计师与客户之间不能保持独立，存在经济利益、关联关系，或屈从外界压力，就很难取信于社会公众。

（3）客观和公正

注册会计师应当公正处事、实事求是，不得由于偏见、利益冲突或他人的不当影响而损害自己的职业判断。

如果存在导致职业判断出现偏差或对职业判断产生不当影响的情形，注册会计师不得提供相关专业服务。

（4）专业胜任能力和应有的关注

① 专业胜任能力。注册会计师应当通过教育、培训和执业实践获取和保持专业胜任能力。注册会计师应当持续了解并掌握当前法律、技术和实务的发展变化，将专业知识和技能始终保持在应有的水平，确保为客户提供具有专业水准的服务。

注册会计师作为专业人士，在许多方面都要履行相应的责任，保持和提高专业胜任能力就是其中的重要内容。专业胜任能力，是指注册会计师具有专业知识、技能和经验，能够经济、有效地完成客户委托的业务。注册会计师如果不能保持和提高专业胜任能力，就难以完成客户委托的业务。一名合格的注册会计师，不仅要充分认识自己的能力，对自己充满信心，更重要的是，必须清醒地认识到自己在专业胜任能力方面存在的不足。如果不能认识到这点，承接了难以胜任的业务，就可能给客户乃至社会公众带来危害。

② 应有的关注。注册会计师应当保持应有的关注，遵守职业准则和职业道德规范的要求，勤勉尽责，认真、全面、及时地完成工作任务。注册会计师应当采取适当措施，确保在其领导下工作的人员得到应有的培训和督导。注册会计师在必要时应当使客户及业务报告的其他使用者了解专业服务的固有局限性。

（5）保密

注册会计师应当对职业活动中或者的涉密信息保密，不得有下列行为。

① 未经客户授权或法律法规允许，向会计师事务所以外的第三方披露其所获知的涉密信息。

② 利用所获知的涉密信息为自己或第三方谋取利益。

注册会计师应当保密的涉密信息包括：拟接受的客户或拟受雇的工作单位向其披露的涉密信息；所在会计师事务所的涉密信息。

注册会计师在社会交往中应当履行保密义务，警惕无意中泄密的可能性，特别是警惕无意中向近亲属或关系密切的人员泄密的可能性。注册会计师还应当措施，确保下级员工及提供建议和帮助的人员履行保密义务。

在终止与客户的关系后，注册会计师应当对以前职业活动中获知的涉密信息保密。如果获得新客户，注册会计师可以利用以前的经验，但不得利用或披露以前职业活动中获知的涉密信息。

在下列情形下，注册会计师可以披露涉密信息：

① 法律法规允许披露，并取得客户的授权；

② 根据法律法规的要求，为法律诉讼、仲裁准备文件或提供证据，以及向监管机构报告所发现的违法行为；

③ 法律法规允许的情况下，在法律诉讼、仲裁中维护自己的合法权益；

④ 接受注册会计师协会或监管机构的执业质量检查，答复其询问和调查；

⑤ 法律法规、执业准则和职业道德规范规定的其他情形。

（6） 良好的职业行为

注册会计师应当遵守相关法律法规，避免发生任何损害职业声誉的行为。注册会计师在向公众传递信息及推介自己和工作时，应当客观、真实、得体，不得损害职业形象。

注册会计师应当诚实、实事求是，不得有下列行为：

① 夸大宣传提供的服务、拥有的资质或获得的经验；

② 贬低或无根据地比较其他注册会计师的工作。

4.2.2 注册会计师职业道德概念框架

1. 职业道德概念框架的含义

职业道德概念框架是指解决职业道德问题的思路和方法，用以指导注册会计师：识别对职业道德基本原则的不利影响；评价不利影响的严重程度；必要时采取防范措施消除不利影响或将其降低至可接受的水平。

2. 对遵循职业道德基本原则产生不利影响的因素

注册会计师对职业道德基本原则的遵循可能受到多种因素的不利影响。不利影响的性质和严重程度因注册会计师提供服务类型的不同而不同。

可能对职业道德基本原则产生不利影响的因素包括自身利益、自我评价、过度推介、密切关系和外在压力。

（1） 自身利益

自身利益导致不利影响的情形主要包括：

① 鉴证业务项目组成员在鉴证客户中拥有直接经济利益；

② 会计师事务所的收入过分依赖某一客户；

③ 鉴证业务项目组成员与鉴证客户存在重要且密切的商业关系；

④ 会计师事务所担心可能失去某一重要客户；

⑤ 鉴证业务项目组成员正在与鉴证客户协商受雇于该客户；

⑥ 会计师事务所与客户就鉴证业务达成或有收费的协议；

⑦ 注册会计师在评价所在会计师事务所以往提供的专业服务时，发现了重大错误。

（2） 自我评价

自我评价导致不利影响的情形主要包括：

① 会计师事务所在对客户提供财务系统的设计或操作服务后，又对系统的运行有效性出具鉴证报告；

② 会计师事务所为客户编制原始数据，这些数据构成鉴证业务的对象；

③ 鉴证业务项目组成员担任或最近曾担任客户的董事或高级管理人员；

④ 鉴证业务项目组成员目前或最近曾受雇于客户，并且所处职位能够对鉴证对象施加重大影响；

⑤ 会计师事务所为鉴证客户提供直接影响鉴证对象信息的其他服务。

（3） 过度推介

过度推介导致不利影响的情形主要包括：

① 会计师事务所推介审计客户的股份；

② 在审计客户与第三方发生诉讼或纠纷时，注册会计师担任该客户的辩护人。

（4）密切关系

密切关系导致不利影响的情形主要包括：

① 项目组成员的近亲属担任客户的董事或高级管理人员；

② 项目组成员的近亲属是客户的员工，其所处职位能够对业务对象施加重大影响；

③ 客户的董事、高级管理人员或所处职位能够对业务对象施加重大影响的员工，最近曾担任会计师事务所的项目合伙人；

④ 注册会计师接受客户的礼品或款待；

⑤ 会计师事务所的合伙人或高级员工与鉴证客户存在长期业务关系。

（5）外在压力

外在压力导致不利影响的情形主要包括：

① 会计师事务所受到客户解除业务关系的威胁；

② 审计客户表示，如果会计师事务所不同意对某项交易的会计处理，则不再委托其承办拟议中的非鉴证业务；

③ 客户威胁将起诉会计师事务所；

④ 会计师事务所收到降低收费的影响而不恰当地缩小工作范围；

⑤ 由于客户员工对所讨论的事项更具有专长，注册会计师面临服从其判断的压力；

⑥ 会计师事务所合伙人告知注册会计师，除非同意审计客户不恰当的会计处理，否则将影响晋升。

3. 应对不利影响的防范措施

注册会计师应当运用判断，确定如何应对超出可接受水平的不利影响，包括采取防范措施消除不利影响或将其降低至可接受的水平，或者终止业务约定或拒绝接受业务委托。应对不利影响的防范措施包括下列两类：法律法规和职业规范规定的防范措施；在具体工作中采取的防范措施。

（1）法律法规和职业规范规定的防范措施

法律法规和职业规范规定的防范措施主要包括：

① 取得注册会计师资格必需的教育、培训和经验要求；

② 持续的职业发展要求；

③ 公司治理方面的规定；

④ 执业准则和职业道德规范的要求；

⑤ 监管机构或注册会计师协会的监控和惩戒程序；

⑥ 由依法授权的第三方对注册会计师编制的业务报告、申报资料或其他信息进行外部复核。

（2）在具体工作中采取的防范措施

在具体工作中，应对不利影响的方法措施包括会计师事务所层面的防范措施和具体业务层面的防范措施。

会计师事务所层面的防范措施主要包括：

① 领导层强调遵循职业道德基本原则的重要性；

② 领导层强调鉴证业务项目组成员应当维护公众利益；

③ 制定有关政策和程序，实施项目质量控制，监督业务质量；

④ 制定有关政策和程序，识别对职业道德基本原则的不利影响，评价不利影响的严重程度，采取防范措施消除不利影响或将其降低至可接受的水平；

⑤ 制定有关政策和程序，保证遵循职业道德基本原则；

⑥ 制定有关政策和程序，识别会计师事务所与项目组成员与客户之间的利益或关系；

⑦ 制定有关政策和程序，监控对某一客户收费的依赖程度；

⑧ 向鉴证客户提供非鉴证服务时，指派鉴证业务项目组以外的其他合伙人和项目组，并确保鉴证业务项目组和非鉴证业务项目组分别向各自的业务主管报告；

⑨ 制定有关政策和程序，防止项目组以外的人员对业务结果施加不当影响；

⑩ 及时向所有合伙人和专业人员传达会计师事务所的政策和程序及其变化情况，并就这些政策和程序进行适当的培训；

⑪ 指定高级管理人员负责监督质量控制系统是否有效运行；

⑫ 向合伙人和专业人员提供鉴证客户及其关联实体的名单，并要求合伙人和专业人员与之保持独立；

⑬ 制定有关政策和程序，鼓励员工就遵循职业道德基本原则方面的问题与领导层沟通；

⑭ 建立惩戒机制，保障相关政策和程序得到遵守。

具体业务层面的防范措施主要包括：

① 对已执行的非鉴证业务，由未参与该业务的注册会计师进行复核，或在必要时提供建议；

② 对已执行的鉴证业务，由鉴证业务项目组以外的注册会计师进行复核，或在必要时提供建议；

③ 向客户审计委员会、监管机构或注册会计师协会咨询；

④ 与客户治理层讨论有关的职业道德问题；

⑤ 向客户治理层说明提供服务的性质和收费的范围；

⑥ 由其他会计师事务所执行或重新执行部分业务；

⑦ 轮换鉴证业务项目组合伙人和高级员工。

下列防范措施也有助于识别或制止违反职业道德基本原则的行为。

① 监管机构、注册会计师协会或会计师事务所建立有效的公开投诉系统，使会计师事务所合伙人和员工及公众能够注意到违反职业道德基本原则的行为。

② 法律法规、职业规范或会计师事务所政策明确规定，注册会计师有义务报告违反职业道德基本原则的行为。

注册会计师还可以根据业务的限制考虑依赖客户采取的防范措施，但是仅依赖客户的防范措施，不可能将不利影响降低至可接受的水平。客户通过制定政策和程序采取的防范措施主要包括：

① 要求由管理层以外的人员批准聘请会计师事务所；

② 聘任具备足够经验和资历的员工，确保其能够做出恰当的管理决策；

③ 执行相关政策和程序，确保在委托非鉴证业务时做出客观选择；

④ 建立完善的公司治理结构，与会计师事务所进行必要的沟通，并对其服务进行适当的监督。

4. 解决道德冲突

在遵循职业道德基本原则时，注册会计师应当解决遇到的道德冲突问题。在解决道德冲突问题时，注册会计师应当考虑下列因素：

① 与道德冲突问题有关的事实；

② 涉及的道德问题；

③ 道德冲突问题涉及的职业道德基本原则；

④ 会计师事务所制定的解决道德冲突问题的程序；

⑤ 可供选择的措施。

在考虑上述因素并权衡可供选择措施的后果后，注册会计师应当确定适当的措施。如果道德冲突问题仍无法解决，注册会计师应当考虑向会计师事务所内部的适当人员咨询。

如果与所在会计师事务所或外部单位存在道德冲突，注册会计师应当确定是否与会计师事务所领导层或外部单位治理层讨论。

如果某项重大道德冲突问题未能解决，注册会计师可以考虑向注册会计师协会或法律顾问咨询。

如果所有可能采取的措施都无法解决道德冲突问题，注册会计师不得再与产生道德冲突问题的事项发生牵连。在这种情况下，注册会计师应当确定是否退出项目组或不再承担相关任务，或者向会计师事务所提出辞职。

4.2.3　提供专业服务的具体要求

在提供专业服务的过程中，可能存在许多对职业道德基本原则产生不利影响的情形，注册会计师应当对此保持警觉，并按照职业道德守则的规定办理。

1. 专业服务委托

(1) 接受客户关系

在接受客户关系前，注册会计师应当确定接受客户关系是否对职业道德基本原则产生不利影响。注册会计师应当考虑客户的主要股东、关键管理人员和治理层是否诚信，以及客户是否涉足非法活动（如洗钱）或存在可疑的财务报告问题等。

客户存在的问题可能对注册会计师遵循诚信原则或良好职业行为原则产生不利影响，注册会计师应当评价不利影响的严重程度，并在必要时采取防范措施消除不利影响或将其降低至可接受的水平。

防范措施主要包括：

① 对客户及其主要股东、关键管理人员、治理层和负责经营活动的人员进行了解；

② 要求客户对完善公司治理结构或内部控制做出承诺。

如果不能将客户存在的问题产生的不利影响降低至可接受的水平，注册会计师应当拒绝接受客户关系。如果向同一客户连续提供专业服务，注册会计师应当定期评价继续保持客户关系是否适当。

(2) 承接业务

注册会计师应当遵循专业胜任能力和应有的关注原则，仅向客户提供能够胜任的专业服务。在承接某一客户业务前，注册会计师应当确定承接该业务是否对职业道德基本原则产生不利影响。

如果项目组不具备或不能获得执行业务所必需的胜任能力，将对专业胜任能力和应有的关注原则产生不利影响。注册会计师应当评价不良影响的严重程度，并在必要时采取防范措施消除不利影响或将其降低至可接受的水平。

防范措施主要包括：

① 了解客户的业务性质、经营的复杂程度，以及所在行业的情况；

② 了解专业服务的具体要求和业务对象，以及注册会计师拟执行关注的目的、性质和范围；

③ 了解相关监管要求或报告要求；

④ 分派足够的具有胜任能力的员工；

⑤ 必要时利用专家的工作；

⑥ 就执行业务的时间安排与客户达成一致意见；

⑦ 遵守质量控制政策和程序，以合理保证仅承接能够胜任的业务。

当利用专家的工作时，注册会计师应当考虑专家的声望、专长及其可获得的资源，以及适用的执业准则和职业道德规范等因素，以确定专家的工作结果是否值得依赖。注册会计师可以通过以前与专家的交往或向他人咨询获得相关信息。

（3）客户变更委托

如果应客户要求或考虑以投标方式接替前任注册会计师，注册会计师应当从专业角度或其他方面确定应否承接该业务。由于客户变更委托的表面理由可能并未完全反映事实真相，根据业务性质，注册会计师可能需要与前任注册会计师直接沟通，核实与变更委托相关的事实和情况，以确定是否适宜承接该业务。

注册会计师应当在必要时采取防范措施，消除因客户变更委托产生的不利影响或将其降低至可接受的水平。防范措施主要包括：

① 当应邀投标时，在投标书中说明，在承接业务前需要与前任注册会计师沟通，以了解是否存在不应接受委托的理由；

② 要求前任注册会计师提供已知悉的相关事实或情况，即前任注册会计师认为，后任注册会计师在做出承接业务的决定前，需要了解的事实或情况；

③ 从其他渠道获取必要的信息。

如果采取的防范措施不能消除不利影响或将其降低至可接受的水平，注册会计师不得承接该业务。

注册会计师在与前任注册会计师沟通前，应当征得客户的同意，最好征得客户的书面同意。前任注册会计师应当遵循保密原则。如果不能与前任注册会计师沟通，注册会计师应当采取适当措施，通过询问第三方或调查客户的高级管理人、治理层的背景等方式，获取有关对职业道德基本原则产生不利影响的信息。

2. 利益冲突

注册会计师应当采取适当措施，识别可能产生利益冲突的情形。这些情形可能对职业道德基本原则产生不利影响。

注册会计师与客户存在直接竞争关系，或与客户的主要竞争者存在合资或类似关系，可能对客观和公正原则产生不利影响。

注册会计师为两个以上客户提供服务，而这些客户之间存在利益冲突或者对某一事项或交易存在争议，可能对客观和公正原则或保密原则产生不利影响。

注册会计师应当根据可能产生利益冲突的具体情形，采取下列防范措施：

① 如果会计师事务所的商业利益或业务活动可能与客户存在利益冲突，注册会计师应当告知客户，并在征得其同意的情况下执行业务；

② 如果为存在利益冲突的两个以上客户服务，注册会计师应当告知所有已知相关方，并在征得他们同意的情况下执行业务；

③ 如果为某一特定行业或领域中的两个以上客户提供服务，注册会计师应当告知客户，并在征得他们同意的情况下执行业务；

④ 分派不同的项目组为相关客户提供服务；

⑤ 实施必要的保密程序，防止未经授权接触信息；

⑥ 向项目组成员提供有关安全和保密问题的指引；

⑦ 要求会计师事务所的合伙人和员工签订保密协议；

⑧ 由未参与执行相关业务的高级员工定期复核防范措施的执行情况。

如果客户不同意注册会计师为存在利益冲突的其他客户提供服务，注册会计师应当终止为其中一方或多方提供服务。如果防范措施无法消除不利影响或将其降低至可接受的水平，注册会计师应当拒绝承接某一特定业务，或者解除一个或多个存在冲突的业务约定。

3. 应客户要求提供第二次意见

在某客户运用会计准则对特定交易和事项进行处理，且已由前任注册会计师发表意见的情况下，如果注册会计师应客户的要求提供第二次意见，可能对职业道德基本原则产生不利影响。

如果第二次意见不是以前任注册会计师所获得的相同事实为基础，或依据的证据不充分，可能对专业胜任能力和应有的关注原则产生不利影响。如果被要求提供第二次意见，注册会计师应当评价不利影响的严重程度，并在必要时采取防范措施消除不利影响或将其降低至可接受的水平。

防范措施主要包括：

① 征得客户同意与前任注册会计师沟通；

② 在与客户沟通中说明注册会计师发表专业意见的局限性；

③ 向前任注册会计师提供第二次意见的副本。

如果客户不允许与前任注册会计师沟通，注册会计师应当在考虑所有情况后决定是否适宜提供第二次意见。

4. 收费

会计师事务所在确定收费是应当主要考虑下列因素：专业服务所需的知识和技能；所需专业人员的水平和经验；各级别专业人员提供服务所需的时间；提供专业服务所需承担的责任。在专业服务得到良好的计划、监督及管理的前提下，收费通常以每一专业人员适当的小时收费标准或日收费标准为基础计算。

收费是否对职业道德基本原则产生不利影响，取决于收费报价水平和所提供的相应服务。注册会计师应当评价不利影响的严重程度，并在必要时采取防范措施消除不利影响或将其降低至可接受的水平。

防范措施主要包括：

① 让客户了解业务约定条款，特别是确定收费的基础以及在收费报价内所能提供的服务；

② 安排恰当的时间和具有胜任能力的员工执行任务。

在承接业务时，如果收费报价过低，可能导致难以按照执业准则和职业道道规范的要求执行业务，从而对专业胜任能力和应有的关注原则产生不利影响。如果收费报价明显低于前任注册会计师或其他会计师事务所的相应报价，会计师事务所应当确保：在提供专业服务时，遵守执业准则和职业道德规范的要求，使工作质量不受损害；客户了解专业服务的范围和收费基础。

或有收费可能对职业道德基本原则产生不利影响。除法律法规允许外，注册会计师不得以或有收费方式提供鉴证服务，收费与否或收费多少不得以鉴证工作结果或实现特定目的为条件。注册会计师对或有收费采取的防范措施主要包括：

① 预先就收费的基础与客户达成书面协议；

② 向预期的报告使用者披露注册会计师所执行的工作及收费的基础；

③ 实施质量控制政策和程序；

④ 由独立第三方复核注册会计师已执行的工作。

注册会计师收取与客户相关的介绍费或佣金，可能对客观和公正原则以及专业胜任能力和应有的关注原则产生非常严重的不利影响，导致没有防范措施能够消除不利影响或将其降低至可接受的水平。因此，注册会计师不得收取与客户相关的介绍费或佣金。

注册会计师为获得客户而支付业务介绍费，也可能对客观和公正原则以及专业胜任能力和应有的关注原则产生非常严重的不利影响，导致没有防范措施能够消除不利影响或将其降低至可接受的水平。因此，注册会计师不得向客户或其他方支付业务介绍费。

5. 专业服务营销

注册会计师通过广告或其他营销方式招揽业务，可能对职业道德基本原则产生不利影响。在向公众传递信息时，注册会计师应当维护职业声誉，做到客观、真实、得体。

注册会计师在营销专业服务时，不得有下列行为：

① 夸大宣传提供的服务、拥有的资质或获得的经验；

② 贬低或无根据地比较其他注册会计师的工作；

③ 暗示有能力影响有关主管部门、监管机构或类似机构；

④ 做出其他欺骗性的或可能导致误解的声明。

注册会计师不得采用强迫、欺诈、利诱或骚扰等方式招揽业务。注册会计师不得对其能力进行广告宣传以招揽业务，但可以利用媒体刊登设立、合并、分立、解散、迁址、名称变更和招聘员工等信息。

6. 礼品和款待

如果客户向注册会计师（或其近亲属）赠送礼品或给予款待，将对职业道德基本原则产生不利影响。

注册会计师不得向客户索取、收受委托合同约定以外的酬金或其他财务，或者利用执行业务之便，谋取其他不正当的利益。

注册会计师应当评价接受款待产生不利影响的严重程度，并在必要时采取防范措施消除不利影响或将其降低至可接受的水平。如果款待超出业务活动中的正常往来，注册会计师应当拒绝接受。

7. 保管客户资产

除非法律法规允许或要求，注册会计师不得提供保管客户资金或其他资产的服务。保管客户资金或其他资产可能对职业道德基本原则产生不利影响，尤其可能对客观和公正原则以及良好职业行为原则产生不利影响。

注册会计师如果保管客户资金或其他资产，应当符合下列要求：

① 将客户资金或其他资产与其个人或会计师事务所的资产分开；

② 仅按照预定用途使用客户资金或其他资产；

③ 随时准备向相关人员报告资产状况及产生的收入、红利或利得；

④ 遵守所有与保管资产和履行报告义务相关的法律法规。

如果某项业务涉及保管客户资金或其他资产，注册会计师应当根据有关接受与保持客户关系和具体业务政策的要求，适当询问资产的来源，并考虑应当履行的法定义务。

如果客户资金或其他资产来源于非法活动（如洗钱），注册会计师不得提供保管资产服务，并应当向法律顾问征询进一步的意见。

8. 对客观和公正原则的要求

在提供专业服务时，注册会计师如果在客户中拥有经济利益，或者与客户董事、高级管理人员或员工存在家庭和私人关系或商业关系，应当确定是否对客观和公正原则产生不利影响。

在提供专业服务时，对客观和公正原则的不利影响及其严重程度，取决于业务的具体情形和注册会计师所执行工作的性质。注册会计师应当评价不利影响的严重程度，并在必要时采取防范措施消除不利影响或将其降低至可接受的水平。防范措施主要包括：

① 退出项目组；

② 实施督导程序；

③ 终止产生不利影响的经济利益关系或商业关系；

④ 与会计师事务所内部较高级别的管理人员讨论有关事项；

⑤ 与客户治理层讨论有关事项。

如果防范措施不能消除不利影响或将其降低至可接受的水平，注册会计师应当拒绝接受业务委托或终止业务。

在提供鉴证服务时，注册会计师应当从实质上和形式上独立于鉴证客户，客观公正地提出结论，并且在外界看来没有偏见、无利益冲突、不受他人的不当影响。在执行审计和审阅业务以及其他鉴证业务时，为了达到保持独立性的要求，注册会计师应当分别遵守《中国注册会计师职业道德守则第 4 号——审计和审阅业务对独立性的要求》和《中国注册会计师职业道德守则第 5 号——其他鉴证业务对独立性的要求》的规定。

本章小结

为了规范注册会计师职业行为，提高注册会计师职业道德水准，维护注册会计师职业形象，各国注册会计师行业分别制定了注册会计师职业道德规范。国际会计师联合会（IFAC）颁布的《职业会计师道德守则》包括三部分的内容：第一部分为守则的一般应用，它适用于所有职业会计师，除非有特别说明；第二部分为仅适用于执行公共业务的会计师的职业道德规范；第三部分为仅适用于受雇职业会计师的职业道德规范（适当时也可以适用于执行公共业务的会计师）。美国注册会计师协会的职业道德规范由职业道德原则、行为规则、行为规则解释和道德裁决四部分组成。2009 年 10 月，中国注册会计师协会发布了《中国注册会计师职业道德守则》和《中国注册会计师协会非执业会员职业道德守则》。《中国注册会计师职业道德守则》包括职业道德基本原则、职业道德概念框架、提供专业服务的具体要求、审计和审阅业务对独立性的要求、其他鉴证业务对独立性的要求五个组成部分，对诚信、独立、客观和公正、专业胜任能力和应有的关注、保密、良好职业行为等基本原则和提供相关服务过程中的具体情况进行了规定。《中国注册会计师职业道德守则》于 2010 年 7 月 1 日起施行，并全面取代以前的职业道德规范。

案例与习题

一、讨论题

李青负责鸿运公司的审计。5 个年轻的助理会计师参与该项目，并协助李青。该公司在厦门拥有两幢别墅，用来招待客户。该公司告知李青，他们可以随时免费使用别墅。李青如何应对该公司的邀请?

二、单项选择题

1. 下列关于独立性的论述哪项是正确的?（　　）。
   A. 独立性可能受经济利益威胁、自我评价威胁、关联关系威胁和外界压力威胁的影响
   B. 独立性不是审计程序应考虑的因素
   C. 独立性对财务报表是非实质性的影响
   D. 独立性不是中注协道德准则的要求
2. 注册会计师努力达到形式上独立，是为了（　　）。
   A. 使独立第三方觉得注册会计师没有损害其正直与诚实
   B. 使实质上也独立
   C. 遵照审计准则对于现场工作的要求
   D. 评估所有持续重要的会计事项
3. 在下列情况中，注册会计师无须向所在的会计师事务所声明并实行回避的是（　　）。

A. 注册会计师的子女持有委托单位的债券
B. 委托单位的负责人是注册会计师的哥哥
C. 注册会计师担任委托单位常年会计顾问
D. 注册会计师曾在委托单位任职，离职后已满四年

4. 在下列要求中，（　　）属于职业道德中对同行的责任。
A. 会计师事务所不得以降低收费的方式招揽业务
B. 会计师事务所不承接不能按时完成的业务
C. 注册会计师和所在的会计师事务所不得允许其他单位或个人借用本人或本所的名义承接、执行业务
D. 会计师事务所不得在新闻媒介上直接或间接地诋毁同业

5. 在下列情形中，注册会计师不被视为违反保密的职业道德的是（　　）。
A. 发现被审计单位在相当长时期内无任何支付能力，将此告诉正在与被审计单位洽谈一笔大额短期借款事项的银行，以避免银行遭受损失
B. 发现被审计单位中层管理人员舞弊后直接向监察部门打举报电话，请其出面查处
C. 司法部门调查被审计单位，依法要求注册会计师出庭作证时注册会计师透露被审计单位的有关情况
D. 因与其他会计师事务所的注册会计师交流经验的需要而介绍被审计单位的有关情况

6. 会计师事务所若对某项业务无法胜任或不能按时完成，则应当（　　）。
A. 转包给其他会计师事务所
B. 降低收费
C. 聘请其他专业人员帮助并依靠客户职员的才能
D. 拒绝接受委托

7. 在接受审计业务前，后任注册会计师应详细向前任注册会计师询问（　　）。
A. 对现有审计报告公布后期后事项的意见
B. 了解变更注册会计师的原因
C. 会计政策在不同时间的采用是否遵循一贯性原则
D. 所有持续重要的会计事项的评估

三、多项选择题

1. 注册会计师对客户所负的特殊责任有（　　）。
A. 按时按质完成委托业务
B. 提交管理建议书
C. 保密
D. 不能按服务成果的大小决定收费标准的高低

2.《中国注册会计师职业道德基本准则》中提出注册会计师应遵循的基本原则有（　　）。
A. 独立原则　　B. 客观原则
C. 一贯原则　　D. 公正原则

3. 下列情况中，注册会计师为确保其独立性而应回避的有（　　）。
A. 三年前曾在委托单位任职　　B. 在委托单位有经济利益

C. 担任委托单位常年会计顾问　　D. 与委托单位的负责人有近亲属关系

四、判断题

1. 注册会计师的兄弟姐妹若持有委托单位极少量的股票，那么注册会计师不需回避。(　　)

2. 注册会计师的女儿在委托单位担任一般职员，那么注册会计师不需回避。(　　)

3. 会计师事务所不得在新闻媒介上直接或间接地发布关于会计师事务所与注册会计师的名称或姓名、地址、电话、业务范围、开业、迁址之类的公告。(　　)

4. 会计师事务所在为某企业提供会计服务后，仍可接受该企业当年的审计委托。(　　)

五、简答题

1. 独立性的含义是什么？实质上独立与形式上独立有何区别？

2. 什么是或有收费？举例说明为什么注册会计师不应该收取或有收费。

3. 说明可能对职业道德基本原则产生不利影响的因素及具体情形。

第5章

注册会计师法律责任

【学习目标】

◇ 了解注册会计师法律责任的成因和种类

◇ 了解外国注册会计师的法律责任，包括对客户的责任和对第三者的责任

◇ 了解中国注册会计师的法律责任

◇ 明确审计职业界和会计师事务所及注册会计师应当如何避免法律诉讼

【相关注册会计师执业准则、会计准则】

◇ 中国注册会计师鉴证业务基本准则

◇ 中国注册会计师审计准则第 1101 号——注册会计师的总体目标和审计工作的基本要求

◇ 中国注册会计师审计准则第 1111 号——就审计业务约定条款达成一致意见

◇ 中国注册会计师审计准则第 1121 号——对财务报表审计实施的质量控制

◇ 中国注册会计师审计准则第 1131 号——审计工作底稿

◇ 中国注册会计师审计准则第 1141 号——财务报表审计中与舞弊相关的责任

◇ 中国注册会计师审计准则第 1142 号——财务报表审计中对法律法规的考虑

◇ 会计师事务所质量控制准则第 5101 号——质量控制准则

引　言

中兴华会计师事务所被罚 615 万元

2017 年 8 月 16 日，证监会正式下达有关中兴华会计师事务所（特殊普遍合伙）的处罚决定。证监会的处罚决定称，中兴华会计师事务所在博元投资 2012 年和 2013 年年度报告审计中未勤勉尽责，未发现博元投资虚增资产、负债及虚增营业收入和利润的行为，存在严重审计过失，违反了《中国注册会计师审计准则》，依据《证券法》等有关条款，决定没收中兴华会计师事务所业务收入 150 万元，并处以 450 万元罚款，对签字注册会计师聂捷慧、张学峰和李尊农共处罚金 15 万元。

5.1 注册会计师法律责任概述

5.1.1 法律责任与法律环境

法律责任是指因违法行为而引起的应由违法者承担的相应的法律后果。其特点是，它以一定的义务存在为前提，并出现了违反此种义务的事实。注册会计师法律责任是指注册会计师在履行职责过程中，因过失、欺诈或违约而导致客户或其他利益相关方的经济损失，由此而承担的法律后果。

在现代社会中，注册会计师的法律责任正在逐步扩展，特别是在西方国家。进入 20 世纪 80 年代后，无论是法律的判例解释，还是注册会计师职业团体的态度，较之以往的情形都发生了很大变化。

（1）对注册会计师的法律诉讼大量增加

近 10 多年来，由于企业经营失败或者因管理当局舞弊造成破产倒闭的事件剧增，投资者和贷款人蒙受很大损失，从而指控注册会计师未能及时揭示或报告这些问题，并要求其赔偿有关的损失。迫于社会的压力，许多国家的法院判决逐渐倾向于增加注册会计师在这些方面的法律责任。

（2）扩大注册会计师对第三者利益集团或人士的责任

早期的司法制度倾向于限定注册会计师对第三者的法律责任，但自 20 世纪 70 年代末以来，不少法官已放弃上述判例原则，转而规定注册会计师对已知的第三者使用者或财务报表的特定用途必须承担法律责任。

（3）扩充注册会计师法律责任的内涵

注册会计师传统法律责任的含义仅限于财务报表符合公认会计原则的公允性。但各方面使用者和利益集团近 10 多年来不断要求注册会计师对委托单位的会计记录差错、管理舞弊、经营破产可能性及违反有关法律法规的行为都应承担检查和报告责任，从而促使许多会计职业团体在 20 世纪 80 年代后期修订有关审计准则，要求注册会计师在进行财务报表审计时，必须设计和实施必要的审计程序，为发现错误与舞弊提供合理的保证，从而实质上扩充了注册会计师法律责任的内涵。

5.1.2 注册会计师法律责任的成因

在当今社会，可能导致注册会计师承担法律责任的原因是多方面的，有的是被审计单位方面的原因，有的是注册会计师方面的原因，还有的是报表使用者误解的原因。其中，来自被审计单位的原因和注册会计师自身的原因最重要。

1. 被审计单位的原因

（1）错误、舞弊和违反法律法规行为

财务报表的错报可能由于舞弊或错误所致。舞弊和错误的区别在于，导致财务报表发生错报的行为是故意行为还是非故意行为。错误是指导致财务报表错报的非故意行为，主要包括：为编制财务报表而收集和处理数据时发生失误；由于疏忽和误解有关事实而做出不恰当的会计估计；在运用与确认、计量、分类或列报（包括披露）相关的会计政策时发生失误。

舞弊是指被审计单位的管理层、治理层、员工或第三者使用欺骗手段获取不当或非法利益的故意行为。被审计单位存在某些严重错误和舞弊而注册会计师未能查出，往往会给他人造成损失，注册会计师可能遭到委托人或报表使用者等有关方面的控告。

防止或发现错误与舞弊是被审计单位治理层和管理层的责任。治理层有责任监督管理层建立和维护内部控制。管理层则有责任在治理层的监督下建立良好的控制环境，维护有关政策和程序，以保证有序和有效地开展业务活动，包括制定和维护与财务报告可靠性相关的控制，并对可能导致财务报表发生重大错报的风险实施管理。而注册会计师的责任是按照中国注册会计师审计准则的规定实施审计工作，获取财务报表在整体上不存在重大错报的合理保证，无论该错报是由于舞弊还是错误导致。为此，注册会计师应当在整个审计过程中保持职业怀疑态度。但由于审计的固有限制，即使按照审计准则的规定恰当地计划和实施了审计工作，注册会计师也不能对财务报表整体不存在重大错报获取绝对保证，因此不能苛求注册会计师发现和揭露财务报表中所有的错误与舞弊。因此，既不能要求注册会计师对所有未查出的财务报表中的错误与舞弊情况负责，也不意味着注册会计师对未能查出的财务报表中的重大错误与舞弊没有任何责任，关键要看未能查出的原因是否源自注册会计师本身的过错。

违反法规行为，是指被审计单位有意或无意地违反除适用的财务报告编制基础以外的现行法律法规的行为。保证经营活动符合法律法规的规定，防止和发现违反法规行为是被审计单位管理层的责任。注册会计师不应当、也不能对防止被审计单位违反法规行为负责，但执行年度财务报表审计可能是遏制违反法规行为的一项措施。对发现的被审计单位的违法行为，注册会计师应当立即与治理层沟通或向律师寻求帮助。如果认为违反法规行为对财务报表有重大影响，且未能在财务报表中得到恰当反映，注册会计师应当出具保留意见或否定意见的审计报告。如果因被审计单位阻挠无法获取充分、适当的审计证据，以评价是否发生或可能发生对财务报表具有重大影响的违反法规行为，注册会计师应当根据审计范围受到限制的程度，出具保留意见或无法表示意见的审计报告。如果因审计范围受到被审计单位以外的其他条件限制而无法确定违反法规行为是否存在，注册会计师应当考虑其对审计报告的影响。

（2）经营失败

被审计单位发生经营失败时，也可能会连累注册会计师，导致对注册会计师的法律诉讼。许多会计和法律专业人员认为，财务报表使用者控告会计师事务所的主要原因之一，是不理解经营失败和审计失败之间的差别。被审计单位受经济浪潮或经营条件的影响，如经济萧条、决策失误或同行之间意想不到的竞争，无力归还借款或无法达到投资预期的收益属于经营风险，经营风险的极端情况则是经营失败，会导致被审计单位破产或清算整顿。审计失败是指注册会计师提出了错误的审计意见，或者说，当财务报表事实上存在重大错报时，注册会计师却认为财务报表是合法和公允的，发表了无保留意见。经营失败是被审计单位管理当局的管理责任，与注册会计师无关。但是，被审计单位出现经营失败时，特别是注册会计师近期提出无保留意见的审计报告，表明财务报表公允表达时，已审财务报表的使用者往往指责是审计失败。出现经营失败时，审计失败可能存在，也可能不存在。如果注册会计师遵守了执业准则，出具了适当的审计意见，由于被审计单位的自身经营失败导致的损失应由被审计单位自行承担，与注册会计师无关，因而不需承担法律责任。

2. 注册会计师方面的责任

如果不是由于注册会计师的原因给被审计单位或第三者造成损失，注册会计师将不负法律责任。但是，也有些会计师事务所和注册会计师因违约、过失和欺诈等行为惹来官司。

（1）违约

所谓“违约”，是指注册会计师未能达到审计业务约定书的要求，如未能按期出具审计报告、泄露商业秘密等。当违约给他人造成损失时，注册会计师应负违约责任。

（2）过失

所谓“过失”，是指在一定条件下，缺少应具有的合理谨慎。判断注册会计师是否有过失，应当以其他具备专业素质的注册会计师在相同条件下可做到的谨慎程度为标准。当过失给他人造成损失时，注册会计师应负过失责任。通常将过失按程度不同分为普通过失和重大过失。普通过失（也称“一般过失”）通常是指没有保持职业上应有的合理的谨慎，即注册会计师没有完全遵循专业准则的要求进行审计。重大过失是指连起码的职业谨慎都不保持，即注册会计师根本没有遵循准则的要求或没有按专业准则的基本要求执行审计。

另外，还有一种过失称为“共同过失”，即对他人过失，受害方自己未能保持合理的谨慎而蒙受损失。例如，被审计单位未能向注册会计师提供编制纳税申报表所必要的信息，后来又控告注册会计师未能妥当地编制纳税申报表，这种情况可能使法院判定被审计单位有共同过失。再如，在审计中未能发现现金等资产短少时，被审计单位可以过失为由控告注册会计师，而注册会计师又可以说现金等问题是由于缺乏适当的内部控制造成的，并以此为由来反击被审计单位的诉讼。

“重要性”和“内部控制”这两个概念有助于区分注册会计师的普通过失和重大过失。首先，如果财务报表中存在重大错报事项，注册会计师运用常规审计程序通常应予发现，但因工作疏忽而未能将重大错报事项查出来就很可能在法律诉讼中被解释为重大过失。如果财务报表有多处错报事项，每一处都不算重大，但综合起来对财务报表的影响却较大，也就是说，财务报表作为一个整体可能严重失实。在这种情况下，法院一般认为，注册会计师具有普通过失，而非重大过失，因为常规审计程序发现每处较小错报事项的概率也较小。

其次，注册会计师对财务报表项目实施的实质性程序受到控制测试结果的影响。如果内部控制不太健全，注册会计师应当调整实质性程序的性质、时间和范围，这样一般都能合理确信发现由此产生的财务报表重大错报，否则就具有重大过失的性质。相反的情况是，内部控制本身十分健全，但由于职工串通舞弊，导致设计良好的内部控制失效。由于注册会计师查出这种错报事项的可能性相对较小，因而一般会认为注册会计师没有过失或只具有普通过失。

（3）欺诈

欺诈又称注册会计师舞弊，是指注册会计师或事务所为达到欺骗他人的目的，明知委托单位的财务报表有重大错报，却不予以披露或做出不实的证明，而导致相关第三者受损。与欺诈相关的另一个概念是“推定欺诈”，又称“涉嫌欺诈”，是指虽无故意欺诈或坑害他人的动机，但却存在极端或异常的过失。推定欺诈不同于上面定义的欺诈，因为它不包含带有故意欺骗性质的陈述。一般情况下，注册会计师的重大过失被视为推定欺诈。特别是近年来有些法院放宽了“欺诈”一词的范围，使得推定欺诈和欺诈在法律上成为等效的概念。这样，具有重大过失的注册会计师的法律责任就进一步加大了。

注册会计师过失程度的大小没有特别严格的界限，在实务中也往往很难界定，在很多情况下是由法院根据每一个案例的具体情况进行判定和解释。通过参考图 5－1，或许会有助于理解在什么条件下注册会计师可能会被判定为没有过失、普通过失、重大过失或欺诈。

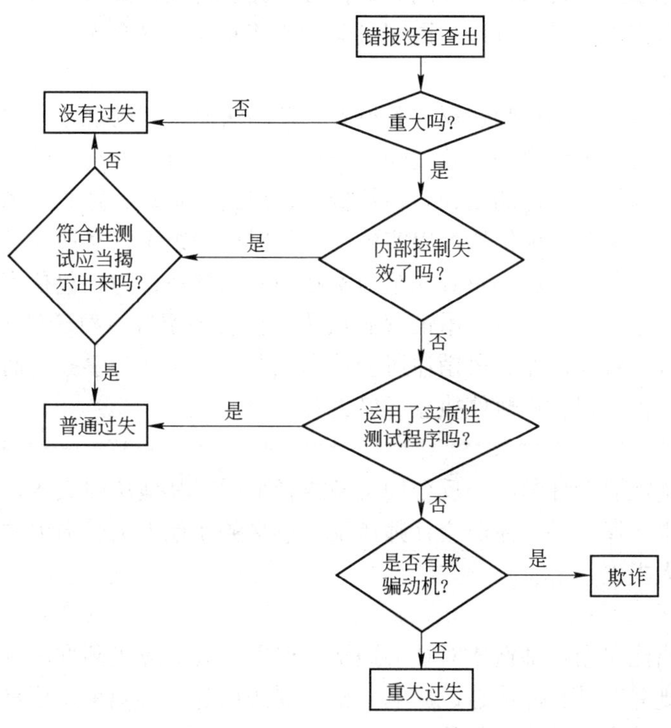

图 5－1　注册会计师过失或欺诈责任界定参考图

3. 报表使用者的误解

来自报表使用者方面的原因包括报表使用者对报表信息的错误理解。委托者或第三人错误理解会计信息，进而错误决策导致损失，是委托人或第三人自身知识、理解能力存在不足的结果。这样的损失不应该由注册会计师来承担。

来自报表使用者方面的原因还包括报表使用者不能正确地区分会计责任和审计责任。在财务报表审计中，注册会计师的责任是按照中国注册会计师审计准则的规定对财务报表发表审计意见；在被审计单位治理层的监督下，按照适用的会计准则和相关会计制度的规定编制财务报表是被审计单位管理层的责任，财务报表审计不能减轻被审计单位管理层和治理层的责任。如果报表使用者不能理解会计责任和审计责任之间的区别，也可能把被审计单位管理层的过错归咎于注册会计师，从而造成注册会计师被控告。

另外，审计期望差距也是导致注册会计师法律责任的原因之一。所谓审计期望差距，是指社会公众对审计作用的理解与注册会计师职业界自身对审计业绩的看法之间存在差异。由于受审计技术和成本的限制，注册会计师不可能查出企业所有的错误和舞弊。但是社会公众认为审计是对财务报表的担保或保证，他们一旦发现所依据的财务报表存在错报和漏报，发生损失时就会向注册会计师提起诉讼，要求赔偿。

5.1.3 注册会计师法律责任的种类

注册会计师的法律责任包括行政责任、民事责任、刑事责任 3 种，这 3 种责任可以单独承担，也可以一起承担。行政责任和刑事责任可由国家行政机关与司法部门主动追究，而民事责任则要由受害方提起民事诉讼，国家机关不能依职权主动介入。

（1）行政责任

行政责任，是指注册会计师违反有关行政管理的法律法规的规定，但尚未构成犯罪的行为所依法应当承担的法律后果。行政责任分为行政处分和行政处罚。行政处分是对国家工作人员的行政违法行为给予一定的处罚，包括警告、记过、降级、降职、撤职、开除等。行政处罚是指国家行政机关及其他依法可以实施行政处罚权的组织，对违反行政法律、法规、规章，尚不构成犯罪的公民、法人及其他组织实施的一种制裁行为，包括警告、罚款、没收违法所得、责令停产停业、暂扣或者吊销营业执照、行政拘留等。对于注册会计师个人来说，行政处罚包括警告、暂停执业、吊销注册会计师证书；对会计师事务所而言，行政处罚包括警告、没收违法所得、罚款、暂停执业、撤销等。

（2）民事责任

民事责任是指注册会计师因违反合同义务或者不履行其他法律义务，使他人蒙受损失而依法应承担的民事法律后果。注册会计师违反民事义务使他人蒙受损失的，应该承担民事责任，即赔偿受害人损失。

（3）刑事责任

刑事责任是指注册会计师造成对社会经济的严重危害而应受到刑法制裁的义务。如果注册会计师违反法规并对社会经济造成影响，根据刑法规定，必须承担刑事责任。刑事责任主要是指按有关法律程序判处一定的徒刑。

一般来说，因违约和过失可能使注册会计师负行政责任和民事责任，因欺诈可能会使注册会计师负民事责任和刑事责任。

5.2 国外注册会计师的法律责任

注册会计师的法律责任主要包括行政责任、民事责任和刑事责任。这里主要以美国为例，重点介绍美国注册会计师的法律责任。美国注册会计师的法律责任主要源自习惯法和成文法。所谓习惯法，指不是通过立法而是通过法院判例引申而成的各项法律；所谓成文法，则是由联邦或州立法机构以文字所制定的法律。在运用习惯法的案件中，法院甚至可以不按以往的判例而另行创立新的法律先例；但在成文法案件中，法院只能按照有关法律的字面进行精确解释。

5.2.1 注册会计师对于委托人的责任

依据习惯法，注册会计师无论是否在与委托人签订的合同中特别声明，都有恪守职业谨慎的义务。因此，在习惯法下，如果由于注册会计师的过失（即使是普通过失）给委托人造成了经济损失，注册会计师对于委托人就负有法律责任。审计业务中对客户承担的责任一般包括：未能发现客户的员工舞弊行为、未按照合同决定的时间完成审计业务、未能发现财务报表错报而导致决策错误等。遭受损失的委托人往往会对注册会计师过失提起诉讼，要求赔偿损失。判断注册会计师是否承担责任的关键因素是损失是否是由注册会计师的过失引起的。只要执业人员遵守了公认审计准则，就不应该承担责任。

一旦委托人对注册会计师提起诉讼，在习惯法下，委托人（即原告）就负有举证责任，即必须向法院证明其已受到损失，以及这种损失是由于注册会计师的过失造成的。

作为被告的注册会计师在受到指控时，可用以下几种理由或几种理由之一进行抗辩。

① 无服务义务。在业务约定书中明确规定双方的权利义务，确定免责条款，以便在抗辩时提供书面证据。被告方可以以无服务义务作为抗辩理由。

② 无过失行为。即注册会计师严格遵守了执业准则，保持了应有的勤勉和谨慎。

③ 注册会计师的过失与委托人的损失不是建立在因果关系的基础上。也就是说，注册会计师虽有过失，但这种过失并不是委托人受到损失的直接原因。

④ 共同过失。所谓共同过失，是指原告受到的损失是由于他本身同样具有过失造成的，而非只因注册会计师的过失造成的损失。例如，注册会计师未能查出委托单位的现金短缺而具有过失，但委托人由于没有设置适当的现金内部控制制度就具有共同过失。共同过失的抗辩实际上也是表示注册会计师的过失并非委托人受损的直接原因的一种方式。这种抗辩在美国视司法管辖区域而定，在某些州或许会减少甚至全部免除注册会计师的责任。

5.2.2　习惯法下注册会计师对于第三者的责任

在美国，习惯法下注册会计师对第三者的责任主要体现在“厄特马斯原则”：普通过失不足以构成对第三者承担法律责任，因为第三者与审计人员之间缺乏合同关系，除非第三者是主要收益人；如果审计人员存在欺诈或重大过失，审计人员就应当对更广泛的第三者承担法律责任。20 世纪 80 年代以来，法院扩宽了对“厄特马斯原则”的理解，认为如果注册会计师犯有普通过失也要对第三者承担一部分责任，但不是对所有的第三者负责，把它限定在合理预期的第三者。总的来说，在美国习惯法下，还没有明确对第三者的责任。习惯法下，原告承担大部分的举证责任，第三者必须和客户一样证明：注册会计师存在过失并由此直接导致了受害人的损失。注册会计师可将以下作为抗辩理由：无过失行为、无服务义务、没有因果关系。

1. 注册会计师对于受益第三者的责任

受益第三者这个法律概念，主要是指合同（业务约定书）中所指明的人，但此人既非要约人，又非承诺人。例如，注册会计师知道被审计单位委托他对财务报表进行审计的目的是为了获得某家银行的贷款，那么这家银行就是受益第三者。

委托人之所以能够取得归因于注册会计师普通过失的损害赔偿的权利，源自习惯法下有关合同的判例。受益第三者同样地具有委托人和会计师事务所所订合同中的权利，因此他也享有同等的追索权。也就是说，如果注册会计师的过失（包括普通过失）给依赖审定财务报表的受益第三者造成了损失，受益第三者也可以指控注册会计师具有过失而向法院提起诉讼，追回遭受的损失。

2. 注册会计师对于其他第三者的责任

委托人和受益第三者对注册会计师的过失具有损害赔偿的追索权，因为他们具有和会计师事务所所订合同中的各项权利。那么其他依赖审定财务报表却无合同中特定权利的许多第三者是否也有追索权呢？也就是说，注册会计师对于其他第三者是否也有责任呢？这在习惯法下和成文法下有些不同。首先看习惯法下注册会计师的责任。

1931 年美国厄特马斯公司对杜罗斯会计师事务所一案，是关于注册会计师对于第三者责任的一个划时代的案例，它确立了“厄特马斯主义”的传统做法。在这个案件中，被告杜罗斯会计师事务所对一家经营香蕉进口和销售的公司进行审计并出具了无保留意见的审计报告，但其后不久这家公司宣告破产。厄特马斯公司是这家公司的应收账款代理商（企业将应收账款直接卖给代理商以期迅速获得现金），根据注册会计师的审计意见曾给予它几次贷款。厄特马斯公司以未能查出应收账款中有 70 万美元是欺诈为由，指控会计师事务所具有过失。纽约上诉法庭（即纽约州最高法院）的判定意见是犯有普通过失的注册会计师不对未曾指明的第三者负责；但同时法庭也认为，如果注册会计师犯有重大过失或欺诈行为，则应当对未指明的第三者负责。

可见，注册会计师对于未指明的第三者是否负有责任，厄特马斯主义的关键在于要看过失程度的大小。普通过失不负责任，而重大过失和欺诈则应当负责。但是自 20 世纪 80 年代以来，许多法院扩大了厄特马斯主义的含义，判定具有普通过失的注册会计师对可以合理预期的第三者负有责任。所谓可以合理预期的第三者，是指注册会计师在正常情况下能够预见将依赖财务报表的人。例如，资产负债表日有大额未归还的银行贷款，那么银行就是可以合理预期的第三者。在美国，目前关于习惯法下注册会计师对于第三者的责任仍然处于不确定状态，一些司法权威仍然承认厄特马斯主义的优先地位，认为注册会计师仅因重大过失和欺诈对第三者有责任；但同时也有些州的法院坚持认为，具有普通过失的注册会计师对可以合理预期的第三者也有责任。

习惯法下注册会计师对于第三者的责任案中，举证的责任也在原告，即当原告（第三者）提起诉讼时，他必须向法院证明：他本身受到了损失；他依赖了令人误解的已审财务报表；这种依赖是他受到损失的直接原因；注册会计师具有某种程度的过失。作为被告的注册会计师仍处于反驳原告所作指控的地位。

5.2.3 成文法下注册会计师对于第三者的责任

成文法是政府部门颁布实施的法律。在美国，涉及注册会计师责任的成文法主要有两个，即《1933 年证券法》和《1934 年证券交易法》。当受害第三者指控注册会计师时，首先应当选择这种指控是根据习惯法还是根据成文法（如果有适用的法律）提出的。由于《证券法》和《证券交易法》允许集团诉讼（即某一类人，如全体股东成为原告），并要求注册会计师应按照严格的标准行事，因此大多数指控注册会计师的公开发行公司的股东或债券持有人都根据联邦成文法提出。

1. 1933 年证券法

美国《1933 年证券法》是在借鉴英国立法经验和美国本土立法的基础上产生的。该法中对涉及注册会计师法律责任的问题做出了规定：凡是公开发行证券的公司必须向证券交易委员会呈送登记表，其中经过注册会计师审计的报表如果存在错误或遗漏，那么注册会计师对证券的原始购买者负责。

《1933 年证券法》对注册会计师提出了更高的要求。

①原告不仅可以是与注册会计师存在合同关系的委托方，而且可以是合同外的第三人。

②将不少举证责任由原告转往被告。原告（证券购买人）只需证明已审财务报表有错报或漏报及自己遭受了损失，而不需证明他依赖了已审财务报表或注册会计师具有过失，把这方面的举证责任交给注册会计师（即被告）。

③一般过失也要对第三者承担责任。

《1933 年证券法》是习惯法和成文法中举证责任在被告方的唯一法律。在《1933 年证券法》中，注册会计师如欲避免承担原告损失的责任，他必须向法院正面证明：他本身并无过失或他的过失并非原告受损的直接原因。因此，《1933 年证券法》建立了注册会计师责任的最高水准，他不但应当对他的普通过失行为造成的损害负责，而且必须证明他的无辜，而非单单反驳原告的非难或指控。但《1933 年证券法》将有追索权的第三者限定在一组有限的投资人——证券的原始购买人。

2. 1934 年证券交易法

《1934 年证券交易法》中规定：每个在证券交易委员会管辖下的公开发行公司（具有 100 万美元以上的总资产和 500 位以上的股东），均需向证券交易委员会呈送经注册会计师审计过的年度财务报表。如果这些年度财务报表令人误解，呈送公司和它的注册会计师对于买卖公司证券的任何人都必须负责，除非被告确实能证明其行为是善意的，并且不知道所作的陈述是虚假或令人误解的。

《1934 年证券交易法》与《1933 年证券法》相比，涉及的财务报表和投资者数量比较多。《1933 年证券法》中的责任对象为登记表中的财务报表和购买公司原始债券的投资者。《1934 年证券交易法》要求注册会计师对上市公司每年的财务报表和买卖公司证券的任何人负责。但是，《1934 年证券交易法》对注册会计师的责任有所减轻。《1934 年证券交易法》规定："除非被告确能证明他本身行为出于善意，且并不知道会计报表是虚伪不实或令人误解的。"这就将注册会计师的责任限定在重大过失或欺诈行为，而 1933 年证券法包括注册会计师的普通过失。《1934 年证券交易法》也将大部分举证责任交给了注册会计师，但不同的是原告要证明因果关系的存在，注册会计师只要证明其出于善意即可。

3. 1995 年《非公开交易证券诉讼改革法案》

1995 年 12 月，美国国会通过了 1995 年《非公开交易证券诉讼改革法案》，这反映了商业企业和专业团体多年来不遗余力为之奋斗的目标终于初露曙光。原告律师滥用诉讼体系的做法终于被注意，并受到限制。

法案较为重要的内容如下。

① 连带责任（指任一被告都有承担全部损失赔偿的责任）被修改后的比例责任（指每一被告仅仅负责赔偿由于他的过错而造成的损失）所代替。

② 对原告诉讼律师的申诉规定了更加严格的标准，从而减少了对执业行为吹毛求疵的可能性，有效地控制了利用专业原告进行诉讼的行为。

③"安全港"条款开始施行。根据此条款，以诚实、公正的态度出具的预测报告，在联邦证券法下，不必承担相应的责任。

④ 证券欺诈行为不再被认为是《贪污欺诈损害组织法案》中的"本质行为"，从而使原告不能在证券诉讼法案中任意提出高额损失赔偿。

4. 2002 年《公众公司会计改革和投资者保护法案》

针对安然、世通等大公司财务欺诈案件，美国国会出台了 2002 年《公众公司会计改革和投资者保护法案》。该法案由美国众议院金融服务委员会主席奥克斯利和参议院银行委员会主席萨班斯联合提出，又称《萨班斯-奥克斯利法案》。该法案对《1933年证券法》和《1934年证券交易法》做出不少修订，在会计职业监管、公司治理、证券市场监管等方面做出许多新的规定。其中与注册会计师相关的内容主要包括：

① 成立独立的公众公司会计监督委员会，监督公众公司审计职业；
② 加强注册会计师的独立性；
③ 加大公司的财务报告责任；
④ 强化财务披露义务；
⑤ 加重对违法行为的处罚。

背景资料

美联邦大陪审团裁定安达信妨碍司法罪成立

美国一个联邦大陪审团经过10天的辩论于2002年6月15日裁定，安达信会计师事务所在销毁安然公司文件一案中的妨碍司法罪成立，从而使这家美国著名公司面临倒闭的危险。

由12人组成的大陪审团认为，安达信公司故意销毁安然公司的审计文件，试图逃避美国证券交易委员会的调查。

妨碍司法罪成立使安达信公司面临被罚款50万美元和察看期5年的处罚。得克萨斯州休斯敦地区法院法官将于10月11日就此案宣布判决。

安达信还可能被处以超出非法行为带来的利润或损失两倍的罚款。这一裁决意味着安达信不能继续为贸易公司公开从事审计业务，从而使公司陷入难以生存的困境。

有关法律专家认为，安达信的妨碍司法罪成立后，将有更多的公司脱离与它的业务关系，许多公司还将对它提出民事诉讼。

资料来源：http://business.sohu.com

5.3 中国注册会计师的法律责任

随着社会主义市场经济体制在我国的建立和发展，注册会计师在社会经济生活中的地位越来越重要，发挥的作用越来越大。注册会计师如果工作失误或犯有欺诈行为，将会给委托人或依赖审定财务报表的第三者造成重大损失，严重的甚至导致经济秩序的紊乱。因此，强化注册会计师的责任意识，严格注册会计师的法律责任，以保证其职业道德和执业质量，其意义就显得越发重大。近年来我国颁布的不少重要的经济法律、法规中，都有专门规定会计师事务所、注册会计师法律责任的条款，其中比较重要的有：《注册会计师法》《公司法》《证券法》《刑法》等。

5.3.1 《注册会计师法》的规定

涉及注册会计师法律责任的最重要的法律是《注册会计师法》，其中的第六章为“法律责任”，在第三十九条中规定了会计师事务所和注册会计师应承担的行政责任和刑事责任，第四十二条规定了会计师事务所应承担的民事责任。

《注册会计师法》第三十九条规定："会计师事务所违反本法第二十条、第二十一条规定的，由省级以上人民政府财政部门给予警告，没收违法所得，可以并处违法所得一倍以上五倍以下的罚款；情节严重的，并可以由省级以上人民政府财政部门暂停其经营业务或者予以撤销。注册会计师违反本法第二十条、第二十一条规定的，由省级以上人民政府财政部门给予警告；情节严重的，可以由省级以上人民政府财政部门暂停其执行业务或者吊销注册会计师证书。会计师事务所、注册会计师违反本法第二十条、第二十一条的规定，故意出具虚假的审计报告、验资报告，构成犯罪的，依法追究刑事责任。"

《注册会计师法》第四十二条规定："会计师事务所违反本法规定，给委托人、其他利害关系人造成损失的，应当依法承担赔偿责任。"

5.3.2 《公司法》的规定

2014 年 3 月 1 日起施行的《公司法》第一百六十四条规定："公司应当在每一会计年度终了时编制财务会计报告，并依法经会计师事务所审计。财务会计报告应当依照法律、行政法规和国务院财政部门的规定制作。"这说明，任何公司都必须在每个会计年度终了接受注册会计师的审计。由于许多小公司为追求经济利益减少纳税，会计报表失真现象严重，增加了注册会计师的审计风险。

《公司法》第二百零七条规定："承担资产评估、验资或者验证的机构提供虚假材料的，由公司登记机关没收违法所得，处以违法所得一倍以上五倍以下的罚款，并可以由有关主管部门依法责令该机构停业、吊销直接责任人员的资格证书，吊销营业执照。

承担资产评估、验资或者验证的机构因过失提供有重大遗漏的报告的，由公司登记机关责令改正，情节较重的，处以所得收入一倍以上五倍以下的罚款，并可以由有关主管部门依法责令该机构停业、吊销直接责任人员的资格证书，吊销营业执照。

承担资产评估、验资或者验证的机构因其出具的评估结果、验资或者验证证明不实，给公司债权人造成损失的，除能够证明自己没有过错的外，在其评估或者证明不实的金额范围内承担赔偿责任。"

第二百一十五条规定："违反本法规定，构成犯罪的，依法追究刑事责任。"

5.3.3 《证券法》的规定

《证券法》第一百七十三条规定："证券服务机构为证券的发行、上市、交易等证券业务活动制作、出具审计报告、资产评估报告、财务顾问报告、资信评级报告或者法律意见书等文件，应当勤勉尽责，对所制作、出具的文件内容的真实性、准确性、完整性进行核查和验证。其制作、出具的文件有虚假记载、误导性陈述或者重大遗漏，给他人造成损失的，应当与发行人、上市公司承担连带赔偿责任，但是能够证明自己没有过错的除外。"

《证券法》第一百九十三条规定："发行人、上市公司或者其他信息披露义务人未按照规定披露信息，或者所披露的信息有虚假记载、误导性陈述或者重大遗漏的，由证券监督管理机构责令改正，给予警告，处以三十万元以上六十万元以下的罚款。对直接负责的主管人员和其他直接责任人员给予警告，并处以三万元以上三十万元以下的罚款。

发行人、上市公司或者其他信息披露义务人未按照规定报送有关报告，或者报送的报告有虚假记载、误导性陈述或者重大遗漏的，由证券监督管理机构责令改正，处以三十万元以上六十万元以下的罚款。对直接负责的主管人员和其他直接责任人员给予警告，并处以三万元以上三十万元以下的罚款。

发行人、上市公司或者其他信息披露义务人的控股股东、实际控制人指使从事前两款违法行为的，依照前两款的规定处罚。”

《证券法》第二百零一条规定：“为股票的发行、上市、交易出具审计报告、资产评估报告或者法律意见书等文件的证券服务机构和人员，违反本法第四十五条的规定买卖股票的，责令依法处理非法持有的股票，没收违法所得，并处以买卖股票等值以下的罚款。”

《证券法》第二百零七条规定：“违反本法第七十八条第二款的规定，在证券交易活动中作出虚假陈述或者信息误导的，责令改正，处以三万元以上二十万元以下的罚款；属于国家工作人员的，还应当依法给予行政处分。”

《证券法》第二百二十三条规定：“证券服务机构未勤勉尽责，所制作、出具的文件有虚假记载、误导性陈述或者重大遗漏的，责令改正，没收业务收入，暂停或者撤销证券服务业务许可，并处以业务收入一倍以上五倍以下的罚款。对直接负责的主管人员和其他直接责任人员给予警告，撤销证券从业资格，并处以三万元以上十万元以下的罚款。”

《证券法》第二百二十五条规定：“上市公司、证券公司、证券交易所、证券登记结算机构、证券服务机构，未按照有关规定保存有关文件和资料的，责令改正，给予警告，并处以三万元以上三十万元以下的罚款；隐匿、伪造、篡改或者毁损有关文件和资料的，给予警告，并处以三十万元以上六十万元以下的罚款。”

《证券法》第二百二十六条规定：“未经国务院证券监督管理机构批准，擅自设立证券登记结算机构的，由证券监督管理机构予以取缔，没收违法所得，并处以违法所得一倍以上五倍以下的罚款。

投资咨询机构、财务顾问机构、资信评级机构、资产评估机构、会计师事务所未经批准，擅自从事证券服务业务的，责令改正，没收违法所得，并处以违法所得一倍以上五倍以下的罚款。

证券登记结算机构、证券服务机构违反本法规定或者依法制定的业务规则的，由证券监督管理机构责令改正，没收违法所得，并处以违法所得一倍以上五倍以下的罚款；没有违法所得或者违法所得不足十万元的，处以十万元以上三十万元以下的罚款；情节严重的，责令关闭或者撤销证券服务业务许可。”

《证券法》第二百二十八条规定：“证券监督管理机构的工作人员和发行审核委员会的组成人员，不履行本法规定的职责，滥用职权、玩忽职守，利用职务便利牟取不正当利益，或者泄露所知悉的有关单位和个人的商业秘密的，依法追究法律责任。”

5.3.4 《刑法》的规定

《刑法》第二百二十九条规定：“承担资产评估、验资、验证、会计、审计、法律服务等职责的中介组织的人员故意提供虚假证明文件，情节严重的，处五年以下有期徒刑或者拘役，并处罚金。

前款规定的人员，索取他人财物或者非法收受他人财物，犯前款罪的，处五年以上十年以下有期徒刑，并处罚金。

第一款规定的人员，严重不负责任，出具的证明文件有重大失实，造成严重后果的，处三年以下有期徒刑或者拘役，并处或者单处罚金。”

本章小结

本章为深入探讨注册会计师面临的法律责任问题，首先考察了注册会计师法律责任的成因和种类。造成注册会计师被控告的原因是多方面的，有的是被审计单位方面的责任，有的是注册会计师本身的责任，也有的是信息使用者的误解所造成。注册会计师的法律责任包括行政责任、民事责任和刑事责任。本章以美国为重点，介绍了外国注册会计师的法律责任。美国注册会计师的责任可以分为习惯法下注册会计师对委托人的责任、习惯法下注册会计师对第三者的责任及成文法下注册会计师对第三者的责任。最后，本章介绍了中国注册会计师的法律责任，重点阐述了《注册会计师法》《公司法》《证券法》《刑法》中对会计师事务所和注册会计师法律责任的规定。

案例与习题

一、讨论题

1. 注册会计师在对被审计单位的存货进行审计时提出监盘，但被审计单位表示年终前已做过盘点，并向注册会计师提供了盘点的全部记录。注册会计师审查了盘点记录后便认可了存货的真实性。然而，后来存货被证实存在大量虚构情况。注册会计师应承担何种责任？

2. 注册会计师大量函证了被审计单位的应收账款，回函结果是：只有一家企业声明只向被审计单位发过订货单，因此与被审计单位的相应记录不同。对此，注册会计师在未作进一步查证的基础上便认可了该应收账款的存在性。然而，后来该笔应收账款被证明是虚构的。注册会计师应承担何种责任？

二、单项选择题

1. 对及时发现并纠正被审计单位错误与舞弊负有责任的人员，应为（　　）。

A. 注册会计师　　B. 政府审计人员

C. 国家税务稽查人员　　D. 被审计单位管理层

2. 注册会计师未能查出财务报表中重大错报漏报，法院一般会认为注册会计师可能具有（　　）。

A. 普通过失　　B. 重大过失

C. 欺诈　　D. 普通过失或重大过失

3. 如果财务报表有多处错误事项，每一处都不算重大，但报表作为一整体可能严重失实，注册会计师执行审计准则规定的程序未能将错误事项查出来，该注册会计师会被认定为（　　）。

A. 没有过失　　B. 普通过失

C. 重大过失　　D. 欺诈

4. 对于注册会计师的欺诈行为，法院可判其（　　）。

A. 只有民事责任　　B. 只有刑事责任
C. 行政责任和刑事责任　　D. 出具保留意见的审计报告

5. 行政处罚对于注册会计师个人来说，不包括（　　）。
A. 警告　　B. 暂停执业
C. 吊销注册会计师证书　　D. 没收违法所得

6. 注册会计师减少过失和防止欺诈的基本措施不包括（　　）。
A. 增强执业独立性　　B. 审慎选择被审计单位
C. 保持职业谨慎　　D. 强化执业监督

三、多项选择题

1. 注册会计师审计甲公司2018年度财务报表，出具了无保留意见审计报告。其后，甲公司因发现存在小额销售收入被漏记和贪污现象，控告注册会计师有过失。注册会计师提出无过失申辩，下列申诉理由中合理的有（　　）。
A. 防止发生和及时发现并纠正错误与舞弊，是甲公司管理层的责任
B. 按照审计准则审计财务报表，并不能保证发现所有错误与舞弊
C. 年度财务报表审计并非专门针对错误与舞弊
D. 因销售收入审计是由助理人员完成的，直接责任应由该助理人员承担

2. 以下关于注册会计师对错误、舞弊的审计责任表述，正确的有（　　）。
A. 注册会计师在审计过程中发现有错误或舞弊的可能性时，应对其重要性进行评估，并确定是否修改或追加审计程序
B. 注册会计师查明导致财务报表严重失实的错报和舞弊，应主要实施实质性程序
C. 注册会计师查明财务报表中确实存在错误和舞弊，应提请被审计单位适当处理，并考虑其对财务报表的影响
D. 注册会计师如果未能将财务报表中严重失实的错误与舞弊揭露出来，应负审计责任

3. 注册会计师可能因为（　　）而应承担法律责任。
A. 违约　　B. 专业标准规定有误
C. 过失　　D. 欺诈

4. 根据《注册会计师法》的规定，如果注册会计师违反执业准则、规则执行业务，可以对其处以（　　）等行政处罚。
A. 罚款　　B. 警告
C. 暂停执行注册会计师业务　　D. 吊销注册会计师证书

5. 舞弊是指会计报表中存在不实反映的故意行为，其主要包括（　　）。
A. 侵占资产　　B. 伪造记录
C. 蓄意使用不当的会计政策　　D. 隐瞒交易

6. 属于注册会计师避免法律诉讼的对策有（　　）。
A. 建立职业风险基金　　B. 选择已有的被审计单位
C. 与委托人签订业务约定书　　D. 深入了解被审计单位业务

四、判断题

1. 注册会计师如果未能将会计报表的错误与舞弊全部揭发出来，应负审计责任。（　）

2. 注册会计师如果发现被审计单位的违法行为对会计报表有严重影响而未作适当的会计处理和披露，注册会计师应当发表保留意见或拒绝表示意见，因为这时会计报表不符合公认会计原则。（　）

3. 被审计单位出现经营失败时，必然存在审计失败现象。（　）

4. 若会计师事务所在商定的期间内，未能提交纳税申报表，则属于过失行为。（　）

5. 欺诈与过失的主要区别在于，欺诈具有不良动机。（　）

6. 如果会计报表中有多处错报事项，每一处都不算重大，但综合起来对会计报表的影响却较大，也就是说会计报表作为一个整体可能会严重失实，那么注册会计师一般会被判定为重大过失。（　）

7. 被审计单位的内部控制本身非常健全，但由于职工串通舞弊，导致设计良好的内部控制失效，此时注册会计师若未能发现报表的重要错报、漏报，则一般会被视为重大过失。（　）

8. 被审计单位的内部控制不健全，此时注册会计师若未能发现会计报表的重要错报、漏报，则属重大过失。（　）

9. 因违约可能使注册会计师负行政责任和民事责任，因过失和欺诈可能会使注册会计师负民事责任和刑事责任。（　）

10. 行政处罚对注册会计师个人而言，包括警告、没收违法所得、罚款、暂停执业、吊销注册会计师证书。（　）

11.《注册会计师法》是涉及注册会计师法律责任的最重要的法律，其中对行政责任、民事责任、刑事责任均做出了相关的规定。（　）

12. 承担资产评估、验资或者验证的机构因过失提供有重大遗漏的报告的，责令其改正，情节较重的，处以所得收入 1 倍以上 5 倍以下的罚款，并可由有关主管部门依法责令该机构停业，吊销直接责任人员的资格证书。（　）

13. 会计师事务所不论承办何种业务，都要与委托人签订约定书。（　）

14. 注册会计师为了避免法律诉讼，应当审慎地选择被审计单位，一是要选择正直的被审计单位，二是对陷入财务和法律困境的被审计单位要给予特别的注意。（　）

五、简答题

1. 何谓普通过失和重大过失?

2. 什么是注册会计师的审计责任？什么是被审计单位的会计责任？两者关系如何?

3. 在什么情况下，注册会计师可能对第三者承担法律责任?

4. 注册会计师如何避免法律诉讼?

六、案例分析题

华兴公司是一个生产塑料制品的国有企业，精美会计师事务所 2018 年承接华兴公司该年度财务报表审计业务，注册会计师李义、张放在审计中关注到以下情况。

① 华兴公司的工业废水处理不符合环保部门的相关规定。

② 华兴公司的总经理利用与女婿共同注册的为民公司与华兴公司生产、销售同一产品。

要求：

1. 就注册会计师审计中发现的上述事项，你认为注册会计师应当如何处理？

2. 如果注册会计师李义、张放就审计中发现的问题与华兴公司沟通处理后，出具了无保留意见的审计报告，但2019年1月华兴公司在突然轮换岗位时发现现金出纳2018年利用时间差共挪用现金200笔，计20万元。华兴公司状告注册会计师李义、张放没有尽到审计职责，你认为注册会计师李义、张放应当承担责任吗？为什么？

第6章

信息技术对审计的影响

【学习目标】

◇了解信息技术对审计对象、审计工具及审计责任的影响

◇分析重大错报风险、检查风险，分析信息技术对审计风险的影响

◇了解与电子商务相关的经营风险

◇了解与电子商务相关的法律法规事项

◇掌握安全性控制与交易完备性控制两个概念

【相关注册会计师执业准则、会计准则】

◇中国注册会计师鉴证业务基本准则

◇中国注册会计师审计准则第 1241 号——对被审计单位使用服务机构的考虑

◇中国注册会计师审计准则第 1211 号——通过了解被审计单位及其环境识别和评估重大错报风险

◇中国注册会计师审计准则第 1231 号——针对评估的重大错报风险采取的应对措施

◇中国注册会计师审计准则第 1633 号——电子商务对财务报表审计的影响

引　言

在信息化的今天，无论是被审计单位还是注册会计师，使用计算机、利用网络已是司空见惯寻常事。被审计单位不仅利用信息技术对公司资源进行管理，而且利用信息技术开展电子商务。因此，注册会计师在财务报表审计时就需要考虑被审计单位因使用信息技术而产生的重大错报风险，而且还需要考虑其开展电子商务可能产生的影响。

6.1　信息技术的发展及其对审计的影响

20 世纪 80 年代以来，以计算机信息技术应用为起点，开始了以数字化和网络化为核心的信息技术革命。信息技术以计算机应用技术为基础，以网络技术、现代通信技术为媒介迅速地发展起来，并在此基础上建立了面向世界，覆盖全球的信息收集、处理、沟通技术。

信息技术的发展推动经济全球化高速发展，给作为信息记录与处理手段的会计业带来了巨大变革，进而给以会计信息为最主要工作对象的审计业也带来了深刻的影响。可以说，信

息技术的发展，把审计实务推向一个新时代，使得审计模式、审计策略、审计客体、审计对象、审计范围、审计线索、审计工具、审计证据、审计方法、审计技术等多方面发生了重大改变。就其重要性而言，信息技术对审计对象、审计工具、审计责任、审计风险方面的影响是最值得关注的。

6.1.1 信息技术对审计对象的影响

信息技术将给审计对象带来了如下方面的变化。

(1) 被审计单位组织形态虚拟化

随着信息技术的广泛应用，被审计单位变得更加具有动态性和虚拟性。它们有可能采用网络化经营，也可以通过网络以网上协议的形式整合成企业联盟。审计对象与其他企业之间的关系，无论是投资融资关系、技术协作关系，还是购销关系，均变得更加松散。

(2) 被审计单位经营区域范围日益扩大化

被审计单位的经营区域范围日益扩大，并向全球化转变。在信息技术革命之前，企业的经济业务往往局限于一国内部很小的区域。但是伴随着信息技术的发展，许多跨国公司、国际企业建立起来了，这些企业大都是在多国多地区进行购、产、销。

(3) 被审计单位业务种类日益多元化

被审计单位不再似过去那样局限于某一个特定的行业领域。借助于现代信息手段和企业的多元化发展战略，企业的经济业务种类日益丰富。大型跨国公司经济业务更是涉及制造、建筑、化工、金融、医疗等多个行业。

(4) 被审计单位业务活动电子商务化

被审计单位的业务越来越多地运用电子商务。通过以互联网为代表的公共网络，被审计单位实现了与世界范围内的其他实体和个人的通信，其可以与其他任何一台连入互联网的计算机通信。

(5) 会计数据处理的高效化

利用信息技术，被审计单位实现了会计信息处理的高效化。利用数据库技术对会计数据进行可靠、完整的保存和管理，借助单机系统或工作站，对会计数据进行快速、准确的加工和处理，利用网络和通信技术对会计数据进行安全、有效的分配和传输。过去大型企业的会计报表处理往往需要十几天、几十天，而现在借助于信息技术往往几天，甚至几小时就可以完成。

(6) 会计数据的无纸化

被审计单位利用信息技术后，其会计数据载体也由过去的书面、纸质信息，变成了无法直接观察的存在于磁盘、存储器等存储介质上的电磁信息。

(7) 内部控制的效率化

信息技术可以大大地提高被审计单位内部控制的效率和效果：在处理大量的交易或数据时，一贯运用事先确定的业务规则，并进行复杂运算；提高信息的及时性、可获得性及准确性；有助于对信息的深入分析；加强对被审计单位政策和程序执行情况的监督；降低控制被规避的风险；通过对操作系统、应用程序系统和数据库系统实施安全控制，提高不相容职务分离的有效性。

被审计单位的这些变化，将对注册会计师提出如下的要求。

① 对被审计单位组织形式虚拟化，注册会计师应该突破传统的有形界限，要对被审计单位的“实体”与“虚体”同样重视，对处于模糊状态的会计核算尤其要加以关注。

② 对被审计单位经营区域的扩大化，会计信息系统横跨几个，甚至几十个国家和地区，注册会计师需要建立适应被审计单位经济全球化条件下会计信息系统的审计方式。

③ 对被审计单位业务多元化，注册会计师也要摆脱传统上仅局限于一个行业、几种经济业务的审计状况，建立跨越多个行业、多种经济类型的多元化审计方式。

④ 在被审计单位广泛使用互联网从事电子商务的情形下，注册会计师就需要考虑信息技术的运用，以及其可能导致的被审计单位信息系统与业务流程难以融合等风险。

⑤ 被审计单位借助信息技术，高效准确地对会计信息实施自动化处理，摆脱原先长达半个月甚至几十天的审计周期，注册会计师应借助于信息技术提高自身的审计效率，以便在尽可能短的时间内提供审计信息需求者满意的审计服务。

⑥ 会计数据的无纸化，使得注册会计师无法像以前那样，通过直接观察数据处理过程获得有形的审计证据，验证其真伪。这时，审计也必须采用信息技术进行高效自动化审计，部分的审计过程也相应地无形化。

⑦ 被审计单位内部控制的效率化也要求注册会计师对自动化的内部控制给予不同于传统人工控制的关注。

6.1.2　信息技术对审计工具的影响

信息技术在给被审计单位带来许多改变、影响审计对象的同时，也对注册会计师的审计工作带来了很大的变化，影响着审计工具。审计工具是指为了实现审计目标，在对被审计单位实施审计过程中所采用的各种技术与手段，它是顺利完成审计工作、提高审计工作质量的重要保证。

信息技术给注册会计师的审计工作带来很大变化，丝毫没有什么值得意外，目前笔记本电脑、网络被注册会计师用来辅助审计。注册会计师利用信息技术的辅助，可以非常便利地从被审计单位的计算机系统中获取数据，并完成自动加工、计算比较、统计抽样、测试数据、编制底稿、辅助制定审计策略和计划等工作。这些信息技术，常又被称为计算机辅助审计技术（computer-assisted audit tools，CAATs）、审计电算化、审计自动化、利用计算机进行审计等。名称虽有多种，目的却始终都离不开三点：适应计算机化信息处理环境、提高审计工作效率和质量、提高审计工作效果。

1. 计算机辅助审计技术的定义

CAATs 是指利用计算机和相关软件，使审计测试工作实现自动化的技术。通常将计算机辅助审计技术分为两类：一类是用来验证程序/系统的，即面向系统的计算机辅助审计技术，另一类是用于分析电子数据的，即面向数据的计算机辅助审计技术。

（1）面向系统的计算机辅助审计技术

面向系统的计算机辅助审计技术包括：平行模拟（parallel simulation）法、测试数据（test data）法、嵌入审计模块法（embedded audit module）、程序编码审查法、程序代码比较和跟踪法、快照法等方法。

平行模拟法是指注册会计师使用自身的应用软件，并且运用与被审计单位同样的数据文件，执行被审计单位应用软件同样的操作，以确定被审计单位自动控制的有效性或账户余额的准确性；测试数据法是指注册会计师使用被审计单位的计算机系统和应用软件处理注册会计师自身准备的测试数据，以确定被审计单位的自动控制是否正确地处理测试数据；嵌入审计模块法是指注册会计师在被审计单位的应用软件系统中嵌入审计模块，以识别特定类型的交易；程序编码审查法是指注册会计师使用专业的编码审查工具，进行开发编码的独立审查，以发现冗余代码、错误代码、恶意代码等；程序代码比较和跟踪法是指注册会计师使用专业的代码比较工具，进行开发代码的比对，包括客制化开发版本和标准版之间的代码比对、不同版本程序之间代码的比对跟踪等；快照法是指注册会计师使用专业的工具，将系统运行过程中的某一状态进行快照记录，以进行包括系统性能、功能、状态等的横向比较。

（2）面向数据的计算机辅助审计技术

面向数据的计算机辅助审计技术包括：数据查询、账表分析、审计抽样、统计分析、数值分析等方法。

计算机辅助审计技术可以在以下方面使审计工作更有效率和效果：将现有手工执行的审计测试自动化，例如对报告数据的准确性和完整性进行测试；在手工方式不可行的情况下执行测试或分析。例如，审阅大量的和非正常的销售交易，尽管这项工作有可能通过手工执行来实现，但对于多数大型公司而言，从时间角度出发，需要审阅的交易数量是无法通过手工方式来进行的。

计算机辅助审计技术不仅能够提高审阅大量交易的效率，而且计算机不会受到过度劳累的影响（而注册会计师在审阅了大量的交易后很容易产生疲劳），从这个意义上讲，计算机辅助审计技术还可以使审阅工作效果更好。与用手工的方式进行同样的测试相比较，即便是第一年使用计算机辅助审计技术进行审计，也会节省大量的审计工作量，而后续年度节约的审计时间和成本则会更多。

2. 计算机辅助审计技术的应用

最广泛地应用计算机辅助审计技术的领域是实质性程序，特别是在与分析程序相关的方面。计算机辅助审计技术使得对系统中的每一笔交易进行测试成为可能，主要用于在交易样本量很大的情况下替代手工测试。

与其他控制测试相同，计算机辅助审计技术也可用于测试控制的有效性，选择少量的交易，并在系统中进行穿行测试，或是开发一套集成的测试工具，用于测试系统中的某些交易。在控制测试中使用计算机辅助审计技术的优势是：可以对每笔交易进行测试（包括主文件和交易文件），从而确定是否存在控制失效的情况。

由于计算机辅助审计技术有助于详审海量数据，它也可用于对舞弊的检查工作（如审计非正常的日记账）。

3. 计算机辅助审计工具的使用

计算机辅助审计技术是一种审计方式，因此也需要使用一定的工具来加以实现。常见的工具如下。

（1）通用类（如 Excel、Access 等）

Excel 自带了大量的核算或分析的库函数或工具，但是它处理的数据非常有限。Access 可以灵活导入数据，并可使用简单的 SQL 语言进行分析，处理数据的范围和数量大于Excel。

（2）数据库类（如 SQL Server、Oracle 等）

专用的数据库工具，可以快速高效地分析大量数据，但是对分析人员的技术水平要求较高，至少必须非常精通 SQL 语言。

（3）专业工具类（如 ACL、IDEA 等）

专业的分析工具，一般只有审计和内部控制专业人士及财务管理人员才会使用这些工具。

6.1.3　信息技术对审计责任的影响

1. 增加了注册会计师对被审计单位信息技术运用的了解责任

《中国注册会计师审计准则第 1211 号——通过了解被审计单位及其环境识别和评估重大错报风险》第 21 条要求，注册会计师需要从下列方面了解与财务报告相关的信息系统（包括相关业务流程）：在被审计单位经营过程中，对财务报表具有重大影响的各类交易；在信息技术和人工系统中，对被审计单位的交易生成、记录、处理、必要的更正、结转至总账及在财务报表中报告的程序；用以生成、记录、处理和报告（包括纠正不正确的信息及信息如何结转至总账）被审计单位交易的会计记录、支持性信息和财务报表中的特定账户；被审计单位的信息系统如何获取除交易以外的对财务报表重大的事项和情况；用于编制被审计单位财务报表（包括做出的重大会计估计和披露）的财务报告流程；与会计分录相关的控制，这些分录包括用以记录非经常性的、异常的交易或调整的非标准会计分录。

《中国注册会计师审计准则第 1211 号——通过了解被审计单位及其环境识别和评估重大错报风险》第 24 条要求，在了解被审计单位控制活动时，注册会计师应当了解被审计单位如何应对信息技术导致的风险。

2. 增加了注册会计师自身对于信息技术使用的考虑责任

（1）对确保具备信息技术方面的素质和专业胜任能力的责任

审计项目组整体应当具备相关技术知识，包括信息技术知识。

会计师事务所应当制定程序，评价员工的素质和专业胜任能力；在委派项目组及确定所需的监督层次时，会计师事务所也应当考虑员工是否具有相应方面的素质和专业胜任能力。而素质和专业胜任能力强调对信息技术方面的知识。

（2）考虑信息技术专家的使用及其胜任能力的责任

《中国注册会计师鉴证业务基本准则》第 15 条规定，如果鉴证业务涉及的特殊知识和技能超出了注册会计师的能力，注册会计师可以利用专家协助执行鉴证业务。在这种情况下，注册会计师应当确信包括专家在内的项目组整体已具备执行该项鉴证业务所需的知识和技能，并充分参与该项鉴证业务和了解专家所承担的工作。

6.1.4　信息技术对审计风险的影响

信息技术被广泛地应用于被审计单位及会计师事务所中，其在带来高效率的同时，也在一定程度上提高了审计的风险。在信息技术的影响下，被审计单位的经济业务多元化趋势明显，注册会计师审计范围不断扩大，审计中不确定性因素增多。同时，信息技术的大量运用，使得信息被变造、伪造的可能性增加，从而降低了信息的可信度。审计风险是指财务报表存在重大错报而注册会计师发表不恰当审计意见的可能性。审计风险取决于重大错报风险和检查风险，其中重大错报风险是指财务报表在审计前存在重大错报的可能性，检查风险则是指如果存在某一错报，该错报单独或连同其他错报可能是重大的，注册会计师为将审计风险降至可接受的低水平而实施程序后没有发现这种错报的风险。如此，就需要分别从重大错报风险与检查风险两个方面来分析信息技术对审计风险的影响。相应地，对审计风险的控制，也需要考虑这两个方面。

1. 被审计单位因使用信息技术而产生的重大错报风险

由于在以下几个方面使用信息技术，被审计单位可能产生与信息技术紧密相关的重大错报风险。

1）公司整体层面

在公司整体层面，因信息技术而产生重大错报风险的原因如下。

① 信息技术战略与经营战略不协调。

② 信息技术环境发生变化。

③ 安装新的与财务报告有关的重大信息技术系统。

④ 公司关键岗位人员素质难以满足信息技术发展要求。

⑤ 公司内部控制不健全。

其中，信息技术可能反过来对内部控制产生特定风险，注册会计师可以从下列方面了解信息技术对内部控制产生的特定风险。

① 系统或程序未能正确处理数据，或处理了不正确的数据，或两种情况同时并存。

② 在未得到授权的情况下访问数据，可能导致数据的毁损或对数据不恰当的修改，包括记录未经授权或不存在的交易，或不正确地记录了交易。

③ 信息技术人员获得超越其履行职责以外的数据访问权限，破坏了系统应有的职责分工。

④ 未经授权改变主文档的数据。

⑤ 未经授权改变系统或程序。

⑥ 未能对系统或程序做出必要的修改。

⑦ 不恰当的人为干预。

⑧ 数据丢失的风险或不能访问所需要的数据。

另外，注册会计师还需要特别关注因管理层凌驾于账户记录控制之上或规避控制行为而产生的重大错报风险。自动化程序和控制可能降低了发生无意错误的风险，但是并没有消除个人凌驾于控制之上的风险，如某些高级管理人员可能篡改自动过入总分类账和财务报告系统的数据金额。当被审计单位运用信息技术进行数据的传递时，篡改可能不会留下痕迹或证据。

2）公司业务流程环节

业务流程是指被审计单位开发、采购、生产、销售、发送产品和提供服务、保证遵守法律法规、记录信息等一系列活动。公司业务流程可能通过人工程序也可能通过自动化程序生成，但通常关于业务流程的记录与处理借助于信息技术来完成。记录包括识别和收集与交易、事项有关的信息，处理包括编辑、核对、计量、估价、汇总和调节活动。如此，下面两个方面就可能成为风险的诱因。一是业务流程与信息系统难以融合的风险。信息技术的运用本身存在风险，而当信息技术系统与业务流程难以融合时，重大错报风险发生的概率就更高。二是当被审计单位信息技术发生改变时，而业务流程未随之变化，此时可能引发重大错报风险。

3）财务报告系统

财务报告是指用电子或书面形式编制的，依据某一财务报告编制基础对被审计历史财务信息做出的结构性表述，包括相关附注，旨在反映某一时点的经济资源或义务或者某一时期经济资源或义务的变化。与财务报告相关的信息系统，包括用于生成、记录、处理和报告交易、事项和情况，对相关资产、负债和所有者权益履行经营管理责任的程序和记录。重大错报风险隐患可能在于：第一，财务报告系统，以及与之相对应的业务经营系统可能过分地依赖信息技术。被审计单位出于编制财务报告和实现经营目的广泛使用信息技术的同时，可能忽视人工因素仍然存于这些系统之中。不同的被审计单位采用的控制系统中人工控制和自动化控制的比例是不同的。第二，财务报告相关的信息系统可能与业务流程不相适应。

2. 信息技术对检查风险的影响

（1）对被审计单位信息技术在整体层面上了解不充分

注册会计师不仅需要了解被审计单位及其环境，还需要了解被审计单位所使用的信息技术。但注册会计师并非是信息技术方面的专家，在了解时，即使其具备了解所需要的时间、文档资料、外部技术咨询、人力资源等，也仍有可能存在对信息技术了解不充分的情况，存在检查风险。

（2）对信息技术在被审计单位业务流程层面的使用及其影响检查不到位

由于检查风险的高低主要取决于注册会计师所实施的证据收集程序的性质、时间和范围，导致注册会计师对被审计单位在业务流程层面使用信息技术的情况及其影响检查不到位的原因如下。

① 进一步审计程序的性质使用不当，如应该更多地采用细节测试时却错误地只进行了分析程序。

② 进一步审计程序的时间安排不对。

③ 进一步审计程序的范围不匹配。

（3）注册会计师自身专业胜任能力不够

注册会计师使用信息技术辅助审计工作，主要目的在于提高审计效率，同时降低审计风险。但如果专业胜任能力不够，对信息技术使用不熟练，或对未经过严格测试的技术缺乏识别能力，最终可能会导致检查风险的上升。很多通用的审计软件，如果使用不当，可能会出现数据丢失或数据处理错误的情况，从而产生检查风险。此外，对他人编写的程序，或注册会计师自己编写的程序，若未经严格测试就投入使用，同样会增加检查风险。

（4）注册会计师过分地依赖信息技术

由于使用信息技术能够有效地提高工作效率，注册会计师很容易对信息技术产生过分的依赖，期望通过电子数据分析来获得所有的审计线索，而忽略其他审计方法的使用。事实上，注册会计师应该采取所有适当的方法获取审计证据，如向有关人员询问、实物检查、函证、观察等，而不是仅依赖于信息技术的使用，否则将会导致检查效率降低、取证范围变窄、审计证据充分性得不到保障。最终，同样可能增加检查风险。

3. 控制审计风险

注册会计师应当通过计划和实施审计工作，获取充分、适当的审计证据，将审计风险降至可接受的低水平。这是控制审计风险的总要求，并不会由于被审计单位使用信息技术或注册会计师使用信息技术而改变。审计风险取决于重大错报风险和检查风险。其中，重大错报风险是企业的风险，不受注册会计师的控制，注册会计师只能通过实施风险评估程序来正确评估重大错报风险。因此，若要将审计风险降至可接受的低水平，注册会计师需要控制检查风险。控制审计风险就需要注册会计师做好以下几方面的工作。

（1）准确评估重大错报风险

为了尽可能准确地评估重大错报风险，注册会计师在了解被审计单位及其环境时，就需要关注以下方面。

① 在信息技术和人工系统中，对交易生成、记录、处理和报告的程序。

② 与交易生成、记录、处理和报告有关的会计记录、支持性信息和财务报表中的特定项目。

③ 信息系统如何获取除各类交易之外的对财务报表具有重大影响的事项和情况，如固定资产和长期资产的计提折旧或摊销、应收账款计提坏账准备等。

（2）降低检查风险至可接受水平

检查风险取决于审计程序设计的合理性和执行的有效性。注册会计师通常无法将检查风险降低为零，其原因：注册会计师通常并不对所有的交易、账户余额和列报进行检查；注册会计师可能选择了不恰当的审计程序，或是审计程序执行不当，或是错误解读了审计结论。为此，注册会计师可以通过适当计划、在项目组成员之间进行恰当的职责分配、保持职业怀疑态度以及监督、指导和复核项目组成员执行的审计工作等方式尽可能降低检查风险。

（3）加强对注册会计师信息技术使用的培训

当检查风险是源于注册会计师自身专业胜任能力不够时，会计师事务所应加强培训。既要提高注册会计师信息技术的使用熟练程度，也要加强对不成熟信息技术使用的控制。

（4）会计师事务所对注册会计师的信息技术使用依赖程度进行检查

为防止注册会计师过度地依赖信息技术，会计师事务所应当制定专门的质量控制程序对注册会计师使用信息技术的依赖程度进行检查，从而在一定程度上把控审计风险。

6.2 电子商务对财务报表审计的影响

6.2.1 电子商务的含义

电子商务是指被审计单位利用互联网等公共网络从事商品购买和销售、劳务接受和提供等交易活动。从概念上讲，电子商务有广义和狭义之分。广义概念上的电子商务，是指所有的业务活动，不仅包括交易性的，而且包括非交易性的，如顾客关系与沟通等。狭义概念上的电子商务仅指交易活动，如货物、劳务的购买和销售。在《电子商务对财务报表审计的影响》中，对于电子商务的概念，侧重的是其作为“交易活动”的含义，也就是说狭义上的电子商务。

电子商务在很多情况下是通过以互联网为代表的公共网络实现的。互联网是由计算机网络组合而成的世界范围内的共享公共网络，可以实现与世界范围内的其他实体和个人的通信。它具有可共同操作和共同使用的特点。互联网作为一个公共网络，与那些只允许经过授权的单位或个人访问的私人网络是不同的。使用这种公共网络从事电子商务可能产生以下新的风险因素。

① 数据高度集中于电子商务系统，易导致机密数据被他人复制，甚至可能被非法改动而且不留下任何痕迹。

② 电子商务系统设计上存在缺陷，致使其无法判断某些事件是否符合逻辑，因此对不合理的事项也会照常处理。

③ 电子商务系统主要以磁盘、磁带、光盘等存储介质作为信息载体，记录于这些存储介质上的信息是肉眼不可见的，必须借助计算机的翻译，才能以人可以理解的形式表现出来，但同一信息可能被翻译成不同的形式。

④ 利用磁性介质难以实现诸如签字、盖章等这些使信息证据化的操作，必须使用专用的电子签名、电子印鉴等形式才能实现。

⑤ 电子商务系统对错误的处理具有重复性和连续性。

⑥ 电子商务系统中许多不相容职责相对集中，加大了舞弊的风险。

⑦ 系统设计时可能没有考虑到审计工作的需要，没有留下充分的审计线索。

⑧ 可能遭受计算机病毒的入侵和黑客对电子商务系统的故意破坏。

上述因素可能使财务报表出现重大错报的风险增大。为此，如果电子商务对被审计单位的经营活动具有重大影响，则注册会计师应在了解被审计单位及其环境并评估重大错报风险，以及确定针对评估的重大错报风险实施的程序的性质、时间安排和范围时，均应考虑这些因素。

6.2.2　注册会计师在财务报表审计中考虑电子商务的目的

恰如《电子商务对财务报表审计的影响》第 5 条所强调，注册会计师对电子商务进行考虑，旨在对财务报表形成审计意见，而非对电子商务系统或活动本身提出鉴证结论或咨询意见。

注册会计师对电子商务的考虑仅限于电子商务与财务报表编制和注册会计师审计有关的部分，服务于财务报表审计的目标。其目的是确定所需实施的财务报表审计程序的性质、时间及范围，而不是对电子商务进行专门的审核。因此，仅根据其在财务报表审计中所获取的关于电子商务的审计证据，注册会计师通常尚不足以对电子商务系统或活动本身提出鉴证结论或咨询意见。

6.2.3　电子商务对注册会计师知识和技能的要求

1. 专业胜任能力

当电子商务对被审计单位的业务活动具有重大影响时，注册会计师应当具备适当水平的信息技术和互联网商务知识，以实现下列目的：了解开展电子商务对财务报表的影响；确定审计程序的性质、时间安排和范围，评价审计证据；考虑被审计单位依赖电子商务的程度对持续经营能力的影响。

专业胜任能力是对注册会计师职业道德的一项基本要求，注册会计师应当拥有一定的计算机技能和网络知识。电子商务使传统的审计线索、内部控制、审计内容、审计方法和技术等发生了改变，因而对注册会计师的知识和技能提出了更高的要求。不懂得信息技术和电子商务知识，可能会因为审计线索的改变而无法跟踪审计；不懂得电子商务的特点和风险，可能不能了解和测试其内部控制。因此，在被审计单位广泛使用互联网从事电子商务的情况下，注册会计师不仅要精通会计、审计、税务等知识，而且要掌握一定的计算机、网络、通信、电子商务等知识与技能。

2. 对利用专家工作的一般要求

电子商务具有特殊性和复杂性的特征，涉及信息技术、法律、税务、贸易和外汇管理等多个领域，其中不少领域是高度专门化的。

由于电子商务的特殊性和复杂性，必要时注册会计师应当考虑利用专家的工作。例如，如果注册会计师认为有必要通过试图穿透被审计单位信息技术系统的安全防护层进行控制测试（称为“弱点攻击测试”或“穿透测试”），此时就可能需要利用专家的工作。又如，在评价与电子商务相关的法律问题对财务报表的可能影响时，注册会计师可能需要咨询熟悉电子商务相关法律事务的律师。

在利用专家的工作时，注册会计师应当遵循《利用专家的工作》的有关规定，获取充分、适当的审计证据，以确信专家的工作可以满足审计的需要。

6.2.4 电子商务对被审计单位经营的影响

在被审计单位开展电子商务的情况下，电子商务的发展可能对被审计单位的传统经营产生重大影响。注册会计师应当考虑由电子商务导致的被审计单位经营环境的变化，识别出对财务报表产生影响的电子商务风险。

在了解被审计单位及其环境时，注册会计师应当考虑下列事项对财务报表的影响：业务活动和所处行业；电子商务战略；开展电子商务的程度；外包安排。

1. 被审计单位的业务活动和所处行业

注册会计师在了解被审计单位的业务活动和所处行业时，应当关注与电子商务相关的下列特点。

① 电子商务可能是对传统业务活动的补充，也可能是新的业务类型。电子商务按照交易活动的内容分类，可分为间接电子商务和直接电子商务两大类。对于间接电子商务而言，电子商务是对被审计单位传统业务活动的补充。例如，被审计单位可能使用互联网销售传统的有形产品，在互联网上签署合同，同时使用传统交货方式以履行合同。而直接电子商务则代表着一种新的业务活动类别，从订购、交货到付款的全部交易环节均在互联网上完成，并且所交易的是不具备实物形态的数字产品，如互联网上的收费音乐、电影下载服务等。

② 电子商务不具备货物和服务等实体贸易所具有的清晰、固定的运送路线这一传统特征。电子商务可以减少或消除很多因时间、距离方面的原因而产生的限制，从而降低交易成本，方便交易的进行。但另一方面，这一点也可能导致缺乏有形的、清晰可见的审计线索，从而增加获取审计证据的难度。

③ 某些行业运用电子商务的程度较高，可能增大对财务报表产生影响的经营风险。某些行业对电子商务的运用已进入了较为成熟的发展阶段，如计算机软件、证券交易、银行业、旅游服务、新闻媒体等行业。这些行业受到互联网电子商务的重大影响，可能增大对财务报表产生影响的经营风险。在审计处理这些行业的单位的财务报表时，注册会计师应当重点关注被审计单位开展电子商务的情况及其对财务报表的影响。

注册会计师在了解被审计单位所处行业的电子商务运用情况的基础上，还需要进一步对与特定行业相关的电子商务管理法规有总体的了解。目前我国已对网上银行、互联网出版、卷烟网上交易、网络传播视听节目、互联网文化产品、互联网药品信息和药品交易服务、互联网新闻信息服务、互联网电子邮件服务等一系列电子商务活动颁布了相应的管理法规，对这些法律法规的总体了解也是了解被审计单位所处行业的电子商务活动的一个重要组成部分。

2. 被审计单位的电子商务战略

被审计单位的电子商务战略，包括在电子商务中运用信息技术的方式及对可接受风险水平的评估，可能对财务记录的安全性和相关财务信息的完整性与可靠性产生影响。

在考虑被审计单位的电子商务战略时，注册会计师应当结合对控制环境的了解，关注下列事项。

（1）在整合电子商务与总体经营战略的过程中，治理层的参与程度

被审计单位的治理层对完善公司治理、设定并监控被审计单位的总体经营战略起着重要的作用。在整合电子商务与总体经营战略的过程中，治理层的参与程度在一定程度上反映了治理层对电子商务的了解和重视，这是被审计单位控制环境的重要组成部分。在这一过程中，治理层的参与程度越高，表明其对这一过程的控制越强，通常控制也就越有效。

（2）被审计单位开展电子商务的目的

被审计单位开展电子商务的目的是为新业务提供支持，还是提高现有业务的效率，抑或为现有业务开辟新的市场。开展电子商务的目的直接决定电子商务战略。如果开展电子商务是为了提高现有业务的效率或者为现有业务开辟新的市场，则电子商务仅是其拓展传统业务的一种手段，通常不会对企业整体经营战略产生根本性的影响。如果开展电子商务是为了给新的数字产品销售等业务提供支持，且新业务占被审计单位全部业务量的比重很大，则电子商务的开展将在很大程度上改变被审计单位的业务模式和总体经营战略，并可能直接导致新的经营风险和财务报表重大错报风险。

（3）被审计单位的收入来源及其正在发生的变化

当作为所售货物或劳务的交易当事人时，被审计单位需要承担与所售货物或劳务的所有权相关的全部风险和报酬；当作为代理人或者仅提供交易平台时，被审计单位仅就其提供的中介服务赚取佣金收入或手续费收入。显然，获取两类不同来源的收入，被审计单位所承担的风险和报酬是极不相同的。

（4）管理层对电子商务如何影响盈利状况和财务需求的评价

被审计单位管理层对电子商务如何影响盈利状况和财务需求的评价，以及对于这些影响是否重大、相关财务需求能否获得满足的考虑，决定了他们对电子商务的基本态度，因此也会对电子商务战略产生明显的影响。

（5）管理层对风险的态度及其对风险总体状况可能产生的影响

与传统的业务模式相比，电子商务的广泛应用导致了新的风险因素。与电子商务相关的风险因素在很多情况下与传统业务模式下的风险因素是不相同的。管理层对于与电子商务相关的风险的态度主要取决于其风险偏好、对电子商务业务的熟悉程度和对风险的掌控能力等因素。如果管理层可以接受甚至偏好较高的风险水平，则财务报表重大错报风险的水平可能就会相应上升。

（6）管理层在多大程度上识别出电子商务战略所描述的机遇和风险

对电子商务的机遇与风险，管理层可能在一定程度上事先识别出来，并将其体现于成文的、有适当控制提供支持的战略中；也可能在机遇和风险出现时，管理层才临时制定应对措施，确定电子商务的发展方向。对电子商务机遇与风险的应对与处理体现了管理层是否具有前瞻性的眼光，有无全局性的战略考虑。

（7）管理层对执行相关最佳实务规则或者网络签章程序的信守程度

最佳实务规则是对于某一个法律、法规、规章尚无明文规定的领域，由此领域的参与者约定俗成并获得一致公认的最佳做法和惯例。网络签章是电子签名的一种形式。电子签名是指数据电文中以电子形式所含、所附用于识别签名人身份并表明签名人认可其中内容的数据。为了确保电子签名的可靠性，在使用电子签名的情况下，管理层应当建立适当的内部控制。

3. 被审计单位开展电子商务的程度

不同的被审计单位可能以不同的方式开展电子商务。电子商务可能用于下列方面。

（1）仅提供关于被审计单位信息

仅提供关于被审计单位及其活动的信息，供投资者、顾客、供应商、资金提供者和员工等访问，仅提供以信息为目的的单向沟通，不提供论坛、网上订购、网上付款等交互功能。

（2）通过互联网处理交易，方便已有的顾客

这类业务模式是将全部或部分与现有特定顾客之间的交易通过网络完成，本质上仍然是传统交易模式的延伸。由于交易对象是原先在网下发展的顾客，被审计单位对客户信用状况较为了解，不涉及身份认证和信用度评价等问题，交易的信用风险一般较低。

（3）通过互联网提供信息和处理交易，开拓新市场和发展新客户

此类交易模式是借助互联网提供的便利，实现低成本的市场开拓或者借助互联网开拓那些使用传统手段无法获得的市场。在此类业务模式下，所交易的仍然是传统产品，但是市场开拓工作通过网络完成，交易双方可能在网下进行过沟通和交流，因此对客户的身份认证和信用风险评估是以此类方式承接客户时的重要考虑因素。

（4）访问应用服务提供商

应用服务提供商是一种以互联网为媒介的、租赁式的企业级管理应用系统服务模式。应用服务提供商平台由系统运营商集中建立（数据中心）、通过广域网络向企业提供基于软件的服务和解决方案。企业可以通过租赁的方式实现企业内部生产、管理、商务流程等所有需要的应用系统和跨组织的网络协同合作。

（5）创立一种全新的经营模式

例如，通过网络销售和交付数字产品，整个交易的全过程都通过网络完成。此类交易模式可以消除传统交易模式对于时间、空间的依赖和限制。

电子商务的开展程度影响被审计单位需要应对的风险的性质。随着被审计单位开展电子商务程度的加深，以及内部系统更加集成化和复杂化，新的交易方式与传统业务活动的差异可以更加明显，并可能导致新的风险。注册会计师应当了解电子商务的开展程度如何影响被审计单位需要应对的风险的性质。

4. 被审计单位的外包安排

被审计单位可能在下列方面使用服务机构的工作：提供电子商务运作所需的全部或部分

信息技术支持；与电子商务相关的其他工作，包括订单履行、商品交付、呼叫中心运转，以及某些会计工作等。服务机构则可能是互联网服务提供商、应用服务提供商和数据服务公司等。

在被审计单位使用服务机构的情况下，服务机构采用和保持的某些政策、程序和记录可能与被审计单位财务报表审计相关，注册会计师应当按照《对被审计单位使用服务机构的考虑》的规定，考虑被审计单位的外包安排及相关风险的应对措施，以确定其对审计的影响。

6.2.5　电子商务对注册会计师识别经营风险的影响

1. 与电子商务相关的经营风险

《电子商务对财务报表审计的影响》第 16 条列举了管理层可能面临的与电子商务相关的经营风险，其主要类型有：无法保证交易的完备性，尤其在缺少充分的审计轨迹（无论是纸质还是电子形式）时，该风险的影响将更大；电子商务安全风险，包括顾客、员工和其他人士通过未经授权的访问实施舞弊的可能性，以及病毒攻击；运用不恰当的会计政策，包括收入确认、网站开发成本等支出的处理、与产品质量保证相关的预计负债的确认、外币折算等问题；未能遵守税法和其他法律法规，尤其在通过互联网开展跨国或跨地区电子商务时更易出现此类情况；无法保证仅以电子形式存在的合同具有约束力；过度依赖电子商务；系统和基础架构失效或崩溃。

2. 识别电子商务中可能导致经营风险的事项、交易和惯例

注册会计师应当利用对被审计单位及其环境的了解，识别电子商务中可能导致经营风险的事项、交易和惯例。注册会计师应当考虑哪些经营风险可能导致财务报表出现重大错报或对注册会计师应实施的审计程序或所出具的审计报告有重大影响。

3. 关注被审计单位的风险应对措施

注册会计师应当关注被审计单位是否运用适当的安全基础架构和相关控制，应对电子商务中出现的某些经营风险。这些安全基础架构和相关控制一般包括旨在实现下列目的的措施：验证顾客和供应商的身份；确保交易的完备性；就交易条款达成一致；获得顾客的付款或确保对顾客授信的安全性；建立信息保密机制，订立信息保护协议。

4. 考虑与电子商务相关的法律法规事项

1）与电子商务环境密切相关的法律法规

任何商务活动都是在一定的法律法规框架下进行的，电子商务也不例外。由于电子商务的特殊性，注册会计师应当考虑被审计单位是否已恰当处理与电子商务环境密切相关的下列法律法规问题。

（1）隐私权保护

隐私权保护的核心是确保用户网上注册信息和其他个人信息的私密性，未经用户同意或者法律法规特别要求，不得泄露给第三方。

（2）对特定行业的管制

我国已经针对一些特定行业（如网上银行、互联网出版等）的网上交易制定了专门的法律法规。对于从事这些特定行业的电子商务活动的被审计单位，注册会计师应当关注其对相关法律法规的遵守情况。

（3）合同的强制执行效力

如前所述，仅以电子形式存在的合同，必须符合《中华人民共和国电子签名法》对数据电文和电子签名有效性条件的各项规定，才能具有法律效力。

（4）特殊交易或事项的合法性

例如，在某些国家或地区，通过互联网进行博彩活动可能是合法的，但在大部分国家和地区则被认为是非法的。因此，对于交易各方均处于同一国家或地区的电子商务活动，必须符合所在国家或地区的法律法规规定；对于跨国或者跨地区的电子商务活动，应当确保同时符合所有交易各方所在国家或地区的相关法律法规，只有这样才能最大限度地降低违反法律法规的风险。

（5）反洗钱

洗钱是指将毒品犯罪、黑社会性质的组织犯罪、恐怖活动犯罪、走私犯罪、贪污贿赂犯罪、破坏金融管理秩序犯罪、金融诈骗犯罪的违法所得及其产生的收益，通过各种手段掩饰、隐瞒其来源和性质，使其在形式上合法化的行为。由于互联网的便捷和“无国界”的特点，在互联网上通过各种貌似合法的手段进行洗钱活动（甚至是跨国或跨地区的洗钱活动）也较传统交易模式快速、方便，因此对于网上银行等通过互联网从事金融业务的企业，需要关注和及时报告大额和可疑的交易，反洗钱的任务将比以往传统交易模式下更为繁重。同时，从事其他电子商务交易的企业，也要防范他人利用与本企业的交易或者本企业所提供的交易平台进行洗钱的可能性，依法履行法律法规规定的报告义务。

（6）知识产权保护

近年来，互联网上的侵犯知识产权案件时有发生，如提供盗版软件或者盗版音像制品的下载等，严重侵犯了知识产权所有人的权益。为此，各国普遍加大了对互联网上的侵犯知识产权行为的打击力度。我国已经出台《信息网络传播权保护条例》，对信息网络上的著作权和其他知识产权的保护专门做出规范。被审计单位在从事电子商务时，应注意避免侵犯（包括非故意地损害）他人所拥有的知识产权。

由于与电子商务相关的法律法规事项的重要性和复杂性，在某些情况下，当考虑由被审计单位的电子商务活动所产生的法律法规事项时，注册会计师可能需要征询在电子商务方面具有特殊专长的律师的意见。

2）对与电子商务相关的税务事项的考虑

在跨国或跨地区的电子商务中，注册会计师应当考虑被审计单位是否对电子商务涉及的不同司法管辖区内的法律法规差异有足够的了解，并遵守所有适用的法律法规。注册会计师尤其要考虑被审计单位有无适当的程序确认其在不同司法管辖区内的纳税义务（特别是增值税等流转税）。可能导致电子商务交易产生相应纳税义务的因素包括：被审计单位的法定注册地；被审计单位的实际经营所在地；被审计单位网络服务器所在地；商品和服务的来源地；顾客所在地，或商品交付地和劳务提供地。

3）对与电子商务有关的违反法律法规行为的考虑

注册会计师应当按照《财务报表审计中对法律法规的考虑》的规定，实施相关程序，充分考虑被审计单位可能存在的违反与电子商务有关的法律法规的行为及其可能对财务报表产生的重大影响；必要时，应当考虑征询法律意见。

按照《财务报表审计中对法律法规的考虑》的规定，注册会计师应当在设计和实施审计程序及评价和报告审计结果时，充分关注被审计单位违反法规行为可能对财务报表产生的重大影响；在计划审计工作时，总体了解适用于被审计单位及其所处行业的法律法规，以及被审计单位如何遵守这些法律法规；在获得总体了解时，特别关注某些法律法规可能导致对被审计单位经营活动产生重要影响的经营风险，即违反法律法规可能导致被审计单位停业或对其持续经营产生的重大影响。

注册会计师在总体了解的基础上实施进一步审计程序，以利于识别被审计单位在编制财务报表时应当考虑的违反法规行为。如果根据职业判断，某一法律法规事项可能导致财务报表产生重大错报或对注册会计师所实施的程序或所出具的审计报告产生重大影响，注册会计师应当考虑管理层对此问题所作的反应。

6.2.6　电子商务对内部控制的影响

1. 注册会计师对电子商务环境下内部控制的考虑

（1）考虑与电子商务相关的内部控制的设计

注册会计师应当按照《了解被审计单位及其环境并评估重大错报风险》和《针对评估的重大错报风险实施的程序》的规定，考虑被审计单位在电子商务中运用的与审计相关的内部控制。

在电子商务环境下，内部控制的一个重要特点是基于信息技术的自动化控制所占比重较大，很多关键的控制功能是通过内置于被审计单位用于支持电子商务的信息技术系统中的应用控制实现的。同时，网络环境也对内部控制的完备性和可靠性提出了更高的要求，尤其需要通过内部控制保证数据和系统的安全性和交易的完备性。电子商务环境下内部控制的复杂程度与信息技术系统的复杂程度直接相关，电子商务系统与其他信息技术系统的一体化程度越高，控制也就越复杂。

信息技术通常可以在某些方面提高被审计单位内部控制的效率和效果，但是也会使内部控制产生特定风险。因此，注册会计师应当充分考虑电子商务环境下内部控制的特点，关注被审计单位内部控制是否完善，是否得到一贯执行，以及运行是否稳定、可靠。

（2）考虑实施控制测试

在某些情况下，仅依靠实施实质性程序不足以将审计风险降至可接受的低水平，注册会计师应当实施控制测试，并考虑使用计算机辅助审计技术。这些情况主要包括：电子商务系统高度自动化；交易量过大；未保留包含审计轨迹的电子证据。在电子商务系统高度自动化的情况下，审计证据可能仅以电子形式存在，其充分性和适当性通常取决于自动化信息系统相关控制的有效性。

衡量信息安全与否，主要看其是否满足有关合法授权、真实性、保密性、完整性、不可否认性及可获得性等方面的要求。被审计单位通常通过建立安全基础架构和相关控制来应对与电子商务交易的记录和处理相关的安全性风险。安全基础架构和相关控制通常包括信息安全政策、信息安全风险评估，以及在引入和维护各系统的过程中均应遵循的标准、措施、实务惯例和程序，包括针对实物的安全防护措施，以及逻辑与其他技术方面的安全保护措施，如用户身份识别、密码和防火墙等。会计师应当考虑仅通过实施实质性程序不能获取充分、适当审计证据的可能性。

（3）电子商务环境下注册会计师需重点考虑的控制

当被审计单位从事电子商务时，注册会计师应当考虑与电子商务相关的安全性控制、交易完备性控制和流程整合。注册会计师还应当考虑内部控制中与审计特别相关的下列方面：在快速变化的电子商务环境中保持控制程序的完备性；确保能够访问相关记录，以满足被审计单位和注册会计师审计的需要。

2. 安全性控制

1）安全基础架构和相关控制

当外部有关方面可使用公共网络访问被审计单位的信息系统时，被审计单位的安全基础架构和相关控制就构成了其内部控制系统的一个极其重要的组成部分。注册会计师应当考虑被审计单位安全基础架构和相关控制是否足以应对与电子商务交易的记录和处理相关的安全性风险。

2）相关事项对财务报表认定的潜在影响

注册会计师应当考虑下列事项对财务报表认定的潜在影响：有效使用防火墙和病毒防护软件；有效使用加密技术；对用于支持电子商务活动的系统的开发和运行的控制；当出现的新技术可能危害互联网安全时，现有的安全控制是否仍然有效；控制环境能否对所采用的控制程序提供支持。上述各事项反映了被审计单位的安全性控制在设计方面的完备性和在执行方面的有效性，对被审计单位财务报表各项目及其相关认定均有不同程度的影响。

3. 交易完备性控制

1）交易完备性控制包含的内容

注册会计师应当考虑交易完备性控制，包括被审计单位会计处理所依据信息的完整性、准确性、及时性及是否经过授权。

2）针对信息完备性实施的审计程序

注册会计师针对会计系统中与电子商务交易相关的信息完备性所实施的审计程序，主要涉及评估用于采集和处理此类信息的系统的可靠性。在一个复杂的系统中，一个起因事件会自动启动该项交易处理流程中的其他各项步骤。因此，针对复杂的电子商务实施的审计程序与针对传统业务活动实施的审计程序不同，后者通常侧重于与交易信息的采集和处理有关的每一阶段的控制流程；而在针对复杂电子商务实施审计程序时，注册会计师应当重点考虑在交易信息的采集和即时自动化处理中与交易性相关的自动化控制。

3）与交易完备性相关的控制

在电子商务环境中，与交易完备性相关的控制通常用于下列方面：验证输入；防止交易的重复记录或遗漏；确保在处理订单之前，交易双方已就交货条件和信用条件等交易条款达成一致；区分顾客的浏览和正式订单，确保交易的一方事后不能否认已达成一致的特定条款，必要时还应确保交易是与经核准的交易方进行的；确保所有步骤均已完成并得以记录，或拒绝未完成所有步骤的订单，以防止出现处理不完整的情况；确保交易的详细信息在同一网络内的多个系统之间适当分配；确保记录得到适当保管、备份和保护。

4. 流程整合

1）关于流程整合

流程整合是指将多个信息技术系统集成，使之实质上如同一个系统运转的过程。在电子商务环境中，由被审计单位的网站生成的交易应当由被审计单位的内部系统予以适当处理。网站与被审计单位内部系统的自动集成程度越高，数据处理的效率也就越高。但与此同时，前后台系统之间联系的紧密，也可能导致以下风险的增加，需要被审计单位建立适当的控制加以应对：因系统过于复杂而导致出错可能性提高的风险，对系统的可靠性提出了更高的要求；因前后台系统直接集成，而导致未经授权的人士通过前台系统进入后台系统窃取商业秘密数据，或者进行未经授权的增加、修改、删除操作的可能性增大；因过滤无效数据的控制存在欠缺，导致前台系统接收的错误输入直接进入后台的业务处理系统和会计系统，其造成的后果较集成程度较低时严重。

2）采集和传递电子商务交易数据可能产生的影响

注册会计师应当关注被审计单位采集电子商务交易数据并将其传递至会计系统的方式可能对下列事项产生影响：交易处理和信息存储的完整性和准确性；销售收入、采购和其他交易的确认时点；有争议交易的识别和记录。

3）注册会计师应当考虑的其他事项

当下列控制与财务报表认定相关时，注册会计师应当予以考虑：针对电子商务交易与内部系统的集成实施的控制；针对系统改变和数据转换实施的控制。

6.2.7　电子记录对审计证据的影响

1. 对证据收集程序的性质、时间安排和范围的考虑

在证据收集程序的性质、时间安排和范围方面，注册会计师可能需要注意运用计算机辅助审计技术获取和分析审计证据。计算机辅助审计技术可用于对电子化的交易和账户文档进行更广泛的测试，包括从主要电子文档中选取交易样本，或按照某一特征对交易进行分类，或对总体而非样本进行测试。计算机辅助审计技术可以用于执行各种审计程序，包括执行交易和余额的细节测试，如利用审计软件鉴定非正常的波动或项目；信息系统一般控制执行情况的测试，如利用测试数据对程序库的存取程序进行测试；信息系统应用控制执行情况的测试，如利用测试数据测试程序过程的功能。

一些计算机文件，如详细的业务文件，往往只留置较短时间，当注册会计师需要时，可能得不到机器可读形式的数据。因此，注册会计师必须对其所需求的数据保存做出安排，或者为了获取这些数据而需要改变其对工作的时间安排。

在应用计算机辅助审计技术时，如何取得被审计单位计算机信息系统中的交易和财务数据是首先需要解决的问题，目前较为可行的方法是借助国家或者地方颁布的会计核算软件数据接口标准。基本操作模式是先将被审计单位的信息系统中的数据导出并转换为审计软件可识别的格式，然后由审计软件接收，读入审计软件自身的数据库中。这种方法的突出优点是使审计软件接收被审计单位会计信息系统中的数据将不再受到被审计单位信息系统的不同数据结构的制约，大大降低了应用难度和审计成本。

2. 对电子数据充分性和适当性的考虑

在电子证据的充分性和适当性方面，由于电子商务交易记录可能不以纸质形式存在，与纸质记录相比，电子形式的记录更容易在未留下线索的情况下被销毁或改动，从而影响注册会计师获取的审计证据的充分性和适当性。

注册会计师应当考虑被审计单位实施的信息安全政策和安全控制措施，是否足以防止未经授权修改会计系统或会计记录，或修改向会计系统提供数据的系统。

在考虑电子证据的充分性和适当性时，注册会计师可能需要测试自动化控制（如记录完备性检查、电子日戳、数字签章和版本控制），并根据对这些控制的评价结论，考虑是否需要实施追加的审计程序，如向第三方函证交易细节或账户余额等。

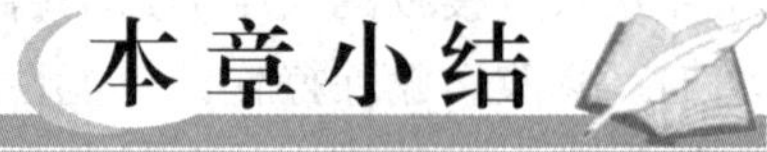

信息化时代，信息技术被注册会计师用来辅助审计，改善了审计工具。服务于不同审计目的的CAAT，为注册会计师提高了效率，取得了更好的效果。与效率和效果相伴的也有检查风险的增加。对于可能的检查风险的增加，注册会计师通过培训，提高信息技术使用熟练程度等，是可加以避免或加以控制的。审计中不可被控制的是被审计单位的重大错报风险。在被审计单位利用信息技术管理整合其资源或利用信息技术开展电子商务的背景下，被审计单位的重大错报风险可能被扩大。注册会计师在财务报表审计时，不能不对这些加以考虑。另外，随着组织对信息技术使用深度和广度的增加，客观上也产生了鉴证其计算机信息系统安全性或控制有效性的审计需求。注册会计师应积极地开拓这一新业务。对这一新业务中所涉及的标准、测试重点等的学习与掌握，对审计技能的保持与提升将大有裨益。

案例与习题

一、讨论题

开展计算机审计是一场革命。如果不搞计算机审计，我们将失去审计资格。在当今网络经济时代，计算机审计的主要表现形式就是网络计算机审计。网络审计就是基于互联网，借助现代信息技术，运用专门的方法，通过人机结合，对被审计单位进行远程审计。网络审计是现代审计在电子商务时代的新发展，也是电子商务的内在需求。证券公司、金融结算机构、民航订票中心、信用卡发放等均已成功地进入电子商务领域，并完成了大量而又可靠的交易。中国两大财务软件公司“用友”“金蝶”都已发布了自己的网络财务软件。以电子商务为基础的网络经济及网络财务的迅速发展使企业的经营方式和管理模式发生了重大变化，对传统审计产生了重大影响。网络审计的基本模式是：创建企业档案；建立审计数据库、不定期对企业的会计软件、内部控制制度进行审查、接受委托；对被审计单位利用审计软件进行网上综合审计、得出审计结论；向委托人传输审计报告、建立审计档案。

资料来源：http：//www.21testing.com/portal/html/audit/news/20070424/977.html

要求： 1. 讨论网络审计产生的原因；

2. 讨论网络审计的优势；

3. 讨论网络审计的挑战。

二、单项选择题

下列属于通用审计软件的是（　　）。

A. 试算平衡处理器（trial balance processors）

B. 系统记载（systems documentation）

C. 审计程序产生器（audit programme generators）

D. 时间管理软件（time management software）

三、多项选择题

下列可用来辅助审计又属于通常且常见的应用软件的有（　　）。

A. 文档征询包（file interrogation packages）

B. 电子制表软件（spreadsheets）

C. 文字处理软件（word processors）

D. 关系数据库（relational databases）

四、判断题

1. 文字处理软件（word processors）是通用审计软件。（　　）
2. 电子制表软件（spreadsheets）是专业审计软件。（　　）
3. 风险分析软件（risk analysis software）是专业审计软件。（　　）
4. 试算平衡处理器（trial balance processors）属于通用审计软件。（　　）

五、简答题

1. 列举 6 个常见的可用来辅助审计的应用软件。
2. 请分析注册会计师审计流程自动化可能存在的问题。

六、案例分析题

80 亿元买来的 ERP 教训

自 2002 年春天以来，中国的 ERP（enterprise resource plan）市场火了起来。这种火，有三个最明显的特点：其一是跨国软件商大举进军中国 ERP 市场；其二是国产软件商看好并飞速杀上 ERP 市场；其三是国内一些官员推崇 ERP 软件、鼓噪 ERP 市场。在这样的三种合力下，冷落了一段的电子商务，似乎重新找到了突破口。一些 ERP 产品的叫卖者也扛出了最时髦的招牌：应用 ERP，提升企业的核心竞争力。

一时间，ERP 似乎成了中国电子商务发展进程中的一支强心剂，一根救命稻草，一种全新的互动管理行动方案。广州在全国各大城市中率先宣布将有 600 多家企业在近期实施 ERP 的企业资源管理模式，用信息及网络技术提升企业的综合水平。于是有人呼号：中国的 ERP 整装待发。有人鼓噪：ERP 到了中国的企业进行时。在这种喧嚣声中，ERP 市场成了人们争抢的战场。2002 年 3 月 5 日，杭州新中大在京推出其打造了一两年的“互动管理 i6 系统”；3 月 21 日，ERP 行业中的佼佼者 JBOPS 之一的 PeopleSoft 宣布进入中国；3 月 26 日，用友以“选成熟 ERP，提升竞争力”为主题推出了自己的 U8ERP；三天之后，神州数码管理系统有限公司发布了新品“易飞”ERP 系统。

金蝶、用友、安易、新中大、金算盘等管理软件厂商，也纷纷变脸，从原来的财务软件厂商转变为ERP产品供应商。为了弥补自己产品在生产和制造环节中的不足，他们正在进行资源的整合，以期尽快形成系统的ERP产品。

ERP真的到了中国企业进行时吗？关于这一点，我们看一下ERP在中国走过的历程，就会清楚了。ERP开始来到中国，是在20世纪70年代末。据说，当时是机械部的人去买IBM的机器，顺手带来了八部书，这八部书就成了后来的ERP圣经。其后，国企对ERP的探讨与实践一直没有停止过，很想从中找到摆脱困境的出路。但结果有点惨烈：种种ERP的实践，可以说"无一成功"。20年来，我国系统地应用ERP的企业达2 600多家，约占国有及规模以上非国有工业企业总数的1.6%；从单项计算机应用开始到ERP系统实施完毕，平均应用周期为8～10年；多数企业应用ERP后，其管理水平及反映企业综合能力和管理状况的相关指标没有发生明显的改进、提高和创新；直到20世纪末，中国仍然找不到ERP完全成功的范例。在一次行业会议上，有人曾提出"中国ERP，在过去20年，80亿元的投入，打了水漂"。这句话在让人心寒之余，不能不引人深思。

资料来源：http：//www.huadu8.com/read.php? tid=5062

分析： 1. 在公司实施ERP时内部审计可发挥怎样的作用？

2. 在公司实施ERP时，外部注册会计师在年度报表审计时应关注什么？

3. 注册会计师对ERP的实施情况进行专门审计时与年度报表审计时关注内容是否一样？

第2篇

S审计过程

Shenji guocheng

第7章

业务承接

【学习目标】

◇理解审计业务约定书的含义及作用

◇了解注册会计师签署业务约定书之前应做的工作

◇掌握审计业务约定书的基本内容

◇明确在连续审计情况下审计业务约定书修改及审计业务变更对审计业务条款的影响

◇了解前后任注册会计师间沟通的原则和方式

◇掌握签约前和签约后沟通的内容

◇明确发现前任注册会计师审计的财务报表可能存在重大错报时的处理

【相关注册会计师执业准则、会计准则】

◇中国注册会计师审计准则第1111号——就审计业务约定条款达成一致意见

◇中国注册会计师审计准则第1153号——前任注册会计师和后任注册会计师的沟通

◇中国注册会计师审计准则第1511号——比较信息：对应数据和比较财务报表

◇中国注册会计师审计准则第1331号——首次审计业务涉及的期初余额

◇中国注册会计师审计准则第1101号——注册会计师的总体目标和审计工作的基本要求

◇会计师事务所质量控制准则第5101号——会计师事务所对执行财务报表审计和审阅、其他鉴证和相关服务业务实施的质量控制

引　言

苹果公司更换会计师事务所

苹果公司周五（2009年2月27日）宣布，聘请安永会计师事务所为公司的独立注册会计师事务所，取代自1997年以来一直占据此位的毕马威。

安永公司是在周四被聘用的，将担任苹果的外部独立审计机构直至9月26日苹果本财年结束时。苹果公司审计委员会每年聘任一次审计机构。苹果女发言人斯蒂夫·陶林（Steve Dowling）称，去年秋天公司开始采用每5年评估一次会计师事务所工作的政策。

根据苹果提交给美国SEC的文件，更改审计机构并不代表苹果与毕马威在会计准则和实践上有任何分歧。周五，苹果股票收盘价为89.32美元，全天上涨12美分。

7.1 审计业务约定书

注册会计师应当在审计业务开始前，与被审计单位就审计业务约定条款达成一致意见，并签订审计业务约定书，以避免双方对审计业务的理解产生分歧。

如果被审计单位不是委托人，在签订审计业务约定书前，注册会计师应当与委托人、被审计单位就审计业务约定相关条款进行充分沟通，并达成一致意见。

7.1.1 签署业务约定书之前应做的工作

1. 审计业务约定书的作用

审计业务约定书是指会计师事务所与委托人共同签署的，据以记录和确认审计业务的委托与受托关系，明确委托目的、审计范围及双方应负责任与义务等事项的书面合同。审计业务约定书具有经济合同的性质，一经约定双方签字认可，即成为会计师事务所与委托人之间在法律上生效的契约，具有法定约束力。

签署审计业务约定书的目的是明确约定双方的责任与义务，促使双方遵守约定事项并加强合作，以保护会计师事务所与委托人的利益。在注册会计师的审计实践中，审计业务约定书有以下几个方面的作用。

第一，审计业务约定书可以增进会计师事务所与委托人之间的了解，尤其是被审计单位了解注册会计师的审计责任及需要提供的合作。

第二，审计业务约定书可作为被审计单位鉴定审计业务完成情况及会计师事务所检查被审计单位约定义务履行情况的依据。

第三，如果出现法律诉讼，审计业务约定书是确定会计师事务所和委托人双方应负责任的重要证据。

2. 签署业务约定书之前应做的工作

在接受委托前，注册会计师应当初步了解业务环境，这是风险导向审计的基本要求。

业务环境包括业务约定事项、鉴证对象特征、使用的标准、预期使用者的需求、责任方及其环境的相关特征，以及可能对鉴证业务产生重大影响的事项、交易、条件和惯例等其他事项。

在初步了解业务环境后，只有认为符合独立性和专业胜任能力等相关职业道德规范的要求，并且拟承接的业务具备下列所有特征，注册会计师才能将其作为鉴证业务予以承接。

① 鉴证对象适当。

② 使用的标准适当且预期使用者能够获取该标准。

③ 注册会计师能够获取充分、适当的证据以支持其结论。

④ 注册会计师的结论以书面报告形式表述，且表述形式与所提供的保证程度相适应。

⑤ 该业务具有合理的目的。如果鉴证业务的工作范围受到重大限制或委托人试图将注册会计师的名字和鉴证对象不适当地联系在一起，则该业务可能不具有合理的目的。

7.1.2 审计业务约定书的内容

审计业务约定书的具体内容可能因被审计单位的不同而存在差异，但应当包括以下主要内容。

① 财务报表审计的目标与范围。

② 注册会计师的责任。

③ 管理层的责任。

④ 指出用于编制财务报表所适用的财务报告编制基础。

⑤ 提及注册会计师拟出具的审计报告的预期形式和内容，以及对在特定情况下出具的审计报告可能不同于预期形式和内容的说明。

审计业务约定书

甲方：某股份有限公司

乙方：某会计师事务所

兹由甲方委托乙方对某股份有限公司进行审计，并出具审计报告。审计基准日为2015年12月31日。经双方平等充分协商，达成以下约定：

一、业务范围与审计目标

乙方接受甲方委托，对某股份有限公司按照企业会计准则编制的2015年12月31日的资产负债表、2015年度1—12月的利润表及现金流量表进行审计。

乙方通过执行审计工作，对某股份有限公司财务报表的下列方面发表审计意见并出具审计报告：

(1) 财务报表是否按照企业会计准则的规定编制；

(2) 财务报表是否在所有重大方面公允反映某股份有限公司的财务状况、经营成果和现金流量。

二、甲方的责任和义务

1. 根据《中华人民共和国会计法》和《企业财务会计报告条例》，甲方及甲方负责人有责任保证会计资料的真实性和完整性。甲方管理层有责任妥善保管和提供会计记录（包括但不限于会计凭证、会计账簿及其他会计资料）。这些记录必须真实反映甲方的财务状况、经营成果和现金流量。

2. 按照《企业会计准则》的规定编制财务报表是甲方管理层的责任。这种责任包括：(1) 设计、实施和维护与财务报表编制相关的内容控制，以使财务报表不存在由于舞弊或者错误导致的重大错误；(2) 选择和运用恰当的会计政策；(3) 做出合理的会计估计。

3. 及时为乙方的审计工作提供乙方所要求的全部会计资料和其他有关资料，并保证所提供资料的真实性和完整性。

4. 确保乙方不受限制地接触任何与审计有关的记录、文件和所需的其他信息。

5. 甲方管理层对其做出的与审计有关的声明予以书面确认。

6. 为乙方派出的有关工作人员提供必要的工作条件和协助，主要事项将由乙方于外勤工作开始前或开始时提供清单。

7. 对于某些涉及判断或从甲方记录中得不到确认的事项，乙方必须依赖甲方管理层提供的信息资料和相应解释。因此，根据审计准则的要求，乙方将依据审计工作情况要求甲方的董事长（或总经理、执行董事）及财务总监（或总会计师）代表管理当局签署一份正式的管理当局声明书，以确认此类有关陈述。

8. 按本约定书的约定及时足额支付审计费用以及乙方人员在审计期间的交通、食宿和其他相关费用。

三、乙方的责任和义务

1. 乙方的责任是在实施审计工作的基础上对甲方的财务报表发表审计意见。乙方按照《中国注册会计师审计准则》的规定进行审计。审计准则要求注册会计师遵守职业道德规范、计划和实施审计工作，以对财务报表是否不存在重大错报获取合理保证。

2. 审计工作涉及实施审计程序，以获取有关财务报表金额和披露的审计证据。选择的审计程序取决于乙方的判断，包括对由于舞弊或错误导致的财务报表重大错报风险的评估。在进行风险评估时，乙方考虑与财务报表编制相关的内部控制，以设计恰当的审计程序，但目的并非对内部控制发表意见。审计工作还包括评价管理层选用会计政策的恰当性和做出框架估计的合理性，以及评价财务报表的总体列报。

3. 乙方需要合理计划和实施审计，以使乙方获取充分适当的证据，为甲方财务报表是否不存在重大错报获取合理保证。

4. 乙方有责任在审计报告中指明所发现的、甲方在重大方面没有遵循《企业会计准则》的要求编制财务报表并且未按乙方的建议调整的事项。

5. 由于测试的性质和审计的其他固有限制，以及内容控制的固有限制，不可避免地存在某些重大错报在审计后可能仍然未被乙方发现的风险。

6. 在审计过程中，乙方若发现甲方内部控制存在乙方认为重要的缺陷，应向甲方提交管理建议书。但乙方在管理建议书中提到的各种事项，并不代表已全部说明所有可能存在的缺陷或者已经提出所有可行的改善建议。甲方在实施乙方提出的改善建议前，应全面评估其影响。未经乙方书面许可，甲方不得向认可第三方提供乙方出具的管理建议书。

7. 乙方的审计不能减轻甲方及甲方管理层的责任。

8. 按照约定时间完成审计工作，出具审计报告。

9. 除下列情况外，乙方应当对执业过程中知悉的甲方信息予以保密：(1) 取得甲方的授权；(2) 根据法律法规的规定，为法律诉讼准备文件或提供证据，以及因法律的要求向监管机构报告发现的违反法规行为；(3) 接受行业协会和监管机构依法进行的质量检查；(4) 监管机构对乙方进行行政处罚（包括监管机构处罚前的调查、听证）以及乙方对此提起行政复议。

10. 审计报告签发日之后，乙方无直接责任去考虑或查明可能影响该期间的会计报表的期后事项。但是，甲方应将在审计报告签发日之后可能影响会计报表的任何重大事项的发生或任何重大事实的发现通知乙方。

四、审计收费

1. 本次审计业务的收费是以乙方各级别工作人员在本次业务中所耗费的时间为基础计算的。乙方预计本次审计服务的费用总额为 60 万元。甲方应在本约定书签订后 3 日内预付上述费用的 50%，其余 50%在乙方提交审计报告时一并付清。

2. 与本次审计服务相关的其他费用（如交通费、住宿费等）由甲方承担。

五、审计报告和审计报告的使用

1. 出具审计报告的时间要求

(1) 如甲方能完全配合乙方的审计计划进度，及时提供审计资料和人员配合，乙方将按时完成审计报告提交给甲方。

(2) 如甲方未能完全配合乙方的审计工作进度，未能及时提供审计资料和人员配合，影响审计工作的进度，则出具审计报告的时间将视甲方的资料提供及人员配合情况确定。

2. 乙方按照《中国注册会计师审计准则》规定的格式和类型出具审计报告。

3. 甲方在提交或对外公布审计报告时，不得修改乙方出具的审计报告及其后附的已审计财务报表。当甲方认为有必要修改会计数据和所做的说明时，应当事先通知乙方，乙方将考虑有关的修改对审计报告的影响，必要时，将重新出具审计报告。

六、约定书的有效期间

本约定书自签署之日起生效，并在双方履行完本约定书约定的所有义务后终止。但其中第三之10、四、五、八、九、十项并不因本约定书终止而失效。

七、约定事项的变更

如果出现不可预见的情况，影响审计工作如期完成，或需要提前出具审计报告时，甲、乙双方均可要求变更约定事项，但应及时通知对方，并由双方代表协商解决书面确认。

八、终止条款

1. 如果根据乙方的职业道德及其他相关专业职责、适用的法律和法规或其他任何法定的要求，乙方认为已不适宜继续为甲方提供本约定书约定的审计服务时，乙方可以采取向甲方提出合理通知的方式终止履行本约定书。

2. 在终止业务约定的情况下，乙方有权就其于本约定书终止之日前对约定的审计服务项目所做的工作收取合理的审计费用。

九、违约责任

甲、乙双方按照《中华人民共和国合同法》的规定承担违约责任。

十、适用法律和争议解决

本约定书的所有方面均适用中华人民共和国法律进行解释并受其约束。本约定书履行地为乙方出具审计报告所在地，因本约定书所引起的或与本约定书有关的任何纠纷或争议（包括关于本约定书条款的存在、效力或终止，或无效之后果），双方选择向乙方所在地有管辖权的人民法院提起诉讼。

十一、其他约定

本约定书一式两份，双方各执一份，并具有同等法律效力。

甲方（签章）：	乙方（签章）：
甲方代表（签字）：	乙方代表（签字）：
年　月　日	年　月　日

7.1.3 连续审计时对签订审计业务约定书的考虑

对于连续审计，注册会计师应当考虑是否需要根据具体情况修改业务约定的条款，以及是否需要提醒被审计单位注意现有的业务约定条款。

会计师事务所或被审计单位（或委托人）如需修改、补充审计业务的约定内容，应当以适当的方式获得对方的确认。

注册会计师可以与被审计单位签订长期审计业务约定书，但如果出现下列情况，应当考虑重新签订审计业务约定书。

① 有迹象表明被审计单位误解审计目标和范围。

② 需要修改约定条款或增加特别条款，这种情况下注册会计师也可以与被审计单位签订补充协议，原审计业务约定书继续有效。

③ 被审计单位高级管理人员近期发生变动。

④ 被审计单位所有权发生重大变动。

⑤ 被审计单位业务的性质或规模发生重大变化。

⑥ 法律法规的规定发生变化。

⑦ 管理层编制财务报表采用的财务报告编制基础发生变更。

⑧ 其他报告要求发生变化。

7.1.4 审计业务的变更对审计业务约定条款的考虑

在完成审计业务前，如果被审计单位要求注册会计师将审计业务变更为保证程度较低的鉴证业务或相关服务，注册会计师应当考虑变更业务的适当性。下列原因可能导致被审计单位要求变更业务。

① 情况变化对审计服务的需求产生影响。

② 对原来要求的审计业务的性质存在误解。

③ 审计范围存在限制。例如，在审计实施过程中，注册会计师无法通过观察等程序对存货期末余额获取充分、适当的审计证据。为避免注册会计师出具保留意见或无法表示意见的审计报告，被审计单位要求注册会计师将约定的审计业务变更为审阅业务。

上述①②通常被认为是变更业务的合理理由，但如果有迹象表明该变更要求与错误的、不完整的或者不能令人满意的信息有关，注册会计师不应认为该变更是合理的。

如果没有合理的理由，注册会计师不应当同意变更业务。如果注册会计师不同意变更审计业务约定条款，而管理层又不允许继续执行原审计业务，注册会计师应当：在适用的法律法规允许的情况下，解除审计业务约定；确定是否有约定义务或其他义务向治理层、所有者或监管机构等报告该事项。在同意将审计业务变更为其他服务前，接受委托按照审计准则执行审计工作的注册会计师还应当考虑变更业务对法律责任或业务约定条款的影响。如果变更业务引起业务约定条款的变更，注册会计师应当与被审计单位就新条款达成一致意见。

如果注册会计师认为将审计业务变更为审阅业务或相关服务业务具有合理的理由，截至变更日已执行的审计工作可能与变更后的业务相关，相应地，注册会计师需要执行的工作和出具的报告会适用于变更后的业务。为避免引起报告使用者的误解，对相关服务业务出具的报告不应提及原审计业务和在原审计业务中已执行的程序。只有将审计业务变更为执行商定程序业务，注册会计师才可在报告中提及已执行的程序。

7.2 前后任注册会计师的沟通

7.2.1 对前后任注册会计师沟通进行规范的原因

近年来，一些上市公司存在频繁变更会计师事务所的现象，甚至在一次年度财务报表审计过程中接连变更会计师事务所。上市公司频繁更换会计师事务所的行为，对注册会计师行业产生了一定的影响。有些后任注册会计师为了承揽业务，迎合上市公司对审计意见的要求，蓄意侵害前任注册会计师的合法权益；有些前任注册会计师不配合后任注册会计师的工作，拒绝答复后任注册会计师的询问；有些后任注册会计师对涉及前任注册会计师的审计问题，不与前任注册会计师沟通，在不完全了解事实的情况下，轻率发表审计意见，导致同行关系的紧张。

大量事实表明，如果注册会计师对上市公司年度财务报表发表了非标准无保留审计意见，上市公司解聘该注册会计师的可能性显著增加；而且在更换了主审会计师事务所之后，后任注册会计师为上市公司发表的审计意见严重程度显著降低。会计师事务所变更的最主要的不良经济后果就在于上市公司治理层通过变更会计师事务所行为规避不利审计意见，或通过提出变更会计师事务所的威胁影响审计独立性。这些都有可能降低审计质量，而被审计单位的许多问题也就随着主审会计师事务所的变更或妥协掩藏下来。

会计师事务所的变更，涉及前后任注册会计师。客户更换会计师事务所的原因很多，但有两种原因很不利于行业的发展和市场的正常秩序：一种原因是会计师事务所之间为争揽业务而进行恶性竞争；另一种原因则是注册会计师与客户在重大会计、审计问题上存在分歧，客户不认可注册会计师的立场，如果注册会计师拒绝出具客户希望得到的意见，客户通过更换会计师事务所实现其目的，即购买审计意见。

中国注册会计师协会自 2002 年年初开始就一直把上市公司审计中“炒鱿鱼、接下家”的行为作为行业自律监管的重要内容，相继出台了一系列监管措施，主要包括：年度财务报表审计中对会计师事务所变更的报备规定；发布《中国注册会计师职业道德规范指导意见》；对后任注册会计师审计质量的检查，对其中执业不规范的事务所分别给予谈话提醒、限期整改和通报批评的行业自律性惩戒；制定相关审计准则，即《独立审计具体准则第 28 号——前后任注册会计师的沟通》。

中国证监会早在 1996 年便发布了有关通知，要求上市公司解聘或者不再续聘会计师事务所应当由股东大会做出决定，并在有关报刊上予以披露，必要时说明更换原因，并报中国证监会和中国注册会计师协会备案；上市公司解聘或者不再续聘会计师事务所，应当事先通知会计师事务所，会计师事务所有权向股东大会陈述意见。

大多数国家都比较重视上市公司更换会计师事务所的监管和前后任注册会计师之间沟通的规范。美国证券交易管理委员会要求，上市公司更换注册会计师时必须以8-K格式向委员会提交报告，说明上市公司和注册会计师之间是否存在重要意见不一致的情况及具体内容，注册会计师也应当及时客观地以书面形式说明上市公司的陈述是否属实。对上市公司更换会计师事务所做出规范，旨在抑制上市公司潜在的购买审计意见行为。美国注册会计师协会（AICPA）早在 1975 年 10 月便发布了审计准则公告（SAS）第 7 号“前任与后任注册会计师的沟通”；在 1997 年 10 月，又发布了 SAS 第 84 号。

7.2.2 前后任注册会计师的界定

1. 前任注册会计师

前任注册会计师是指已对被审计单位上期财务报表进行审计，但被现任注册会计师接替的其他会计师事务所的注册会计师。接受委托但未完成审计工作，已经或可能与委托人解除业务约定的注册会计师，也视为前任注册会计师。

当会计师事务所发生变更时（变更已经发生或正在进行之中），前任注册会计师通常包含两种情况。一是已对最近一期财务报表发表了审计意见的某会计师事务所的注册会计师。例如，对于执行 2016 年度财务报表审计业务的 A 会计师事务所的注册会计师而言，前任注册会计师是指执行 2015 年度财务报表审计业务的 B 会计师事务所的注册会计师。二是接受委托但未完成审计工作的某会计师事务所的注册会计师。例如，对于执行 2016 年度财务报表审计业务的 A 会计师事务所的注册会计师而言，前任注册会计师是指之前接受委托执行 2016 年度财务报表审计业务，但尚未完成审计工作的 B 会计师事务所的注册会计师。而 2015 年度的财务报表，可能是由 B 会计师事务所审计，也可能是由其他会计师事务所审计的。

无论是哪种情况，会计师事务所与委托人之间的审计业务委托关系已经终止或有可能终止。前任注册会计师所在的会计师事务所和委托人在审计业务委托关系上一般存在两种可能：一是委托人提出不再续聘该会计师事务所或委托人已经解聘或拟解聘该会计师事务所；二是委托人决定续聘该会计师事务所，但该会计师事务所拒绝接受续聘或该会计师事务所提出辞聘。

当出现委托人在相邻两个会计年度中连续变更多家会计师事务所的情况时，前任注册会计师是指相对于执行当期财务报表审计业务的会计师事务所而言，为最近一期财务报表出具了审计报告的某会计师事务所及之后接受委托对当期财务报表进行审计但未完成审计工作的所有会计师事务所。

如果最近期间的财务报表仅经过代编（compilation）或审阅（review），执行代编或审阅业务的注册会计师不能视为前任注册会计师。

2. 后任注册会计师

后任注册会计师是指代表会计师事务所正在考虑接受委托或已经接受委托，接替前任注册会计师对被审计单位本期财务报表进行审计的注册会计师。如果被审计单位委托注册会计师对已审计财务报表进行重新审计，正在考虑接受或已经接受委托的注册会计师也视为后任注册会计师。

当会计师事务所发生变更时（正在进行变更或已经变更），后任注册会计师通常包括两种情况。一是在签订业务约定书之前，正在考虑接受委托的注册会计师。此时，后任注册会计师对于是否接受委托尚未做出最后决定，正准备与前任注册会计师沟通，待了解有关情况之后再做决定。二是在签订业务约定书之后，已接受委托接替前任注册会计师执行财务报表审计业务的注册会计师。

前后任注册会计师并不一定意味着后任将取代前任。当被审计单位的财务报表已经审计但需要重新审计时，就不属于后任取代前任的情况。例如，当被审计单位的股东对某会计师事务所的审计报告不满意或不放心时，就可能会再聘请另一家会计师事务所进行重新审计。

需要强调的是，前任注册会计师和后任注册会计师是就会计师事务所发生变更时的情况而言的。在未发生会计师事务所变更的情况下，同处于某一会计师事务所中的不同的注册会计师不属于前后任注册会计师的范畴。

在会计师事务所接受委托但尚未完成审计工作的情况下，委托人可能与前任注册会计师在重大的会计、审计问题上存在意见分歧，并试图通过接触其他会计师事务所寻求有利于自己的审计意见。一旦其他会计师事务所提供了有利于被审计单位的审计意见，被审计单位就会解聘前任注册会计师，这就构成了购买审计意见。在这种情况下，如果后任注册会计师通过与前任注册会计师沟通而拒绝接受委托，委托人就不敢轻易解聘前任注册会计师，从而使前任注册会计师的利益得以保护。

3. 前后任注册会计师的关系

会计师事务所的更换，涉及前后任注册会计师。前后任注册会计师的关系，仅限于审计业务，因为审计业务提供的保证程度较高，且是一项连续业务；而其他鉴证业务不包括在内，如盈利预测审核、财务报表审阅等业务提供的保证程度较低，且是非连续业务。客户经常更换会计师事务所，暗示着注册会计师可能与客户在重大会计、审计问题上存在分歧，客户不认可注册会计师的立场。此外，客户可能与会计师事务所在收费上存在争议，而声称对注册会计师提供的服务不满意或注册会计师缺乏专业胜任能力等。为了解决上述问题，《中国注册会计师职业道德规范指导意见》要求后任注册会计师在接任前任注册会计师的审计业务时不得蓄意侵害前任注册会计师的合法权益；在接受审计业务委托前，后任注册会计师应当向前任注册会计师询问审计客户变更会计师事务所的原因，并关注前任注册会计师与审计客户之间在重大会计、审计等问题上可能存在的意见分歧。如果后任注册会计师发现前任注册会计师所审计的对象存在重大错报，应当提请审计客户告知前任注册会计师，并要求审计客户安排三方会谈，以便采取措施进行妥善处理。

7.2.3 前后任注册会计师沟通的原则与方式

1. 沟通的原则

① 后任注册会计师应当征得被审计单位管理层的同意与前任注册会计师进行沟通。这主要是因为无论是前任注册会计师还是后任注册会计师，都负有为被审计单位的信息保密的义务。当前后任注册会计师的沟通涉及被审计单位的有关信息时，应当征得被审计单位的同意，这也是注册会计师职业道德的基本要求。

② 后任注册会计师应负有主动沟通的责任。如果前任注册会计师与被审计单位解除了业务约定，就不再对之后的财务报表审计承担任何责任和风险，通常也不会关注后任注册会计师的审计计划和审计程序。只有后任注册会计师主动与前任注册会计师进行沟通，才有可能在更大程度上发现财务报表中潜在的重大错报，以降低审计风险。

③ 前任注册会计师与后任注册会计师均应遵循保密原则，前后任注册会计师应当对沟通过程中获得的信息予以保密。即使未接受委托，后任注册会计师仍应履行保密义务。

注册会计师的职业性质决定了能够掌握和了解委托单位大量的资料和信息，有些属于委托单位的机密信息，如即将进行的合并协议中的资金筹措、预期的股票分割和股利变更、即将签订的合同等。因此我国《注册会计师法》第 19 条规定，注册会计师对执行业务中知悉的商业秘密，负有保密义务。《职业道德准则》要求注册会计师对所掌握的委托单位的资料和情况，应当严格保守秘密，除非得到委托单位的书面允许或法律、法规要求公布者外，不得提供或泄露给第三者，也不能将其用于私人目的。

根据《中国注册会计师审计准则第 1153 号——前任注册会计师和后任注册会计师的沟通》第十七条的规定，前任注册会计师和后任注册会计师应当对沟通过程中获知的信息保密。即使未接受委托，后任注册会计师仍应履行保密义务。

因此，在前后任注册会计师的沟通过程中，无论是前任注册会计师还是后任注册会计师，都应当对沟通过程中获知的信息保密。根据准则对后任注册会计师的界定，后任注册会计师有可能是正在考虑接受委托的注册会计师，因此存在一种可能性，即经过与前任注册会计师的沟通后决定不接受审计业务委托。在这种相对特殊的情况下，后任注册会计师仍然应当履行保密义务。

2. 沟通的方式

后任注册会计师向前任注册会计师的询问可以采用书面或口头方式进行。通常情况下，后任注册会计师可以通过向前任注册会计师致函的方式进行询问。无论是前任注册会计师还是后任注册会计师，都应当将沟通的情况记录于各自的审计工作底稿，以便完整反映审计工作的轨迹。

7.2.4 签约前的沟通

在接受委托前，后任注册会计师应当与前任注册会计师进行必要沟通，并对沟通结果进行评价，以确定是否接受委托。与前任注册会计师进行沟通，是后任注册会计师在接受委托前应当执行的必要审计程序。

1. 沟通的目的

在接受委托前，后任注册会计师与前任注册会计师进行沟通的目的是确定是否接受委托。也就是说，后任注册会计师应在签约之前，了解被审计单位更换会计师事务所的原因及是否存在不应接受此项业务委托的原因，这一点十分重要。而后任注册会计师只有通过与前任注册会计师直接沟通，才有可能了解更换会计师事务所的真实原因。

2. 沟通的前提

后任注册会计师进行主动沟通的前提是征得被审计单位的同意。如果被审计单位不同意前任注册会计师做出答复或限制答复的范围，后任注册会计师应当向被审计单位询问原因，并考虑是否接受委托。实际上，这种情况本身就向后任注册会计师传递出一种信号，即被审计单位可能与前任注册会计师在重大的会计、审计问题上存在意见分歧，或被审计单位管理层存在诚信方面的问题，后任注册会计师应当对此提高警惕，慎重评估潜在的审计风险，并考虑是否接受委托。当这种情况出现时，后任注册会计师一般应当拒绝接受委托，除非可以通过其他方式获知必要的事实，或有充分的证据表明被审计单位财务报表的审计风险水平非常低。

3. 沟通的核心内容

① 是否发现被审计单位管理层存在诚信方面的问题。例如，向前任注册会计师了解被审计单位的商业信誉如何，是否发现管理层存在缺乏诚信的行为，被审计单位是否过分考虑将会计师事务所的审计收费维持在尽可能低的水平，审计范围是否受到不适当限制等。

② 前任注册会计师与管理层在重大会计、审计等问题上存在的意见分歧。例如，在会计政策和会计估计的运用、财务报表的披露方面存在重大的意见分歧，管理层不接受注册会计师的调整建议等。

③ 前任注册会计师曾与被审计单位治理层（如监事会、审计委员会或其他类似机构）沟通过的关于管理层舞弊、违反法规行为及内部控制的重大缺陷等问题。例如，向前任注册会计师询问其从被审计单位监事会或审计委员会是否了解到管理层的任何舞弊事实、舞弊嫌疑，或针对管理层的舞弊指控，以及违反法规行为，特别是被审计单位是否存在涉嫌洗钱或其他刑事犯罪的行为或迹象等。了解这些信息也有助于对管理层的诚信状况做出判断。

④ 前任注册会计师认为导致被审计单位变更会计师事务所的原因。变更会计师事务所的要求，可能是由客户提出的，也可能是由会计师事务所提出的。变更的原因各种各样，有些原因是正当的，有些原因是非正当的。如果变更会计师事务所的原因可能是前任注册会计师在会计、审计问题上与被审计单位管理层存在分歧，管理层对前任注册会计师的审计意见不满意，经多次沟通仍难以达成一致意见，则后任注册会计师要慎重考虑是否接受该项业务委托。

4. 对沟通结果的评价和利用

如果受到被审计单位的限制或存在法律诉讼的顾虑，决定不向后任注册会计师做出充分答复，前任注册会计师应当向后任注册会计师表明其答复是有限的，并说明原因。此时，后任注册会计师需要判断是否存在由被审计单位或潜在法律诉讼引起的答复限制，并考虑对接受委托的影响。如果未得到答复，且没有理由认为变更会计师事务所的原因异常，后任注册会计师应设法以其他方式与前任注册会计师再次进行沟通。如果仍得不到答复，后任注册会计师可以致函前任注册会计师，说明如果在适当的时间内得不到答复，将假设不存在专业方面的原因使其拒绝接受委托，并表明拟接受此项业务委托。

7.2.5 签约后的沟通

接受委托后，如果需要查阅前任注册会计师的工作底稿，后任注册会计师应当征得被审计单位同意，并与前任注册会计师进行沟通。接受委托后的沟通与接受委托前有所不同，它不是必要程序，而是由后任注册会计师根据审计工作需要自行决定的。这一阶段的沟通主要包括查阅前任注册会计师的工作底稿及询问有关事项等。最有效、最常用的方式是查阅前任注册会计师的工作底稿。

在允许查阅工作底稿之前，前任注册会计师应当向后任注册会计师获取书面确认函，就工作底稿的使用目的、范围和责任等与后任注册会计师达成一致意见。

前任注册会计师（A会计师事务所）向后任注册会计师（B会计师事务所）就有关工作底稿的查阅及使用问题获取确认函的范例（不含有使用限制条款）如下。

确 认 函

B会计师事务所：

我们已经按照中国注册会计师审计准则对C公司2015年度财务报表进行审计，出具了审计报告。在审计报告日后，我们没有实施任何审计程序。贵所为了执行C公司2016年度财务报表审计业务，要求查阅我们对C公司财务报表审计形成的工作底稿。我们已经征得C公司同意，决定允许贵所查阅有关工作底稿。

我们对C公司2015年度财务报表的审计及形成的工作底稿并不一定能够满足贵所的查阅目的，因此贵所拟了解的事项可能并未在我们的工作底稿中予以提及。由于我们在职业判断的运用及对审计风险和重要性水平的评估方面可能与贵所存在差异，对某些事项的表述可能与贵所有所不同，我们不能针对贵所的目的就我所工作底稿提供的信息是否充分、适当做出任何声明。

我们理解贵所查阅工作底稿的目的旨在制订审计计划，以便执行C公司2016年度财务报表审计业务。按照贵所的要求，我们将提供工作底稿复印件，贵所应当对获取的任何工作底稿复印件的内容予以保密。此外，如果第三方要求你们提供C公司的审计工作底稿，当涉及我所工作底稿的内容时，贵所应当在向该第三方提供之前征得我们的同意。如果贵所由于提供了工作底稿而收到传票、传讯或其他形式的调查通知，且工作底稿含有我所工作底稿的内容，贵所应当尽快通知我们并提供有关传票、传讯或其他形式的调查通知的复印件。

请贵所在本确认函上盖章并署明日期后寄给我们，以示对上述内容的确认。

A会计师事务所（盖章）
年　　月　　日

同意：	不同意：
（B会计师事务所盖章）	（B会计师事务所盖章）
年　　月　　日	年　　月　　日

在实务中，如果后任注册会计师在工作底稿的使用方面做出了更高程度的限制性保证，那么前任注册会计师可能会愿意向其提供更多的接触工作底稿的机会。相应地，为了获取对工作底稿的更多的接触机会，后任注册会计师可以考虑同意前任注册会计师在自己查阅工作底稿过程中可能做出的限制。例如，不将查阅工作底稿获得的信息用于其他任何目的；在查阅工作底稿后，不对任何人做出关于前任注册会计师的审计是否遵循了审计准则的口头或书面评论；当涉及前任注册会计师的审计质量时，后任注册会计师不应提供任何专家证词、诉讼服务或承接关于前任注册会计师审计质量的评论业务。

查阅前任注册会计师的工作底稿可能会影响后任注册会计师实施审计程序的性质、时间安排和范围，但后任注册会计师应当对其实施的审计程序及其结论负责。后任注册会计师在审计报告中不得提及自己的审计意见部分甚至全部依赖于前任注册会计师的审计报告或工作。如果后任注册会计师在审计报告中提及前任注册会计师，可能会令报告使用者产生后任注册会计师企图推卸责任的印象或误解。

7.2.6 发现前任注册会计师审计的财务报表可能存在重大错报时的处理

1. 安排三方会谈

如果发现前任注册会计师审计的财务报表可能存在重大错报，后任注册会计师应当提请被审计单位告知前任注册会计师。必要时，后任注册会计师可要求被审计单位安排三方会谈。

后任注册会计师应当与前任注册会计师就任何在已审计财务报表报出后发现的、对已审计财务报表可能存在重大影响的信息进行沟通，以便双方按照有关准则做出妥善处理。

2. 无法参加三方会谈的处理

如果被审计单位拒绝告知前任注册会计师或前任注册会计师拒绝参加三方会谈，或后任注册会计师对解决问题的方案不满意，后任注册会计师应当考虑对审计报告的影响或解除业务约定。具体来说，后任注册会计师应当考虑该状况对当前审计业务的潜在影响，并根据具体情况出具恰当的审计报告或者是否退出当前审计业务。此外，后任注册会计师可考虑向其法律顾问咨询，以便决定如何采取进一步措施。

本章小结

本章主要包括审计业务约定书、前后任注册会计师的沟通等两大部分内容。

在审计业务开始前，注册会计师与被审计单位应就审计业务约定条款达成一致意见并签订审计业务约定书，以避免双方对审计业务的理解产生分歧。在签署业务约定书之前，注册会计师应初步了解业务环境，并考虑承接该业务是否符合独立性和专业胜任能力等相关职业道德规范的要求。

审计业务约定书的具体内容可能因被审计单位的不同而存在差异，但应包括财务报表审计的目标、管理层对财务报表的责任、标准、审计范围、执行审计工作的安排、沟通、审计的局限性、工作条件、审计范围无限制、管理层声明、保密责任、审计收费、违约责任、解决争议的方法、在情况需要时考虑增加的业务约定条款等。

在连续审计和审计业务变更的情况下，审计业务约定书可能需要修改和重新签订。

会计师事务所的变更，涉及前后任注册会计师。后任注册会计师应当征得被审计单位管理层同意，主动与前任注册会计师进行沟通，以便更大程度上发现财务报表中潜在的重大错报，以降低审计风险。沟通可采用口头和书面等方式。

沟通的内容应当合理、具体，通常包括前任注册会计师与管理层在重大会计、审计问题上的分歧、管理层舞弊、内控重大缺陷等。前后任注册会计师应当将沟通事项的情况记录于审计工作底稿，并对沟通中获得的信息予以保密。

在接受委托前，后任注册会计师与前任注册会计师进行沟通的目的是确定是否接受委托。也就是说，后任注册会计师应在签约之前，了解被审计单位更换会计师事务所的原因及是否存在不应接受此项业务委托的原因。在接受委托后，如果需要查阅前任注册会计师的工作底稿，后任注册会计师应当征得被审计单位同意，并与前任注册会计师进行沟通。如果前任注册会计师决定向后任注册会计师提供工作底稿，应当向后任注册会计师获取书面确认函，就工作底稿的使用目的、范围和责任等与后任注册会计师达成一致。

案例与习题

一、讨论题

与在本年度进行大规模的资产减值准备计提相比，大冶特钢、黄山旅游的做法似乎更聪明一些。这两家上市公司均在本年度发现了重大会计差错，进行了追溯调整，其中所涉及的会计师事务所及所进行的会计处理，均耐人寻味。

被大冶特钢解聘的湖北大信连续 7 年为大冶特钢审计，2005 年大冶特钢改聘普华永道，看起来迈出了向国际接轨的一步。而一上任，普华永道就在 2004 年审计中发现了重大会计差错，通过追溯调整，公司 2003 年年末净资产由16.2亿元降为7.7亿元，每股净资产从3.612元降至1.719元，净资产缩水高达8.5亿元。根据公告，主要是应收账款少提坏账准备4.35亿元，存货少转成本、少提减值准备2.08亿元，其他应收款少提坏账准备0.94亿元，固定资产少提折旧及报废损失0.58亿元及法律诉讼损失0.54亿元。更正前的2002年、2003年度净利润分别为0.46亿元和0.25亿元，大信事务所出具了标准无保留意见的审计报告，而更正后分别为－2.62亿元和－0.43亿元。存货调减2.08亿元集中在2003年度（调减1.06亿元）及2002年度以前（调减1.03亿元），但是在钢铁价格大涨的2003年，大冶特钢竟然报出1.03亿元的存货潜亏，而2003年调整前利润只有0.25亿元，实际上调整后大冶特钢2003年亏损0.43亿元，这与钢铁行业景气度严重背离。联想到中信泰富对大冶特钢的收购，这之间是否有某种联系呢？

与大冶特钢从国内事务所换成四大所正好相反，普华永道这一次是被解聘的事务所。黄山旅游将2004年度审计的工作交由了与其同处一省的安徽华普。而安徽华普一接任，也立即进行了重大会计差错的调整，依据则是《财政部关于对黄山旅游发展股份有限公司会计信息质量调查结果及处理决定的通知》（财监〔2005〕13号），以及与集团公司对涨价收益权的商议结果，调减2002年度净利润3 509万元，调增2003年度净利润1 974万元，从而导致2002年净利润从调整前的2 550万元变为调整后的－958万元，2003年净利润从调整前的－6 120万元，变为调整后的－4 146万元。2004年度该公司实现净利润6 699万元。那么，普华永道与大信，普华永道与安徽华普，这三家事务所之中，究竟是哪家事务所存在着审计失败呢？是多年来大冶特钢蓄意虚增收入、虚增成本以达到虚增利润、虚增规模，还是新任会计师与大冶特钢利用重大会计差错的调整调低以前年度净资产？是普华永道在任期间的黄山旅游会计信息失真，还是安徽华普对上市公司与集团公司的尽力协调？其中的滋味，可能真的要细细品味了。

资料来源：http：//finance. sina. com. cn

根据上述案例的内容，讨论以下问题：

(1) 会计师事务所在变更过程中可能存在哪些违规行为？

(2) 应如何对更换会计师事务所过程中可能的违规行为加以监管？

二、单项选择题

1. 若注册会计师不同意变更业务，被审计单位又不允许连续执行原审计业务，注册会计师应当（　　）。

A. 解除业务约定　　B. 继续履行业务约定

C. 修改原业务约定　　D. 重新签订审计业务约定书

2. 在连续审计情况下，注册会计师与被审计单位签订业务约定书应（　　）。

A. 只能每年签订一次　　B. 必须长期签订

C. 签订时间不超过三年　　D. 在所有权结构近期发生变动考虑重新签订

3. 后任注册会计师委托后，如果需要查阅前任注册会计师的工作底稿，后任注册会计师（　　）。

A. 不需要征得任何人同意

B. 仅仅需要征得被审计单位同意

C. 仅仅需要与前任注册会计师沟通

D. 应征得被审计单位同意并与前任注册会计师进行沟通

4. 中国证监会早在1996年发布有关通知，要求上市公司解聘或不再续聘会计师事务所应当由（　　）做决定。

A. 董事会　　B. 股东大会

C. 管理层　　D. 中国注册会计师协会

三、多项选择题

1. 审计业务约定书内容主要包括（　　）。

A. 审计业务委托与受托关系　　B. 审计目标和范围

C. 双方责任　　D. 报告格式和时间

2. 下列原因中导致被审计单位要求变更审计业务，通常被认为是合理理由的有（　　）。

A. 情况变化对审计服务需求产生影响

B. 对原来要求的审计业务性质存在误解

C. 审计范围存在限制

D. 高级管理人员发生变动

3. 前后任注册会计师沟通时（　　）。

A. 可采用口头

B. 可采用书面沟通

C. 沟通事项的情况要记录于审计工作底稿

D. 应遵循保密原则

4. 后任注册会计师向前任注册会计师询问的内容通常包括（　　）。

A. 是否发现管理层诚信问题

B. 前任注册会计师认为导致被审计单位变更会计师事务所的原因

C. 前任注册会计师与管理层在重大会计、审计问题存在分歧

D. 前任注册会计师了解的被审计单位内控重大缺陷

5. 甲会计师事务所接受戊公司委托，审计其2018年度会计报表。乙会计师事务所审计了戊公司2017年度会计报表，出具了标准无保留意见的审计工作报告。在实施必要的审计程序后，甲会计师事务所发现戊公司2017年度会计报表可能存在重大错报，以下各项措施中，甲会计师事务所应当采取的有（　　）。

A. 提请戊公司管理当局告知乙会计师事务所

B. 在戊公司管理当局拒绝告知乙会计师事务所时，直接告知乙会计师事务所

C. 在审计报告中指明，期初余额可能存在重大错报，由于不专门对期初余额发表意见，相关责任由乙会计师事务所负责

D. 在戊公司管理当局拒绝告知乙会计师事务所时，考虑对审计报告的影响或解除业务约定

四、判断题

1. 审计业务约定书是注册会计师与被审计单位签订的书面协议。（　　）

2. 注册会计师可以与被审计单位签订长期审计业务约定书。（　　）

3. 后任注册会计师与前任注册会计师沟通不需要取得被审计单位管理层的同意。（　　）

4. 后任注册会计师发现前任注册会计师审计的财务报表可能存在重大错报时，应当提请被审计单位告知前任注册会计师。（　　）

5. 前后任注册会计师的关系仅限于审计业务，其他签证业务如盈利预测审核、财务报表审阅不包括在内。（　　）

五、简答题

1. 注册会计师在签订审计业务约定书之前应做哪些工作？

2. 对于连续审计，出现哪些情况应当考虑重新签订审计业务约定书？

3. 前后任注册会计师的沟通原则主要有哪些？

六、案例分析题

1. 信达会计师事务所与A上市公司于2018年11月25日经协商一致后签订的审计业务约定书如下。

审计业务约定书

信达会计师事务所：

兹委托贵所办理下列审计业务，费用按规定支付，请受理为盼。

负责人（签章）　　　　　　　　　　　　委托单位（签章）

2018年11月25日

委托业务：审计2018年12月31日的资产负债表及该年度利润表和现金流量表。

双方的责任和义务

委托方：

1. 建立健全内部控制制度，保护资产的安全、完整，保证会计资料的真实性、合法性和完整性。

2. 提供必要的工作条件及合作。

3. 按本约定书的约定及时支付费用。

受托方：

1. 按照独立审计准则的要求出具审计报告，保证审计报告的真实合法。

2. 对执业过程中知悉的商业秘密保密。

审计收费：应收本约定审计事项的费用为人民币肆拾伍万元整。

事务所意见：同意接受委托。

负责人（签章）　　　　　　　　　　　　会计师事务所（公章）

2018年11月25日

要求：分析该审计业务约定书存在的不足之处。

2. 试分析下列四种情况中，哪些符合前任注册会计师与后任注册会计师的定义范畴。

(1) 甲公司拟聘请A会计师事务所审计其2018年度会计报表。B会计师事务所审计了甲公司2018年半年度会计报表，出具了标准无保留意见的审计报告。

(2) 乙公司拟聘请A会计师事务所重新审计其2018年度会计报表。此前，B会计师事务所审计了乙公司2018年度会计报表，出具了标准无保留意见的审计报告。

(3) 丙公司拟聘请A会计师事务所审计其2018年度会计报表，此前曾有意委托B会计师事务所审计，但B会计师事务所在初步了解情况后未接受委托。C会计师事务所审计了丙公司2017年度会计报表，出具了保留意见的审计报告。

(4) 丁公司拟聘请A会计师事务所审计其2018年度的会计报表。丁公司于2018年初设立，B会计师事务所承办了其设立验资业务。

第8章

计划审计工作

【学习目标】

◇掌握重要性和审计风险的概念、审计风险与重要性水平之间的关系

◇掌握利用其他实体的工作的具体程序和方法

◇掌握审计计划的编制方法，并了解审计计划的审核过程

◇了解审计档案分类、所有权与保管、保密与调阅等内容

【相关注册会计师执业准则、会计准则】

◇中国注册会计师审计准则第 1201 号——计划审计工作

◇中国注册会计师审计准则第 1221 号——计划和执行审计工作时的重要性

◇中国注册会计师审计准则第 1401 号——对集团财务报表审计的特殊考虑

◇中国注册会计师审计准则第 1411 号——利用内部审计人员的工作

◇中国注册会计师审计准则第 1421 号——利用专家的工作

◇中国注册会计师审计准则第 1301 号——审计证据

◇中国注册会计师审计准则第 1131 号——审计工作底稿

引　言

计划审计工作对于注册会计师顺利完成审计工作和控制审计风险具有非常重要的意义。充分的审计计划有助于注册会计师关注重点审计领域、及时发现和解决潜在问题，并恰当地组织和管理审计工作，以使审计工作更加有效。同时，充分的审计计划还可以帮助注册会计师对项目组成员进行恰当分工和指导、监督，且有助于协调其他注册会计师和专家的工作。

计划审计工作是一个持续的过程，通常注册会计师在前一期审计工作结束后立即开始开展本期的审计计划工作，直到本期审计工作结束为止。计划审计工作十分重要，很多关键决策都在这个阶段做出，如可接受的审计风险水平和重要性的确定、项目人员的配置等。

8.1　重要性和审计风险

8.1.1　重要性的定义、运用和评估

1. 重要性的定义

《中国注册会计师审计准则第 1221 号》指出：财务报告编制基础通常从编制和列报财务

报表的角度阐释重要性概念。财务报告编制基础可能以不同的术语解释重要性，但通常而言，重要性概念可从下列三个方面理解。

① 如果合理预期错报（包括漏报）单独或汇总起来可能影响财务报表使用者依据财务报表做出的经济决策，则通常认为错报是重大的。

② 对重要性的判断是根据具体环境做出的，并受错报的金额或性质的影响，或受两者共同作用的影响。

③ 判断某事项对财务报表使用者是否重大，是在考虑财务报表使用者整体共同的财务信息需求的基础上做出的。

2. 重要性的运用

从重要性的定义可以看出，重要性的确定与具体的环境、错报的金额和性质相关，包括财务报表及相关披露中的错报漏报，其概念的提出是针对财务报表使用者决策而言的。

重要性水平的确定离不开特定的环境，也与注册会计师的专业判断有关系。影响一个企业重要性水平的因素有许多，不仅不同企业的重要性不同，同一个企业在不同的时期的重要性也不相同。不同的注册会计师在确定同一个企业、同一年度的重要性水平也不相同，甚至相差很大。一个注册会计师连续几年审计同一个企业，在不同的审计年度其确定的重要性水平不尽相同。原因是不同的注册会计师对影响重要性的各种因素的判断存在差异，同一企业在不同时期的行业状况、法律环境与监管环境等外部因素不相同，以及被审计单位的业务性质对会计政策的选择和应用、被审计单位的目标、战略及相关的经营风险、被审计单位的内部控制等内部因素也不相同。

重要性具有数量和质量两个方面的特征。一般来说，金额大的错报或漏报比金额小的错报或漏报更重要。但在许多情况下，某些错报或漏报从量的方面看并不重要，从其性质方面看，却可能是重要的。例如，某些错报或漏报可能涉及舞弊与违法行为，某些错报或漏报可能引起履行合同义务的改变，某些错报或漏报可能会影响收益趋势的改变及其他一些不期望出现的错报或漏报等。另外，注册会计师在执业过程中还应注意，小金额的错报或漏报的累积可能会对财务报表产生重大影响。单独地看，一笔小金额的错报或漏报无论在金额上还是在性质上都不重要，但财务报表是一个整体，多个交易或账户的错报或漏报累积起来，就有可能变成大金额的错报或漏报，在这种情况下必然会对财务报表产生重大影响。

重要性定义中的错报或漏报应当包括财务报表及相关披露中的错报漏报。注册会计师在审计过程中不仅应注意财务报表内的可以量化的错报和漏报，还应注意在报表附注中的所披露的各事项是否真实、准确、完整。

财务报表的重要性水平是针对财务报表使用者的决策而言的，信息使用者的要求影响重要性水平的确定。判断一项错报重要与否，应视其对财务报表使用者所做决策的影响程度而定。若一项错报漏报足以改变或影响报表使用者的判断，则该项错报或漏报就是重要的，否则就是不重要的。当然，这里的财务报表使用者是指有一定理解能力并能理性地做出决策和判断的使用者。

3. 对重要性的评估和考虑

1）编制审计计划时对重要性的评估

（1）对重要性的初步评估

在编制审计计划时，注册会计师应当对重要性水平做出初步判断，以确定所需要的审计证据的数量。重要性水平越低所需要的审计证据就越多，重要性水平和审计证据之间呈反向变动关系。比如说，为合理保证应收账款账户余额的错报或漏报不超过 1 万元所需收集的证据，比为合理保证应收账款账户余额的错报或漏报不超过 2 万元所需收集的证据要多。还有，审计项目越重要，所需收集的证据越多。例如，应收账款占资产总额的 30％时比占资产总额 20％时需要更多的证据。

注册会计师应当综合考虑以下因素并结合自己的审计经验，对重要性水平做出初步判断。第一，以往的审计经验。以前年度的审计过程中所用的重要性水平，如果仍较为适当，可作为本年度重要性水平的重要依据，考虑本年度内外部环境的变化加以修正。第二，相关法规对财务会计的要求。有关法规对企业财务报表的编制可能存在特别的要求；如果企业存在可由管理当局自主决定处理的会计事项，注册会计师应从严确定重要性水平。第三，被审计单位的经营规模及业务性质。企业规模不同，重要性水平也有所不同。行业性质对重要性水平也有较大的影响。第四，内部控制与审计风险的评估结果。如果内部控制较为健全，可信赖程度高，可将重要性水平定得高一些，以提高审计效率。如果重大错报风险评估为高水平，则意味着要降低重要性水平，需要收集更多的证据。第五，财务报表各项目的性质及其相互关系。不同的报表项目重要程度存在差别，在确定重要性水平时谨慎程度也应不相同。一般而言，对财务报表中流动性比较高的项目，应从严制定重要性水平。由于财务报表各项之间是相互联系的，注册会计师在制定重要性水平时也应考虑这种相互联系。

（2）财务报表层次重要性水平的确定

由于财务报表审计的目标是注册会计师通过执行审计工作对财务报表发表审计意见，因此注册会计师应当考虑财务报表层次的重要性。确定多大错报会影响到财务报表使用者做出决策，是注册会计师运用职业判断的结果。

在确定重要性水平时，注册会计师通常先选择一个恰当的基准，再选用适当的百分比乘以该基准，从而得出财务报表层次的重要性水平。在选择基准时，需要考虑的因素包括：财务报表要素（如资产、负债、所有者权益、收入和费用）；是否存在特定会计主体的财务报表使用者特别关注的项目（如为了评价财务业绩，使用者可能更关注利润、收入或净资产）；被审计单位的性质、所处的生命周期阶段及所处行业和经济环境；被审计单位的所有权结构和融资方式（例如，如果被审计单位仅通过债务而非权益进行融资，财务报表使用者可能更关注资产及资产的索偿权，而非被审计单位的收益）；基准的相对波动性。

适当的基准取决于被审计单位的具体情况，包括各类报告收益及所有者权益或净资产。例如，对以营利为目的的被审计单位而言，来自经常性业务的税前利润或税后利润可能是一个适当的标准；而利润波动幅度比较大时或利润接近零时，不应将当年的利润作为重要性水平的判断基础。对资产管理公司而言，净资产可能是一个适当的标准。总之，注册会计师通常应选择一个相对稳定、可预测且能够反映被审计单位正常规模的基准。

为选定的基准确定百分比需要运用职业判断。百分比和选定的基准之间存在一定的联系，如经常性业务的税前利润对应的百分比通常比营业收入对应的百分比要高。例如，对以营利为目的的制造行业实体，注册会计师可能认为经常性业务的税前利润的 5％是适当的；而对于非营利性组织，注册会计师可能认为总收入或费用总额的 1％是适当的。百分比无论是高一些还是低一些，只要符合具体情况，都是适当的。

如果同一期间各财务报表的重要性水平不同，注册会计师应当取其最低者作为财务报表层次的重要性水平。在执业过程中，注册会计师应当先对每张财务报表确定一个重要性水平。例如，将资产负债表的重要性水平确定为 150 万元，将利润表的重要性水平确定为 100 万元。由于财务报表相互关联，并且许多审计程序经常涉及多张报表，例如应收账款坏账准备的计提，不仅为资产负债表中应收账款提供审计证据，而且还为利润表中的资产减值损失提供审计证据，因此在编制审计计划时，应使用财务报表中最小的错报或漏报总体水平。

注册会计师在确定财务报表层次的重要性水平时还应考虑错报的性质。

（3）特定类别交易、账户余额或披露的重要性水平的确定

根据被审计单位的特定情况，下列因素可能表明存在一个或多个特定类别的交易、账户余额或披露，其发生的错报金额虽然低于财务报表整体的重要性，但合理预期将影响财务报表使用者依据财务报表做出的经济决策。

① 法律法规或适用的财务报告编制基础是否影响财务报表使用者对特定项目（如关联方交易、管理层和治理层的薪酬）计量或披露的预期。

② 与被审计单位所处行业相关的关键性披露（如制药企业的研究与开发成本）。

③ 财务报表使用者是否特别关注财务报表中单独披露的业务的特定方面（如新收购的业务）。

（4）实际执行的重要性水平

实际执行的重要性水平，是指注册会计师确定的低于财务报表整体重要性水平的一个或多个金额，旨在将未更正和未发现错报的汇总数超过财务报表整体重要性水平的可能性降至适当的低水平。如果适用，实际执行的重要性水平还指注册会计师确定的低于“特定类别交易、账户余额或披露的重要性水平”的一个或多个金额。确定实际执行的重要性并非简单机械的计算，需要注册会计师运用职业判断，并考虑下列因素的影响。

① 对被审计单位的了解。

② 前期审计工作中识别出的错报的性质和范围。

③ 根据前期识别出的错报对本期错报做出的预期。

通常而言，实际执行的重要性水平为财务报表整体重要性的 50%～75%。

如果存在下列情况，注册会计师可能考虑选择较高的百分比来确定实际执行的重要性水平。

① 连续审计，以前年度审计调整较少。

② 项目总体风险为低到中等（如处于非高风险行业、管理层有足够能力、面临较低的业绩压力等）。

③ 以前期间的审计经验表明内部控制运行有效。

如果存在下列情况，注册会计师可能考虑选择较低的百分比来确定实际执行的重要性水平。

① 首次接受委托的审计项目。

② 连续审计项目，以前年度审计调整较多。

③ 项目总体风险较高（如处于高风险行业、经常面临较大市场压力、首次承接的审计项目或者需要出具特殊目的报告等）。

④ 存在或预期存在值得关注的内部控制缺陷。

2）执行审计过程中对计划重要性水平的调整

在审计执行阶段，随着审计过程的推进，注册会计师应当及时评价计划阶段确定的重要性水平是否仍然合理，并根据具体环境的变化或在审计执行过程中进一步获取的信息，修正计划的重要性水平。由于存在下列原因，注册会计师可能需要修改财务报表整体的重要性水平和特定类别的交易、账户余额或披露的重要性水平（如适用）。

① 审计过程中情况发生重大变化（如决定处置被审计单位的一个重要组成部分）。

② 获取新信息。

③ 通过实施进一步审计程序，注册会计师对被审计单位及其经营的了解发生变化。

3）评价审计结果时对重要性的考虑

（1）评价审计结果时的重要性水平

因为环境的变化或者注册会计师对被审计单位了解程度的增加，评价审计结果时所运用的重要性水平可能不同于编制审计计划时确定的重要性水平。例如，在注册会计师审计期间发生重要的期后事项并对企业的财务状况和经营成果发生重大影响，则编制计划时的财务状况和经营成果与实际大不相同，注册会计师所评估的重要性水平也要加以改变。如果评价审计结果时所运用的重要性水平大大低于编制审计计划时确定的重要性水平，注册会计师应当重新评估所执行审计程序是否充分。

（2）评价错报的影响对重要性水平的运用

在完成审计工作时，为确定被审计单位的财务报表是否合法、公允，注册会计师应当汇总尚未调整的错报或漏报。汇总时，应当包括：已发现的错报或漏报，即通过对账户或交易实施详细的实质性测试所确认的未调整错报或漏报；推断的错报或漏报，即通过审计抽样或分析性复核程序所估计的未调整的错报或漏报；另外，还应包括前期尚未调整的且导致本期财务报表严重失实的错报或漏报。此外，在汇总时，注册会计师还应考虑期后事项和或有事项是否已进行适当的处理。

如果尚未调整的错报或漏报的汇总数超过重要性水平，注册会计师应当考虑扩大实质性测试范围或提请被审计单位调整财务报表。如果尚未调整的错报或漏报的汇总数接近重要性水平，由于该汇总数连同未发现的错报或漏报可能超过重要性水平，注册会计师应当实施追加审计程序或提请被审计单位进一步调整已发现的错报或漏报。

8.1.2 审计风险

审计风险是指财务报表存在重大错报而注册会计师发表不恰当审计意见的可能性。可接受的审计风险的确定，需要考虑会计师事务所对审计风险的态度、审计失败对会计师事务所可能造成的损失等因素。审计风险取决于重大错报风险和检查风险。审计风险、重大错报风险和检查风险之间的关系用模型表示为

审计风险＝重大错报风险×检查风险

1. 重大错报风险

重大错报风险是指财务报表在审计前存在重大错报的可能性。在设计审计程序以确定财务报表整体是否存在重大错报时，注册会计师应当从财务报表层次及各类交易、账户余额和披露认定层次考虑重大错报风险。《中国注册会计师审计准则第 1211 号——通过了解被审计

单位及其环境识别和评估重大错报风险》对注册会计师如何评估财务报表层次和认定层次的重大错报风险提出了详细的要求。

（1）两个层次的重大错报风险

财务报表层次重大错报风险与财务报表整体存在广泛联系，可能影响多项认定。此类风险通常与控制环境有关，但也可能与其他因素有关，如经济萧条。此类风险难以界定于某类交易、账户余额和披露的具体认定；相反，此类风险增大了任何数目的不同认定发生重大错报的可能性，注册会计师考虑由舞弊引起的风险特别相关。注册会计师同时考虑各类交易、账户余额和披露认定层次的重大错报风险，考虑的结果直接有助于注册会计师确定认定层次上实施的进一步审计程序的性质、时间安排和范围。注册会计师在各类交易、账户余额和披露认定层次获取审计证据，以便能够在审计工作完成时，以可接受的低审计风险水平对财务报表整体发表审计意见。《中国注册会计师审计准则第 1231 号——针对评估的重大错报风险采取的应对措施》对注册会计师如何应对评估的两个层次重大错报风险提出了详细的要求。

（2）固有风险和控制风险

认定层次的重大错报风险又可以进一步细分为固有风险和控制风险。

固有风险是指在考虑相关的内部控制之前，某类交易、账户余额或披露的某一认定易于发生错报（该错报单独或连同其他错报可能是重大的）的可能性。

某些类别的交易、账户余额和披露及其认定，固有风险较高。例如，复杂的计算比简单计算更可能出错；受重大计量不确定性影响的会计估计发生错报的可能性较大。产生经营风险的外部因素也可能影响固有风险，例如，技术进步可能导致某项产品陈旧，进而导致存货易于发生高估错报（计价认定）。被审计单位及其环境中的某些因素还可能与多个甚至所有类别的交易、账户余额和披露有关，进而影响多个认定的固有风险。这些因素包括维持经营的流动资金匮乏、被审计单位处于夕阳行业等。

控制风险是指某类交易、账户余额或披露的某一认定发生错报，该错报单独或连同其他错报是重大的，但没有被内部控制及时防止或发现并纠正的可能性。控制风险取决于与财务报表编制有关的内部控制的设计和运行的有效性。由于控制的固有局限性，某种程度的控制风险始终存在。

2. 检查风险

检查风险是指存在某一错报，该错报单独或连同其他错报是重大的，注册会计师为将审计风险降至可接受的低水平而实施程序后没有发现这种错报的风险。检查风险取决于审计程序设计的合理性和执行的有效性。由于注册会计师通常并不对所有的交易、账户余额和列报进行检查，以及其他原因，检查风险不可能降低为零。其他原因包括注册会计师可能选择了不恰当的审计程序、审计过程执行不当或者误解了审计证据等。在既定的审计风险水平下，可接受的检查风险水平与认定层次重大错报风险的评估结果呈反向关系。

8.1.3 重要性与审计风险的关系

重要性与审计风险之间存在反向关系，即重要性水平越高，审计风险越低；重要性水平越低，审计风险越高。此外，重要性水平的高低指的是金额的大小，一般来说，4 000 元的重要性水平比 2 000 元的重要性水平高。在理解两者之间的关系时，必须注意重要性水平是注册会计师从财务报表使用者的角度进行判断的结果。如果重要性水平是 4 000 元，则意味着低于4 000元的错报不会影响到财务报表使用者的决策，注册会计师仅仅需要通过执行有关审计程序合理保证审计出高于4 000元的错报；如果重要性水平是2 000元，则金额在2 000～4 000元之间的错报也会影响财务报表使用者的决策，注册会计师还需要通过执行有关审计程序合理保证审计出金额在2 000～4 000元之间的错报。显然，重要性水平为2 000元时审计不出这样的重大错报的可能性（即审计风险）要比重要性水平为4 000元时的审计风险高。审计风险越高，越要求注册会计师收集更多更有效的审计证据，以将审计风险降至可接受的低水平。因此，重要性和审计证据之间也呈反向变动关系。

值得注意的是，注册会计师不能通过不合理地人为调高重要性水平，降低审计风险。因为重要性是依据重要性概念中所述的判断标准确定的，而不是由期望的审计风险水平决定。

由于重要性和审计风险存在上述反向关系，而且这种关系对注册会计师将要执行的审计程序的性质、时间安排和范围有直接的影响，因此注册会计师应当综合考虑各种因素，合理确定重要性水平。

8.2 考虑利用他人的工作

审计项目组应当在整体上具备执行业务所需的专业胜任能力。但注册会计师不可能在所有方面都是专家，因此必要时他们可以聘请某一领域的专家或其他人员协助收集审计证据。在审计计划阶段，注册会计师应当考虑是否需要利用他人的工作，包括利用组成部分注册会计师的工作、利用专家的工作和利用内部审计的工作。

8.2.1 利用组成部分注册会计师的工作

1. 相关定义

集团项目合伙人，是指会计师事务所中负责某项集团审计业务及其执行并代表会计师事务所在对集团财务报表出具的审计报告上签字的合伙人；集团项目组，是指参与集团审计的，包括集团项目合伙人在内的所有合伙人和员工。集团项目组负责制定集团总体审计策略，与组成部分注册会计师沟通，针对合并过程执行相关工作，并评价根据审计证据得出的结论，作为形成集团财务报表审计意见的基础。

组成部分注册会计师，是指基于集团审计目的，按照集团项目组的要求，对组成部分财务信息执行相关工作的注册会计师。基于集团审计目的，集团项目组成员可能按照集团项目组的工作要求，对组成部分财务信息执行相关工作。在这种情况下，该成员也是组成部分注册会计师。

组成部分，是指某一实体或某项业务活动，其财务信息由集团或组成部分管理层编制并应包括在集团财务报表中。

集团结构影响如何识别组成部分。例如，有些集团的组织结构规定，由母公司、子公司、合营企业及按权益法或成本法核算的被投资实体编制财务信息；或由集团本部、分支机构编制财务信息；或是将两者结合。这些集团的财务报告系统可能是按照这样的组织结构来组织的。相应地，母公司、子公司、合营企业及按权益法或成本法核算的被投资实体，或者集团本部、分支机构可被视为组成部分。而其他一些集团可能按照职能部门、生产过程、单项产品或劳务（或一组产品或劳务）或地区分布来组织财务报告系统。在这种情况下，集团管理层或组成部分管理层可能以职能部门、生产过程、单项产品或劳务（或一组产品或劳务）或地区为单位（报告主体或业务活动）编制财务信息并将其包括在集团财务报表中。相应地，这些职能部门、生产过程、单项产品或劳务（或一组产品或劳务）或地区可被视为组成部分。

2. 集团财务报表审计中的责任设定和注册会计师的目标

（1）集团财务报表审计中的责任设定

目前，各国对集团财务报表审计中的责任设定有两种模式。一种模式是集团项目组对整个集团财务报表审计工作及审计意见负全部责任，这一责任不因利用组成部分注册会计师的工作而减轻。另外一种模式是集团项目组和组成部分注册会计师就各自执行的审计工作分别负责，集团项目在执行集团财务报表审计时完全基于组成部分注册会计师的工作。为保证审计质量，《中国注册会计师审计准则第 1401 号——对集团财务报表审计的特殊考虑》采用了第一种模式。在这种模式下，尽管组成部分注册会计师基于集团审计目的对组成部分财务信息执行相关工作，并对所有发现的问题、得出的结论或形成的意见负责，集团项目合伙人及其所在的会计师事务所仍对集团审计意见负全部责任。

相应地，集团项目合伙人按照职业准则和适用的法律法规的规定，应当确信执行集团审计业务的人员（包括组成部分注册会计师）从整体上具备适当的胜任能力和必要素质，负责指导、监督和执行集团审计业务，确定出具的审计报告是否适合具体情况。注册会计师对集团财务报表出具的审计报表不应提及组成部分注册会计师，除非法律法规另有规定。如果法律法规要求在审计报告中提及组成部分注册会计师，审计报告应当指明，这种提及并不减轻集团项目合伙人及其所在的会计师事务所对集团审计意见承担的责任。

如果因未能就组成部分财务信息获取充分、适当的审计证据，导致集团项目组在对集团财务报表出具的审计报告中发表非无保留意见，集团项目组需要在导致非无保留意见的事项段中说明不能获取充分、适当审计证据的原因。

除非法律法规要求在审计报告中提及组成部分注册会计师，并且这样做对充分说明情况是必要的，否则不应提及组成部分注册会计师。

（2）注册会计师的审计目标

在集团财务报表审计中，担任集团审计的注册会计师的目标是：确定是否担任集团审计的注册会计师；如果担任集团审计的注册会计师，就组成部分注册会计师对组成部分财务信息执行工作的范围、时间安排和发现的问题，与组成部分注册会计师进行清晰的沟通；针对组成部分财务信息和合并过程，获取充分、适当的审计证据，以对集团财务报表是否在所有重大方面按照适用的财务报告编制基础编制发表审计意见。

3. 了解组成部分注册会计师

只有当基于集团审计目的，计划要求由组成部分注册会计师执行组成部分财务信息的相关工作时，集团项目组才需要了解组成部分注册会计师。例如，如果集团项目组计划仅在集团层面对某些组成部分实施分析程序，就无须了解这些组成部分注册会计师。如果计划要求组成部分注册会计师执行组成部分财务信息的相关工作，集团项目组应当了解下列事项。

① 组成部分注册会计师是否了解并将遵守与集团审计相关的职业道德要求，特别是独立性要求。

② 组成部分注册会计师是否具备专业胜任能力。

③ 集团项目组参与组成部分注册会计师工作的程度是否足以获取充分、适当的审计证据。

④ 组成部分注册会计师是否处于积极的监管环境中。

如果组成部分注册会计师不符合与集团审计相关的独立性要求，或集团项目组对组成部分注册会计师职业道德、专业胜任能力和所处的监管环境存有重大疑虑，集团项目组应当就组成部分财务信息亲自获取充分、适当的审计证据，而不应要求组成部分注册会计师对组成部分财务信息执行相关工作。

如果组成部分注册会计师不符合与集团审计相关的独立性要求，集团项目组不能通过参与组成部分注册会计师的工作、实施追加的风险评估程序或对组成部分财务信息实施进一步审计程序，以消除组成部分注册会计师不具有独立性的影响。但是，集团项目组可以通过参与组成部分注册会计师的工作、实施追加的风险评估程序或对组成部分财务信息实施进一步审计程序，消除对组成部分注册会计师专业胜任能力的并非重大的疑虑（如认为其缺乏行业专门知识），或消除组成部分注册会计师未处于积极有效的监管环境中的影响。

8.2.2 利用专家的工作

1. 基本定义

专家，即注册会计师的专家，是指在会计或审计以外的某一领域具有专长的个人或组织，并且其工作被注册会计师利用，以协助注册会计师获取充分、适当的审计证据。专家既可能是会计师事务所内部专家（如会计师事务所或其网络事务所的合伙人或员工，包括临时员工），也可能是会计师事务所外部专家。

这里的专长，是指在某一特定领域中拥有的专门技能、知识和经验。例如：

① 对下列方面进行估价：复杂的金融工具、土地及建筑物、厂房和机器设备、珠宝、艺术品、古董、无形资产、企业合并中收购的资产和承担的负债，以及可能发生减值的资产。

② 对与保险合同或员工福利计划相关的负债进行精算。

③ 对石油和天然气储量进行估算。

④ 对环境负债和场地清理费用进行估价。

⑤ 对合同、法律和法规进行解释。

⑥ 对复杂或异常的纳税问题进行分析。

专家通常可以是工程师、律师、资产评估师、精算师、环境专家、地质专家、IT 专家及税务专家，也可以是这些个人所从属的组织，如律师事务所、资产评估公司及各种咨询公司等。

在利用专家工作的问题上，注册会计师的目标是：确定是否利用专家的工作，如果利用专家的工作，专家的工作是否足以实现审计目的。如果注册会计师按照审计准则的规定利用了专家的工作，并得出结论认为专家的工作足以实现审计目的，注册会计师可以接受专家在其专业领域的工作结果或结论，并作为适当的审计证据。但注册会计师对发表的审计意见独立承担责任，这种责任并不因利用专家的工作而减轻。

2. 确定是否需要利用专家的工作

（1）可能需要利用专家工作的审计程序范围

注册会计师在执行下列工作时可能需要利用专家的工作。

① 了解被审计单位及其环境。

② 识别和评估重大错报风险。

③ 针对评估的财务报表层次风险，确定并实施总体应对措施。

④ 针对评估的认定层次风险，设计和实施进一步审计程序，包括控制测试和实质性程序。

⑤ 在对财务报表形成审计意见时，评价已获取的审计证据的充分性和适当性。

（2）确定是否利用专家工作

在确定是否利用专家的工作，以协助获取充分、适当的审计证据时，注册会计师可能考虑的因素如下。

① 管理层在编制财务报表时是否利用了管理层的专家的工作。

② 专家工作涉及的事项的性质和重要性，包括复杂程度。

③ 专家工作涉及的事项存在的重大错报风险。

④ 应对识别出的风险的预期程序的性质，包括注册会计师对与这些事项相关的专家工作的了解和具有的经验，以及是否可以获得替代性的审计证据。

3. 专家的胜任能力、专业素质和客观性

（1）评价专家的胜任能力、专业素质

在计划利用专家的工作时，注册会计师应当评价专家的胜任能力和专业素质，包括考虑：专家是否具有适当职业团体授予的专业资格或执业许可证，或是适当职业团体的会员；在注册会计师寻求审计证据的领域中，专家的经验和声望。

通过专家的同仁及其他了解专家能力和工作表现的人员，可以了解专家的胜任能力和专业素质。当利用会计师事务所内部专家的工作时，注册会计师可以依赖会计师事务所的招聘和培训系统确定专家的胜任能力和专业素质，而不必就每一项审计业务对专家的工作进行评价。

（2）评价专家的客观性

注册会计师应该通过各种方式弄清楚专家与被审计单位之间有无关系及究竟是什么性质的关系。虽然不能要求专家具有同注册会计师相同的独立性，但是必须评价专家与被审计单位之间关系的性质。如果注册会计师确定专家与被审计单位之间存在的关系足以损害专家的客观性，则应该对专家所做的全部或部分假设、取得的结论和使用的方法进行附加程序检查，以便确定专家的结论是否正确。

当存在下列情况时，专家的客观性受到损害的风险将会增加：专家受雇于被审计单位；专家在其他方面与被审计单位存在关联关系，如经济上依赖于被审计单位或投资于被审计单位。如果对专家的专业胜任能力或客观性存有疑虑，注册会计师应当与管理层交换意见，并考虑能否通过专家的工作获取充分、适当的审计证据。必要时，注册会计师应当考虑实施追加的审计程序或利用其他专家获取审计证据。

4. 了解专家的专长领域

注册会计师应当充分了解专家的专长领域，以便能够：为了实现审计目的，确定专家工作的性质、范围和目标；评价专家的工作是否足以实现审计目的。注册会计师可以凭借审计工作经验或通过与专家及其他有关人士进行讨论的方式，了解专家的专长领域。注册会计师对专家专长领域的了解可能包括下列方面。

① 与审计相关的、管理层的专家专长领域的进一步细分信息。

② 职业准则或其他准则及法律法规是否适用。

③ 专家使用哪些假设和方法（包括专家使用的模型，如适用）及其在专家的专长领域是否得到普遍认可，对实现财务报告目的是否适当。

④ 专家使用的内外部数据或信息的性质。

5. 与专家达成一致意见

专家工作的性质、范围和目标可能会随着情况的变化而发生较大的变化，相应地，注册会计师和专家各自的角色与责任，注册会计师和专家沟通的性质、时间安排和范围等也可能因情况的变化而发生较大变化。因此，无论是对外部专家还是内部专家，注册会计师都有必要就相关事项与其达成一致意见，并根据需要形成书面协议。注册会计师与专家达成一致意见的相关事项包括：

① 专家工作的性质、范围和目标。

② 注册会计师和专家各自的角色和责任。

③ 注册会计师和专家之间沟通的性质、时间安排和范围。

④ 对专家遵守保密规定的要求。

6. 评价专家的工作

注册会计师可以把专家的工作作为取得适当审计证据的一个步骤。为了满足审计标准，注册会计师还需执行其他的审计步骤，这些步骤不应当重复专家所做的工作。在将专家工作结果作为审计证据时，注册会计师应当评价专家工作的适当性，包括评价专家工作结果是否在财务报表中得到适当的反映或支持相关认定，以及考虑下列因素。

（1）专家使用的原始数据

专家在工作过程中需要用到大量的原始数据，原始数据是否适合所涉及项目的具体情况直接关系到专家工作的恰当性。部分原始数据是从被审计单位内部获取的，部分数据来源于外部。注册会计师应当考虑实施下列审计程序来确定专家使用的原始数据的相关性、完整性和准确性：核实数据的来源，包括了解和测试（适用时）针对数据的内部控制，以及向专家传送数据的方式（如相关）；复核数据的完整性和内在一致性。

（2）专家使用重要的假设和方法及其与以前期间的一致性

使用正确的方法，进行合理假设是专家的责任。注册会计师不具备与专家同等的专业技能，对专家选择的假设和方法提出异议存在一定的困难。但是，注册会计师应当了解专家选择的假设和方法，并根据对被审计单位的了解和实施其他审计程序的结果，考虑专家选择的假设和方法是否相关和合理。此外，还要考虑专家选择的假设和方法与以前期间采用的假设和方法是否一致。

专家工作涉及使用重要的假设和方法时，注册会计师评价这些假设和方法需要考虑以下问题。

① 这些假设和方法在专家的专长领域是否得到普遍认可。

② 这些假设和方法是否与适用的财务报告编制基础的要求相一致。

③ 这些假设和方法是否依赖某些专用模型的应用。

④ 这些假设和方法是否与管理层的假设、方法相一致，如不一致，不一致的原因及影响。

（3）专家的工作结果或结论

① 专家提交结果或结论的方式是否符合专家所在的职业或行业标准。

② 专家结果或结论是否得到清楚表述，包括提及与注册会计师达成一致的目标，执行工作的范围和运用的标准。

③ 专家结果或结论是否基于适当的期间，并考虑期后事项（如相关）。

④ 专家结果或结论在使用方面是否有任何保留、限制或约束，如果有，是否对注册会计师的工作产生影响。

⑤ 专家结果或结论是否适当考虑了其遇到的错误或偏差。

7. 在审计报告中提及专家的工作

当出具无保留意见的审计报告时，注册会计师不应在审计报告中提及专家的工作。

如果专家工作结果致使注册会计师出具非无保留意见的审计报告，注册会计师应当考虑在审计报告中提及或描述专家的工作，包括专家的身份和专家的参与程度等。在这种情况下，注册会计师应当征得专家的同意。如果专家不同意而注册会计师认为有必要提及，注册会计师应当征询法律意见。

需要注意的是，在审计报告中提及专家的工作并不能减轻或者免除注册会计师的责任，也不能将责任分摊给专家。

8.2.3 利用内部审计的工作

注册会计师通过了解与评估内部审计工作，利用可信赖的内部审计工作相关部分的成果，可以减少不必要的重复劳动，提高劳动效率。例如注册会计师可以通过复核和评价内部审计人员的工作底稿，以获得对内部控制的了解。由于内部审计是被审计单位的一部分，其独立性和客观性毕竟是有限的。因此，注册会计师必须对与财务报表审计有关的所有重大事项独立做出职业判断，而不应完全依赖内部审计工作。需要注意的是，注册会计师应对发表的审计意见独立承担责任，其责任不因为利用内部审计工作而减轻。

1. 了解与初步评估内部审计工作

注册会计师可以通过了解被审计单位内部审计的情况，据以识别和评估财务报表重大错报风险，并设计和实施进一步审计程序。注册会计师通常在了解被审计单位内部控制的基础上制订审计计划，而内部审计的主要目的之一是检查、评价及监督内部控制，因此内部审计结果往往可为注册会计师审计提供有用信息。即使如此，内部审计仍然不能完全取代注册会计师应当实施的审计程序。在某些情况下，考虑内部审计活动后，注册会计师可能认为内部审计对其实施的审计程序没有任何作用。

当内部审计与注册会计师的风险评估相关时，注册会计师应当对内部审计的职能进行评估，以确定是否要利用内部审计工作成果。在评估时，注册会计师通常可以实施以下审计程序。

① 查阅以前年度审计工作底稿中有关内部审计工作的情况。

② 了解内部审计人员依据对审计风险的评估，将人力资源分配于内部审计工作的情况。

③ 查阅内部审计报告以获得有关内部审计工作范围的详细资料。

2. 确定是否利用及在多大程度上利用内部审计人员的工作

注册会计师应当确定：内部审计人员的工作是否可能足以实现审计目的；如果可能足以

实现审计目的，内部审计人员的工作对注册会计师审计程序的性质、时间安排和范围产生的预期影响。

在确定内部审计人员的工作是否可能足以实现审计目的时，注册会计师应当评价以下方面。

（1）内部审计的客观性

在评价内部审计人员的客观性时，注册会计师通常应考虑以下因素。

① 内部审计在被审计单位中的地位，以及这种地位对内部审计人员保持客观性的影响。

② 内部审计是否向治理层或具备适当权限的高级管理人员报告工作，以及内部审计人员是否直接接触治理层。

③ 内部审计人员是否不承担任何相互冲突的责任。

④ 治理层是否监督与内部审计相关的人事决策。

⑤ 管理层或治理层是否对内部审计施加任何约束或限制。

⑥ 管理层是否根据内部审计的建议采取行动，在多大程度上采取行动，以及如何采取行动。

（2）内部审计人员的专业胜任能力

在评价内部审计人员的专业胜任能力时，注册会计师应考虑以下方面。

① 内部审计人员所接受教育的程度。

② 内部审计人员的实践经验与业务能力。

③ 内部审计人员接受专业培训与后续教育的情况。注册会计师还应考虑被审计单位所在行业的发展带来的业务复杂性及内部审计工作的多样性。

（3）内部审计人员在执行工作时是否可能保持应有的职业关注

注册会计师主要通过以下几个方面来了解和评价内部审计人员在执行工作时是否保持应有的职业关注。

① 内部审计的活动是否经过适当的计划、监督、复核和记录。

② 是否存在适当的审计手册或其他类似文件、工作方案和内部审计工作底稿。

（4）注册会计师与内部审计人员之间是否可能进行有效的沟通

注册会计师应当与内部审计人员进行有效沟通，以便确定如何利用内部审计的工作。如果内部审计人员可以自由地与注册会计师坦诚沟通，并满足下列条件，则他们之间的沟通可能是最有效的。

① 双方在审计期间内每隔一段适当的时间就会举行会谈。

② 内部审计人员可以通过相关内部审计报告向注册会计师提供建议，并允许其接触相关内部审计报告；内部审计人员告知注册会计师其注意到的、可能影响注册会计师工作的所有重大事项。

③ 注册会计师告知内部审计人员可能影响内部审计的所有重大事项。

在确定内部审计人员的工作对注册会计师审计程序的性质、时间安排和范围产生的预期影响时，注册会计师应当考虑以下方面。

① 内部审计人员已执行或拟执行的特定工作的性质和范围。

② 针对特定类别的交易、账户余额和披露，评估的认定层次重大错报风险。

③ 在评价支持相关认定的审计证据时，内部审计人员的主观程度。

如果内部审计是注册会计师在确定审计程序的性质、时间、范围时考虑的因素，注册会计师事前就下列事项与内部审计人员达成一致意见是有益的。

① 内部审计工作的时间安排。包括制订计划、实施程序、出具报告的时间安排。

② 内部审计涵盖的范围。包括内部审计覆盖的主体对象及时间范围。

③ 财务报表整体的、认定层次的重要性及实际执行的重要性。

④ 选取测试项目拟采用的方法。

⑤ 对所执行工作的记录。

⑥ 复核和报告程序。

3. 利用内部审计人员的特定工作

由于并不是内部审计的所有工作都与注册会计师审计相关，因此如果拟用内部审计的特定工作，注册会计师应当评价内部审计的特定工作并实施审计程序，以确定是否能够满足注册会计师审计的需要。通过测试与评价，有利于注册会计师获取充分、适当的审计证据，实现审计目标。

(1) 评价内部审计特定工作应考虑的因素

在评价内部审计人员的特定工作是否足以实现审计目的时，注册会计师应当评价以下方面。

① 内部审计工作是否由经过充分技术培训且精通业务的人员执行。

② 内部审计人员的工作是否得到适当的监督、复核和记录。

③ 内部审计人员是否已获取充分、适当的审计证据，以得出合理的审计结论。

④ 内部审计人员得出的结论是否恰当，内部审计报告是否与内部审计工作的结果一致。

⑤ 内部审计人员披露的例外或异常事项是否得到恰当解决。

(2) 对内部审计人员的特定工作实施审计程序

对内部审计人员的特定工作实施审计程序的性质、时间安排和范围取决于注册会计师对下列因素的判断。

① 相关领域的重大错报风险。如会计政策、会计处理方法的选择或变化，未决诉讼等。

② 对内部审计工作的评估。包括评估内部审计的组织地位及其对客观性的影响、内部审计的职责范围、内部审计人员的专业胜任能力和应有的职业关注等。

③ 对内部审计的特定工作的评价。如果对内部审计工作的评价结果令人满意，注册会计师可以相应减少拟实施的进一步审计程序的范围；反之，则应扩大拟实施审计程序的范围。

(3) 注册会计师对内部审计人员特定工作实施的进一步的审计程序

注册会计师对内部审计人员特定工作实施的进一步审计程序如下。

① 检查内部审计人员已检查的项目。

② 检查其他类似项目。

③ 观察内部审计人员正在实施的程序。

注册会计师应当将对内部审计特定工作的评价及对内部审计工作所实施的审计程序记录于审计工作底稿。

注册会计师在对内部审计特定工作评价后，如果认为内部审计特定工作不能达到其预期目的，应当扩大审计范围，追加审计程序，以获取充分、适当的审计证据。

8.3 编制审计计划

8.3.1 审计计划的定义和作用

审计计划是注册会计师为了完成各项审计业务，达到预期的审计目标，在具体执行审计程序编制之前的工作计划。

审计计划通常由审计项目负责人在外勤审计工作开始之前起草，它仅仅是对审计工作的一种预先规划。它也并非审计业务的一个孤立阶段，而是一个持续的、不断修正的过程，贯穿于整个审计业务的始终。例如，在审计的检查过程中，可能由于未预期事项、条件的变化或在实施审计程序中获取的审计证据等原因，发现被审计单位某些内控的执行效果不佳，导致原来制定的审计程序和时间预算需要改变时，这时注册会计师就应及时对审计计划进行必要的修订和补充。注册会计师在整个审计过程中，应当按照审计计划执行审计业务。

审计计划是注册会计师实施审计的工作指南，编制科学的、合理的审计计划对及时有效地完成审计工作具有以下几方面的作用。

① 通过制订和实施审计计划，可使注册会计师根据具体情况收集充分、适当的证据。

② 通过制订审计计划，可以保持合理的审计成本，提高审计工作的质量与效率。通过审计计划，审计项目负责人可以全面了解审计工作的整体安排，以及各审计步骤的具体时间安排，适当掌握审计工作的进程。而且，审计项目负责人可以有意识地把注意力集中在某些重点审计领域，收集有力的审计证据，从而保证审计工作的质量。同时，在审计计划通过对注册会计师工作时间耗费等的预先控制，可以使审计工作进行得更为合理、经济、有效。

③ 通过制订审计计划，可以避免与被审计单位之间发生误解。注册会计师和会计师事务所在执行审计业务时，在已具备工作质量和信誉良好的条件下，保持成本的合理性，有助于事务所增强竞争力，稳定客户，从而避免与被审计单位之间发生误解，可以以合理的成本完成优质的工作。

因此，对任何一个审计项目、任何一家会计师事务所而言，审计计划都至关重要。因此，注册会计师应当计划审计工作，使审计业务以有效的方式得到执行。项目负责人和项目组其他关键成员应当参与计划审计工作，利用其经验和见解，以提高计划过程的效率和效果。

8.3.2 审计计划的编制与审核

1. 审计计划的内容

审计计划工作包括针对审计业务制定总体审计策略和具体审计计划，以将审计风险降至可接受的低水平。

1）总体审计策略

总体审计策略是对审计的预期范围和实施方式所做的规划，是注册会计师从接受审计委托到出具审计报告整个过程基本工作内容的综合计划。它用以确定审计范围、时间安排和方向，并指导制订具体审计计划。因此，《中国注册会计师审计准则第 1201 号——计划审计工作》中要求总体审计策略的制定应当包括：确定审计业务的特征，以界定审计范围；明确审计业务的报告目标，以计划审计的时间安排和所需沟通的性质；根据职业判断，考虑用于指导项目组工作方向的重要因素；考虑初步业务活动的结果，并考虑项目合伙人对被审计单位执行其他业务时获得的经验是否与审计业务相关（如适用）；确定执行业务所需资源的性质、时间安排和范围。

在制定总体审计策略时，注册会计师还应考虑初步业务活动的结果，以及为被审计单位提供其他服务时所获得的经验。

所以，总体审计策略的基本内容可以概括为以下几点。

① 被审计单位的基本情况。主要指被审计单位的业务性质、经营背景、组织机构、经营特点、经营风险、主要管理人员简介及人事、会计和财务管理等。

② 审计目的、审计范围及审计策略。这里的审计目的是指审计总体目标，一般是对被审计单位年度财务报表的合法性、公允性及会计处理的一贯性发表审计意见。审计范围不仅包括由董事会委托的例行年度财务报表审计，还包括为股票上市审计或者是其他的专项审计。

③ 重要会计问题及重点审计领域。这主要是由注册会计师根据被审计单位业务的复杂程度和账户的重要性，以及对固有风险与控制风险的初步评价，并运用其专业判断和以往的审计经验来确定。

④ 审计工作进度及时间、费用预算。这主要是规划和说明审计工作开始实施执行的时间，以及注册会计师应当对各种审计程序的实施时间及进度做出规划，检查各个账户所需要的时间、财务报表截止到日前所要完成的工作、现场工作结束日、报告签发日等方面。

⑤ 审计小组组成与人员分工。在审计小组人员的选派上，应充分考虑人员数量、工作经验、胜任能力及独立性，并根据各自的特长合理分工搭配。

⑥ 审计重要性的确定及审计风险的评估。注册会计师应当根据被审计单位的具体情况，运用专业判断和审计经验，确定重要性总体水平。并且，还应根据已了解的被审计单位的基本情况和对内部控制的初步评价，对审计风险做出评估。

⑦ 对专家、内审人员及组成部分注册会计师工作的利用。

⑧ 其他。

总体审计策略的详略程度应当随被审计单位的规模及该项审计业务的复杂程度的不同而变化。在小型被审计单位的审计中，全部审计工作可能由一个很小的审计项目组执行，项目组成员间容易沟通和协调，总体审计策略可以相对简单。

2）具体审计计划

总体审计策略一经制定，注册会计师应当针对总体审计策略中所识别的不同事项，制订具体审计计划，并考虑通过有效利用审计资源以实现审计目标。具体审计计划比总体审计策略更加详细，其内容包括为获取充分、适当的审计证据将审计风险降至可接受的低水平，项目组成员拟实施的审计程序的性质、时间安排和范围。

《中国注册会计师审计准则第 1201 号——计划审计工作》中要求，具体审计计划应当包括下列内容。

① 按照《中国注册会计师审计准则第 1211 号——通过了解被审计单位及其环境识别和评估重大错报风险》的规定，计划实施的风险评估程序的性质、时间安排和范围。

② 按照《中国注册会计师审计准则第 1231 号——针对评估的重大错报风险采取的应对

措施》的规定，在认定层次计划实施的进一步审计程序的性质、时间安排和范围。

③ 根据中国注册会计师审计准则的规定，计划应当实施的其他审计程序。

简而言之，具体审计计划的基本内容应包括以下几点。

① 审计目标。主要是指审查某个项目所要达成的具体目标。

② 审计程序。主要是指注册会计师在实施审计的具体工作中所采用的审计流程，包括符合性测试程序和实质性测试程序。

③ 执行人及执行日期。

④ 审计工作底稿的索引号。

⑤ 其他。

同样，被审计单位的经营规模和预定审计工作的复杂程度，将决定具体审计计划的繁简程度。

2. 审计计划的编制

审计计划应由审计项目负责人编制。为了使审计计划能顺利执行，计划编制人员可以同被审计单位的有关人员就总体审计策略的要点和某些审计程序进行讨论，并使审计程序与被审计单位有关人员的工作协调起来，但是独立编制审计计划仍是注册会计师的责任，并且需要在具体实施前下达至审计小组的全体成员。

审计计划应该形成书面文件，并在工作底稿中加以记录。审计计划的文件形式多样，其中表格式、问卷式和文字叙述是会计师事务所普遍采用的三种形式。但由于被审计单位的情况和审计目标千差万别，所以计划文件的格式和内容的采用需要酌情调整，不能生搬硬套。

在编制总体审计策略中，时间预算是一个十分重要的内容。时间预算是就审计程序执行中每一个步骤需要的人员和工作时间所做的计划。它既是合理确定审计收费的依据，又是衡量审计工作进度、判断注册会计师工作效率的依据。

在执行审计业务的过程中，时间预算并不是一成不变的。当出现新问题或审计环境发生变化时，会影响原定的时间预算，此时就需重新规划必要的时间，进而修改审计进程的时间和收费预算。因工作时间发生增减变化致使会计师事务所应收取的审计费用发生变化时，注册会计师应立即通知被审计单位，取得被审计单位的理解。注册会计师如因被审计单位的会计记录不完整或发生其他特殊情况而导致无法在预算时间内完成审计工作，为保证审计工作的质量，不得随意缩短或省略审计程序来适应时间预算。

编制具体审计计划时，在实际工作中，一般是通过编制审计程序表的方式来体现。典型的审计程序表如表 8-1 所示。

注册会计师应当记录总体审计策略和具体审计计划，包括在审计工作过程中做出的任何重大更改，以及做出的重大更改及其理由和对导致此类更改的事项、条件或审计程序结果采取的应对措施。注册会计师对计划审计工作记录的形式和范围，取决于被审计单位的规模和复杂程度、重要性、具体审计业务的情况及对其他审计工作记录的范围等事项。

3. 审计计划的审核

为了保证审计计划的合理和完善，对审计计划的审核是一项必不可少的工作程序。按照审计准则的规定，编制完成的审计计划应当经会计师事务所的有关业务负责人审核和批准。

1）总体审计策略的审核重点

① 审计目的、范围和重点领域的确定是否恰当。

表 8-1　审计程序表

××公司	总页次 _ 索引号 _
资产负债表日	编制人 _ 日　期 _
××账户	复核人 _ 日　期 _

审计目标

1.

2.

3.

…

步骤	审计程序	执行人	日期	工作底稿索引
1				
2				
3				
4				
5				
6				
…				

② 时间预算是否合理。

③ 审计小组的成员的选派、分工是否恰当。

④ 对被审计单位的内部控制的信赖程度是否恰当。

⑤ 对审计重要性的确定和审计风险的评估是否恰当。

⑥ 对专家、内审人员及其他注册会计师工作的利用是否恰当。

2）具体计划的审核重点

① 审计程序能否达到目标。

② 审计程序是否适合各审计项目的具体情况。

③ 重点审计领域中各审计项目的审计程序是否恰当。

④ 重点审计程序的制定是否恰当。

对在审核中发现的问题，应及时进行相应的修改、补充和完善，并在工作底稿中加以记载和说明。审计工作结束时，审计项目负责人还应该就审计计划的执行情况，特别是对重点审计领域审计计划的执行情况进行复核，找出差异并分析其原因。

8.4　审计证据与审计程序

注册会计师应当根据收集的审计证据发表审计意见。在审计计划阶段，注册会计师就应当对拟收集的审计证据和采取的审计程序加以考虑。

8.4.1　审计证据的定义和质量特征

1. 审计证据的定义

《中国注册会计师审计准则第 1301 号——审计证据》第 4 条规定："审计证据，是指注册会计师为了得出审计结论、形成审计意见而使用的所有信息，包括财务报表依据的会计记录中含有的信息和其他信息。”依据会计记录编制财务报表被审计单位管理层的责任，注册会计师应当测试会计记录获取的审计证据，但这些审计证据并不能充分地作为对财务报表发表审计意见的基础；注册会计师还应当获取用作审计证据的其他信息。这些信息包括注册会计师从被审计单位内部或外部获取的会计记录以外的信息；通过询问、观察和监盘等审计程序获取的信息；以及自身编制或获取的可以通过合理推断得出结论的信息。

西方对审计证据的定义是将它列为审计等式，即“审计证据＝基础会计资料＋确证性信息”。其中，基础会计资料包括原始分录、会计账簿资料、相关的成本分摊、计算和调整的支持性工作底稿；确证性信息包括原始凭证（包括销售发票、购货发票、银行对账单等）、函证资料及其他的书面声明，以及注册会计师由询问、监盘、观察等审计程序获得的资料。

2. 审计证据的特征

《中国注册会计师审计准则第1301号——审计证据》第10条指出：“注册会计师应当保持职业怀疑态度，运用职业判断，评价审计证据的充分性和适当性。”

1）审计证据的充分性

审计证据的充分性又称为足够性。充分性是对审计证据数量的衡量，主要与注册会计师确定的样本量有关。

注册会计师需要获取的审计证据的数量受其对重大错报风险评估的影响（评估的重大错报风险越高，需要的审计证据可能越多），并受审计证据质量的影响（审计证据质量越高，需要的审计证据可能越少）。然而，注册会计师仅靠获取更多的审计证据可能无法弥补其质量上的缺陷。

2）审计证据的适当性

审计证据的适当性是对审计证据质量的衡量，即审计证据在支持审计意见所依据的结论方面具有的相关性和可靠性。前者是指用作审计证据的信息与审计程序的目的和所考虑的相关认定之间的逻辑关系；后者是指审计证据应能如实地反映客观事实。

（1）审计证据的相关性

注册会计师只能利用与审计目标相关联的审计证据来证实被审计单位所认定的事项。例如，存货监盘只能确定存货是否存在，是否短缺或毁损，但不能确定存货是否归被审计单位所有，以及存货的估价是否适当。

审计证据的相关性通常是一个职业判断的问题。注册会计师在确定审计证据的相关性时应当从以下三方面考虑：特定的审计程序可能只为某些认定提供相关的审计证据，而与其他认定无关；针对同一项认定可以从不同来源获取审计证据或获取不同性质的审计证据；只与特定认定相关的审计证据并不能替代与其他认定相关的审计证据。

（2）审计证据的可靠性

审计证据的可靠性受其来源和性质（主要是客观性和及时性）的影响。不同的审计证据通常可用下述原则来考虑：取自被审计单位以外的独立来源获取的审计证据比从其他来源获取的审计证据更可靠；内部控制有效时生成的审计证据比内部控制薄弱时生成的审计证据更可靠；直接获取的审计证据（如观察控制活动的实施）比间接获取或推论（如询问控制活动的实施）得出的审计证据更可靠；以文件记录形式（无论是纸质、电子或其他介质）存在的审计证据比经由对有关人员询问得来的口头证据更可靠；从原件获取的审计证据比从传真或复印件获取的审计证据更可靠。另外，越及时的审计证据越可靠；客观审计证据比主观审计证据可靠。

但是注册会计师在运用以上原则评价审计证据的可靠性时，应当注意可能出现的重大例外情况。例如，审计工作中通常不涉及鉴证文件记录的真伪。一旦在审计过程中识别出的情况使其认为文件记录可能是伪造的或文件记录中的某些条款已发生变动，注册会计师应当进一步调查，包括直接向第三方询证或考虑利用专家的工作以评价文件记录的真伪。

此外，针对某项认定从不同来源获取的审计证据或获取的不同性质的审计证据，如果不同的审计证据能够相互印证，与该项认定相关的审计证据则具有更强的说服力；如果不一致，可能表明某项审计证据不可靠，注册会计师应当追加必要的审计程序。

需要指出的是，注册会计师在获得审计证据时，可以考虑成本-效益原则。在获取充分、适当的审计证据的前提下，注册会计师可以考虑获取审计证据的成本与所获取信息的有用性之间的关系，但对于重要的审计项目，不应以获取审计证据的困难和成本为由减少不可替代的审计程序。此时，注册会计师若无法获取充分而且适当的审计证据，则应当视情况发表保留意见或无法表示意见的审计报告。

审计证据的充分性与适当性密切相关，审计证据的适当性会影响其充分性。通常情况下，审计证据的相关性和可靠性越强，则所需的审计证据的数量可能越少；反之，所需的审计证据就要相应增加。

8.4.2 审计证据的种类

在审计实务中，注册会计师通过了解审计证据的种类，通过针对不同性质的认定来选择最适当的方法，以获取充分、适当的审计证据。

一般而言，注册会计师可以获取的审计证据根据外形特征不同，可分为实物证据、书面证据、口头证据和环境证据四大类。

1. 实物证据

实物证据是通过实际观察或盘点所取得的、用以确定某些实物资产是否确实存在的证据。实物证据通常是证明实物资产是否存在的有说服力的证据，但是不能确定被审计单位是否对该实物资产具有所有权，对其质量好坏无法判断。

2. 书面证据

书面证据又称为基本证据，是注册会计师所获取的各种以书面文件为形式的一种证据。在审计过程中，注册会计师往往要大量地获取和利用书面证据。书面证据按其来源一般可以分为外部证据和内部证据。

（1）外部证据

外部证据是由被审计单位以外的机构或人士所编制的书面证据，它一般具有相对较强的证明力。

外部证据包括被审计单位以外的机构或人士编制，并由其直接交予注册会计师的外部证据（如各种函证的回函），以及被审计单位以外的机构或人士编制，但由被审计单位持有交予注册会计师的书面证据（如银行对账单），还包括注册会计师为证明某个事项而自己动手编制的各种计算表、分析表等。

（2）内部证据

内部证据是由被审计单位内部机构或人员编制的书面证据。通常情况下，内部证据不如外部证据可靠。

内部证据包括被审计单位的会计记录、被审计单位管理当局的声明书，以及其他各种由被审计单位编制和提供的有关书面文件。

3. 口头证据

口头证据是被审计单位职员或其他相关人员对注册会计师的提问进行口头答复所形成的一类证据。一般而言，口头证据本身并不能独立地证明事情的真相，但注册会计师往往可以通过口头证据发掘出一些重要的线索，从而有利于对某些需审核的情况做进一步的调查，以便收集到更为可靠的证据。

4. 环境证据

环境证据是指对被审计单位产生影响的各种环境事实，它一般不属于基本证据，但可以帮助注册会计师了解被审计单位及其经济活动所处的环境，是其进行判断所必须掌握的资料。

环境证据包括对内部控制情况的了解、对被审计单位管理人员的素质了解、对各种管理条件和管理水平的了解。

基于成本-效益原则，注册会计师对每一具体账户及其相关认定应选择能以最低成本实现审计目标的审计证据，做到收集的证据既有效又经济。

8.4.3 审计证据的获取

注册会计师获取审计证据，需要实施适当的审计程序。审计程序不等同于证据，而是获取充分、适当的审计证据的方法。

注册会计师面临的主要决策之一，就是通过实施审计程序，获取充分、适当的审计证据，以满足对财务报表发表意见。受到成本的约束，注册会计师不可能检查和评价所有可能获取的证据，因此对审计证据充分性、适当性的判断是非常重要的。注册会计师利用审计程序获取审计证据涉及以下四个方面的决策。

① 选用何种审计程序。

② 对选定的审计程序，应当选取多大的样本规模。

③ 应当从总体中选取哪些项目。

④ 何时执行这些程序。

在审计过程中，注册会计师可根据需要单独或综合运用以下审计程序，以获取充分、适当的审计证据。

（1）检查记录或文件

检查记录或文件是指注册会计师对被审计单位内部或外部生成的，以纸质、电子或其他介质形式存在的记录或文件进行审查，它可提供可靠程度不同的审计证据。

（2）检查有形资产

检查有形资产是指注册会计师对资产实物进行审查，它可为其存在性提供可靠的审计证据，但不一定能够为权利和义务或计价认定提供可靠的审计证据。

(3) 观察

观察是指注册会计师查看相关人员正在从事的活动或执行的程序，它仅限于观察发生的时点，并且在相关人员已知被观察时，相关人员从事活动或执行程序可能与日常的做法不同，从而影响注册会计师对真实情况的了解。

(4) 询问

询问是指注册会计师以书面或口头方式，向被审计单位内部或外部的知情人员获取财务信息和非财务信息，并对其答复进行评价的过程。它可能为注册会计师提供尚未获悉的信息或佐证证据，也可能提供与已获悉信息存在重大差异的信息；注册会计师应当根据询问结果考虑修改审计程序或实施追加的审计程序。

但是询问本身不足以发现认定层次存在的重大错报，也不足以测试内部控制运行的有效性，因此注册会计师还应当实施其他审计程序以获取充分、适当的审计证据。

(5) 函证

函证是指注册会计师直接从第三方（被询征者）获取书面答复以作为审计证据的过程，书面答复可以采用纸质、电子或其他介质等形式。如果没有回函或对回函结果不满意，注册会计师应当实施必要的替代程序，以获取相应的审计证据。

(6) 重新计算

重新计算是指注册会计师以人工方式或使用计算机辅助审计技术，对记录或文件中的数据准确性进行核对。在计算过程中，注册会计师不仅要注意计算结果是否正确，而且还要对某些其他可能的差错（如计算结果的过账和转账发生错误等）予以关注。

(7) 重新执行

重新执行是指注册会计师以人工方式或使用计算机辅助审计技术，重新独立执行作为被审计单位内部控制组成部分的程序或控制。

(8) 分析程序

分析程序是指注册会计师通过研究不同财务数据之间及财务数据与非财务数据之间的内在关系，对财务信息做出评价；还包括在必要时对识别出的、与其他相关信息不一致或与预期数据严重偏离的波动和关系进行调查。一般情况下，在整个审计过程中，注册会计师都将运用分析程序的方法。

上述 8 项具体的审计程序运用于财务报表的全过程之中。此外，由于会计数据和其他相关信息的生成和储存方式多样化，审计程序的性质和时间可能受到影响，注册会计师应当提请被审计单位保存某些信息以供查阅或在可获得该信息的期间执行审计程序。例如，某些会计数据和其他相关信息只能以电子形式存在，注册会计师可以通过使用计算机辅助审计技术实施某些审计程序。

8.5　审计工作底稿

8.5.1　审计工作底稿的概念与作用

审计工作底稿，是指注册会计师对制订的审计计划、实施的审计程序、获取的相关审计证据，以及得出的审计结论做出的记录。从一定意义上说，审计的过程就是收集审计证据、鉴定和整理审计证据的过程。注册会计师对所收集的审计证据及其收集的过程又必须进行记录，这就形成了审计工作底稿。

审计工作底稿可以以纸质、电子或其他介质形式存在。审计工作底稿通常包括总体审计策略、具体审计计划、分析表、问题备忘录、重大事项概要、询证函回函、管理层声明书、核对表、有关重大事项的往来信件（包括电子邮件），以及对被审计单位文件记录的摘要或复印件等。

此外，审计工作底稿通常还包括业务约定书、管理建议书、项目组内部或项目组与被审计单位举行的会议记录、与其他人士（如其他注册会计师、律师、专家等）的沟通文件及错报汇总表等。审计工作底稿通常不包括已被取代的审计工作底稿的草稿或财务报表的草稿、对不全面或初步思考的记录、存在印刷错误或其他错误而作废的文本，以及重复的文件记录等。

1. 审计工作底稿的种类

审计工作底稿作为一种专业记录，涉及的内容非常广泛。根据不同的分类标准，审计工作底稿可以分为以下几种。

审计工作底稿按其性质和作用一般分为综合类工作底稿、业务类工作底稿和备查类工作底稿。

综合类工作底稿是指注册会计师在审计计划和审计报告阶段，为规划、控制和总结整个审计工作，并发表审计意见所形成的审计工作底稿。这类工作底稿主要包括审计业务约定书、审计计划、审计总结及审计调整分录汇总表等综合性的审计工作记录等。

业务类工作底稿是指注册会计师在审计实施阶段执行具体审计程序所形成的审计工作底稿。该类工作底稿主要包括注册会计师在执行预备调查、符合性测试和实质性测试等审计程序时所形成的工作底稿。

备查类工作底稿是指注册会计师在审计过程中形成的，对审计工作仅具有备查作用的审计工作底稿。该类工作底稿主要包括与审计约定事项有关的重要法律性文件，重要会议记录与纪要，重要经济合同与协议、企业营业执照、公司章程等原始资料的副本或复印件。

2. 审计工作底稿的作用

审计工作底稿是注册会计师审计业务中普遍使用的专业工具。编制或取得审计工作底稿是注册会计师最主要的审计工作。具体来讲，工作底稿具有以下作用。

（1）审计工作底稿有利于组织协调审计工作

审计是由多人组成的项目小组在合理分工后共同完成的。不同的审计程序、不同会计账项的审计往往由不同的注册会计师执行。因而，在最后针对财务报表发表审计意见时，必须把不同人员的审计工作有机连接起来，这种连接必须借助于工作底稿。

（2）审计工作底稿有利于形成审计结论和发表审计意见

工作底稿中完整地记载了注册会计师在审计过程中所搜索到的审计证据和所做出的专业判断，底稿的数据可用作评论审计范围是否充分、财务报表是否允当的依据，也是注册会计师在一定情况下确定应提出什么样的审计报告的重要资料来源的直接依据。

（3）审计工作底稿有利于审计工作质量控制

会计师事务所进行审计质量控制，主要是指导和监督注册会计师选择实施审计程序，编制审计工作底稿，并对审计工作底稿进行严格复核；注册会计师协会或其他有关单位依法进行审计质量检查，也主要是对审计工作底稿的检查。因此，没有审计工作底稿，审计质量的控制与检查就无法落到实处。

（4）审计工作底稿有利于减轻注册会计师的责任及评价其工作成绩

注册会计师专业能力的大小、工作业绩的好坏，主要体现在对审计程序的选择、执行和有关的专业判断上，而注册会计师是否实施了必要的审计程序，审计程序的选择是否合理，专业判断是否准确都必须通过审计工作底稿来体现和衡量。

（5）审计工作底稿有利于未来审计业务的开展

审计业务有一定的连续性，同一被审计单位前后年度的审计业务具有众多联系或共同点。因此，当年度的审计工作底稿，对以后年度审计业务具有很大的参考或备查作用。

8.5.2　审计工作底稿的内容和范围

在确定审计工作底稿的内容和范围时，注册会计师应当考虑下列因素：实施审计程序的性质；已识别的重大错报风险；在执行审计工作和评价审计结果时需要做出判断的范围；已获取审计证据的重要程度；已识别的例外事项的性质和范围；当从已执行审计工作或获取审计证据的记录中不易确定结论或结论的基础时，记录结论或结论的基础的必要性；使用的审计方法和工具。

1. 审计工作底稿的基本要素

审计工作底稿的基本要素如下。

① 审计工作底稿的标题。

② 审计过程记录。包括记录测试的特定项目或事项的识别特征和重大事项。

③ 审计结论。

④ 审计标识及说明。

⑤ 索引号及编号。

⑥ 编制者姓名及编制日期。

⑦ 复核者姓名及复核日期。

⑧ 其他应说明事项。

2. 审计工作底稿的基本结构

① 未审状态。包括内部控制情况、有关会计账项的未审发生额及未审期末余额。

② 审计过程记录。包括注册会计师实施的审计测试性质、测试项目、抽取的样本及检查的重要凭证、审计标示及说明、审计调整与重分类事项等。

③ 终结状态。即注册会计师审计后得出的结论，包括对被审计单位内部控制情况的研究与评论结果、有关会计账项的审定发生额及审定期末余额。

表 8-2 是审计工作底稿的基本格式。

3. 审计工作底稿的编制

审计工作底稿的质量直接影响审计工作的效果，开展任何一项审计工作，注册会计师都必须认真编写审计工作底稿。一份优秀的审计工作底稿，一是必须包括重要的事项、方法和证据等完整的内容；二是必须适应编写审计报告的需要，满足其他有关人员使用的要求；三是必须简明明了，清晰易懂；四是其内容必须符合客观实际；五是要有明确的责任。

表 8-2　审计工作底稿的基本格式

审计工作底稿

索引号：

<table>
<tr><td colspan="2">被审计单位名称</td><td colspan="2"></td></tr>
<tr><td colspan="2">审计事项</td><td colspan="2"></td></tr>
<tr><td colspan="2">会计期间或者截止日期</td><td colspan="2"></td></tr>
<tr><td>注册会计师</td><td></td><td>编制日期</td><td></td></tr>
<tr><td>审计结论或者审计查出问题摘要及其依据</td><td colspan="3"></td></tr>
<tr><td>复核意见</td><td colspan="3"></td></tr>
<tr><td>复核人员</td><td></td><td>复核日期</td><td></td></tr>
</table>

共　页　第　页　　　　附件（共　页）

编制审计工作底稿，应注意以下事项。

① 恰当地编制审计工作底稿，要求注册会计师首先必须明白自己的目标。每一份审计工作底稿中都应包括充足的资料，以实现其设计目标。

② 审计工作底稿应明确说明本部分审计所取得的结论。

③ 对于获取的审计工作底稿，诸如从被审单位取得的有关法律性文件、合同与章程等，必须做到：注明资料来源；实施必要的审计程序，如对有关法律性文件的复印件审阅并同原件核对一致；形成相应的审计记录，注册会计师审阅或核对后，应形成相应的文字记录并签名。

④ 审计工作底稿的繁简根据以下因素决定：审计约定事项的性质、目的和要求；被审计单位的经营规模及审计约定事项的复杂程度；被审计单位的会计记录是否真实、合法、完整；是否有必要对业务助理人员进行特别指导、监督和检查；审计意见类型。

4. 审计工作底稿的复核

一份审计工作底稿往往由一名专业人员独立完成，编制者对有关资料的引用、对有关事项的判断、对会计数据的加计复算等都可能出现误差。因此，在审计工作底稿编制完成后，通过一定的程序，经过多层次的复核显得十分必要。我国会计师事务所实行三级复核制度，即项目经理、部门经理（或签字注册会计师）、主任会计师三级复核制度。

（1）一级复核

也称为详细复核，是由项目经理负责实施的。它要求项目经理对下属审计助理人员形成的审计工作底稿逐张复核，发现问题，及时指出，并督促注册会计师及时修改完善。

（2）二级复核

也称一般复核，是由部门经理负责实施的。它是在项目经理完成了详细复核之后，再对审计工作底稿中重要会计账项的审计、重要审计程序的执行及审计调整事项等进行复核。它既是对项目经理复核的一种再监督，也是对重要审计事项的重点把握。

（3）三级复核

也称重点复核，由主任会计师负责实施。它是对前面二级复核的再监督，也是对整个审计工作的计划、进度和质量的重点把握，主要包括对审计过程中的重大会计审计问题、重大审计调整事项及重要的审计工作底稿所进行的复核。

尚需指出，若部门经理作为某一审计项目的项目负责人，该项目又没有项目经理参加，则该部门经理的复核应视为项目经理复核，主任会计师应另行指定人员代为执行部门经理复核工作，以保证三级复核彻底执行。

8.5.3　审计工作底稿的归档与管理

1. 审计工作底稿的归档

注册会计师应当按照会计师事务所质量控制政策和程序的规定，及时将审计工作底稿归整为最终审计档案。审计工作底稿的归档期限为审计报告日后 60 天内。如果注册会计师未能完成审计业务，审计工作底稿的归档期限为审计业务中止后的 60 天内。在审计报告日后将审计工作底稿归整为最终审计档案是一项事务性的工作，不涉及实施新的审计程序或得出新的结论。

如果在归档期间对审计工作底稿做出的变动属于事务性的，注册会计师可以做出变动，主要包括：删除或废弃被取代的审计工作底稿；对审计工作底稿进行分类、整理和交叉索引；对审计档案归整工作的完成核对表签字认可；记录在审计报告日前获取的、与审计项目组相关成员进行讨论并取得一致意见的审计证据。

在完成最终审计档案的归整工作后，注册会计师不应在规定的保存期限届满前删除或废弃任何性质的审计工作底稿。

注册会计师发现有必要修改现有审计工作底稿或增加新的审计工作底稿的情形主要有以下两种：注册会计师已实施了必要的审计程序，取得了充分、适当的审计证据并得出了恰当的审计结论，但审计工作底稿的记录不够充分；审计报告日后，发现例外情况要求注册会计师实施新的或追加审计程序，或导致注册会计师得出新的结论。例外情况主要是指审计报告日后发现与已审计财务信息相关，且在审计报告日已经存在的事实，该事实如果被注册会计师在审计报告日前获知，可能影响审计报告。

在完成最终审计档案的归整工作后，如果发现有必要修改现有审计工作底稿或增加新的审计工作底稿，无论修改或增加的性质如何，注册会计师均应当记录下列事项：修改或增加审计工作底稿的理由；修改或增加审计工作底稿的时间和人员，以及复核的时间和人员。

2. 审计档案的管理

在完成最终审计档案的归整工作后，注册会计师不得在规定的保存期届满前删除或废弃审计工作底稿。会计师事务所应当自审计报告日起，对审计工作底稿至少保存 10 年。如果注册会计师未能完成审计业务，会计师事务所应当自审计业务中止日起，对审计工作底稿至少保存 10 年。归档保存的审计工作底稿就成为审计档案。审计档案是会计师事务所的重要历史资料，必须妥善管理。

1）审计档案的分类

审计档案按其使用期限的长短和作用大小可以分为当期档案和永久性档案。

当期档案又称一般性档案，是指那些内容经常变化，并且只能供当期审计使用和下期审计参考的审计工作底稿所组成的审计档案。它主要由业务类审计工作底稿组成，如控制测试工作底稿、具体会计账项实质性测试的工作底稿等。

永久性档案与当期档案相比，记录内容相对稳定，具备长期使用价值，对今后的审计工作具有重要影响和直接作用，这类档案主要由综合类审计工作底稿和备查类审计工作底稿构成、如被审计单位的组织机构、人员编制、会计核算程序、内部控制制度生产经营情况和特点、财务状况等方面的资料。

2）审计档案的所有权与保管

一般来说，审计工作底稿形成审计档案后，其所有权应属于执行该审计业务的注册会计师。但是我国注册会计师不能独立于会计师事务所之外承揽审计业务，必须以事务所的名义，因此审计工作底稿的所有权应当属于承接该项业务的会计师事务所。

既然审计档案归属会计师事务所所有，则事务所应当制定出完善的审计档案保管制度，妥善加以管理，以确保审计档案的安全、完整。审计档案的保管年限应视不同的档案而类别不同。对当期档案，会计师事务所应当自审计报告签发之日起，至少保存 10 年。即使会计师事务所中止了对被审计单位的后续审计服务，其当期档案的保存年限也不得任意缩减。对于永久性档案，应当长期保存。若会计师事务所中止了对被审计单位的后续审计服务，那么其永久性档案的保管年限与最近一年当期档案的保管年限相同。

对于最低保存年限届满的审计档案，会计师事务所可以决定将其销毁。但在销毁之前，应当按规定履行必要的手续，对将要销毁的审计档案做最后一次检查，然后报主任会计师或所长批准。销毁时，有关人员应进行现场监督或检查，以保证被销毁的审计档案彻底销毁干净。

3）审计档案的保密与调阅

会计师事务所应当建立审计工作底稿的保密制度，对审计工作底稿中涉及的商业秘密保密，但由于下列情况需要查阅审计工作底稿的，不属于泄密：法院、检察院及其他部门依法查阅，并办理了必要的查阅手续，其他部门依法查阅是指国家有关法律允许这些部门查阅；注册会计师协会进行业务检查时查阅；其他会计师事务所的注册会计师因审计业务的需要，在几种特定情况下（如被审计单位更换会计师事务所、审计合并财务报表、联合审计、会计师事务所认为合理的其他情况）查阅。

拥有审计工作底稿的会计师事务所应该对要求查阅者提供适当协助。查阅者因误用审计工作底稿而造成的后果，与拥有审计工作底稿的会计师事务所无关。

本章小结

本章主要阐述计划审计工作的相关问题，介绍了重要性和审计风险；考虑利用组成部分注册会计师、专家、内部审计的工作；审计计划的编制；审计证据与审计程序；审计工作底稿的编制等。通过本章的学习，掌握重要性和审计风险的概念、审计风险与重要性水平之间的关系；掌握利用他人的工作的具体程序和方法；掌握审计计划的编制方法，并了解审计计划的审核过程；了解审计档案分类、所有权与保管和保密与调阅等内容。

案例与习题

一、讨论题

ABC有限责任公司首次委托L会计师事务所审计其2018年度财务报表，2019年3月28日审计工作结束。ABC公司的总资产为8 000万元，总负债为5 600万元，利润总额为2 000万元。在制订审计计划时，项目负责人Z将财务报表层的重要性水平定为总资产的0.5%或利润总额的5%。审计中，存在以下事项。

(1) ABC公司为X公司向银行借款10万元提供担保。2018年10月28日，X公司因经营严重亏损，进行破产清算，无力偿还已到期的该笔银行借款，贷款银行因此向法院起诉，要求ABC公司承担连带偿还责任，支付借款本息12万元。2019年2月20日，法院审判贷款银行胜诉，由ABC公司支付借款本息12万元，并于2019年2月28日执行完毕，ABC公司在2018年未对该诉讼案件做相应的会计处理。

(2) ABC公司在其境外子公司B公司中占70%的股权比例，投资后累计确认投资收益8万元，其中2018年度确认投资收益1万元，境外子公司提供的财务报表没有经过审计，因受条件限制，注册会计师无法去现场审计。

(3) 2018年8月，ABC公司与某广告代理公司签订广告代理合同，委托该公司承办ABC公司产品广告业务，包括电视广告和路边广告牌两种形式。广告代理合同约定：电视广告费用4万元，播放时间为2018年9月；路边广告牌费用为60万元，展示时间为2018年9月至2022年8月共4年，若因故在展示期间中止广告则代理方应退还未展示期间所分担的广告费用。ABC公司于2018年8月支付上述费用计64万元，并且考虑到电视广告的受益期间难以准确界定，于当月将电视广告费与路边广告牌费用一并计入长期待摊费用，在自2018年9月起的48个月内平均摊入营业费用，2018年度共摊销5.3万元。

(4) 2018年8月，ABC公司为另一公司——M公司向银行借款2 000万元提供信用担保，注册会计师Z建议其在报表附注中披露，但ABC公司未予接受。

(5) ABC公司在其境外子公司投资额为100万元，占70%的股权比例，连续几年没有收到投资收益，因受条件限制，注册会计师无法去现场审计，所发出的询证函也没有回音。

要求：

1. 确定审计计划中财务报表层次重要性水平的金额。

2. 如果Z将重要性水平分配至各财务报表项目，其中部分财务报表项目的重要性水平如下，就上列各事项说明当被审计单位拒绝调整或披露时对审计意见类型的影响及你的理由。

财务报表项目	重要性水平/万元
银行存款	4
长期投资	15
预计负债	10
营业外支出	10
投资收益	6
营业费用	8

二、单项选择题

1. 在特定的审计风险下，检查风险与重大错报风险之间是（　　）的关系。

A. 同向变动　　B. 反向变动
C. 相互独立　　D. 没有特定

2. 注册会计师通过实质性测试程序未能发现财务报表重大错误可能性被称为（　　）。

A. 审计风险　　B. 固有风险
C. 控制风险　　D. 检查风险

3. （　　）是注册会计师可以通过设定审计程序而改变的。

A. 审计风险和固有风险　　B. 固有风险和控制风险
C. 检查风险和审计风险　　D. 控制风险和检查风险

4. 确定财务报表层次重要性水平时常用的判断不包括（　　）。

A. 资产总额　　B. 净资产
C. 营业收入　　D. 营业费用

5. 根据审计准则的相关规定，请代为做出正确的专业判断。下列各项中，属于注册会计师总体审计计划审核事项的是（　　）。

A. 审计程序能否达到审计目标
B. 审计程序能否适合各审计项目的具体情况
C. 对审计重要性的确定和审计风险的评估是否恰当
D. 重点审计程序的制定是否恰当

6. 一般情况下，环境证据只能证实以下具体审计目标（　　）。

A. 真实性　　B. 完整性　　C. 截止　　D. 总体合理性

7. 在下列各类审计证据中，可靠力最强的是（　　）。

A. 注册会计师自行编制的往来账项调节表
B. 应收账款函证的回函
C. 被审计单位自己编制的现金盘点表
D. 应付账款函证的回函

8. 下列事项中，难以通过观察的方法来获取审计证据的是（　　）。

A. 存货的所有权　　B. 经营场所
C. 实物资产的存在　　D. 内部控制的执行情况

9. 注册会计师为明确被审计单位的会计责任而获取的下列证据中，无效的审计证据是（　　）。

A. 审计业务约定书　　B. 管理层声明书

C. 律师声明书　　D. 管理建议书

10. 注册会计师获取的被审计单位有关人员口头答复所形成的书面记录，属于（　　）。

A. 书面证据　　B. 口头证据

C. 实物证据　　D. 环境证据

11. 审计工作底稿三级复核制度是指会计师事务所以（　　）为复核人，对审计工作底稿进行复核的一种质量检查制度。

A. 项目经理、部门经理、所长　　B. 项目经理、部门经理、主任会计师

C. 助理人员、项目经理、合伙人　　D. 项目经理、部门经理、法人代表

12. 下面有关注册会计师审计过程中形成的审计工作底稿叙述不正确的有（　　）。

A. 审计业务约定书属于长期档案

B. 审计工作底稿的复核实行三级复核制

C. 应收账款函证的回函属于当期档案

D. 审计工作底稿是审计过程中形成的工作草稿

三、多项选择题

1. 注册会计师在确定重要性时，需要考虑的因素有（　　）。

A. 错报（漏报）的金额

B. 错报（漏报）的性质

C. 错报（漏报）是否影响企业盈亏趋势

D. 上一年度的财务报表是否经过审计

2. 初步判断财务报表层次的重要性水平时，注册会计师应该综合考虑（　　）。

A. 被审计单位经营规模及业务性质　　B. 被审计单位内部控制健全与否

C. 以往审计经验　　D. 收集证据的成本效益

3. 审计项目负责人编制具体审计计划，应包括各具体项目的（　　）。

A. 审计目标　　B. 审计步骤

C. 执行人及执行时间　　D. 审计工作底稿的索引号

4. 为了做好审计计划工作，注册会计师需要查阅上一年度的工作底稿，了解（　　）。

A. 被审计单位内部控制薄弱点　　B. 上一年度重要会计问题

C. 上一年度审计差异调查调整事项　　D. 上一年度审计报告意见类型

5. 下列各项审计证据中，属于内部证据的有（　　）。

A. 被审计单位已对外报送的财务报表

B. 被审计单位提供的销售合同

C. 被审计单位提供的供应商开具的发票

D. 被审计单位管理层声明书

6. 注册会计师对财务报表审计的审计程序，按其运用的目的进行分类，可以分为（　　）。

A. 风险评估程序

B. 控制测试
C. 实质性程序
D. 检查记录或文件、检查有形资产、观察、询问、函证、重新计算、重新执行、分析程序

7. 运用实物证据可以达到的审计目标为（　　）。
A. 真实性　　B. 完整性　　C. 价值　　D. 截止

8. 审计工作底稿的三级复核中，主任会计师是对审计过程中的（　　）所进行的复核。
A. 重要审计程序的执行　　B. 重大会计审计问题
C. 重大审计调整事项　　D. 重要的审计工作底稿

9. 下列审计工作底稿中，应该归入永久性档案管理的有（　　）。
A. 被审计单位的设立批准证书、营业执照副本
B. 相关内部控制及其调查和评价记录
C. 资产、负债、损益类项目实质性测试记录
D. 审计报告、管理建议书

四、判断题

1. 注册会计师可以改变重大错报风险的估计水平，但无法改变重大错报风险的实际水平。（　　）

2. 注册会计师在评价审计结果时所运用的重要性水平与编制审计计划时确定的重要性水平相同。（　　）

3. 注册会计师在审计过程中利用专家协助工作时，应当考虑其专业胜任能力和独立性并对专家的工作结果负责。（　　）

4. 会计师事务所对任何一个审计委托项目，不论其业务繁简和规模大小都应该制订审计计划。（　　）

5. 注册会计师可以同被审计单位的有关人员就总体审计计划的要点和拟实施的审计程序进行计划，并使审计程序与被审计单位有关人员的工作协调，但独立编制审计计划仍是注册会计师的责任。（　　）

6. 审计证据总是越多越好。（　　）

7. 注册会计师自行取得的证据比取自被审计单位以外的独立第三方的外部证据可靠性强。（　　）

8. 注册会计师将从被审计单位或其他第三者获取的资料形成审计工作底稿时，除应注明资料的来源外，还应实施必要的审计程序，形成相应的审计记录。（　　）

9. 谁提供的资料，谁就应当对资料的真实性负责，因此注册会计师对获取的被审计单位资料可直接作为自己的工作底稿使用。（　　）

10. 注册会计师查阅行情、业务经营资料所获得的信息，应做成书面记录，并保存在当期档案中。（　　）

五、简答题

1. 注册会计师总体审计计划和具体审计计划包括哪些内容？
2. 简述审计程序及其分类。
3. 简述审计工作底稿的一般要求及内容。

六、案例分析题

ABC会计师事务所负责审计甲公司2018年度财务报表。审计项目组在执行审计工作的过程中，遇到以下与重要性相关的事项。

① 甲公司是以营利为目的的实体，现阶段处于成长期，侧重于抢占市场份额，经常性业务的税前利润并不稳定。因此项目组成员认为应以甲公司的总资产作为确定财务报表整体重要性的基准。

② 注册会计师认为在确定重要性水平时，不需要考虑与具体项目计量相关的固有不确定性。但是如果财务报表中含有高度不确定性的大额估计，注册会计师应当确定一个比较低的财务报表整体的重要性。

③ 鉴于甲公司以前年度审计调整较多，且经常面临较大的市场压力，注册会计师确定的实际执行的重要性为财务报表整体重要性的75%。

④ 注册会计师界定的明显微小错报的临界值为5万元，项目组成员认为超过5万元的错报是重大的错报，低于5万元的错报是不重大的错报。

⑤ 项目组成员C对应收账款实施了审计抽样，推断总体的错报金额为500万元，其中测试发现的样本错报有100万元。项目组成员C认为因该事项确认的推断错报为400万元。

⑥ 注册会计师认为判断错报应当包括两种情况：一是管理层和注册会计师对会计估计值的判断差异；二是管理层和注册会计师对选择和运用会计政策的判断差异。

要求：根据上述①至⑥项，逐项指出注册会计师或项目组成员的做法是否恰当。如不恰当，简要说明理由。

第 9 章

风险评估与风险应对

【学习目标】

◇理解风险导向审计的基本程序

◇了解审计风险准则的出台背景和重大变化

◇掌握风险评估的程序

◇掌握了解被审计单位及其环境的总体要求和具体要求

◇掌握识别和评估重大错报风险的程序和方法

◇掌握针对财务报表层次重大错报风险采取的总体应对措施

◇掌握针对认定层次重大错报风险实施的进一步审计程序

【相关注册会计师执业准则、会计准则】

◇中国注册会计师审计准则第 1101 号——注册会计师的总体目标和审计工作的基本要求

◇中国注册会计师审计准则第 1301 号——审计证据

◇中国注册会计师审计准则第 1211 号——通过了解被审计单位及其环境识别和评估重大错报风险

◇中国注册会计师审计准则第 1231 号——针对评估的重大错报风险采取的应对措施

引　言

中国注册会计师协会昨日发布的《关于做好上市公司 2006 年度会计报表审计工作的通知》指出，注册会计师应根据审计风险准则的要求，识别和评估财务报表重大错报风险，针对评估的财务报表层次重大错报风险实施总体应对措施，并针对评估的认定层次重大错报风险实施进一步审计程序，以将审计风险降至可接受的低水平。

资料来源：《中国证券报》2007 年 2 月 8 日

第 1 章指出，审计模式的演进经历了账项基础审计、制度基础审计和风险导向审计 3 个阶段。风险导向审计是当今主流的审计模式，它要求注册会计师以重大错报风险的识别、评估和应对为审计工作的主线，以提高审计的效率和效果。2006 年财政部发布的中国注册会计师执业准则体系全面贯彻了风险导向审计思想和方法的要求。根据风险导向审计的理念，审计程序包括风险评估和风险应对两大主要模块。其中，风险评估是指了解被审计单位及其环境，并在此基础上识别和评估重大错报风险；风险应对是指针对已评估的重大错报风险实施相应程序，包括针对财务报表层次重大错报风险采取总体应对措施和针对认定层次重大错报风险实施进一步审计程序。风险导向审计的思路如图 9-1 所示。

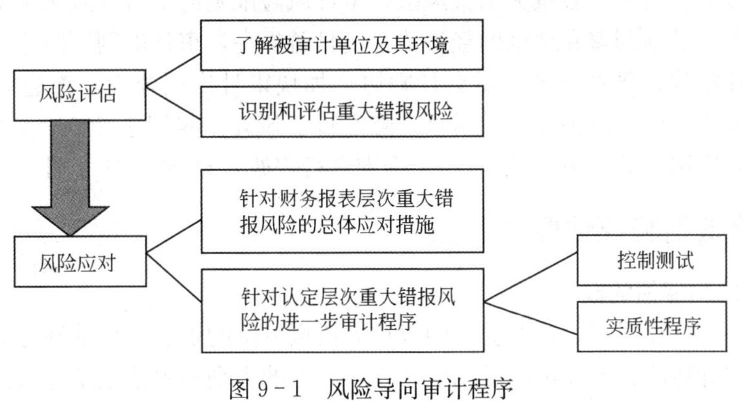

图 9-1　风险导向审计程序

9.1　风险评估概述

9.1.1　出台审计风险准则的背景

审计风险准则项目最早由国际审计与鉴证准则理事会起草，并受到联合工作组和美国公共监督理事会的审计效率研究工作组的影响。1998 年，加拿大、英国、美国的准则制定机构与学者组成联合工作组，了解和研究审计实务的发展情况，并为准则制定机构对审计准则做出必要修订提供建议。2000 年 5 月，联合工作组发表了研究报告《大型会计师事务所的审计方法发展》；2000 年 8 月，公共监督理事会发布了关于审计效率的研究报告。这两份报告的主要研究结论是，审计风险基本模型并没有被废弃但需要做出适当的调整。

国际审计与鉴证准则理事会和美国审计准则委员会都确定了有关项目，应对审计环境的变化，并考虑联合工作组和公共监督理事会的研究建议。由于两个准则制定机构面临相似的问题，具有提高审计质量的共同目的，因此两个项目小组合并成立了联合风险评估工作组，制定共同的审计风险准则，从源头上实现国际协调。

在审计风险准则项目开始的初期，相继发生了一些国际知名公司财务舞弊丑闻，严重损害了社会公众对审计有效性的信心，并导致准则制定机构对注册会计师的工作进行大量和深入的调查。尽管 IAASB 起草的审计风险准则项目并不是直接针对这些审计失败而直接做出的应对，但准则项目随后的调整、修改和完善（特别是对整个审计过程加以改进的实录）的确受到了这些重大事件的影响，国际审计与鉴证准则理事会也希望借这些准则提高全球范围内的审计实务标准及其运用的一致性。

联合风险评估工作组于 2002 年 10 月发布了审计风险准则征求意见稿，包括《财务报表审计的目标和一般原则》《审计证据》《了解被审计单位及其环境并评估重大错报风险》《针对评估的重大错报风险实施的程序》。2003 年 10 月，国际审计与鉴证准则理事会在东京的会议上对征求意见稿进行了最后修订，获得委员会通过，审计风险准则在 2004 年 12 月 15

日之后正式施行。

随着经济全球化进程的加快，我国经济的快速发展，以及企业经营环境的急速变化，我国审计准则建设面临着许多挑战，主要体现在：行业面临的风险有日益增大的趋势；现行审计实务不能有效应对财务报表重大错报风险；审计风险准则的出台导致国际审计准则出现很大的变化；我国与其他国家和地区的经济依存度日益提高，审计准则国际趋同的要求越来越迫切。面对上述挑战，要求中国注册会计师协会加快审计准则建设，推进审计准则国际趋同，出台审计风险准则，以提高审计质量，降低行业风险。我国于 2006 年 2 月 7 日发布了相应的审计风险准则，并于 2010 年对相关准则进行修改，自 2012 年 1 月 1 日起施行。

9.1.2 风险识别和评估概述

1. 风险识别和评估的概念

在风险导向审计模式下，注册会计师以重大错报风险的识别、评估和应对为审计工作的主线，最终将审计风险控制在可接受的低水平。风险的识别和评估是审计风险控制流程的起点。风险识别和评估，是指注册会计师通过实施风险评估程序，识别和评估财务报表层次和认定层次的重大错报风险。其中，风险识别是指找出财务报表层次和认定层次的重大错报风险；风险评估是指对重大错报发生的可能性和后果的严重程度进行评估。

2. 风险识别和评估的作用

《中国注册会计师审计准则第 1211 号——通过了解被审计单位及其环境识别和评估重大错报风险》第七条指出，注册会计师应当了解被审计单位及其环境，识别和评估财务报表层次和认定层次的重大错报风险（无论该错报是由于舞弊导致或是错误导致），从而为设计和实施针对评估的重大错报风险采取的应对措施提供基础。

了解被审计单位及其环境是必要程序，特别是为注册会计师在下列关键环节做出职业判断提供重要基础。

① 确定重要性水平，并随着审计工作的进程评估对重要性水平的判断是否仍然适当。

② 考虑会计政策的选择和运用是否恰当，以及财务报表的列报是否适当。

③ 识别需要特别考虑的领域，包括关联方交易、管理层运用持续经营假设的合理性或交易是否具有合理的商业目的等。

④ 确定在实施分析程序时所使用的预期值。

⑤ 设计和实施进一步审计程序，以将审计风险降至可接受的低水平。

⑥ 评价所获取审计证据的充分性和适当性。

了解被审计单位及其环境是一个连续和动态地收集、更新与分析信息的过程，贯穿于整个审计过程的始终。注册会计师应当运用职业判断确定需要了解的被审计单位及其环境的程度。

9.1.3 风险评估程序

注册会计师了解被审计单位及其环境，目的是识别和评估财务报表层次重大错报风险。为了解被审计单位及其环境而实施的程序称为“风险评估程序”。注册会计师应当依据实施这些程序所获取的信息，评估重大错报风险。注册会计师应当实施下列风险评估程序，以了解被审计单位及其环境。

（1）询问被审计单位管理层和内部其他相关人员

询问被审计单位管理层和内部其他相关人员是注册会计师了解被审计单位及其环境的一个重要信息来源。注册会计师可以考虑向管理层和财务负责人询问下列事项。

① 管理层所关注的主要问题，如新的竞争对手、主要客户和供应商的流失、新的税收法规的实施及经营目标或战略的变化等。

② 被审计单位最近的财务状况、经营成果和现金流量。

③ 可能影响财务报告的交易和事项或者目前发生的重大会计处理问题，如重大的并购事宜等。

④ 被审计单位发生的其他重要变化，如所有权结构、组织结构的变化，以及内部控制的变化等。

尽管注册会计师通过询问管理层和财务负责人可获取大部分信息，但是询问被审计单位内部的其他人士可能为注册会计师提供不同的信息，有助于识别重大错报风险。因此，注册会计师除了询问管理层和对财务负有责任的人员，还应当考虑询问内部审计人员、采购人员、生产人员、销售人员等其他人员，并考虑询问不同级别的员工，以获取对识别重大错报风险有用的信息。

在确定向被审计单位的哪些人员进行询问及询问哪些问题时，注册会计师应当考虑何种信息有助于其识别和评估重大错报风险。例如：

① 询问治理层，有助于注册会计师理解财务报表编制的环境。

② 询问内部审计人员，有助于注册会计师了解其针对被审计单位内部控制设计和运行有效性而实施的工作，以及管理层对内部审计发现的问题是否采取适当的措施。

③ 询问参与生成、处理或记录复杂或异常交易的员工，有助于注册会计师评估被审计单位选择和运用某项会计政策的适当性。

④ 询问内部法律顾问，有助于注册会计师了解有关法律法规的遵循情况、产品保证和售后责任、与业务合作伙伴（如合营企业）的安排、合同条款的含义及诉讼情况等。

⑤ 询问营销或销售人员，有助于注册会计师了解被审计单位的营销策略及其变化、销售趋势及与客户的合同安排。

⑥ 询问采购人员和生产人员，有助于注册会计师了解被审计单位的原材料采购和产品生产等情况。

⑦ 询问仓库人员，有助于注册会计师了解原材料、产成品等存货的进出、保管和盘点等情况。

（2）实施分析程序

分析程序是指注册会计师通过研究不同财务数据之间及财务数据与非财务数据之间的内在关系，对财务信息做出评价。分析程序还包括调查识别出的、与其他相关信息不一致或与预期数据严重偏离的波动和关系。

分析程序既可用作风险评估程序和实质性程序，也可用于对财务报表的总体复核。注册会计师实施分析程序有助于识别异常的交易或事项，以及对财务报表和审计产生影响的金额、比率和趋势。在实施分析程序时，注册会计师应当预期可能存在的合理关系，并与被审计单位记录的金额、依据记录的金额计算的比率或趋势相比较；如果发现异常或未预期到的关系，注册会计师应当在识别重大错报风险时考虑这些比较结果。

如果使用了高度汇总的数据，实施分析程序的结果仅可能初步显示财务报表存在重大错报风险，注册会计师应当将分析结果连同识别重大错报风险时获取的其他信息一并考虑。例如，被审计单位存在很多产品系列，各个产品系列的毛利率存在一定差异。对总体毛利率实施分析程序的结果仅可能初步显示销售成本存在重大错报风险，注册会计师需要实施更为详细的分析程序。例如，对每一产品系列进行毛利率分析或者将总体毛利率分析的结果连同其他信息一并考虑。

（3）观察和检查

观察和检查程序可以印证对管理层和其他相关人员的询问结果，并可提供有关被审计单位及其环境的信息。注册会计师应当实施下列观察和检查程序。

① 观察被审计单位的生产经营活动。例如，观察被审计单位人员正在从事的生产活动和内部控制活动，增加注册会计师对被审计单位人员如何进行生产经营活动及实施内部控制的了解。

② 检查文件、记录和内部控制手册。例如，检查被审计单位的章程，与其他单位签订的合同、协议，各业务流程操作指引和内部控制手册等，了解被审计单位组织结构和内部控制制度的建立健全情况。

③ 阅读由管理层和治理层编制的报告。例如，阅读被审计单位年度和中期财务报告，股东大会、董事会决议、高级管理层会议的会议记录或纪要，管理层的讨论和分析资料，经营计划和战略，对重要经营环节和外部因素的评价，被审计单位内部管理报告及其他特殊目的的报告（如新投资项目的可行性分析报告）等，了解自上一期审计结束到本期审计期间被审计单位发生的重大问题。

④ 实地察看被审计单位的生产经营场所和设备。通过现场访问和实地察看被审计单位的生产经营场所和设备，可以帮助注册会计师了解被审计单位的性质及其经营活动。在实地察看被审计单位的厂房和办公场所的过程中，注册会计师有机会与被审计单位管理层和担任不同职责的员工进行交流，可以增强注册会计师对被审计单位的经营活动及其重大影响因素的了解。

⑤ 追踪交易在财务报告信息系统中的处理过程（穿行测试）。这是注册会计师了解被审计单位业务流程及其相关控制时经常使用的审计程序。通过追踪某笔或某几笔交易在业务流程中如何生成、记录、处理和报告，以及相关控制如何执行，注册会计师可以确定被审计单位的交易流程和相关控制是否与之前通过其他程序所获得的了解一致，并确定相关控制是否得到执行。

9.1.4 其他审计程序和信息来源

1. 其他审计程序

除了采用上述程序从被审计单位内部获取信息以外，如果根据职业判断认为从被审计单位外部获取信息有助于识别重大错报风险，注册会计师应当实施其他审计程序以获取这些信息。例如，询问被审计单位聘请的外部法律顾问、专业评估师、投资顾问和财务顾问等。

阅读外部信息也可能有助于注册会计师了解被审计单位及其环境。外部信息包括证券分析师、银行、评级机构出具的有关被审计单位及其所处行业的经济或市场环境等状况的报告，贸易与经济方面的期刊，法规或金融出版物，以及政府部门或民间组织发布的行业报告和统计数据等。

2. 其他信息来源

注册会计师应当考虑在承接客户或续约过程中获取的信息，以及向被审计单位提供其他服务所获得的经验是否有助于识别重大错报风险。通常，对新的审计业务，注册会计师应在业务承接阶段对被审计单位及其环境有一个初步了解，以确定是否承接该业务。而对连续审计业务，也应在每年的续约过程中对上年审计做总体评价，并更新对被审计单位的了解和风险评估结果，以确定是否续约。注册会计师还应当考虑向被审计单位提供其他服务（如执行中期财务报告审阅业务）所获得经验是否有助于识别重大错报风险。

对于连续审计业务，如果拟利用在以前期间获取的信息，注册会计师应当确定被审计单位及其环境是否已经发生变化，以及该变化是否可能因以前期间获取的信息影响在本期审计中的相关性。例如，通过前期审计获取的有关被审计单位组织结构、生产经营活动和内部控制的审计证据，以及有关以往的错误和错报是否得到及时更正的信息，可以帮助注册会计师评估本期财务报表的重大错报风险。但值得注意的是，被审计单位或其环境的变化可能导致此类信息在本期审计中已不具有相关性，例如，注册会计师前期已经了解了内部控制的设计和执行情况，但被审计单位及其环境可能在本期发生变化，导致内部控制也发生相应变化。在这种情况下，注册会计师需要实施询问和其他适当的审计程序（如穿行测试），以确定该变化是否可能影响此类信息在本期审计中的相关性。

依据审计准则的要求，注册会计师应从 6 个方面了解被审计单位及其环境，但注册会计师无须在了解每个方面时都实施以上所有的风险评估程序。例如，在了解内部控制时通常不用分析程序。但是，对被审计单位及其环境获取了解的整个过程中，注册会计师通常会实施上述所有的风险评估程序。

9.2　了解被审计单位及其环境

《中国注册会计师审计准则第 1211 号——通过了解被审计单位及其环境识别和评估重大错报风险》作为专门规范风险评估的准则，规定注册会计师应当了解被审计单位及其环境，以充分识别和评估财务报表重大错报风险，设计和实施进一步审计程序。了解被审计单位及其环境是一个连续和动态地收集、更新与分析信息的过程，贯穿于整个审计过程的始终。注册会计师应当运用职业判断确定需要了解被审计单位及其环境的程度。

评价对被审计单位及其环境了解的程度是否恰当，关键是看注册会计师对被审计单位及其环境的了解是否足以识别和评估财务报表的重大错报风险。如果了解被审计单位及其环境获得的信息足以识别和评估财务报表的重大错报风险，设计和实施进一步审计程序，那么了解的程度就是恰当的。

9.2.1　总体要求

了解被审计单位及其环境是必要程序，特别是为注册会计师在下列关键环节做出职业判断提供重要基础：确定重要性水平，并随着审计工作的进程评估对重要性水平的判断是否仍然适当；考虑会计政策的选择和运用是否恰当，以及财务报表的列报是否适当；识别需要特别考虑的领域，包括关联方交易、管理层运用持续经营假设的合理性或交易是否具有合理的商业目的等；确定在实施分析程序时所使用的预期值；设计和实施进一步审计程序，以将审计风险降至可接受的低水平；评价所获取审计证据的充分性和适当性。

注册会计师应当从下列方面了解被审计单位及其环境：

① 行业状况、法律环境与监管环境及其他外部因素。

② 被审计单位的性质。

③ 被审计单位对会计政策的选择和运用。

④ 被审计单位的目标、战略及相关经营风险。

⑤ 被审计单位财务业绩的衡量和评价。

⑥ 被审计单位的内部控制。

上段中第①项是被审计单位的外部环境，第②、③、④项及第⑥项是被审计单位的内部因素，第⑤项则既有外部因素也有内部因素。值得注意的是，被审计单位及其环境的各个方面可能会互相影响。例如，被审计单位的行业状况、法律环境与监管环境及其他外部因素可能影响到被审计单位的目标、战略及相关经营风险，而被审计单位的性质、目标、战略及相关经营风险可能影响到被审计单位对会计政策的选择和运用，以及内部控制的设计和执行。因此，注册会计师在对被审计单位及其环境的各个方面进行了解和评估时，应当考虑各因素之间的相互关系。

注册会计师针对上述 6 个方面实施的风险评估程序的性质、时间安排和范围取决于审计业务的具体情况，如被审计单位的规模和复杂程度，以及注册会计师的相关审计经验，包括以前对被审计单位提供审计和相关服务的经验和对类似行业、类似企业的审计经验。此外，识别被审计单位及其环境在上述各方面与以前期间相比发生的重大变化，对于充分了解被审计单位及其环境、识别和评估重大错报风险尤为重要。

9.2.2 行业状况、法律环境与监管环境及其他外部因素

1. 行业状况

了解行业状况有助于注册会计师识别与被审计单位所处行业有关的重大错报风险。

注册会计师应当了解被审计单位的行业状况，主要包括：所处行业的市场供求与竞争；生产经营的季节性和周期性；产品生产技术的变化；能源供应与成本；行业的关键指标和统计数据。

具体而言，注册会计师可能需要了解以下情况。

① 被审计单位所处行业的总体发展趋势是什么？

② 处于哪一发展阶段，如起步、快速成长、成熟或衰退阶段？

③ 所处市场的需求、市场容量和价格竞争如何？

④ 该行业是否受到经济周期波动的影响，以及采取了什么行动使波动产生的影响最小化？

⑤ 该行业受技术发展影响的程度如何？

⑥ 是否开发了新的技术？

⑦ 能源消耗在成本中所占比重，能源价格的变化对成本的影响。

⑧ 谁是被审计单位最重要的竞争者，他们各自所占的市场份额是多少？

⑨ 被审计单位与其竞争者相比主要的竞争优势是什么？

⑩ 被审计单位业务的增长率和财务业绩与行业的平均水平及主要竞争者相比如何？存在重大差异的原因是什么？

⑪ 竞争者是否采取了某些行动，如购并活动、降低销售价格、开发新技术等，从而对被审计单位的经营活动产生影响？

2. 法律环境及监管环境

了解法律环境及监管环境的主要原因在于：某些法律法规或监管要求可能对被审计单位经营活动有重大影响，如不遵守将导致停业等严重后果；某些法律法规或监管要求（如环保法规等）规定了被审计单位某些方面的责任和义务；某些法律法规或监管要求决定了被审计单位需要遵循的行业惯例和核算要求。

注册会计师应当了解被审计单位所处的法律环境及监管环境，主要包括：适用的会计准则、会计制度和行业特定惯例；对经营活动产生重大影响的法律法规及监管活动；对开展业务产生重大影响的政府政策，包括货币、财政、税收和贸易等政策；与被审计单位所处行业和所从事经营活动相关的环保要求。

具体而言，注册会计师可能需要了解以下情况。

① 国家对某一行业的企业是否有特殊的监管要求（如对银行、保险等行业的特殊监管要求）。

② 是否存在新出台的法律法规（如新出台的有关产品责任、劳动安全或环境保护的法律法规等），对被审计单位有何影响。

③ 国家货币、财政、税收和贸易等方面政策的变化是否会对被审计单位的经营活动产生影响。

④ 与被审计单位相关的税务法规是否发生变化。

3. 其他外部因素

注册会计师应当了解影响被审计单位经营的其他外部因素，主要包括：宏观经济的景气度；利率和资金供求状况；通货膨胀水平及币值变动；国际经济环境和汇率变动。

具体而言，注册会计师可能需要了解以下情况。

① 当前的宏观经济状况及未来的发展趋势如何？

② 目前国内或本地区的经济状况（如增长率、通货膨胀、失业率、利率等）怎样影响被审计单位的经营活动？

③ 被审计单位的经营活动是否受到汇率波动或全球市场变化的影响？

4. 了解的重点和程度

注册会计师对行业状况、法律环境与监管环境及其他外部因素了解的范围和程度会因被审计单位所处行业、规模及其他因素（如在市场中的地位）的不同而不同。例如，对从事计算机硬件制造的被审计单位，注册会计师可能更关心市场和竞争及技术进步的情况；对化工等产生污染的行业，注册会计师可能更关心相关环保法规。注册会计师应当考虑将了解的重点放在对被审计单位的经营活动可能产生重要影响的关键外部因素及与前期相比发生的重大变化上。

注册会计师应当考虑被审计单位所在行业的业务性质或监管程度是否可能导致特定的重大错报风险，考虑项目组是否配备了具有相关知识和经验的成员。例如，建筑行业长期合同涉及收入和成本的重大估计，可能导致重大错报风险；银行监管机构对商业银行的资本充足率有专门规定，不能满足这一监管要求的商业银行可能有操纵财务报表的动机和压力。

9.2.3 被审计单位的性质

1. 所有权结构

对被审计单位所有权结构的了解有助于注册会计师识别关联方关系并了解被审计单位的决策过程。注册会计师应当了解所有权结构及所有者与其他人员或单位之间的关系，考虑关联方关系是否已经得到识别，以及关联方交易是否得到恰当核算。例如，注册会计师应当了解被审计单位是属于国有企业、外商投资企业、民营企业，还是属于其他类型的企业，还应当了解其直接控股母公司、间接控股母公司、最终控股母公司和其他股东的构成，以及所有者与其他人员或单位（如控股母公司控制的其他企业）之间的关系。注册会计师应当按照《中国注册会计师审计准则第 1323 号——关联方》的规定，了解被审计单位识别关联方的程序，获取被审计单位提供的所有关联方信息，并考虑关联方关系是否已经得到识别，关联方交易是否得到恰当记录和充分披露。

同时，注册会计师可能需要对其控股母公司（股东）的情况做进一步的了解，包括控股母公司的所有权性质，管理风格及其对被审计单位经营活动及财务报表可能产生的影响；控股母公司与被审计单位在资产、业务、人员、机构、财务等方面是否分开，是否存在占用资金等情况；控股母公司是否施加压力，要求被审计单位达到其设定的财务业绩目标。

2. 治理结构

良好的治理结构可以对被审计单位的经营和财务运作实施有效的监督，从而降低财务报表发生重大错报的风险。注册会计师应当了解被审计单位的治理结构。例如，董事会的构成情况、董事会内部是否有独立董事；治理结构中是否设有审计委员会或监事会及其运作情况。注册会计师应当考虑治理层是否能够在独立于管理层的情况下对被审计单位事务（包括财务报告）做出客观判断。

3. 组织结构

复杂的组织结构可能导致某些特定的重大错报风险。注册会计师应当了解被审计单位的组织结构，考虑复杂组织结构可能导致的重大错报风险，包括并购财务报表合并、商誉减值及长期股权投资核算等问题。

例如，对于在多个地区拥有子公司、合营企业、联营企业或其他成员机构，或者存在多个业务分部和地区分部的被审计单位，不仅编制合并财务报表的难度增加，还存在其他可能导致重大错报风险的复杂事项，包括：对于子公司、合营企业、联营企业和其他股权投资类别的判断及其会计处理；商誉在不同业务分部间的减值等。

4. 经营活动

了解被审计单位经营活动有助于注册会计师识别预期在财务报表中反映的主要交易类别、重要账户余额和列报。注册会计师应当了解的被审计单位的经营活动如下。

① 主要业务的性质。例如，主要业务是制造业还是商品批发与零售；是银行、保险还是其他金融服务；是公用事业、交通运输还是提供技术产品和服务等。

② 与生产产品或提供劳务相关的市场信息。例如，主要客户和合同、付款条件、利润率、市场份额、竞争者、出口、定价政策、产品声誉、质量保证、营销策略和目标等。

③ 业务的开展情况。例如，业务分部的设立情况、产品和服务的交付、衰退或扩展的

经营活动的详情等。

④ 联盟、合营与外包情况。

⑤ 从事电子商务的情况。例如，是否通过互联网销售产品和提供服务及从事营销活动。

⑥ 地区与行业分布。例如，是否涉及跨地区经营和多种经营、各个地区和各行业分布的相对规模及相互之间是否存在依赖关系。

⑦ 生产设施、仓库的地理位置及办公地点。

⑧ 关键客户。例如，销售对象是少量的大客户还是众多的小客户；是否有被审计单位高度依赖的特定客户（如超过销售总额 10%的顾客）；是否有造成高回收性风险的若干客户或客户类别（如正处在一个衰退市场中的客户）；是否与某些客户订立了不寻常的销售条款或条件。

⑨ 重要供应商。例如，是否签订长期供应合同、原材料供应的可靠性和稳定性、付款条件，以及原材料是否受重大价格变动的影响。

⑩ 劳动用工情况。例如，分地区用工情况、劳动力供应情况、工资水平、退休金和其他福利、股权激励或其他奖金安排及与劳动用工事项相关的政府法规。

⑪ 研究与开发活动及其支出。

⑫ 关联方交易。例如，有些客户或供应商是否为关联方；对关联方和非关联方是否采用不同的销售和采购条款。此外，还存在哪些关联方交易，对这些交易采用怎样的定价策略。

5. 投资活动

了解被审计单位投资活动有助于注册会计师关注被审计单位在经营策略和方向上的重大变化。注册会计师应当了解的被审计单位的投资活动如下。

① 近期拟实施或已实施的并购活动与资产处置情况，包括业务重组或某些业务的终止。注册会计师应当了解并购活动如何与被审计单位目前的经营业务相协调，并考虑是否会引发进一步的经营风险。例如，被审计单位并购业务又如何与现有业务相结合，发挥协同优势，如何解决原有经营业务与新业务在信息系统、企业文化等各方面的不一致。

② 证券投资、委托贷款的发生与处置。

③ 资本性投资活动，包括固定资产和无形资产投资，近期或计划发生的变动，以及重大的资本承诺等。

④ 不纳入合并范围的投资。例如，联营、合营或其他投资，包括近期计划的投资项目。

6. 筹资活动

了解被审计单位筹资活动有助于注册会计师评估被审计单位在融资方面的压力，并进一步考虑被审计单位在可预见的未来的持续经营能力。注册会计师应当了解的被审计单位的筹资活动如下。

① 债务结构和相关条款，包括资产负债表外融资和租赁安排。例如，获得的信贷额度是否可以满足营运需要；得到的融资条件及利率是否与竞争对手相似，如不相似，原因何在；是否存在违反借款合同中限制性条款的情况；是否承受重大的汇率与利率风险。

② 主要子公司和联营企业（无论是否处于合并范围内）的重要融资安排。

③ 实际受益方及关联方。例如，实际受益方是国内的还是国外的，其商业声誉和经验可能对被审计单位产生的影响。

④ 衍生金融工具的运用。例如，衍生金融工具是用于交易的目的还是套期目的，以及运用的种类、范围和交易对手等。

7. 财务报告

① 会计政策和行业特定惯例，包括特定行业的重要活动（如银行业的贷款和投资、医药行业的研究与开发活动）。

② 收入确认惯例。

③ 公允价值会计核算。

④ 外币资产、负债与交易。

⑤ 异常或复杂交易（包括在有争议的或新兴领域的交易）的会计处理（如对股份支付的会计处理）。

9.2.4 被审计单位对会计政策的选择和运用

1. 重大和异常交易的会计处理方法

例如，本期发生的企业合并的会计处理方法。某些被审计单位可能存在与其所处行业相关的重大交易。例如，银行向客户发放贷款、证券公司对外投资、医药企业的研究与开发活动等，注册会计师应当考虑对重大的和不经常发生的交易的会计处理方法是否适当。

2. 在有争议的或新领域、缺乏权威标准或共识的领域，采用重要会计政策产生的影响

在有争议的或新领域、缺乏权威标准或共识的领域，注册会计师应当关注被审计单位选用了哪些会计政策、为什么选用这些会计政策及选用这些会计政策产生的影响。

3. 会计政策的变更

如果被审计单位变更了重要的会计政策，注册会计师应当考虑变更的原因及其适当性。

① 会计政策变更是否是法律、行政法规或者适用的会计准则和相关会计制度要求的变更。

② 会计政策变更是否能够提供更可靠、更相关的会计信息。除此之外，注册会计师还应当关注会计政策的变更是否得到恰当处理和充分披露。

4. 新颁布的财务报告准则、法律法规，以及被审计单位何时采用、如何采用这些规定

例如，当新的企业会计准则颁布施行时，注册会计师应考虑被审计的单位是否应采用新颁布的会计准则；如果采用，是否已按照新会计准则的要求做好衔接调整工作，并收集执行新会计准则所需要的信息资料。

除上述与会计政策的选择和运用相关的事项外，注册会计师还应对被审计单位下列与会计政策运用相关的情况予以关注：是否采用激进的会计政策、方法和判断；财会人员是否拥有足够的运用会计准则的知识、经验和能力；是否拥有足够的资源支持会计政策的运用，如人力资源及培训、信息技术的采用、数据和信息的采集等。

注册会计师应当考虑，被审计单位是否按照适用的会计准则和相关会计制度的规定恰当地进行了列报，并披露了重要事项。列报和披露的主要内容包括：财务报表及其附注的格式、结构安排、内容，财务报表项目使用的术语，披露信息的明细程度，项目在财务报表中的分类及列报信息的来源等。注册会计师应当考虑被审计单位是否已对特定事项做了适当的列报和披露。

9.2.5 被审计单位的目标、战略及相关经营风险

1. 目标、战略与经营风险

目标是企业经营活动的指针。企业管理层或治理层一般会根据企业经营面临的外部环境和内部各种因素，制定合理可行的经营目标。战略是企业管理层为实现经营目标采用的总体层面的策略和方法。为了实现某一既定的经营目标，企业可能有多个可行战略。例如，如果目标是在某一特定期间内进入一个新的市场，那么可行的战略可能包括收购该市场内的现有企业、与该市场内的其他企业合资经营或自行开发进入该市场。随着外部环境的变化，企业应对目标和战略做出相应的调整。

经营风险源于对被审计单位实现目标和战略产生不利影响的重大情况、事项、环境和行动，或源于不恰当的目标和战略。不同的企业可能面临不同的经营风险，这取决于企业经营的性质、所处行业、外部监管环境、企业的规模和复杂程度。管理层有责任识别和应对这些风险。

不能随环境的变化而做出相应的调整固然可能产生经营风险，但是调整的过程也可能导致经营风险。例如，为应对消费者需求的变化，企业开发了新的产品，但是开发的新产品可能会产生开发失败的风险；即使开发成功，市场需求可能没有充分开发，从而产生产品营销风险；产品的缺陷还可能导致企业遭受声誉风险和承担产品赔偿责任的风险。

注册会计师应当了解被审计单位是否存在下列方面有关的目标和战略，并考虑相应的经营风险。

① 行业发展（如潜在的相关经营风险可能是被审计单位不具备足以应对行业变化的人力资源和业务专长）。

② 开发新产品或提供新服务（如潜在的相关经营风险可能是被审计单位产品责任增加）。

③ 业务扩张（如潜在的相关经营风险可能是被审计单位对市场需求的估计不准确）。

④ 新的会计要求（如潜在的相关经营风险可能是被审计单位不当执行相关会计要求，或会计处理成本增加）。

⑤ 监管要求（如潜在的相关经营风险可能是被审计单位法律责任增加）。

⑥ 本期及未来的融资条件（如潜在的相关经营风险可能是被审计单位由于无法满足融资条件而失去融资机会）。

⑦ 信息技术的运用（如潜在的相关经营风险可能是被审计单位信息系统与业务流程难以融合）。

⑧ 实施战略的影响，特别是由此产生的需要运用新的会计要求的影响。

2. 经营风险对重大错报风险的影响

经营风险与财务报表重大错报风险是既有联系又相互区别的两个概念，前者比后者范围更广。注册会计师了解被审计单位的经营风险有助于其识别财务报表重大错报风险，但并非所有的经营风险都与财务报表相关，注册会计师没有责任识别或对财务报表没有影响的经营风险。

多数经营风险最终都会产生财务后果，从而影响财务报表，但并非所有的经营风险都会导致重大错报风险。经营风险可能对某类交易、账户余额及列报认定层次或财务报表层次重大错报风险产生直接影响。例如，企业合并导致银行客户群减少，使银行信贷风险集中，由

此产生的经营风险可能增加与贷款计价认定有关的重大错报风险。同样的风险，在经济紧缩时，可能具有更为长期的后果，注册会计师在评估持续经营假设的适当性时需要考虑这一问题。注册会计师应当根据被审计单位的具体情况考虑经营风险是否可能导致财务报表发生重大错报。

目标、战略、经营风险和重大错报风险之间的相互关系可举例予以说明。例如，企业当前的目标是在某一特定期间内进入某一新的海外市场，企业选择的战略是在当地成立合资公司。从该战略本身来看，是可以实现这一目标的。但是，成立合资公司可能会带来很多的经营风险。例如，企业如何与当地合资方在经营活动、企业文化等方面协调，如何在合资公司中获得控制权或共同控制权，当地市场情况是否会发生变化，当地对合资公司的税收和外汇管理方面的政策是否稳定，合资公司的利润是否可以汇回，是否存在汇率风险等。这些经营风险反映到财务报表中，可能会因对合资公司是属于子公司、合营企业或联营企业的判断问题，投资核算问题，包括是否存在减值问题、对当地税收规定的理解，以及外币折算等问题而导致财务报表出现重大错报风险。

3. 被审计单位的风险评估过程

管理层通常制定识别和应对经营风险的策略，注册会计师应当了解被审计单位的风险评估过程。此类风险评估过程是被审计单位内部控制的组成部分。

4. 对小型被审计单位的考虑

小型被审计单位通常没有正式的计划和程序来确定其目标、战略并管理经营风险。注册会计师应当询问管理层或观察小型被审计单位如何应对这些事项，以获取了解并评估重大错报风险。

9.2.6 被审计单位财务业绩的衡量和评价

被审计单位管理层经常会衡量和评价关键业绩指标（包括财务和非财务的）、预算及差异分析、分部信息和分支机构、部门或其他层次的业绩报告及与竞争对手的业绩比较。此外，外部机构也会衡量和评价被审计单位的财务业绩，如分析师的报告和信用评级机构的报告等。

1. 了解的主要方面

在了解被审计单位财务业绩衡量和评价情况时，注册会计师应当关注下列信息。

① 关键业绩指标、关键比率、趋势和经营统计数据。

② 同期财务业绩比较分析。

③ 预算、预测、差异分析，分部信息与分部、部门或其他不同层次的业绩报告。

④ 员工业绩考核与激励报酬政策。

⑤ 被审计单位与竞争对手的业绩比较。

2. 关注内部财务业绩衡量的结果

内部财务业绩衡量可能显示未预期到的结果或趋势。在这种情况下，管理层通常会进行调查并采取纠正措施。与内部财务业绩衡量相关的信息可能显示财务报表存在错报风险。例如，内部财务业绩衡量可能显示被审计单位与同行业其他单位相比具有异常快的增长率或赢利水平，此类信息如果与业绩奖金或激励性报酬等因素结合起来考虑，可能显示管理层在编制财务报表时存在某种倾向的错报的风险。因此，注册会计师应当关注被审计单位内部财务业绩衡量所显示的未预期的结果或趋势、管理层的调查结果和纠正措施，以及相关信息是否显示财务报表可能存在重大错报。

3. 考虑财务业绩衡量指标的可靠性

如果拟利用被审计单位内部信息系统生成的财务业绩衡量指标，注册会计师应当考虑相关信息是否可靠，以及利用这些信息是否足以实现审计目标。许多财务业绩衡量中使用的信息可能由被审计单位的信息系统生成。如果被审计单位管理层在没有合理基础的情况下，认为内部生成的衡量财务业绩的信息是准确的，而实际上信息有误，那么根据有误的信息得出的结论也可能是错误的。如果注册会计师计划在审计中（如在实施分析程序时）利用财务业绩指标，应当考虑相关信息是否可靠，以及在实施审计程序时利用这些信息是否足以发现重大错报。

4. 对小型被审计单位的考虑

小型被审计单位通常没有正式的财务业绩衡量和评价程序，管理层往往依据某些关键指标作为评价财务业绩和采取适当行动的基础，注册会计师应当了解管理层使用的关键指标。

需要强调的是，注册会计师了解被审计单位财务业绩的衡量和评价，是为了考虑管理层是否面临实现某些关键财务业绩指标的压力。这些压力既可能源于需要达到市场分析师或股东预期，也可能产生于达到获得股票期权或管理层和员工奖金的目标。受压力影响的人员可能是高级管理人员（包括董事会），也可能是可以操纵财务报表的其他经理人员，如子公司或分支机构管理人员可能为达到奖金目标而操纵财务报表。

在评价管理层是否存在歪曲财务表的动机和压力时，注册会计师还应当考虑可能存在的其他情形，例如，企业或企业的一个主要组成部分是否有可能被出售；管理层是否希望维持或增加企业的股价或盈利走势而热衷于采用过度激进的会计方法；基于纳税的考虑，股东或管理层是否有意采取不适当的方法使盈利最小化；企业是否持续增长或接近财务资源的最大限度；企业的业绩是否急剧下降，可能存在终止上市的风险；企业是否具备足够的可分配利润或现金流量以维持目前的利润分配水平；如果公布欠佳的财务业绩，对重大未决交易（如企业合并或新业务合同的签订）是否可能产生不利影响；企业是否过度依赖银行借款，而财务业绩又可能达不到借款合同对财务指标的要求。这些情况都显示管理层在面临重大压力时可能粉饰财务业绩，发生舞弊风险。

9.2.7　被审计单位的内部控制

内部控制是被审计单位为了合理保证财务报告的可靠性、经营的效率和效果，以及对法律法规的遵守，由治理层、管理层和其他人员设计和执行的政策和程序。注册会计师在了解被审计单位及其环境时对内部控制了解的程度，包括评价控制的设计，并确定其是否得到执行，但不包括对控制是否得到一贯执行的测试。

1. 与审计相关的控制

注册会计师审计的目标是对财务报表是否不存在重大错报发表审计意见。因此，注册会计师需要了解和评价的内部控制只是与财务报表审计相关的内部控制，并非被审计单位所有的内部控制。

与审计相关的控制，主要包括为实现财务报告可靠性目标设计和实施的控制。对于这类控制，注册会计师应当运用职业判断，考虑一项控制单独或连同其他控制是否与评估重大错报风险及针对评估的风险设计和实施进一步审计程序有关。

除了为实现财务报告可靠性目标设计和实施的控制之外，其他与审计相关的控制包括：设计和实施进一步审计程序时拟利用被审计单位内部生成的信息，注册会计师应当考虑用以保证该信息完整性和准确性的控制可能与审计相关。如果用以保证经营效率、效果的控制及对法律法规遵守的控制与实施审计程序时评价或使用的数据相关，注册会计师应当考虑这些控制可能与审计相关。例如，对于某些非财务数据（如生产统计数据）的控制，如果注册会计师在实施分析程序时使用这些数据，这些控制就可能与审计相关。又如，某些法规（如税法）对财务报表存在直接和重大的影响（影响应交税金和所得税费用）。为了遵守这些法规，被审计单位可能设计和执行相应的控制，这些控制也与注册会计师的审计相关。

被审计单位通常有一些与审计无关的控制，注册会计师无须对其加以考虑。例如，被审计单位可能依靠某一复杂的自动控制系统提高经营活动的效率和效果（如航空公司用于维护航班时间表的自动控制系统），但这些控制通常与审计无关。

2. 在整体层面了解和评估内部控制

在整体层面对被审计单位内部控制的了解和评估，通常由项目组中对被审计单位情况比较了解且较有经验的成员负责，同时需要项目组其他成员的参与和配合。对于连续审计，注册会计师可以重点关注整体层面内部控制的变化情况，包括由于被审计单位及其环境的变化而导致内部控制发生的变化及采取的对策。注册会计师还需要特别考虑因舞弊而导致重大错报的可能性及其影响。

注册会计师可以考虑将询问被审计单位人员、观察特定控制的应用、检查文件和报告及执行穿行测试等风险评估程序相结合，以获取审计证据。在了解内部控制的各个构成要素时，注册会计师需要特别注意这些要素在实际中是否得到执行。例如，通过询问管理层和员工，了解管理层对内部控制的态度和价值观念，以及如何就此与员工进行沟通；通过检查文件、内部程序手册、流程图等，了解管理层是否建立了正式的行为守则；通过询问和观察，了解行为守则在日常工作中是否得到遵守，以及管理层如何处理违法行为守则的情形；通过询问被审计单位管理层，了解其风险评估过程，并复核记录风险评估过程的文件；通过检查和复核内部审计部门的工作程序及报告等，确定管理层和员工是否执行既定的政策和程序。

在了解内部控制各构成要素的基础上，注册会计师应当对被审计单位整体层面的内部控制的设计进行评价，并确定其是否得到执行。实际上，这一评价过程需要大量的职业判断，并没有固定的公式或指标可供参考。注册会计师应当将对被审计单位整体层面内部控制各要素的了解要点和实施的风险评估程序及其结果等形成审计工作记录，并对一些注册会计师对整体层面内部控制有效性进行判断的因素加以详细记录。

财务报表层次的重大错报风险很可能源于薄弱的控制环境，因此注册会计师在评估财务报表层次的重大错报风险时，应当将被审计单位整体层面的内部控制状况和了解到的被审计单位及其环境其他方面的情况结合起来考虑。

被审计单位整体层面的内部控制是否有效将直接影响重要业务流程层面控制的有效性，进而影响注册会计师拟实施的进一步审计程序的性质、时间安排和范围。

3. 在业务流程层面了解内部控制

在初步计划审计工作时，注册会计师需要确定在被审计单位财务报表中可能存在重大错报风险的重大账户及其相关认定。

（1）确定重要业务流程和重要交易类别

在实务中，将被审计单位的整个经营活动划分为几个重要的业务循环，有助于注册会计师更有效地了解和评估重要业务流程及相关控制。通常，对制造业企业，可以划分为销售与收款循环、采购与付款循环、存货与仓储循环、工资与人员循环、筹资与投资循环等。被审计单位经营活动的性质不同，所划分的业务循环也不同。重要交易类别是指可能对被审计单位财务报表产生重大影响的各类交易。重要交易类别应与相关账户及其认定相联系。例如，对于一般制造业企业，销售收入和应收账款通常是重大账户，销售和收款都是重要交易类别。

（2）了解重要交易流程，并进行记录

在确定重要的业务流程和交易类别后，注册会计师便可着手了解每一类重要交易在信息技术或人工系统中生成、记录、处理及在财务报表中报告的程序，即重要交易流程。这是确定在哪个环节或哪些环节可能发生错报的基础。注册会计师可以通过下列方法获得对重要交易流程的了解：检查被审计单位的手册和其他书面指引；询问被审计单位的适当人员；观察所运用的处理方法和程序；穿行测试。

（3）确定可能发生错报的环节

注册会计师需要确认和了解被审计单位应在哪些环节设置控制，以防止或发现并纠正各重要业务流程可能发生的错报。对于每个重要交易流程，注册会计师都会考虑控制目标是否实现，即是否存在防止错报发生的控制或者发现并纠正错报的控制。注册会计师通过设计一系列关于控制目标是否实现的问题，从而确认某项业务流程中需要加以控制的环节。

（4）识别和了解相关控制

通过对被审计单位的了解，包括在被审计单位整体层面对内部控制各要素的了解，以及在上述程序中对重要业务流程的了解，注册会计师可以确定是否有必要进一步了解在业务流程层面的控制。在某些情况下，注册会计师之前的了解可能表明被审计单位在业务流程层面针对某些重要交易流程所设计的控制是无效的或者注册会计师并不打算信赖控制，这时注册会计师没有必要进一步了解在业务流程层面的控制。如果注册会计师计划对业务流程层面的有关控制进行进一步的了解和评价，那么针对业务流程中容易发生错报的环节，注册会计师应当确定：被审计单位是否建立了有效的控制，以防止或发现并纠正这些错报；被审计单位是否遗漏了必要的控制；是否识别了可以最有效测试的控制。

注册会计师应当获取有关控制的足够信息，以使其能够识别控制，了解各种控制如何执行、由谁执行，以及执行中所使用的数据报告、文件和其他材料。

（5）执行穿行测试，证实对交易流程和相关控制的了解

为了解各类重要交易在业务流程中发生、处理和记录的过程，注册会计师通常会每年执行穿行测试。执行穿行测试可获得下列方面的证据：确认对业务流程的了解；确认对重要交易的了解是完整的，即在交易流程中所有与财务报表认定相关的可能发生错报的环节都已识别；确认所获取的有关流程中的控制（包括预防性控制和检查性控制）信息的准确性；评估控制设计的有效性；确认控制是否得到执行；确认之前所做的书面记录的准确性。需要注意的是，如果不打算信赖控制，注册会计师仍需要执行穿行测试以确认以前对业务流程及可能发生错报环节的了解的准确性和完整性。

注册会计师应将对业务流程和相关控制的穿行测试情况，记录于工作底稿。记录的内容

包括穿行测试中查阅的文件，穿行测试的程序以及注册会计师的发现和结论。

（6）初步评价和风险评估

在识别和了解控制后，根据所获取的审计证据，注册会计师需要评价控制设计的合理性并确定其是否得到执行。由于对控制的了解和评价是在穿行测试完成之后，但又在测试控制运行有效性之前进行的，因此上述评价结论只是初步结论，仍可能随控制测试后实施实质性程序的结果而发生变化。注册会计师在控制初步评价的基础上，综合考虑其他因素，对被审计单位的重大错报风险进行初步评估。

9.3 评估重大错报风险

9.3.1 识别和评估财务报表层次和认定层次的重大错报风险

1. 识别和评估重大错报风险的审计程序

在识别和评估重大错报风险时，注册会计师应当实施下列审计程序。

① 在了解被审计单位及其环境的整个过程中识别风险，并考虑各类交易、账户余额和披露。注册会计师应当运用各项风险评估程序，在了解被审计单位及其环境的整个过程中识别风险，并将识别的风险与各类交易、账户余额和披露相联系。例如，被审计单位因相关环境法规的实施需要更新设备，可能面临原有设备闲置或贬值的风险；宏观经济的低迷可能预示应收账款的回收存在问题；竞争者开发的新产品上市，可能导致被审计单位的主要产品在短期内过时，预示将出现存货跌价和长期资产（如固定资产等）的减值。

② 将识别的风险与认定层次可能发生错报的领域相联系。注册会计师应当将识别的风险与认定层次可能发生错报的领域相联系。例如，销售困难使产品的市场价格下降，可能导致年末存货成本高于其可变现净值而需要计提存货跌价准备，这显示存货的计价认定可能发生错报。

③ 评估识别出的风险，并评价其是否更广泛地与财务报表整体相关，进而潜在地影响多项认定。

④ 考虑发生错报的可能性（包括发生多项错报的可能性），以及潜在错报的重大程度是否足以导致重大错报。

注册会计师应当利用实施风险评估程序获取的信息，包括在评价控制设计和确定其是否得到执行时获取的审计证据，作为支持风险评估结果的审计证据。注册会计师应当根据风险评估结果，确定实施进一步审计程序的性质、时间安排和范围。

2. 识别两个层次的重大错报风险

在对重大错报风险进行识别和评估后，注册会计师应当确定识别的重大错报风险是与特定的某类交易、账户余额和披露的认定相关，还是与财务报表整体广泛相关，进而影响多项认定。

3. 控制环境对评估财务报表层次重大错报风险的影响

财务报表层次的重大错报风险很可能源于薄弱的控制环境。薄弱的控制环境带来的风险可能对财务报表产生广泛影响，难以限于某类交易、账户余额和披露。例如，在经济不稳定的国家和地区开展业务、资产的流动性出现问题、重要客户流失、融资能力受到限制等，可能导致注册会计师对被审计单位的持续经营能力产生重大疑虑。又如，管理层缺乏诚信或承受异常的压力可能引发舞弊风险。对于这些与财务报表整体相关的风险，注册会计师应当采取总体应对措施。

4. 控制环境对评估认定层次重大错报风险的影响

认定层次的重大错报风险与特定的某类交易、账户余额和披露的认定相关。例如，被审计单位存在复杂的联营或合资，这一事项表明长期股权投资账户的认定可能存在重大错报风险。又如，被审计单位存在重大的关联方交易，该事项表明关联方及关联方交易的披露认定可能存在重大错报风险。

在评估重大错报风险时，注册会计师应当将所了解的控制与特定认定相联系。控制与认定直接或间接相关，关系越间接，控制对防止或发现并纠正认定错报的效果越小。

9.3.2　需要特别考虑的重大错报风险

作为风险评估的一部分，注册会计师应当运用职业判断，确定识别的风险哪些是需要特别考虑的重大错报风险（简称特别风险）。特别风险通常与重大的非常规交易和判断事项有关。非常规交易是指由于金额或性质异常而不经常发生的交易；判断事项通常包括做出的会计估计。

在确定哪些风险是特别风险时，注册会计师应当在考虑识别出的控制对相关风险的抵消效果前，根据风险的性质、潜在错报的重要程度和发生的可能性，判断风险是否属于特别风险。在确定风险的性质时，注册会计师应当考虑下列事项：风险是否属于舞弊风险；风险是否与近期经济环境、会计处理方法和其他方面的重大变化有关；交易的复杂程度；风险是否涉及重大的关联方交易；财务信息计量的主观程度，特别是对不确定事项的计量存在较大区间；风险是否涉及异常或超出正常经营过程的重大交易。

对特别风险，注册会计师应当评价相关控制的设计情况，并确定其是否已经得到执行。与重大非常规交易或判断事项相关的风险很少受到日常控制的约束，注册会计师应当了解被审计单位是否针对该特别风险设计和实施了控制。例如，做出会计估计所依据的假设是否由管理层或专家进行复核，是否建立做出会计估计的正规程序，重大会计估计结果是否由治理层批准等。再如，管理层在收到重大诉讼事项的通知时采取的措施，包括这类事项是否提交给适当的专家（如内部或外部的法律顾问）处理、是否对该事项的潜在影响做出评估、是否确定该事项在财务报表中的披露问题及如何确定等。

如果管理层未能实施控制以恰当应对特别风险，注册会计师应当认为内部控制存在重大缺陷，并考虑其对风险评估的影响。在此情况下，注册会计师应当就此类事项与治理层沟通。

9.3.3　仅通过实质性程序无法应对的重大错报风险

作为风险评估的一部分，如果认为仅通过实质性程序获取的审计证据无法将认定层次的重大错报风险降至可接受的低水平，注册会计师应当评价被审计单位针对这些风险设计的控制，并确定其执行情况。

在被审计单位对日常交易采用高度自动化处理的情况下，审计证据可能仅以电子形式存在，其充分性和适当性通常取决于自动化信息系统相关控制的有效性，注册会计师应当考虑仅通过实施实质性程序不能获取充分、适当审计证据的可能性。如果认为仅通过实施实质性程序不能获取充分、适当的审计证据，注册会计师应当考虑依赖的相关控制的有效性，并对其进行了解、评估和测试。

9.3.4 对风险评估的修正

注册会计师对认定层次重大错报风险的评估应以获取的审计证据为基础，并可能随着不断获取审计证据而做出相应的变化。如果通过实施进一步审计程序获取的审计证据与初始评估获取的审计证据相矛盾，注册会计师应当修正风险评估结果，并相应修改原计划实施的进一步审计程序。

因此，评估重大错报风险与了解被审计单位及其环境一样，也是一个连续和动态地收集、更新与分析信息的过程，贯穿于整个审计过程的始终。

9.4 风险应对

注册会计师应当针对评估的财务报表层次重大错报风险确定总体应对措施，并针对评估的认定层次重大错报风险设计和实施进一步审计程序，以将审计风险降至可接受的低水平。在确定总体应对措施及设计和实施进一步审计程序的性质、时间安排和范围时，注册会计师应当运用职业判断。

9.4.1 针对财务报表层次重大错报风险的总体应对措施

注册会计师应当针对评估的财务报表层次重大错报风险确定下列总体应对措施：向项目组强调在收集和评价审计证据过程中保持职业怀疑态度的必要性；分派更有经验或具有特殊技能的审计人员或利用专家的工作；提供更多的督导；在选择拟实施的进一步审计程序时，融入更多的不可预见的因素；对拟实施审计程序的性质、时间安排和范围做出总体修改。

注册会计师对控制环境的了解影响其对财务报表层次重大错报风险的评估。如果控制环境存在缺陷，注册会计师在对拟实施审计程序的性质、时间安排和范围做出总体修改时应当考虑：在期末而非期中实施更多的审计程序；通过实施实质性程序获取更广泛的审计证据；增加拟纳入审计范围的征营地点的数量。

财务报表层次重大错报风险难以限于某类交易、账户余额和披露的特点，意味着此类风险可能对财务报表的多项认定产生广泛影响，并相应增加注册会计师对认定层次重大错报风险的评估难度。因此，注册会计师评估的财务报表层次重大错报风险及采取的总体应对措施，对拟实施进一步审计程序的总体方案具有重大影响。

拟实施进一步审计程序的总体方案包括实质性方案和综合性方案。实质性方案是指注册会计师实施的进一步审计程序以实质性程序为主；综合性方案是指注册会计师在实施进一步审计程序时，将控制测试与实质性程序结合使用。当评估的财务报表层次重大错报风险属于高风险水平（并相应采取更强调审计程序不可预见性，重新调整审计程序的性质、时间安排和范围等总体应对措施）时，拟实施进一步审计程序的总体方案往往更倾向于实质性方案。

9.4.2　针对认定层次重大错报风险的进一步审计程序

1. 进一步审计程序的含义和要求

进一步审计程序是指注册会计师针对评估的各类交易、账户余额和披露认定层次重大错报风险实施的审计程序，包括控制测试和实质性程序。

注册会计师设计和实施的进一步审计程序的性质、时间安排和范围，应当与评估的认定层次重大错报风险具备明确的对应关系。

在设计进一步审计程序时，注册会计师应当考虑下列因素：风险的重要性；重大错报发生的可能性；涉及的各类交易、账户余额和披露的特征；被审计单位采用的特定控制的性质；注册会计师是否拟获取审计证据，以确定内部控制在防止或发现并纠正重大错报方面的有效性。综合上述几方面因素，注册会计师对认定层次重大错报风险的评估为确定进一步审计程序的总体方案奠定了基础。因此，注册会计师应当根据对认定层次重大错报风险的评估结果，恰当选用实质性方案或综合性方案。通常情况下，注册会计师出于成本效益的考虑可以采用综合性方案设计进一步审计程序，即将测试控制运行的有效性与实质性程序结合使用。但在某些情况下（如仅通过实质性程序无法应对重大错报风险），注册会计师必须通过实施控制测试，才可能有效应对评估出的某一认定的重大错报风险；而在另一些情况下（如注册会计师的风险评估程序未能识别出与认定相关的任何控制或注册会计师认为控制测试很可能不符合成本效益原则），注册会计师可能认为仅实施实质性程序就是适当的。

需要说明的是，注册会计师对重大错报风险的评估毕竟是一种主观判断，可能无法充分识别所有的重大错报风险，同时内部控制存在固有局限性，因此无论选择何种方案，注册会计师都应当对所有重大的各类交易、账户余额和披露设计和实施实质性程序。

2. 进一步审计程序的性质

进一步审计程序的性质是指进一步审计程序的目的和类型。进一步审计程序的目的包括通过实施控制测试以确定内部控制运行的有效性，通过实施实质性程序以发现认定层次的重大错报。进一步审计程序的类型包括检查、观察、询问、函证、重新计算、重新执行和分析程序。

在应对评估的风险时，合理确定审计程序的性质是最重要的。这是因为不同的审计程序应对特定认定错报风险的效力不同。例如，对于与收入完整性认定相关的重大错报风险，控制测试通常更能有效应对；对于与收入发生认定相关的重大错报风险，实质性程序通常更能有效应对。再如，实施应收账款的函证程序可以为应收账款在某一时点存在的认定提供审计证据，但通常不能为应收账款的计价认定提供审计证据。对应收账款的计价认定，注册会计师通常需要实施其他更为有效的审计程序，如审查应收账款账龄和期后收款情况、了解欠款客户的信用情况等。

注册会计师应当根据认定层次重大错报风险的评估结果选择审计程序。评估的认定层次重大错报风险越高，对通过实质性程序获取的审计证据的相关性和可靠性的要求越高，从而可能影响进一步审计程序的类型及其综合运用。例如，当注册会计师判断某类交易协议的完整性存在更高的重大错报风险时，除了检查文件以外，注册会计师还可能决定向第三方询问或函证协议条款的完整性。

除了从总体上把握认定层次重大错报风险的评估结果对选择进一步审计程序的影响外，

在确定拟实施的审计程序时，注册会计师接下来应当考虑评估的认定层次重大错报风险产生的原因，包括考虑各类交易、账户余额和披露的具体特征及内部控制。例如，注册会计师可能判断某特定类别的交易即使在不存在相关控制的情况下发生重大错报的风险仍较低，此时注册会计师可能认为仅实施实质性程序就可以获取充分、适当的审计证据。再如，对于经由被审计单位信息系统日常处理和控制的某类交易，如果注册会计师预期此类交易在内部控制运行有效的情况下发生重大错报的风险较低，且拟在控制运行有效的基础上设计实质性程序，注册会计师就会决定先实施控制测试。

3. 进一步审计程序的时间

进一步审计程序的时间第一个层面是指注册会计师何时实施进一步审计程序，第二个层面是指审计证据适用的期间或时点。第一个层面的选择问题主要集中在如何权衡期中与期末实施审计程序的关系；第二个层面的选择问题分别集中在如何权衡期中审计证据与期末审计证据的关系、如何权衡以前审计获取的审计证据与本期审计获取的审计证据的关系。这两个层面的最终落脚点都是如何确保获取审计证据的效率和效果。

注册会计师可以在期中或期末实施控制测试或实质性程序，选择的基本考虑因素应当是注册会计师评估的重大错报风险。当重大错报风险较高时，注册会计师应当考虑在期末或接近期末实施实质性程序，或采用不通知的方式，或在管理层不能预见的时间实施审计程序。

虽然在期末实施审计程序在很多情况下非常必要，但仍然不排除注册会计师在期中实施审计程序可能发挥的积极作用。在期中实施进一步审计程序，可能有助于注册会计师在审计工作初期识别重大事项，并在管理层的协助下及时解决这些事项；或针对这些事项制订有效的实质性方案或综合性方案。当然，在期中实施进一步审计程序也存在很大的局限性。首先，注册会计师往往难以仅凭在期中实施的进一步审计程序获取有关期中以前的充分、适当的审计证据（例如，某些期中以前发生的交易或事项在期中审计结束时尚未完结）；其次，即使注册会计师在期中实施的进一步审计程序能够获取有关期中以前的充分、适当的审计证据，但从期中到期末这段剩余期间还往往会发生重大的交易或事项（包括期中以前发生的交易、事项的延续，以及期中以后发生的新的交易、事项），从而对所审计期间的财务报表认定产生重大影响；最后，被审计单位管理层也完全有可能在注册会计师于期中实施了进一步审计程序之后对期中以前的相关会计记录做出调整甚至篡改，注册会计师在期中实施了进一步审计程序所获取的审计证据已经发生了变化。为此，如果在期中实施了进一步审计程序，注册会计师还应当针对剩余期间获取审计证据。

注册会计师在确定何时实施审计程序时应当考虑以下几个重要因素。

① 控制环境。

② 何时能得到相关信息。例如，某些控制活动可能仅在期中发生，而之后可能难以再被观察到。

③ 错报风险的性质。例如，被审计单位可能为了保证盈利目标的实现，而在会计期末以后伪造销售合同以虚增收入，此时注册会计师需要考虑在期末（即资产负债表日）这个特定时点获取被审计单位截至期末所能提供的所有销售合同及相关资料，以防范被审计单位在资产负债表日后伪造销售合同虚增收入的做法。

④ 审计证据适用的期间或时点。例如，为了获取资产负债表日的存货余额证据，显然不宜在与资产负债表日间隔过长的期中时点或期末以后时点实施存货监盘等相关审计程序。

4. 进一步审计程序的范围

进一步审计程序的范围是指实施进一步审计程序的数量，包括抽取的样本量、对某项控制活动的观察次数等。

在确定进一步审计程序的范围时，注册会计师应当考虑下列因素。

① 确定的重要性水平。确定的重要性水平越低，注册会计师实施进一步审计程序的范围越广。

② 评估的重大错报风险。评估的重大错报风险越高，对拟获取审计证据的相关性、可靠性的要求越高，因此注册会计师实施的进一步审计程序的范围也越广。

③ 计划获取的保证程度。计划获取的保证程度，是指注册会计师计划通过所实施的审计程序对测试结果可靠性所获取的信心。计划获取的保证程度越高，对测试结果可靠性要求越高，注册会计师实施的进一步审计程序的范围越广。

需要说明的是，随着重大错报风险的增加，注册会计师应当考虑扩大审计程序的范围。但是，只有当审计程序本身与特定风险相关时，扩大审计程序的范围才是有效的。此外，注册会计师在综合运用不同审计程序时，除了面临各类审计程序的性质选择问题，还面临如何权衡各类程序的范围问题。因此，注册会计师在综合运用不同审计程序时，不仅应当考虑各类审计程序的性质，还应当考虑测试的范围是否适当。

9.4.3　控制测试

1. 控制测试的含义

控制测试指的是测试控制运行的有效性，这一概念需要与“了解内部控制”进行区分。“了解内部控制”包含两层含义：一是评价控制的设计；二是确定控制是否得到执行。测试控制运行的有效性与确定控制是否得到执行所需获取的证据是不同的。

在“确定控制是否得到执行”时，即在实施风险评估程序以获取控制是否得到执行的审计证据时，注册会计师应当确定某项控制是否存在，被审计单位是否正在使用。在“测试控制运行的有效性”时，注册会计师应当从下列方面获取关于控制是否有效运行的审计证据：控制在所审计期间的不同时点是如何运行的；控制是否得到一贯执行；控制由谁执行；控制以何种方式运行（如人工控制或自动化控制）。控制运行有效性强调的是控制能够在各个不同时点按照既定设计得以一贯执行。因此，在了解控制是否得以执行时，注册会计师只需抽取少量的交易进行检查或观察某几个时点。但在测试控制运行的有效性时，注册会计师需要抽取足够数量的交易进行检查或对多个不同时点进行观察。

作为进一步审计程序的类型之一，控制测试并非在任何情况下都需要实施。只有当存在下列情形之一时，注册会计师才应当实施控制测试：在评估认定层次重大错报风险时，预期控制的运行是有效的；仅实施实质性程序不足以提供认定层次充分、适当的审计证据。

2. 控制测试的性质

控制测试的性质是指控制测试所使用的审计程序的类型及其组合。计划从控制测试中获取的保证水平是决定控制测试性质的主要因素之一。虽然控制测试与了解内部控制的目的不同，但两者采用审计程序的类型通常相同，包括询问、观察、检查和穿行测试。此外，控制测试的程序还包括重新执行。

(1) 询问

注册会计师可以向被审计单位适当员工询问，获取与内部控制运行情况相关的信息。例如，询问信息系统管理人员有无未经授权接触计算机硬件和软件，向负责复核银行存款余额调节表的人员询问如何进行复核等。虽然询问是一种有用的手段，但它必须和其他测试手段结合使用才能发挥作用。在询问过程中，注册会计师应当保持职业怀疑态度。

(2) 观察

观察是测试不留下书面记录的控制（如职责分离）的运行情况的有效方法。例如，观察存货盘点控制的执行情况。注册会计师要考虑其所观察到的控制在注册会计师不在场时可能未被执行的情况。

(3) 检查

对运行情况留有书面证据的控制，检查非常适用。例如，检查销售发票是否有复核人员签字，检查销售发票是否附有客户订购单和出库单等。

(4) 重新执行

通常只有当询问、观察和检查程序结合在一起仍无法获得充分的证据时，注册会计师才考虑通过重新执行来证实控制是否有效运行。

(5) 穿行测试

穿行测试不是一种单独的程序，它是通过追踪交易在财务报告信息系统中的处理过程，来证实注册会计师对控制的了解、评价控制设计的有效性及确定控制是否得到执行。可见，穿行测试更多的是在了解内部控制时使用。但在执行穿行测试时，注册会计师可能获取部分控制运行有效性的审计证据。

9.4.4 实质性程序

1. 实质性程序的含义

实质性程序是指用于发现认定层次重大错报的审计程序，它包括对各类交易、账户余额和披露的细节测试及实质性分析程序。

注册会计师实施的实质性程序应当包括下列与财务报表编制完成阶段相关的审计程序：将财务报表与其所依据的会计记录相核对；检查财务报表编制过程中做出的重大会计分录和其他调整。注册会计师对会计分录和其他会计调整检查的性质和范围，取决于被审计单位财务报告过程的性质和复杂程度及由此产生的重大错报风险。

由于注册会计师对重大错报风险的评估是一种判断，可能无法充分识别所有的重大错报风险，并且由于内部控制存在固有局限性，无论评估的重大错报风险结果如何，注册会计师都应当针对所有重大的各类交易、账户余额和披露实施实质性程序。

2. 针对特别风险实施的实质性程序

如果认为评估的认定层次重大错报风险是特别风险，注册会计师应当专门针对该风险实施实质性程序。例如，如果认为管理层面临实现盈利目标的压力而可能提前确认收入，注册会计师在设计询证函时不仅应当考虑函证应收账款的账户余额，还应当考虑函证销售协议的细节条款（如交货、结算及退货条款）；注册会计师还可考虑在实施函证的基础上针对销售协议及其变动情况询问被审计单位的非财务人员。如果针对特别风险仅实施实质性程序，注册会计师应当使用细节测试或将细节测试和实质性分析程序结合使用，以获取充分、适当的审计证据。原因在于，为应对特别风险需要获取具有高度相关性和可靠性的审计证据，仅实施实质性分析程序不足以获取有关特别风险的充分、适当的审计证据。

3. 实质性程序的性质

实质性程序的性质，是指实质性程序的类型及其组合。实质性程序的两种基本类型包括细节测试和实质性分析程序。细节测试是对各类交易、账户余额和披露的具体细节进行测试，目的在于直接识别财务报表认定是否存在错报。实质性分析程序从技术特征上讲仍然是分析程序，主要是通过研究数据间关系评价信息，只是将该技术方法用作实质性程序，即用以识别各类交易、账户余额和披露及相关认定是否存在错报。

细节测试适用于对各类交易、账户余额和披露认定的测试，尤其是对存在或发生、计价认定的测试；对在一段时期内存在可预期关系的大量交易，注册会计师可以考虑实施实质性分析程序。

注册会计师需要根据不同的认定层次的重大错报风险设计有针对性的细节测试。例如，在针对存在或发生认定设计细节测试时，注册会计师应当选择包含在财务报表金额中的项目，并获取相关审计证据；又如，在针对完整性认定设计细节测试时，注册会计师应当选择有证据表明应包含在财务报表金额中的项目，并调查这些项目是否确实包括在内。

注册会计师在设计实质性分析程序时应当考虑的因素包括：对特定认定使用实质性分析程序的适当性；对已记录的金额或比率做出预期时，所依据的内部或外部数据的可靠性；做出预期的准确程度是否足以在计划的保证水平上识别重大错报；已记录金额与预期值之间可接受的差异额。

本章小结

审计模式的演进经历了账项基础审计、制度基础审计和风险导向审计三个阶段。风险导向审计是当今主流的审计模式，它要求注册会计师以重大错报风险的识别、评估和应对为审计工作的主线，以提高审计的效率和效果。2006 年财政部发布的中国注册会计师执业准则体系全面贯彻了风险导向审计思想和方法的要求。本章分为重大错报风险的评估和应对两大模块。

在风险评估阶段，注册会计师应当从下列方面了解被审计单位及其环境：行业状况、法律环境与监管环境及其他外部因素；被审计单位的性质；被审计单位对会计政策的选择和运用；被审计单位的目标、战略及相关经营风险；被审计单位财务业绩的衡量和评价；被审计单位的内部控制。在了解被审计单位及其环境的基础上，注册会计师识别和评估财务报表层次和认定层次的重大错报风险。

在风险应对阶段，注册会计师应当针对评估的财务报表层次重大错报风险确定总体应对措施，并针对评估的认定层次重大错报风险设计和实施进一步审计程序，以将审计风险降至可接受的低水平。进一步审计程序包括控制测试和实质性程序，后者又包括细节测试和实质性分析程序。

案例与习题

一、讨论题

在2001—2003年期间，纽约一家大型药业公司百时美施贵宝公司，由于经营风险和特别风险损失了11%的销售额，其证券价值下跌了50%。

引发百时美施贵宝公司问题的重大事件如下。

> ① 由于3项主要药品：抗癌症药物Taxol、治疗糖尿病药物Glucophage和抗焦虑药物BuSpar的专利期限过期，生物基因制药厂2002年的销售额损失约20亿美元（占销售额的11%）。
>
> ② 由于美国食品与药品管理局（FDA）延期批准ImClone Systems的强效抗癌药物Erbitux的生产，加上以ImClone创始人Samuel Waksal为核心的众人皆知的内幕交易丑闻（Anand 2002），百时美施贵宝公司在2001年年末以12亿美元收购的ImClone生化技术公司的投资损失了2/3的股权。ImClone创始人Samuel Waksal因丑闻中不光彩的角色被判监禁87个月。
>
> ③ 公司承认，在1999—2001年期间，为了达到高级管理人员确立的季度销售目标，公司通过季末大量不适当的记录高估销售收入25亿美元。这种做法包括公司通过商业诱导说服其主要经销商购买了超过其实际需要的药品达20亿美元，从而使得百时美施贵宝公司达到了当年的盈利目标。美国证券交易委员会和司法部对其存货和会计处理展开了调查。
>
> 资料来源：里克·海斯．审计学：基于国际审计准则的视角．北京：机械工业出版社，2006年

讨论：

1. 上述事件哪些是特别风险？哪些是经营风险？
2. 百时美施贵宝公司是如何避免这些风险的？

二、单项选择题

1. 注册会计师在了解被审计单位及其环境时实施的风险评估程序不包括下列（　　）。
   A. 询问　　B. 分析程序　　C. 重新计算　　D. 观察和检查
2. 下列（　　）项不属于进一步审计程序。
   A. 实质性程序　　B. 控制测试
   C. 了解被审计单位及其环境　　D. 细节测试
3. 在对被审计单位内部控制进行了解时，注册会计师应该获取下列（　　）项方面的信息。
   A. 内部控制的5个构成要素中与财务报告有关的内部控制设计
   B. 内部控制的运行有效性
   C. 当前应用的内部控制的一贯性
   D. 与每个主要的交易类别和账户余额有关的控制

三、多项选择题

1. 评估重大错报风险包括（　　）。

A. 识别和评估财务报表层次的重大错报风险

B. 识别和评估认定层次的重大错报风险

C. 识别特别风险

D. 在财务报表整体层面评估内部控制

2. 识别和评估重大错报风险的审计程序包括（　　）。

A. 在了解被审计单位及其环境的整个过程中识别风险，并考虑各类交易、账户余额和披露

B. 将识别的风险与认定层次可能发生错报的领域相联系

C. 考虑识别的风险是否重大

D. 考虑识别的风险导致财务报表发生重大错报的可能性

3. 风险应对包括（　　）。

A. 针对财务报表层次重大错报风险确定总体应对措施

B. 针对认定层次重大错报风险设计和实施进一步审计程序

C. 保持职业怀疑态度

D. 形成审计工作记录

4. 如果控制环境存在缺陷，注册会计师在对拟实施审计程序的性质、时间安排和范围做出总体修改时应当考虑（　　）。

A. 在期末而非期中实施更多的审计程序

B. 主要依赖实质性程序获取审计证据

C. 获取更具说服力的审计证据

D. 扩大审计程序的范围

5. 进一步审计程序包括（　　）。

A. 控制测试　　B. 实质性程序

C. 细节测试　　D. 实质性分析程序

四、判断题

1. 作为进一步审计程序的重要类型，控制测试必须实施。（　　）

2. 计划从控制测试中获取的保证水平是决定控制测试性质的主要因素之一。（　　）

3. 询问本身能够为控制运行的有效性提供充分的证据。（　　）

4. 观察是测试留下书面记录的控制的有效方法。（　　）

5. 实质性分析程序适用于对各类交易、账户余额和披露认定进行测试。（　　）

6. 对于与收入完整性认定相关的重大错报风险，控制测试通常更能有效应对。（　　）

7. 当评估的财务报表层次重大错报风险属于高风险水平时，拟实施进一步审计程序的总体方案往往更倾向于综合性方案。（　　）

8. 注册会计师需要对被审计单位所有的内部控制进行了解和评价。（　　）

五、简答题

1. 注册会计师应当从哪些方面了解被审计单位及其环境?

2. 识别和评估重大错报风险时，注册会计师应当实施哪些审计程序?

3. 总体应对措施有哪些？

六、案例分析题

评估错报风险的四个步骤是：通过了解被审计单位及其环境识别风险；将识别的风险与认定层次可能发生错报的领域相联系；考虑识别的风险是否重大；考虑识别的风险导致财务报表发生重大错报的可能性。

要求：使用上述程序，分析下列风险。

1. 办公耗材门市部的销售现金收款未做记录。
2. 一家小型制造公司的资金部的证券投资造成了巨大损失。
3. 一家国际钢铁精炼厂的污染设备不符合当地污染控制法的要求。
4. 银行对账单与现金收入和支出不相符。

第10章

控制测试

【学习目标】

◇ 了解内部控制概念的发展
◇ 列举内部控制的五要素
◇ 列举各循环的主要凭证与会计记录
◇ 描述并分析各业务循环内部控制系统的情况
◇ 各业务循环均能够列举5个以上控制目标
◇ 各业务循环均能够列举5个以上需要记录在审计工作底稿中的控制测试
◇ 了解审计抽样的概念、步骤及其在控制测试中的应用

【相关注册会计师执业准则、会计准则】

◇ 中国注册会计师审计准则第1211号——通过了解被审计单位及其环境识别和评估重大错报风险
◇ 中国注册会计师审计准则第1221号——计划和执行审计工作时的重要性
◇ 中国注册会计师审计准则第1231号——针对评估的重大错报风险采取的应对措施
◇ 中国注册会计师审计准则第1311号——对存货、诉讼和索赔、分部信息等特定项目获取审计证据的具体考虑
◇ 中国注册会计师审计准则第1314号——审计抽样

引 言

注册会计师在了解被审计单位及其环境并评估重大错报风险的基础上实施进一步审计程序。了解被审计单位的内部控制是了解被审计单位及其环境的重要方面，也是识别和评估重大错报风险、设计和实施进一步审计程序的基础。注册会计师应当了解与审计相关的内部控制以识别潜在错报的类型，考虑导致重大错报风险的因素，以及设计和实施进一步审计程序的性质、时间安排和范围。注册会计师实施的进一步程序存在两种方案：一种是实质性方案，另一种是综合性方案。在综合性方案中，注册会计师将控制测试与实质性程序结合使用。本章侧重于控制测试，下一章侧重于实质性程序。

控制测试通常按照业务循环采用审计抽样的方法进行，采用业务循环的目的在于确保审计工作质量，提高审计工作效率。一般而言，可将被审计单位的所有交易分为销售、采购、生产与存货等业务循环。

10.1 内部控制的基本理论

10.1.1 内部控制认识的国际发展

从国际上来看，对内部控制认识有着一个不断发展的过程，认识的不断深入是与注册会计师审计紧密相连的。以美国为例，对内部控制的认识先后经历了内部牵制阶段、内部控制制度阶段、内部控制结构阶段、内部控制整体框架阶段。

1. 内部牵制阶段

内部控制概念的提出是在 20 世纪的 40 年代。在此之前，人们关注的是内部牵制。

首先认识到内部牵制对审计有影响的是英国教授劳伦斯·迪克西（Lawrence Dicksee），他在 1905 年《迪克西审计学》（*Dicksee's Auditing*）中最早指出内部牵制是决定详细验证工作量的关键。该书指出："……合理的内部牵制系统可以减少详细审计工作"。随后的 1912 年，R. H. 蒙哥马利在《审计：理论与实务》一书中明确指出："如果存在良好的内部牵制组织，审计人员就无须进行详细审计（detailed audit）"，而且，"审计人员如果认为内部牵制组织是适当的，就不需要其他人再重复操作会计业务"。1913 年，卡内基·斯蒂尔（Carnegie Steele）发表了《控制系统的发展》（*The Development of System of Control*），文中指出"会计制度的设计应该遵循这样一个指导原则，即它必须能够提供控制手段"。

1936 年，"内部控制"一词最早是在美国会计师协会（美国注册会计师协会的前身）发布的《注册会计师对财务报表的审查》文件中。该文件首次正式使用了"内部控制"这一专门术语，其中指出："注册会计师在制定审计程序时，应考虑的一个重要因素是审查企业的内部牵制和控制，企业的会计制度和内部控制越好，财务报表需要测试的范围就越小。"

1947 年，"内部控制"一词出现在美国会计师协会下属的审计程序委员会颁发的《审计准则暂行公告》中。该公告正式对内部控制加以了规定。该公告的"现场工作准则"的第二条规定："有必要研究和评价现行内部控制，以作为信赖内部控制和确定其后审计测试范围的基础。"

1949 年，美国注册会计师协会（AICPA）所属的审计程序委员会发表了一份题为《内部控制：系统协调的要素及其对管理部门和独立公共会计师的重要性》（*Internal Control: Elements of Coordinated System and its Importance to Management and the Independent Public Accountant*）的特别报告，首次正式提出了内部控制的定义："内部控制包括一个企业内部为保护资产，审核会计数据的正确性和可靠性，提高经营效率，坚持既定管理方针而采用的组织计划及各种协调方法和措施。"该文件承认"内部控制制度超过了与财会部门直接相关的事项"。自此，以职务分工和账户核对为主要内容的内部牵制，于 20 世纪 40 年代开始逐步演变为包含组织结构、职责分工、业务流程等要素在内的较为严密的内部控制系统。

以内部控制概念的正式提出为标志，结束了在审计中仅有内部牵制而无意识于内部控制的阶段。

2. 内部控制制度阶段

1958 年，审计程序委员会发布的第 29 号审计程序公告《独立审计人员评价内部控制的范围》（*Scope of the Independent Auditor's Review of Internal Control*）将内部控制分为内部会计控制（internal accounting control）和内部管理控制（internal administrative control）两类，其中前者涉及与财产安全和会计记录的准确性、可靠性有直接联系的方法和程序，后者主要是与贯彻管理方针和提高经营效率有关的方法和程序。这一提法也是现在我们所熟知的内部控制的制度二分法的由来。

1963 年，美国审计程序委员会在发布的第 33 号审计程序公告中，对内部控制的定义进一步做了说明，并将内部控制划分为会计控制和管理控制两个部分。

1973 年，该组织在其发布的审计标准说明第 1 号中，又为管理控制和会计控制下了新的定义。管理控制主要与有效经营这一内控目标和执行管理方针有关；会计控制主要与资产保护和财务信息的可信赖性有关。

这一阶段开始的内部会计控制和内部管理控制的划分，主要通过形成和推行一整套内部控制制度（方法和程序）来实施控制。内部控制的目标除了保护组织财产的安全之外，还包括增进会计信息的可靠性、提高经营效率和遵循既定的管理方针。

3. 内部控制结构阶段

1988 年，审计准则说明第 55 号（SAS55）对内部控制进行了重新定义："为了对实现特定公司目标提供合理保证，而建立的一系列政策和程序。"并认为控制环境、会计系统、控制程序为内部控制组成的三个要素。审计准则说明第 55 号对控制环境、会计系统、控制程序等分别给出了定义和说明。

（1）控制环境

控制环境是指对建立、增强或调节特殊政策及程序有效性有影响的各种因素所产生的综合效果。其主要包括以下几个方面：管理哲学与经营方式、组织机构、审计委员会、人事政策和程序、授权和分配责任的方法、内部审计部门、外部影响等。

（2）会计系统

会计系统是指为确认、汇总、分析、分类、记录和报告企业交易，并保持对相关资产和负债的受托责任而建立的方法和记录。其主要包括以下几个方面：会计科目表、会计手册和标准会计分录；业务凭证制度；业务检查；交易处理方法等。

（3）控制程序

除了控制环境和会计系统以外，为了合理保证企业目标的实现而建立的其他政策和程序，即为控制程序。其主要包括以下几个方面：人员的胜任能力；政策和程序手册；计划、预算和业绩报告；分权经营；资产保护；定期盘点存货、清点现金和有价证券等。

4. 内部控制整体框架阶段

1996 年年底，审计准则说明书第 78 号（SAS78）对 SAS55 进行了修订，认可了 COSO 委员会（the Committee of Sponsorship Organizations of the Treadway Commission）1992 年的研究成果《内部控制：整合框架》（*Internal Control：Integrated Framework*）。在 COSO 委员会的报告中不仅给内部控制下了定义，而且还对构成内部控制框架的控制环境、风险评估、控制活动、信息与沟通、监督 5 个要素做了介绍。

1992 年，美国 COSO 委员会报告认为：内部控制是为达成某些特定目标而设计的过程。即内部控制是一种由企业董事会、管理阶层与其他人员执行，由管理人员阶层所设计，为达成营运的效果及效率，财务报道的可靠性、相关法令的遵循等目标提供合理保证的过程。该定义反映出的基本观念是：内部控制是一种过程，讲求的不是结果本身；内部控制是一种受人影响的过程，是由人执行，并非仅是政策手册与表格；内部控制只能为企业管理阶层与董事会提供合理保证，而非绝对保证；不同类别的内部控制相互配合，以一种、多种或重叠性的类别达成多项管理目标。内部控制由控制环境、风险评估、控制活动、信息与沟通、监督5个要素组成。

（1）控制环境

控制环境是内部控制组成各要素的基础，是所有控制方式与方法赖以存在与运行的环境。它对于塑造企业文化、提供纪律约束机制和影响员工控制意识有重要作用。其包含以下方面：操守与价值观、胜任的能力、董事会及监督委员会、管理哲学和经营风格、组织结构、权责划分、人力资源政策及实行。

（2）风险评估

每个单位均应评估来自内部和外部的不同风险。评估风险的先决条件是制定目标。各不同层级的目标，必须保持一致性。风险评估是指辨认并分析影响目标达成的各种不确定因素。风险评估是决定风险应如何管理的基础。由于经济、业务、主管机关和营运环境不断变化，风险也因变化而来，因此辨认并处理这些风险自然就有必要。

（3）控制活动

控制活动是指确保管理阶层指令实现的各种政策和程序，它是针对影响单位目标实现的各种风险而采取的各种措施和手段。单位各阶层和各种职能均渗透有不同的控制活动，如核准、授权、调节、审核营业绩效、保障资产安全及职务分工等。由于单位性质、规模、组织方式等不同，其控制也有所不同。

（4）信息与沟通

每个单位必须按照一定的方式和时间规定，辨识和取得适当的信息，并加以沟通，以便于员工更好地履行其职责。单位信息系统能产生各种报告，包括与营运、财务及遵循法令有关的资料和信息，这些信息反映了单位业务运行状况，便于管理者采取控制措施。信息系统不仅处理单位内部所产生的信息，同时也处理与外部事项、活动及环境等有关的信息，这些信息同样是单位制订决策及对外报道所必不可少的。有效沟通的含义，包括组织内部上下沟通及横向沟通，也包括与外界沟通。单位所有员工必须自最高管理阶层开始，清楚地获得需谨慎承担控制责任的各种信息；必须了解自己在内部控制制度中所扮演的角色，以及每个人的活动对他人工作的影响。单位必须有向上沟通重要信息的方法，也应有向顾客、供应商、政府主管机关和股东等进行沟通的方式。

（5）监督

监督是一种随着时间的经过而评估内部控制制度执行质量的过程。监督的方式有持续监督、个别评估及综合监督等。持续监督是指在营运过程中的监督，包括例行管理和监督活动，以及职工为履行其职务所采取的行为。个别评估的范围及频率，应根据评估风险的大小及持续监督程序的有效性而定。持续监督和个别评估一起进行，称之为综合监督。各种监督中发现的内部控制的缺失必须向上级呈报；严重者，则须向最高管理阶层及董事会呈报。

上述5个要素相互关联与配合，形成一个整合系统。这个系统可对改变的环境做出动态反应。内部控制是因单位的基本业务需求才存在，与单位的营业活动交织在一起。只有当内部控制能纳入单位的基础建设之内，而且是单位机体的一部分时，才最为有效；也只有纳入营运活动的控制，才能帮助单位提高管理水平和管理质量，才能避免不必要的成本，才能对改变的环境做出快速反应。

当前，除COSO委员会的框架在使用外，也还有其他一些框架在使用，如加拿大的COCO框架。1995年加拿大COCO报告中认为：内部控制是指为支援组织成员达成营运的效果与效率、内部与外部报道的可信赖程度、遵循相关法规及内部政策办法等目标，而由组织资源、系统、过程、文化、结构与作业等元素组成。COCO控制模式更具动态和管理阶层导向。不过，就影响面和使用面来看，这些框架均不及美国COSO委员会所推介的框架。

10.1.2 内部控制认识的国内发展

我国对内部控制的认识经历了一个由内部牵制、内部控制结构到内部控制整体框架的不断深入的过程。

20个世纪90年代后期，我国才开始了独立审计准则的建立。在此之前，企业对于内部控制的认识还停留在内部牵制阶段。

1997年1月施行的、由中国注册会计师协会拟定、财政部发布的《独立审计具体准则第9号——内部控制与审计风险》预示着我国内部控制结构阶段的来临。该准则的第三章对内部控制的概念及要素加以强调，认为内部控制是由控制环境、会计系统、控制程序三要素组成的控制。以该具体准则为标志，我国对内部控制的认识一度停留在内部控制结构阶段。

2006年2月15日，财政部发布的《中国注册会计师执业规范准则》使内部控制整体框架阶段变得明确。该执业规范体系的第1211号审计准则《了解被审计单位及其环境并评估重大错报风险》第46条认为："内部控制是被审计单位为了合理保证财务报告的可靠性、经营的效率和效果及对法律法规的遵守，由治理层、管理层和其他人员设计和执行的政策和程序。"该审计准则的第47条认为内部控制包括控制环境、风险评估过程、信息系统与沟通、控制活动、对控制的监督五个组成要素。从第1211号审计准则可看出，我国对内部控制的认识处于内部控制整体框架阶段。由于国际审计与鉴证准则委员会发布了明晰项目，中国也制定了明确的国际趋同战略。在充分考虑国际审计准则的要求、结合中国自己的情况，我国在2010年6月前发布了根据国际审计与鉴证准则委员会明晰项目修订的中国审计准则，从而将国际审计准则融入中国审计准则。修改后的第1211号审计准则《通过了解被审计单位及其环境识别和评估重大错报风险》第三节"了解内部控制"对如何了解内部控制做了比较具体的要求，在此不再细述。

10.2 销售循环的控制测试

10.2.1 销售循环涉及的主要凭证与会计记录

在内部控制比较健全的企业中，销售循环通常涉及很多会计科目，需要使用很多凭证。

根据财务报表项目与业务循环的相关程度销售循环涉及的资产负债表项目主要包括应收票据及应收账款、预收账款、长期应收款、应交税费等，涉及的利润表项目主要包括营业收入、税金及附加、销售费用等。

销售循环涉及的主要凭证有以下几种。

（1）顾客订货单

顾客订货单，是指顾客提出的书面购货要求。企业也可以通过销售人员或其他途径，如电话、信函等方式向现有的及潜在的顾客发送订货单。通过顾客在订货单上签字确认，企业取得顾客订货单，接受顾客的订货。

（2）销售单

销售单，是指企业用来列示顾客所订商品的名称、规格、数量及其他与顾客订货单有关信息的凭证，作为销售企业内部处理顾客订货单的依据。

（3）发运凭证

发运凭证，是指企业在发运货物时编制的，用来反映商品的规格、数量和其他有关内容的凭证。发运凭证的一联给顾客，其余联由企业保留。发运凭证可用作向顾客开具账单的依据。

（4）销售发票

销售发票是一种用来表明已销售商品的规格、数量、价格、销售金额、运费和保险费、开票日期、付款条件等内容的凭证。销售发票的一联给顾客，其余联由企业保留。销售发票是在会计账簿中登记销售交易的基本凭证。

（5）商品价目表

商品价目表是列示已经授权批准的、可供销售的各种商品的价格清单。

（6）贷项通知单

贷项通知单是一种用来表示由于销售退回或经批准的折让而引起的应收销货款减少的凭证。这种凭证的格式通常与销售发票的格式相同，只不过它不是用来证明应收账款的增加，而是用来证明应收账款的减少。

（7）应收账款明细账

应收账款明细账是用来记录每个顾客各项赊销、还款、销售退回及折让的明细账。各应收账款明细账的余额合计数应与应收账款总账的余额相等。

（8）营业收入明细账

营业收入明细账是一种用来记录销售交易的明细账，它通常记载和反映不同类别产品或劳务的销售总额。

（9）折扣与折让明细账

折扣与折让明细账是一种用来核算企业销售商品时，按销售合同规定为了及早收回货款而给予顾客的销售折扣和因商品品种、质量等原因而给予顾客的销售折让情况的明细账。

（10）汇款通知书

汇款通知书是一种与销售发票一起寄给顾客，由顾客在付款时再寄回销售单位的凭证。这种凭证注明顾客的姓名、销售发票号码、销售单位开户银行账号及金额等内容。采用汇款通知书能使现金立即存入银行，可以改善资产保管的控制。

（11）现金日记账和银行存款日记账

现金日记账和银行存款日记账是用来记录现销收入、应收账款的收回，以及其他各种现金和银行存款的收入与支出的日记账。

（12）坏账审批表

坏账审批表是一种用来批准将某些应收款项注销的审批表。

（13）顾客月末对账单

顾客月末对账单是一种按月定期寄送给顾客的用于购销双方定期核对账目的凭证。顾客月末对账单上应注明应收账款的月初余额、本月各项销售交易的金额、本月已收到的货款、各贷项通知单的数额及月末余额等内容。

（14）转账凭证

转账凭证是指记录转账业务的记账凭证，它是根据有关转账业务的原始凭证而编制的。转账业务是指不涉及现金、银行存款收付的各项业务。

（15）收款凭证

收款凭证是指用来记录现金和银行存款收入业务的记账凭证。

10.2.2 销售循环涉及的主要业务活动

了解业务循环中涉及的主要业务活动，对于审计是非常必要的。在一个企业，如果可能，主要业务活动应指派给不同的部门或职员来完成。销售循环涉及的主要业务活动如下。

（1）接受顾客订单

顾客提出订货要求是整个销售循环的起点。从法律上来讲，这是购买某种货物或接受某种劳务的一项申请、一个要约。

顾客的订单只有符合企业管理层的授权标准时，才能被接受。管理层一般事先都列出了已批准销售的顾客名单。销售单管理部门在决定是否同意接受某顾客的订单时，应追查该顾客是否被列入顾客名单中。如果该顾客没有被列入顾客名单中，通常需要由销售单管理部门的主管来决定是否同意销售。

很多企业接受顾客订单后，就编制一式多联的销售单。销售单是证明管理层有关销售交易发生认定的凭据之一，也是此笔销售业务交易轨迹的起点。

（2）批准赊销信用

对于赊销业务，赊销批准是由信用管理部门根据管理层的赊销政策在每个顾客的已授权的信用额度内进行。信用管理部门的职员在收到销售单管理部门的销售单后，应将销售单与该顾客已被授权的赊销信用额度及至今尚欠的账款余额加以比较。执行人工赊销信用检查时，还应该合理划分工作职责，以避免销售人员为扩大销售而使企业承受不适当的信用风险。

企业应对每个新顾客进行信用调查，包括获取信用评审机构对顾客信用等级的评定报告。无论赊销批准与否，都要求被授权的信用管理部门人员在销售单上签署意见，然后再将已签署意见的销售单送回销售单管理部门。

设计信用批准控制的目的是降低坏账风险，因此这些控制与应收账款账面余额的计价和分摊认定有关。

（3）按销售单供货

商品仓库通常被企业管理层要求只有在收到经过批准的销售单时才能发货。这项控制程序的目的是防止商品仓库在未经授权的情况下擅自发货。已批准的销售单的一联，作为仓库供货与发货给装运部门的授权依据，通常需要送达仓库。

（4）按销售单装运货物

装运部门的工作人员负责按销售单装运货物。将按销售单装运货物职责与按销售单供货职责相分离，目的是避免负责装运货物的职员在未经授权的情况下擅自装运货物。装运部门职员在装运之前，还必须进行独立验证，以确定从仓库提取的商品都附有经批准的销售单。当然，所提出来装运的商品需要与销售单一致。

装运凭证，通常是一式多联、连续编号的提货单。装运凭证按序归档，通常应由装运部门负责保管。装运凭证提供了商品确实已装运的证据，因此它是证明销售交易发生认定的第二个有力的凭据。定期检查编制的装运凭证后是否都附有相应的销售发票，对于销售交易完整性认定得到保证极为有益。

（5）向顾客开具账单

开具账单是指开具并向客户寄送事先连续编号的销售发票。这项功能所针对的主要问题是：是否对所有装运的货物都开具了账单（即“完整性”认定问题）；是否只对实际装运的货物才开具账单，有无重复开具账单或虚构交易（即“发生”认定问题）；是否按已授权批准的商品价目表所列价格计价开具账单（即“准确性”认定问题）。

为了降低开具账单过程中出现遗漏、重复、计价错误等差错的风险，通常需要安排下列具有针对性的控制程序：开具账单部门的职员在编制每张销售发票之前，均独立检查是否已具有装运凭证和经授权的销售单；销售发票的价格依据的是已授权的商品价目表；对销售发票的计价和计算正确性进行独立检查；比较装运凭证上的商品总数与相对应的销售发票上的商品总数。

上述控制程序有助于保证用于记录销售交易的销售发票的正确性。因此，这些控制与销售交易的“发生”“完整性”“准确性”认定有关。销售发票副联通常由开具账单的部门保管。

（6）记录销售

记录销售业务活动过程通常包括以下的内容：记录销售时只依据同时附有有效装运凭证和有效销售单的销售发票；销售发票必须事先连续编号，并且加以控制；对于已处理销售发票上的销售金额与会计记录金额的两者一致性进行独立检查；销售业务的记录职责与其他职责相分离；限制接触记录过程中涉及的有关记录，目的是减少发生未经授权批准的记录；对于应收账款的明细账与总账的一致性进行独立检查；向顾客定期寄送对账单，在对账单中要求顾客直接向指定的执行或记录销售交易的会计主管报告任何例外情况。

（7）办理和记录现金、银行存款收入

这项业务活动涉及的是：货物的收回，现金、银行存款增加，以及应收账款的减少。在这项业务活动中最应该受到关注的是货币资金有无失窃的可能性。货币资金失窃可能发生在货币资金收入登记入账之前或登记入账之后。应保证全部货币资金都如数、及时地记入库存现金、银行存款日记账或应收账款明细账，同时保证现金被如数、及时地送存银行。

在这项业务活动中，汇款通知单的使用会起到很重要的作用。

（8）办理和记录销货退回、销货折扣与折让

如果顾客对商品不满意，销售企业一般都会同意接受退货或者给予一定程度的折让。如果顾客提前支付了货款，销售企业则很有可能会给予一定的销售折扣。此类事项发生时，必须经授权批准，同时要保证办理此项事务有关的部门和职员各司其职。

在这项业务活动中，贷项通知单的严格使用无疑会起到极为关键的作用。

(9) 注销坏账

不管赊销部门的工作如何主动，客户因经营不善、宣告破产、死亡等原因不支付货款的情况仍可能发生。一般而论，销售企业如果认为某项货款再也无法收回，那么就必须注销这笔货款。注销坏账的第一步是获取货款无法收回的确凿证据，第二步是经适当审批后及时做会计调整。

(10) 提取坏账准备

坏账准备的提取数额，必须能够抵补企业以后无法收回的销货款。

10.2.3 销售循环控制目标

尽管不同的被审计单位为确保会计信息的可靠性而对业务流程设计和实施不同的控制，但设计控制的目的是实现相应的控制目标。实际上，这些控制目标与财务报表重大账户的相关认定相联系。

销售循环的控制目标，也就是注册会计师实施相应控制测试和实质性程序所要达到的目标。各种业务的基本目标是相同的，不同的只是具体目标而已。

销售循环的控制目标主要包括：登记入账的销售交易确实是已经发货给真实的顾客；所有销售交易均已登记入账；登记入账的销售数量确实是已发货的数量，已正确开具账单并登记入账；销售交易的分类恰当；销售交易的记录及时；销售交易已经正确记入明细账，并经正确汇总，具体见表10-1。

表10-1 销售循环控制目标、主要控制活动和常用控制测试

控制目标	主要控制活动	常用控制测试
1. 登记入账的销售交易确实是已经发货给真实的顾客（发生）	销售交易以经过审核的发运凭证及经过批准的顾客订货单为依据登记入账； 顾客的赊销在发货前已被授权批准； 每月向顾客寄送对账单，对顾客提出的意见进行专门调查	检查销售发票副联是否附有发运凭证（或提货单）及顾客订货单（或销售单）； 检查顾客的赊销是否经授权批准； 观察是否定期寄发对账单，并检查顾客回函档案
2. 所有销售交易均已登记入账（完整性）	发运凭证（或提货单）均事先编号并已登记入账； 销售发票均事先编号并已登记入账	检查发运凭证连续编号的完整性； 检查销售发票连续编号的完整性
3. 登记入账的销售数量确实是已发货的数量，已正确开具账单并登记入账（计价和分摊）	销售有经批准的装运凭证和顾客订购单支持； 将装运数量与开具账单的数量相对比； 从价格清单主文档获取销售单价	检查销售发票有无支持凭证； 检查、比对留下的证据； 检查价格清单的准确性及是否经恰当批准
4. 销售交易的分类恰当（分类）	采用适当的会计科目表； 内部复核和核查科目表	检查会计科目表是否适当； 检查有关凭证上内部复核和核查的标记
5. 销售交易的记录及时（截止）	采用尽量能在销售发生时开具收款账单和登记入账的控制方法； 每月末由独立人员对销售部门的销售记录、发运部门的发运记录和财务部门的销售交易入账情况进行内部核查	检查尚未开具收款账单的发货和尚未登记入账的销售交易； 检查有关凭证上内部核查的标记

续表

控制目标	主要控制活动	常用控制测试
6. 销售交易已经正确记入明细账，并经正确汇总（准确性、计价和分摊）	每月定期给顾客寄送对账单； 由独立人员对应收账款明细账进行内部核查； 将应收账款明细账余额合计数与其总账余额进行比较	观察对账单是否已经寄出； 检查内部核查标记； 检查将应收账款明细账余额合计数与其总额余额进行比较的标记

表 10－1 列示的目的是帮助注册会计师根据具体情况设计能够实现审计目标的审计方案。由于被审计单位所处行业不同、规模各异，相应的内部控制制度的健全程度与执行结果也各不相同，以前期间接受的审计情况也不一样等原因，注册会计师需要根据表 10－1 所列示的内容，从被审计单位的实际出发，将之转换为更有效、更实际的审计计划，使进一步审计程序的实质性方案和综合方案更切合审计目标。

10.2.4 销售循环主要控制活动及控制测试

销售循环的主要控制活动及常用控制测试主要围绕 3 个方面：销售活动——关注授权、货物的发出——关注保管、会计处理——关注记录。结合表 10－1 下面进行更详细的阐述。

（1）适当的职责分离

适当的职责分离主要强调销售、发货、收款三项业务应由不同的部门或人员来完成。更具体地，以下活动应实行职责分离：销售部门负责接受顾客的购货订单，编制产品需求表和生产通知单；信用和收账部门负责核准信用和催收账款；开销售单部门负责编制货物发运单据和安排货物发运；由专门的部门或人员负责应收账款的会计记录和核算；由独立于上述各职能的经理人员负责坏账的核销和销售退回及折让的审批，并由专门的部门或人员负责有关的账务处理；出纳负责收取款项、存入银行，并编制收款的原始凭证。

注册会计师通常通过观察有关人员的活动，以及与这些人员进行讨论，来实施职责分离的控制测试。

（2）正确的授权审批

对于授权审批问题，有 4 个关键的控制点：在销售活动发生之前，赊销要经过正确审批；未经过正当审批，货物不得发出；销售价格、销售条件、折扣等必须经过审批；审计人员应当根据销售的授权批准制度的规定，在授权范围内进行审批，不得超越审批权限。

注册会计师通过检查凭证在上述 4 个关键控制点上是否经过审批，可以很容易地测试出授权审批方面的内部控制的效果。

（3）充分的凭证和记录

只有具备充分的记录手续，才有可能实现各项控制目标。例如，企业在收到客户订购单后，就立即编制一份预先编号的一式多联的销售单，分别用于批准赊销、审批发货、记录发货数量及向客户开具账单和销售发票等。在这种制度下，只要定期清点销售单和销售发票，漏开账单的情形几乎不可能发生。相反的情况是，有的企业只在发货以后才开具账单，如果没有其他控制措施，这种制度下漏开账单的情况就很可能会发生。

（4）凭证的预先编号

对凭证进行预先编号，主要目的是防止销售后忘记向顾客开具账单或登记入账，同时也可防止重复开具账单或重复记账。

强调事先连续编号的凭证，主要有销售单、发运凭证、销售发票等。

注册会计师的控制测试程序通常是清点各种凭证，这种测试程序可同时提供有关真实性和完整性目标的证据。

（5）按月寄出对账单

由不负责现金、销售及应收账款记账的人员按月向顾客寄对账单，能促使顾客在发现应付账款余额不符时及时做出说明。为了使这项控制更为有效，最好将所有不符的账项，指定一位不掌管货币资金也不记载销售收入和应收账款账目的主管人员处理，然后由独立人员按月编制对账情况汇总报告并交管理层审阅。

注册会计师观察指定人员寄送对账单和检查顾客复函档案，是测试被审计单位是否按月向顾客寄出对账单的十分有效的控制测试。

（6）内部核查控制

由内部审计人员（或其他独立人员）核查销售业务的处理和记录，是实现相应内部控制目标所不可缺少的一项控制措施。

注册会计师可能通过检查内部审计人员报告或其他独立人员在他们核查的凭证上的签字等方法实施控制测试。

10.3　采购循环的控制测试

10.3.1　采购循环涉及的主要凭证与会计记录

与销售循环类似，在内部控制比较健全的企业，采购循环通常也涉及很多会计科目，需要使用很多凭证。

根据财务报表项目与业务循环的相关程度，采购循环涉及的资产负债表项目主要包括预付款项、固定资产、在建工程、无形资产、开发支出、商誉、长期待摊费用、应付票据及应付账款、长期应付款等；涉及的利润表项目主要包括管理费用。

采购循环涉及的主要凭证有以下几种。

（1）请购单

请购单是由生产制造、资产使用、仓库管理等部门的有关人员填写，申请购买商品、劳务或其他资产的书面凭证。请购单经填写部门的负责人签字后，需要送交采购部门。

（2）订购单

订购单是由采购部门填写，用来向其他企业购买订购单上所指定的商品、劳务或其他资产的书面凭证。

（3）验收单

验收单是收到商品、资产时所编制的书面凭证。验收单上面列示了从供应商处收到的商品、资产的种类、数量等内容。

（4）卖方发票

卖方发票是由供应商开具后交付买方的凭证。卖方发票上列示了供应商发运的货物或提供的劳务、买方应付款金额、付款条件等内容。

(5) 付款凭单

付款凭单是由买方企业的应付凭单部门编制的凭证。付款凭单上载明了已收到商品、资产或所接受劳务的供应商、应付款金额、付款日期等内容。付款凭单是采购企业内部用来记录和支付负债的授权证明文件。

(6) 转账凭证

转账凭证是指记录转账业务的记账凭证，它是根据有关转账业务的原始凭证编制的。转账业务是指不涉及现金、银行存款收付的各项业务。

(7) 应付账款明细账

应付账款明细账是用来记录采购企业对每个供应商各项赊购、应付款、付款条件等的明细账。各应付账款明细账的余额合计数应与应付账款总账的余额相等。

(8) 付款凭证

付款凭证是指用来记录现金和银行存款支出业务的记账凭证。付款凭证包括现金付款凭证和银行存款付款凭证。

(9) 现金日记账和银行存款日记账

现金日记账和银行存款日记账是用来记录现金购买支出、应付账款的支出，以及其他各种现金和银行存款的收入与支出的日记账。

(10) 供应商对账单

供应商对账单是由供应商按月编制的，标明期初余额、本期购买、本期支付给供应商的款项、期末余额等内容的凭证。供应商对账单是供应商对相应交易的描述。如果不存在买卖双方在收发货物上的时间差等因素，供应商对账单上期末余额通常应该与采购方相应的应付账款期末明细账余额相一致。

10.3.2 采购循环涉及的主要业务活动

采购循环中涉及的主要业务活动均很重要，如果可能，应将主要业务活动指派给不同的部门和职员来完成，以实现职责分离与内部牵制。采购循环涉及的主要业务活动如下。

(1) 请购商品和劳务

本业务活动涉及的是请购单的填写。一般而言，仓库负责对需要购买、已列入存货清单项目的请购单的填写；其他部门则根据情况对所需要购买、未列入存货清单项目的请购单的填写。大多数企业对正常经营所需物资的购买做一般授权；对资本支出和租赁合同等做特殊授权。通常特殊授权只允许被特殊授权的人员提出请购。

通常，企业内有不少的部门都可以填写请购单，所以请购单不便于事先连续编号。为强化对请购单填写的控制，每张请购单均必须经过对这类支出预算负责的主管人员签字批准。

(2) 编制订购单

订购单是由采购部门填写。采购部门在收到请购单后，只能对经过批准的请购单发出订购单。采购部门应对每张订购单确定最佳的供应商。对一些大额、重要的采购项目，最佳供应商的确定可以采取竞价方式来确定，从而确保采购项目的质量、及时、成本低廉。

订购单上需要列示所需采购的商品品名、数量、价格、供应商名称、供应商地址等内容。订购单应当事先连续编号。经被授权采购人员签名确认之后，订购单的正联送交供应商，副联分别送至企业内部验收部门、应付凭单部门、编制请购单部门等。对于订购单的处理，企业应当建立独立检查制度，从而确保供应商选择正确、商品及时收到、账务及时处理等。

（3）验收商品

有效的订购单副联送至验收部门时，即表示已授权验收部门接受供应商发运来的商品。验收部门验收时，首先应该比较所收商品与订购单上的要求是否相符，尤其关注商品品名、商品说明、数量、到货时间等内容；然后，验收部门再对所收商品进行盘点，盘点时关注商品有无损坏。

验收后，验收部门根据已收货的每张订购单编制一式多联、预先按顺序编号的验收单，作为验收和检验的依据。验收人员将商品送至仓库或其他请购部门时，应要求相应部门的人员在验收单的副联上签收，以确立这些部门对所收采购资产负有的保管责任。同时，验收部门应将验收单的一联送交应付凭单部门。

验收单是支持资产或费用及与采购有关的负债等事项"存在或发生"认定的重要凭证。验收单与采购交易的完整性认定也有关，企业通过对验收单的顺序进行独立检查，从而确定每笔采购交易的进程，以及对已完成采购交易的凭单编制及时性的控制。

（4）储存已验收的商品

企业应将商品采购职责与已验收商品保管职责相分离，从而不仅可以减少未经授权采购的风险，而且可以减少商品被盗用的风险。企业用来存放商品的仓储区应当相对独立，并对无关人员的接近加以限制。

（5）编制付款凭单

有效的订购单副联、验收单副联送至应付凭单部门时，即表示已授权应付凭单部门根据订购单上所列示的付款金额、付款日期、付款条件编制相应付款凭单。虽如此，编制付款凭单时，还需要遵循以下的编制控制：确定供应商发票的内容与相关的验收单、订购单的一致性；关注供应商发票计算的正确性；编制预先编号的付款凭单，并附订购单、验收单、供应商发票等支持性凭证；对付款凭单计算的正确性进行独立检查；在付款凭单上填入应借记的资产或费用账户名称；付款凭单应由被授权人员签字，以示批准同意按照应付凭单所列示内容支付款项。

未付凭单的档案中应保存所有未付凭单的副联，以待应付凭单上所列示的付款日期、付款条件等成熟时支付款项所用。

（6）确认与记录负债

正确确认已验收货物和已接受劳务的债务，要求准确并及时地对负债加以记录。

对于应付账款确认与记录的相关部门，一般也负有核查购置的财产、记录应付凭单登记簿或应付账款明细账的职责。应付账款部门应该在收到供应商发票时，将发票上所记载的商品品名、规格、价格、数量、付款条件及运费等与订货单上的有关资料相核对。如果有验收单，还需要与验收单上的资料进行比对。

应付账款的确认与记录还要求进行适当的职责分离，即要求记录现金支出的人员，不得经手现金、有价证券和其他资产。

（7）付款

对未付凭单的付款通常是由应付凭单部门负责确定。企业应对应付账款的款项结算方式制定相应的控制。企业最常用的是支票结算方式。对于支票结算方式，通常需要对支票的编制与签署施以下列控制：对已签发支票总额与所处理相应付款凭单总额的一致性进行独立检查；应由被授权的财务部门的人员负责签署支票；签署支票的人应对下列内容进行检查，即每张支票都附有一张已经适当批准的未付款凭单、支票的收款人姓名和金额等内容应与应付凭单内容相一致；支票一经签署，就应在相应凭单和支持性凭证上加盖印戳或打洞，以防止出现重复付款现象；不得签发无记名或者空白的支票；支票应预先连续编号，对支票的存根应保持完整性，对作废支票的处理应恰当；空白支票应专门保管，未经授权不得接近。

（8）记录现金、银行存款支出

通常，会计部门应根据已签发的支票编制付款记账凭证，并登记银行存款日记账和应付账款明细账等。

10.3.3 采购循环的控制目标

与表 10-1 相类似，可以列举出采购循环的控制目标、主要控制活动、常用控制测试，具体如表 10-2 所示。

采购循环的控制目标主要有：所记录的采购都确已收到商品或已接受劳务，并符合被审计单位的最大利益；已发生的采购业务均已记录；所记录的采购业务估价正确；采购业务的分类正确；采购业务按正确的日期记录；采购业务被正确记入应付账款和存货等明细账中，并被正确地汇总。

表 10-2 采购循环控制目标、主要控制活动和常用控制测试

控制目标	主要控制活动	常用控制测试
1. 所记录的采购都确已收到物品或已接受劳务，并符合采购方的最大利益（发生）	请购单、订货单、验收单和卖方发票一应俱全，并附在付款凭单后； 采购按正确的级别批准； 注销凭证以防止重复使用； 对卖方发票、验收单、订购单和请购单进行内部核查	查验付款凭单后是否附有完整的相关单据； 检查批准采购标记； 检查注销凭证的标记； 检查内部核查的标记
2. 已发生的采购业务均已记录（完整性）	订购单经事先连续编号并将已完成的采购业务登记入账； 验收单均事先连续编号并已登记入账； 应付凭单均经事先连续编号并已登记入账	检查订购单连续编号的完整性； 检查验收单连续编号的完整性； 检查应付凭单连续编号的完整性
3. 所记录的采购业务估价正确（准确性、计价和分摊）	内部核查计算和金额； 批准采购价格和折扣	检查内部核查的标记； 审核批准采购价格和折扣的标记
4. 采购业务的分类正确（分类）	采用适当的会计科目表； 内部核查分类情况	检查工作手册和会计科目表； 检查有关凭证上内部核查的标记
5. 采购业务按正确的日期记录（截止）	要求收到商品或接受劳务后及时记录采购交易； 内部核查	检查工作手册并观察有无未记录的卖方发票存在； 检查内部核查的标记
6. 采购业务被正确记入应付账款和存货等明细账中，并被正确汇总（准确性、计价和分摊）	对应付账款明细账内容进行内部核查	检查内部核查的标记

10.3.4 采购循环主要控制活动和控制测试

采购循环的控制测试主要围绕着三个方面：采购活动——关注授权；商品入库——关注保管；会计处理——关注记录。结合表 10-2 下面进行更详细的阐述。

（1）适当的职责分离

采购循环的职责分离最起码包括：请购与采购、询价与确定供应商、采购与验收、验收与相关的会计记录、付款审批与付款执行。

注册会计师通常通过观察有关人员的活动，以及与这些人员进行讨论，来实施职责分离的控制测试。

（2）正确的授权审批

采购循环有 4 个关键环节需要经适当的授权：请购、采购合同的订立、采购和付款。

注册会计师通过检查凭证在上述 4 个关键控制点上是否经过审批，可以很容易地测试出授权审批方面的内部控制的效果。

（3）请购与采购

引发采购的请购单，必须详细注明参考厂商、规格型号及需用日期等内容，如申请物品需采用特别运送及保存方式，应加注意事项。请购单必须经仓库保管人员等先做库存审核与审批，核准时应遵照核决权限办理。紧急采购不应经常发生，事后应补开请购单，追究原因是否为不可抗力，有无改善计划。请购单必须经主管审核批准后，方可办理采购。应定期检查请购单有无延迟采购情形，请购数量应符合经济采购量要求；请购单应事先连续编号；询价资料平日应注意收集，须翔实完备，保持最新时效；供应商资料也应随时更新，保持正确记录；办理比价、议价、招标等应制定有相应的内部控制制度。重要采购合同签订前，须由法律专家查核；大量采购的主料、辅料、包装材料，以合同采购为原则，并应保持两家同时供应，以免受到供货品质限制，影响生产；订购单应事先连续编号；外购进度应依预定采购程序加以跟踪。对于市场上各项原物料供应可能出现大幅变化时，应当通知有关部门，以便事先联系；报告审核后，立即采取应变措施。

注册会计师的控制测试程序通常是清点各种凭证。这种测试程序可同时提供有关真实性和完整性目标的证据。

（4）验收

验收作业应依照检验规范办理。原物料验收时，必须会同验收部门与采购部门办理，并与订购单相符。卖方发票上的原物料名称、规格、数量、金额与送货单或验收单必须相符。不合格的原物料应通知采购部门予以退回或扣款。

注册会计师主要通过检查付款凭单与订购单、验收单是否相符来实施控制测试。

（5）付款

付款手续应在支付凭单经审核后，并经会计人员编制付款凭证后才能开始。出纳付款时，应核对付款凭证上的金额数目，领款人身份证与印鉴必须相符；如有疑问，应于查询后才能支付。出纳人员支付各项货款及费用，支票及现款均应交给收款人或供应商，其他人员不得代领；如因特殊原因必须代领者，应经主管核准。已付款原始凭证应盖付讫章，并应有领款人签章，以免重复付款或冒领情形发生。领款日期与记账日期相隔期较长的，应查明原因。

注册会计师主要通过检查付款凭证与订购单、验收单是否相符来实施控制测试。

10.4 生产与存货循环的控制测试

10.4.1 生产与存货循环简介

生产与存货涉及的资产负债表项目主要是存货，涉及的利润表项目主要是营业成本。

生产与存货循环的主要业务活动为：计划和安排生产、发出原材料、生产产品、核算产品成本、储存产成品、发出产成品等。生产与存货循环涉及的主要凭证有以下几种。

（1）生产指令

生产指令又称“生产任务通知单”或“生产通知单”，是企业下达制造产品等生产任务的书面文件，用以通知供应部门组织材料发放，生产车间组织产品制造，会计部门组织成本计算。广义的生产指令也包括用于指导产品加工的工艺规程，如机械加工企业的“路线图”等。

（2）领发料凭证

领发料凭证是企业为控制材料发出所采用的各种凭证，如材料发出汇总表、领料单、限额领料单、领料登记簿、退料单等。

（3）产量和工时记录

产量和工时记录是登记工人或生产班组在出勤时间内完成产品数量、质量和生产这些产品所耗费工时数量的原始记录。产量和工时记录的内容与格式是多种多样的，在不同的生产企业中，甚至在同一企业的不同生产车间中，由于生产类型不同而采用不同格式的产量和工时记录。常见的产量和工时记录主要有工作通知单、工序进程单、工作班产量报告、产量通知单、产量明细表、废品通知单等。

（4）工薪汇总表及工薪费用分配表

工薪汇总表是为了反映企业全部工薪的结算情况，并据以进行工薪总分类核算和汇总整个企业工薪费用而编制的，它是企业进行工薪费用分配的依据。工薪费用分配表反映了各生产车间各产品应负担的生产工人工薪及福利费。

（5）材料费用分配表

材料费用分配表是用来汇总反映各生产车间各产品所耗费的材料费用的原始记录。

（6）制造费用分配汇总表

制造费用分配汇总表是用来汇总反映各生产车间各产品所应负担的制造费用的原始记录。

（7）成本计算单

成本计算单是用来归集某一成本计算对象所应承担的生产费用，计算该成本计算对象的总成本和单位成本的记录。

（8）存货明细账

存货明细账是用来反映各种存货增减变动情况和期末库存数量及相关成本信息的会计记录。

10.4.2 生产与存货循环的控制目标

生产与存货循环的控制目标主要有：生产业务是根据管理层一般或特定的授权进行的（发生）；记录的成本为实际发生的而非虚构的（发生）；所有耗费和物化劳动均已反映在成本中（完整性）；成本以正确的金额，在恰当的会计期间及时记录于适当的账户（发生、完整性、准确性、计价和分摊）；对存货实施保护措施，保管人员与记录、批准人员相互独立（存在、完整性）；账面存货与实际存货定期核对相符（存在、完整性、计价和分摊）。

10.4.3 生产与存货循环的控制活动和控制测试

生产与存货循环的控制测试主要围绕着四个方面：领料活动、组织生产、产成品入库、产成品出库。详细地讲，则主要体现在以下几个方面。

（1）适当的职责分离

职责分离包括：请购部门与采购部门分离；验收部门与采购部门分离；条件允许时，验收部门与仓储部门分离。

注册会计师通常通过观察部门设置及有关人员的活动，来实施职责分离的控制测试。

（2）正确的授权审批

仓库人员请购时，请购应经仓库主管人员的审批。

注册会计师通过检查有关原始凭证上是否经过审批，测试授权审批的效果。

（3）入库控制

物品入库时，无论是原材料还是产成品，均应办妥入库手续。原材料入库检验时，应检查原材料的名称、规格、数量及品质与原订货单是否相符。

注册会计师通过检查相关原始凭证是否粘有附件，并核对相关凭证上的信息是否相符来实施控制测试。

（4）生产计划与领料控制

应考虑销售业务状况，适当地调整、安排生产计划；生产计划如有缺失，应及时检讨修正。原材料、人工均应安排妥当；领料时必须有领料单，同时经有权主管盖章后，仓库才能发货，并在领料单上加盖“发讫”戳记，同时过入账册；领料单应连续编号，空白单据及作废单据亦应保存；领料单上如有更改，应经主管签章；领料量异常时，应追查原因；退料入库时，应办理退料手续，点收后应分别存储并登记入账。

注册会计师通常通过观察有关人员的活动，并与这些人员进行讨论或实施穿行测试来对相关控制活动的有效性实施测试。

（5）生产过程及质量管理控制

经常检查工作人员的工作方法、使用的机器设备与工具等，是否均依照规定设计程序进行；对于设计程序不合理的，应随时改正，以提高工作效率；生产过程必须加以控制，尽量做到全面管制；对于突发状况，应有妥善处理办法；实际生产与计划是否相符，如有差异，应追查原因，拟定处理对策；生产异常时应立即反映；质量管理绩效应列入记录，作为各部门人员考核奖惩的依据。

注册会计师可能通过观察、询问等方法对这一过程的控制活动的健全性与有效性进行测试。

（6）原材料及人工成本控制

原材料及人工的使用应当经济合理，工作方法及机器设备与工具都应有具体规划；生产制造的各种进度与成本必须详加记录；成本的计算方法及程序必须合乎规定；材料的计价应按照规定办理；人工的记录及计算必须依据一定标准；制造费用的分摊应符合规定；成本计算基础前后必须一致。

注册会计师可能通过检查相关记录是否相符等方法对控制活动进行测试。

（7）实物控制

仓储管理必须配合各期的销售及生产计划，使材料与物料的储存经常保持至安全存量，同时能随时供应生产。各种原物料、半成品、制成品均应编号，分类编号的原则为：简单、弹性、完整、单一，物品储存，应依类别分设料架，并分格编号，以利存取。库房安全设施必须完善，同时应办理保险。易燃、有毒的危险材料，应与其他材料隔离储存。

注册会计师可能通过观察、询问、检查等方法对存货的实物控制的有效性进行测试。

10.5　货币资金的控制测试

10.5.1　货币资金与交易循环简介

货币资金与交易涉及的资产负债表项目主要是货币资金（包括银行存款、库存现金和其他货币资金）、存货、预付款项、应付职工薪酬、短（长）期借款等，涉及的利润表项目主要是主营业务收入。

货币资金审计涉及的凭证和会计记录主要有：现金盘点表、银行对账单、银行存款余额调节表、有关科目的记账凭证、有关会计账簿。

10.5.2　库存现金控制活动和控制测试

由于现金是企业流动性最强的资产，加强现金管理对于保护企业资产安全完整、维护社会经济秩序具有重要的意义。在良好的现金内部控制下，企业的现金收支记录应及时、准确、完整；全部现金支出均按经批准的用途进行；现金得以安全保管。一般而言，一个良好的现金内部控制应该做到以下几点。

① 现金收支与记账的岗位分离。

② 现金收支要有合理、合法的凭据。

③ 全部收入及时准确入账，全部支出要有核准手续。

④ 控制现金坐支，当日收入现金应及时送存银行。

⑤ 按月盘点现金，做到账实相符。

⑥ 加强对现金收支业务的内部审计。

库存现金内部控制的测试主要包括以下几个方面。

① 了解现金内部控制。

② 抽取并检查收款凭证。

③ 抽取并检查付款凭证。

④ 抽取一定期间的库存现金日记账与总账核对。

⑤ 检查外币现金的折算方法是否符合有关规定，是否与上年度一致。

⑥ 评价库存现金的内部控制。

3. 银行存款控制活动和控制测试

一般而言，一个良好的银行存款的内部控制同现金的内部控制一样，也应做到以下几点。

① 银行存款收支与记账的岗位分离。

② 银行存款收支要有合理、合法的凭据。

③ 全部收支及时准确入账，全部支出要有核准手续。

④ 按月编制银行存款余额调节表，做到账实相符。

⑤ 加强对银行存款收支业务的内部审计。

银行存款内部控制的测试主要包括以下几个方面。

① 了解银行存款的内部控制。

② 抽取并检查银行存款收款凭证。

③ 抽取并检查银行存款付款凭证。

④ 抽取一定期间的银行存款日记账与总账核对。

⑤ 抽取一定期间的银行存款余额调节表。

⑥ 检查外币银行存款的折算方法是否符合有关规定，是否与上年度一致。

⑦ 评价银行存款的内部控制。

10.6 审计抽样及其在控制测试中的应用

10.6.1 审计抽样概述

1. 审计抽样的含义与类型

审计抽样是指注册会计师对某类交易或账户余额中低于百分之百的项目实施审计程序，使所有抽样单元都有被选取的机会。这使注册会计师能够获取和评价与被选取项目的某些特征有关的审计证据，以形成或帮助形成对从中抽取样本的总体的结论。其中，抽样单元是指构成总体的个体项目。总体是指注册会计师从中选取样本并据此得出结论的整套数据。总体可分为多个层或子总体，每一层或子总体可分别予以检查。

当控制的运行留下轨迹时，注册会计师可以考虑使用审计抽样实施控制测试。实质性程序包括对各类交易、账户余额和披露的细节测试，以及实质性分析程序。在实施细节测试时，注册会计师可以使用审计抽样获取审计证据，以验证有关财务报表金额的一项或多项认定（如应收账款的存在性），或对某些金额做出独立估计（如陈旧存货的价值）。在实施实质性分析程序时，注册会计师不宜使用审计抽样。

在对某类交易或账户余额使用审计抽样时，注册会计师可以使用统计抽样方法，也可以使用非统计抽样方法。统计抽样是指同时具备下列特征的抽样方法：随机选取样本；运用概率论评价样本结果，包括计量抽样风险。统计抽样的样本必须具有这两个特征，不同时具备上述两个特征的抽样方法称为非统计抽样。在审计中，注册会计师应当根据具体情况并运用职业判断，确定使用统计抽样或非统计抽样方法，以便最有效率地获取审计证据。例如，在控制测试中，与仅仅对偏差的发生进行定量分析相比，对偏差的性质和原因进行定性分析通常更为重要。在这种情况下，使用非统计抽样可能更为适当。

2. 审计抽样对审计风险的影响

使用审计抽样时，审计风险可能受到抽样风险和非抽样风险的影响。

1）抽样风险

抽样风险是指注册会计师根据样本得出的结论，与对总体全部项目实施与样本同样的审计程序得出的结论存在差异的可能性。

抽样风险分为下列两种类型。

① 在实施控制测试时，注册会计师推断的控制有效性高于其实际有效性的风险（信赖过度风险）；或在实施细节测试时，注册会计师推断某一重大错报不存在而实际上存在的风险（误受风险）。此类风险影响审计的效果，并可能导致注册会计师发表不恰当的审计意见。

② 在实施控制测试时，注册会计师推断的控制有效性低于其实际有效性的风险（信赖不足风险）；或在实施细节测试时，注册会计师推断某一重大错报存在而实际上不存在的风险（误拒风险）。此类风险影响审计的效率。

对特定样本而言，抽样风险与样本规模呈反方向变动：样本规模越小，抽样风险越大；样本规模越大，抽样风险越小。无论是控制测试还是细节测试，注册会计师都可以通过扩大样本规模降低抽样风险。

2）非抽样风险

非抽样风险是指由于某些与样本规模无关的因素而导致注册会计师得出错误结论的可能性。注册会计师即使对某类交易或账户余额的所有项目实施某种审计程序，也可能仍未能发现重大错报或控制失效。

在审计过程中，可能导致非抽样风险的原因包括下列情况。

① 注册会计师选择的总体不适合于测试目标。

② 注册会计师未能适当地定义控制偏差或错报，导致注册会计师未能发现样本中存在的偏差或错报。

③ 注册会计师选择了不适于实现特定目标的审计程序。例如，注册会计师依赖应收账款函证来揭露未入账的应收账款。

④ 注册会计师未能适当地评价审计发现的情况。例如，注册会计师错误地解读审计证据可能导致没有发现误差。注册会计师对所发现误差的重要性的判断有误，从而忽略了性质十分重要的误差，也可能导致得出不恰当的结论。

⑤ 其他原因。

非抽样风险是由人为错误造成的，因而可以降低、消除或防范。虽然在任何一种抽样方法中注册会计师都不能量化非抽样风险，但通过采取适当的质量控制政策和程序，对审计工作进行适当的指导、监督和复核，以及对注册会计师实务的适当改进，可以将非抽样风险降至可以接受的水平。注册会计师也可以通过仔细设计其审计程序，尽量降低非抽样风险。

3）对审计风险的影响

审计过程中存在的抽样风险和非抽样风险可能影响重大错报风险的评估和检查风险的确定。例如，在控制测试中，当总体实际偏差率非常高时，如果注册会计师由于实施了不适当的审计程序而未能发现样本中的错误，重大错报风险评估水平就会受到非抽样风险的影响；

如果注册会计师实施了适当的审计程序而在样本中未发现偏差或仅发现少量偏差，并做出控制运行有效的结论，重大错报风险评估水平则会受到抽样风险的影响。又如，在细节测试中，如果注册会计师实施了不适当的分析程序而得出错误的结论，检查风险水平就会受到非抽样风险的影响；如果当总体实际错报高于可容忍错报时，注册会计师在细节测试的样本中只发现了很小的错报，导致得出错误的结论，检查风险水平就会受到抽样风险的影响。

10.6.2 审计抽样的主要步骤

1. 样本设计

在设计审计样本时，注册会计师应当考虑审计程序的目标和抽样总体的属性。在实施抽样之前，注册会计师必须仔细定义总体，确定抽样总体的范围。总体可以包括构成某类交易或账户余额的所有项目，也可以只包括某类交易或账户余额中的部分项目。注册会计师所定义的总体应具备下列两个特征：适当性，注册会计师应确定总体适合于特定的审计目标，包括适合于测试的方向；完整性，注册会计师应当从总体项目内容和涉及时间等方面确定总体的完整性。

如果总体项目存在重大的变异性，注册会计师应当考虑分层。分层是指将一个总体划分为多个子总体的过程，每个子总体由一组具有相同特征（通常为货币金额）的抽样单元组成。分层可以降低每一层中项目的变异性，从而在抽样风险没有成比例增加的前提下减小样本规模。注册会计师可以考虑将总体分为若干个不交叉的具有识别特征的子总体（层），以提高审计效率。注册会计师应当仔细界定子总体，以使每一抽样单元只能属于一个层。

2. 确定样本规模

样本规模是指从总体中选取样本项目的数量。在确定样本规模时，注册会计师应当考虑能否将抽样风险降至可接受的低水平。影响样本规模的因素如下。

（1）可接受的抽样风险

样本规模受注册会计师可接受的抽样风险水平的影响。可接受的抽样风险与样本规模成反比。注册会计师愿意接受的抽样风险越低，样本规模通常越大；注册会计师愿意接受的抽样风险越高，样本规模越小。

（2）可容忍误差

可容忍误差是指注册会计师能够容忍的最大误差。在其他因素既定的条件下，可容忍误差越大，所需的样本规模越小。

（3）预计总体误差

预计总体误差即注册会计师预期在审计过程中发现的误差。预计总体误差越大，可容忍误差也应当越大。在既定的可容忍误差下，当预计总体误差增加时，所需的样本规模更大。

（4）总体变异性

总体变异性是指总体的某一特征（如金额）在各项目之间的差异程度。在控制测试中，注册会计师在确定样本规模时一般不考虑总体变异性。在细节测试中，注册会计师确定适当的样本规模时要考虑特征的变异性。总体项目的变异性越低，通常样本规模越小。注册会计师可以通过分层，将总体分为相对同质的组，以尽可能降低每一组中变异性的影响，从而减小样本规模。

（5）总体规模

除非总体非常小，一般而言总体规模对样本规模的影响几乎为零。注册会计师通常将抽样单元超过 5 000 个的总体视为大规模总体。对大规模总体而言，总体的实际容量对样本规模几乎没有影响。对小规模总体而言，审计抽样比其他选择测试项目的方法的效率低。

表 10-3 列示了审计抽样中影响样本规模的因素，并分别说明了这些影响因素在控制测试和细节测试中的表现形式。

表 10-3　影响样本规模的因素

影响因素	控制测试	细节测试	与样本规模的关系
可接受的抽样风险	可接受的信赖过度风险	可接受的误受风险	反向变动
可容忍误差	可容忍偏差率	可容忍错报	反向变动
预计总体误差	预计总体偏差率	预计总体错报	同向变动
总体变异性	—	总体变异性	同向变动
总体规模	总体规模	总体规模	影响很小

使用统计抽样方法时，注册会计师必须对影响样本规模的因素进行量化，并利用根据统计公式开发的专门的计算机程序或专门的样本量表来确定样本规模。在非统计抽样中，注册会计师可以只对影响样本规模的因素进行定性的估计，并运用职业判断确定样本规模。

3. 选取样本

在选取样本项目时，注册会计师应当使总体中的所有抽样单元均有被选取的机会。选取样本的基本方法包括使用随机数表或计算机辅助审计技术选样、系统选样和随意选样。

（1）使用随机数表或计算机辅助审计技术选样

使用随机数表或计算机辅助审计技术选样又称随机数选样。使用随机数选样需以总体中的每一项目都有不同的编号为前提。注册会计师可以使用计算机生成的随机数，如电子表格程序、随机数码生成程序、通用审计软件程序等计算机程序产生的随机数，也可以使用随机数表获得所需的随机数。

随机数是一组从长期来看出现概率相同的数码，且不会产生可识别的模式。随机数表也称乱数表，它是由随机生成的从 0 到 9 十个数字所组成的数表，每个数字在表中出现的次数是大致相同的，它们出现在表上的顺序是随机的。表 10-4 就是 5 位随机数表的一部分。应用随机数表选样的步骤如下。

表 10-4　随 机 数 表

行＼列	1	2	3	4	5	6	7	8	9	10
1	32044	69037	29655	92114	81034	40582	01584	77184	85762	46505
2	23821	96070	82592	81642	08971	07411	09037	81530	56195	98425
3	82383	94987	66441	28677	95961	78346	37916	09416	42438	48432
4	68310	21792	71635	86089	38157	95620	96718	79554	50209	17705
5	94856	76940	22165	01414	01413	37231	05509	37489	56459	52983
6	95000	61958	83430	98250	70030	05436	74814	45978	09277	13827
7	20764	64638	11359	32556	89822	02713	81293	52970	25080	33555
8	71401	17964	50940	95753	34905	93566	36318	79530	51105	26952
9	38464	75707	16750	61371	01523	69205	32122	03436	14489	02086
10	59442	59247	74955	82835	98378	83513	47870	20795	01352	89906

① 对总体项目进行编号，建立总体中的项目与表中数字的一一对应关系。一般情况下，编号可利用总体项目中原有的某些编号，如凭证号、支票号、发票号等。在没有事先编号的情况下，注册会计师需按一定的方法进行编号。例如，由40页、每页50行组成的应收账款明细表，可采用4位数字编号，前两位由01到40的整数组成，表示该记录在明细表中的页数，后两位数字由01到50的整数组成，表示该记录的行次，这样编号0534表示第5页第34行的记录。所需使用的随机数的位数一般由总体项目数或编号位数决定。如前例中可采用4位随机数表，也可以使用5位随机数表的前4位数字或后4位数字。

② 确定连续选取随机数的方法。即从随机数表中选择一个随机起点和一个选号路线，随机起点和选号路线可以任意选择，但一经选定就不得改变。从随机数表中任选一行或任何一栏开始，按照一定的方向（上下左右均可）依次查找符合总体项目编号要求的数字，即为选中的号码，与此号码相对应的总体项目即为选取的样本项目，一直到选足所需的样本量为止。例如，从前述应收账款明细表的2 000个记录中选择10个样本，总体编号规则如前所述，即前两位数字不能超过40，后两位数字不能超过50。从表10-4第一行第一列开始，使用前4位随机数，逐行向右查找，则选中的样本编号为3204、0741、0903、0941、3815、2216、0141、3723、0550、3748的10个记录。

随机数选样不仅使总体中每个抽样单元被选取的概率相等，而且使相同数量的抽样单元组成的每种组合被选取的概率相等。这种方法在统计抽样和非统计抽样中均适用。由于统计抽样要求注册会计师能够计量实际样本被选取的概率，这种方法尤其适合于统计抽样。

（2）系统选样

系统选样也称等距选样，是指按照相同的间隔从审计对象总体中等距离地选取样本的一种选择方法。采用系统选样法，首先要计算选样间距，确定选样起点，然后再根据间距顺序地选取样本。选样间距的计算公式如下。

$$选样间距=总体规模/样本规模$$

例如，如果销售发票的总体范围是652～3 151，设定的样本量是125，那么选样间距为20[(3 152－652)/125]。注册会计师必须从0到19中选取一个随机数作为抽样起点。如果随机选择的数码是9，那么第一个样本项目是发票号码为661(652＋9)的那一张，其余的124个项目是681(661＋20)，701(681＋20)……以此类推，直至第3141号。

系统选样方法的主要优点是使用方便，比其他选样方法节省时间，并可用于无限总体。此外，使用这种方法时，对总体中的项目不需要编号，注册会计师只要简单数出每一个间距即可。但是，使用系统选样方法要求总体必须是随机排列的，否则容易发生较大的偏差，造成非随机的、不具代表性的样本。如果测试项目的特征在总体内的分布具有某种规律性，则选择的样本的代表性就可能较差。例如，应收账款明细表每页的记录均以账龄的长短按先后次序排列，则选中的200个样本可能多数是账龄相同的记录。

克服系统选样的这一缺点，可采用两种办法：一是增加随机起点的个数；二是在确定选样方法之前对总体特征的分布进行观察。如果发现总体特征的分布呈随机分布，则采用系统选样法；否则，可考虑使用其他选样方法。

系统选样可以在非统计抽样中使用，在总体随机分布时也可适用于统计抽样。

（3）随意选样

随意选样也叫任意选样，是指注册会计师不带任何偏见地选取样本，即注册会计师不考虑样本项目的性质、大小、外观、位置或其他特征而选取总体项目。随意选样的主要缺点在于很难完全无偏见地选取样本项目。例如，从发票柜中取发票时，某些注册会计师可能倾向于抽取柜子中间位置的发票，这样就会使柜子上面部分和下面部分的发票缺乏相等的选取机会。因此，在运用随意选样方法时，注册会计师要避免由于项目性质、大小、外观和位置等的不同所引起的偏见，尽量使所选取的样本具有代表性。

三种基本方法均可选出代表性样本。但随机数选样和系统选样属于随机基础选样方法，即对总体的所有项目按随机规则选取样本，因而可以在统计抽样中使用，当然也可以在非统计抽样中使用。而随意选样虽然也可以选出代表性样本，但它属于非随机基础选样方法，因而不能在统计抽样中使用，只能在非统计抽样中使用。

4. 对样本实施审计程序

注册会计师应当针对选取的每个项目，实施适合于具体审计目标的审计程序。对选取的样本项目实施审计程序旨在发现并记录样本中存在的误差。

如果选取的项目不适合实施审计程序，注册会计师通常使用替代项目。例如，注册会计师在测试付款是否得到授权时选取的付款单据中可能包括一个空白的付款单。如果注册会计师确信该空白付款单是合理的且不构成误差，可以适当选择一个替代项目进行检查。

注册会计师通常对每一样本项目实施适合于特定审计目标的审计程序。有时，注册会计师可能无法对选取的抽样单元实施计划的审计程序（如由于原始单据丢失等原因）。注册会计师对未检查项目的处理取决于未检查项目对评价样本结果的影响。如果注册会计师对样本结果的评价不会因为未检查项目可能存在错报而改变，就不需对这些项目进行检查。如果未检查项目可能存在的错报会导致该类交易或账户余额存在重大错报，注册会计师就要考虑实施替代程序，为形成结论提供充分的证据。例如，对应收账款的积极式函证没有收到回函时，注册会计师必须审查期后收款的情况，以证实应收账款的余额。注册会计师也要考虑无法对这些项目实施检查的原因是否会影响计划的重大错报风险评估水平或对舞弊风险的评估。如果注册会计师无法或者没有执行替代审计程序，则应将该项目视为一项误差。

5. 评价样本结果

（1）分析样本误差

注册会计师应当考虑样本的结果、已识别的所有误差的性质和原因及其对具体审计目标和审计的其他方面可能产生的影响。

（2）推断总体误差

在实施控制测试时，由于样本偏差率就是注册会计师对总体偏差率的最佳估计，因而无须另外推断总体偏差率，但注册会计师必须考虑抽样风险。

当实施细节测试时，注册会计师应当根据样本中发现的错报金额推断总体错报金额，并考虑推断错报对特定审计目标及审计的其他方面的影响。

（3）形成审计结论

注册会计师应当评价样本结果，以确定对总体相关特征的评估是否得到证实或需要修正。

10.6.3 控制测试中抽样技术的运用

1. 抽样的基本概念在控制测试中的具体表现

1）确定样本规模

控制测试中的抽样风险包括信赖过度风险和信赖不足风险。信赖过度风险是指推断的控制有效性高于其实际有效性的风险。信赖过度风险与审计的效果有关。如果注册会计师评估的控制有效性高于其实际有效性，从而导致评估的重大错报风险水平偏低，注册会计师可能不适当地减少从实质性程序中获取的证据，因此审计的有效性下降。对于注册会计师而言，信赖过度风险更容易导致注册会计师发表不恰当的审计意见，因而更应予以关注。相反，信赖不足风险是指推断的控制有效性低于其实际有效性的风险。信赖不足风险与审计的效率有关。当注册会计师评估的控制有效性低于其实际有效性时，评估的重大错报风险水平偏高。为了弥补注册会计师根据评估的控制有效性而对重大错报风险评估的高水平，注册会计师可能会增加不必要的实质性程序。在这种情况下，审计效率可能降低。

可接受的抽样风险在控制测试中主要是指可接受的信赖过度风险。可接受的信赖过度风险与样本规模成反比。注册会计师愿意接受的信赖过度风险越低，样本规模通常越大；注册会计师愿意接受的信赖过度风险越高，样本规模越小。控制测试中选取的样本旨在提供关于控制运行有效性的证据。由于控制测试是控制是否有效运行的主要证据来源，因此可接受的信赖过度风险应确定在相对较低的水平上。通常，相对较低的水平在数量上是指5%～10%的信赖过度风险。在实务中，一般的测试是将信赖过度风险确定为10%。

可容忍误差在控制测试中表现为可容忍偏差率。可容忍偏差率是指注册会计师在不改变其计划评估的控制有效性，从而不改变其计划评估的重大错报风险水平的前提下，愿意接受的对于设定控制的最大偏差率。在确定可容忍偏差率时，注册会计师应考虑计划评估的控制有效性。一个很高的可容忍偏差率通常意味着控制的运行不会大大降低相关实质性测试的程度。在这种情况下，由于注册会计师预期控制运行的有效性很低，特定的控制测试可能不需进行；反之，如果注册会计师在评估认定层次重大错报风险时预期控制的运行是有效的，注册会计师必须实施控制测试。换言之，注册会计师在风险评估时越依赖控制运行的有效性，确定的可容忍偏差率越低，进行控制测试的范围越大，因而样本规模增加。

预计总体误差在控制测试中是指预计总体偏差率。

2）评价样本结果

在控制测试中，注册会计师应当将总体偏差率与可容忍偏差率进行比较，但必须考虑抽样风险。

（1）统计抽样

在统计抽样中，注册会计师通常使用表格或计算机程序计算抽样风险。用以评价抽样结果的大多数计算机程序都能根据样本规模、样本结果，计算在注册会计师确定的信赖过度风险条件下可能发生的偏差率上限的估计值。该偏差率上限的估计值即总体偏差率与抽样风险允许限度之和。

如果估计的总体偏差率上限低于可容忍偏差率，则总体可以接受。这时注册会计师对总体做出结论：样本结果支持计划评估的控制有效性，从而支持计划的重大错报风险评估水平。如果估计的总体偏差率上限大于或等于可容忍偏差率，则总体不能接受。这时注册会计师对总体做出结论：样本结果不支持计划评估的控制有效性，从而不支持计划的重大错报风险评估水平。此时注册会计师应当修正重大错报风险评估水平，并增加实质性程序的数量。注册会计师也可以对影响重大错报风险评估水平的其他控制进行测试，以支持计划的重大错报风险评估水平。

如果估计的总体偏差率上限低于但接近可容忍偏差率，注册会计师应当结合其他审计程序的结果，考虑是否接受总体，并考虑是否需要扩大测试范围，以进一步证实计划评估的控制有效性和重大错报风险水平。

(2) 非统计抽样

在非统计抽样中，抽样风险无法直接计量。注册会计师通常将样本偏差率（即估计的总体偏差率）与可容忍偏差率相比较，以判断总体是否可以接受。

如果样本偏差率大于可容忍偏差率，则总体不能接受。这时注册会计师对总体做出结论：样本结果不支持计划评估的控制有效性，从而不支持计划的重大错报风险评估水平。因此，注册会计师应当修正重大错报风险评估水平，并增加实质性程序的数量。注册会计师也可以对影响重大错报风险评估水平的其他控制进行测试，以支持计划的重大错报风险评估水平。

如果样本偏差率低于总体的可容忍偏差率，注册会计师要考虑即使总体实际偏差率高于可容忍偏差率时仍出现这种结果的风险。如果样本偏差率大大低于可容忍偏差率，注册会计师通常认为总体可以接受。如果样本偏差率虽然低于可容忍偏差率，但两者很接近，注册会计师通常认为总体实际偏差率高于可容忍偏差率的抽样风险很高，因而总体不可接受。如果样本偏差率与可容忍偏差率之间的差额不是很大也不是很小，以至于不能认定总体是否可以接受时，注册会计师则要考虑扩大样本规模，以进一步收集证据。

2. 控制测试中运用的常用抽样方法

实施控制测试时，注册会计师可能使用统计抽样方法，也可能使用非统计抽样方法。注册会计师在统计抽样中通常使用的抽样方法有 3 种：固定样本量抽样、停-走抽样和发现抽样。

1) 固定样本量抽样

在固定样本量抽样中，注册会计师对一个确定规模的样本实施检查，且等到某一确定规模的样本全部选取、审查完以后，才做出审计结论。

(1) 确定样本规模

① 使用统计公式计算样本规模。

在基于泊松分布的统计模型中，样本量的计算公式如下。

$$\text{样本量}(n)=\frac{\text{可接受的信赖过度风险系数}(R)}{\text{可容忍偏差率}(\mathrm{TR})}$$

其中，“可接受的信赖过度风险系数”取决于特定的信赖过度风险和预期将出现的偏差的个数，它可在泊松分布表中查得。表 10-5 列示了控制测试中常用的风险系数。

表 10-5 控制测试中常用的风险系数

预期发生偏差的数量	信赖过度风险	
	5%	10%
0	3.0	2.3
1	4.8	3.9
2	6.3	5.3
3	7.8	6.7
4	9.2	8.0
5	10.5	9.3
6	11.9	10.6
7	13.2	11.8

续表

预期发生偏差的数量	信赖过度风险	
	5%	10%
8	14.5	13.0
9	15.7	14.2
10	17.0	15.4

在本例中，注册会计师确定的可容忍信赖过度风险为10%，可容忍偏差率为7%，并预期至多发现一例偏差。应用公式可计算出所需的样本量为56，计算如下。

$$n=\frac{R}{\text{TR}}=\frac{\text{可接受的信赖过度风险系数}}{\text{可容忍偏差率}}=\frac{3.9}{0.07}=56$$

其中的风险系数3.9是根据预期的偏差1、信赖过度风险10%，从表10-5中查得的。

② 使用样本量表确定样本规模。

表10-6提供了在控制测试中确定的可接受信赖过度风险为10%时所使用的样本量表。如果注册会计师需要其他信赖过度风险水平的抽样规模，必须使用其他统计抽样参考资料中的表格或计算机程序。

表10-6 控制测试中统计抽样样本规模

——信赖过度风险为10%

（括号内是可接受的偏差数）

预计总体偏差率/%	可容忍偏差率 2%	3%	4%	5%	6%	7%	8%	9%	10%	15%	20%
0.00	114 (0)	76 (0)	57 (0)	45 (0)	38 (0)	32 (0)	28 (0)	25 (0)	22 (0)	15 (0)	11 (0)
0.25	194 (1)	129 (1)	96 (1)	77 (1)	64 (1)	55 (1)	48 (1)	42 (1)	38 (1)	25 (1)	18 (1)
0.50	194 (1)	129 (1)	96 (1)	77 (1)	64 (1)	55 (1)	48 (1)	42 (1)	38 (1)	25 (1)	18 (1)
0.75	265 (2)	129 (1)	96 (1)	77 (1)	64 (1)	55 (1)	48 (1)	42 (1)	38 (1)	25 (1)	18 (1)
1.00	*	176 (2)	96 (1)	77 (1)	64 (1)	55 (1)	48 (1)	42 (1)	38 (1)	25 (1)	18 (1)
1.25	*	221 (3)	132 (2)	77 (1)	64 (1)	55 (1)	48 (1)	42 (1)	38 (1)	25 (1)	18 (1)
1.50	*	*	132 (2)	105 (2)	64 (1)	55 (1)	48 (1)	42 (1)	38 (1)	25 (1)	18 (1)
1.75	*	*	166 (3)	105 (2)	88 (2)	55 (1)	48 (1)	42 (1)	38 (1)	25 (1)	18 (1)
2.00	*	*	198 (4)	132 (3)	88 (2)	75 (2)	48 (1)	42 (1)	38 (1)	25 (1)	18 (1)
2.25	*	*	*	132 (3)	88 (2)	75 (2)	65 (2)	42 (2)	38 (2)	25 (1)	18 (1)
2.50	*	*	*	166 (3)	110 (3)	75 (2)	65 (2)	58 (2)	38 (1)	25 (1)	18 (1)
2.75	*	*	*	209 (6)	132 (4)	94 (3)	65 (2)	58 (2)	52 (2)	25 (1)	18 (1)
3.00	*	*	*	*	132 (4)	94 (3)	65 (2)	58 (2)	52 (2)	25 (1)	18 (1)
3.25	*	*	*	*	153 (5)	113 (4)	82 (3)	58 (2)	52 (2)	25 (1)	18 (1)
3.50	*	*	*	*	194 (7)	113 (4)	82 (3)	73 (3)	52 (2)	25 (1)	18 (1)
3.75	*	*	*	*	*	131 (5)	98 (4)	73 (3)	52 (2)	25 (1)	18 (1)
4.00	*	*	*	*	*	149 (6)	98 (4)	73 (3)	65 (3)	25 (1)	18 (1)
5.00	*	*	*	*	*	*	160 (8)	115 (6)	78 (4)	34 (2)	18 (1)
6.00	*	*	*	*	*	*	*	182 (11)	116 (7)	43 (3)	25 (2)
7.00	*	*	*	*	*	*	*	*	199 (14)	52 (4)	25 (2)

*：样本规模太大，因而在多数情况下不符合成本效益原则。

注：本表假设总体为大总体。

来源：AICPA Audit and Accounting Guide：Audit Sampling（2005）。

注册会计师根据可接受的信赖过度风险选择相应的抽样规模表，然后读取预计总体偏差率栏找到适当的比率。接下来注册会计师确定与可容忍偏差率对应的列。可容忍偏差率所在列与预计总体偏差率所在行的交点就是所需的样本规模。本例中，注册会计师确定的可接受信赖过度风险为10%，可容忍偏差率为7%，预计总体偏差率为1.75%。在信赖过度风险为10%时所使用的表10-6中，7%可容忍偏差率与1.75%预计总体偏差率的交叉处为55，即所需的样本规模为55。

（2）推断总体误差

① 计算总体偏差率。将样本中发现的偏差数量除以样本规模，就计算出样本偏差率。样本偏差率就是注册会计师对总体偏差率的最佳估计，因而在控制测试中不需要另外推断总体偏差率，但注册会计师还必须考虑抽样风险。

② 考虑抽样风险。在实务中，注册会计师使用统计抽样方法时通常使用公式、表格或计算机程序直接计算在确定的信赖过度风险水平下可能发生的偏差率上限，即估计的总体偏差率与抽样风险允许限度之和。

第一，使用统计公式评价样本结果。假定本例中，注册会计师对56个项目实施了既定的审计程序，且未发现偏差，则在既定的可接受信赖过度风险下，根据样本结果计算总体最大偏差率如下。

$$\text{总体偏差率上限(MDR)}=\frac{R}{n}=\frac{\text{风险系数}}{\text{样本量}}=\frac{2.3}{56}=4.1\%$$

其中，风险系数根据可接受的信赖过度风险为10%，且偏差数量为0，在表10-5中查得为2.3。这意味着，如果样本量为56且无一例偏差，总体实际偏差率超过4.1%的风险为10%，即有90%的把握保证总体实际偏差率不超过4.1%。由于注册会计师确定的可容忍偏差率为7%，因此可以得出结论：总体的实际偏差率超过可容忍偏差率的风险很小，总体可以接受。也就是说，样本结果证实注册会计师对控制运行有效性的估计和评估的重大错报风险水平是适当的。

如果在56个样本中有两个偏差，则在既定的可接受信赖过度风险下，按照公式计算的总体偏差率上限如下。

$$\text{总体偏差率上限（MDR）}=\frac{R}{n}=\frac{\text{风险系数}}{\text{样本量}}=\frac{5.3}{56}=9.5\%$$

这意味着，如果样本量为56且有两个偏差，总体实际偏差率超过9.5%的风险为10%。在可容忍偏差率为7%的情况下，注册会计师可以得出结论：总体的实际偏差率超过可容忍偏差率的风险很大，因而不能接受总体。也就是说，样本结果不支持注册会计师对控制运行有效性的估计和评估的重大错报风险水平。注册会计师应当扩大控制测试范围，以证实初步评估结果，或提高重大错报风险评估水平，并增加实质性程序的数量，或者对影响重大错报风险评估水平的其他控制进行测试，以支持计划的重大错报风险评估水平。

第二，使用样本结果评价表。注册会计师也可以使用样本结果评价表评价统计抽样的结果。表10-7列示了可接受的信赖过度风险为10%时的总体偏差率上限。

表 10-7 控制测试中统计抽样结果评价

——信赖过度风险为10%时的总体偏差率上限

样本规模	实际发现的偏差数 0	1	2	3	4	5	6	7	8	9	10
20	10.9	18.1	*	*	*	*	*	*	*	*	*
25	8.8	14.7	19.9	*	*	*	*	*	*	*	*
30	7.4	12.4	16.8	*	*	*	*	*	*	*	*
35	6.4	10.7	14.5	18.1	*	*	*	*	*	*	*
40	5.6	9.4	12.8	16.0	19.0	*	*	*	*	*	*
45	5.0	8.4	11.4	14.3	17.0	19.7	*	*	*	*	*
50	4.6	7.6	10.3	12.9	15.4	17.8	*	*	*	*	*
55	4.1	6.9	9.4	11.8	14.1	16.3	18.4	*	*	*	*
60	3.8	6.4	8.7	10.8	12.9	15.0	16.9	18.9	*	*	*
70	3.3	5.5	7.5	9.3	11.1	12.9	14.6	16.3	17.9	19.6	*
80	2.9	4.8	6.6	8.2	9.8	11.3	12.8	14.3	15.8	17.2	18.6
90	2.6	4.3	5.9	7.3	8.7	10.1	11.5	12.8	14.1	15.4	16.6
100	2.3	3.9	5.3	6.6	7.9	9.1	10.3	11.5	12.7	13.9	15.0
120	2.0	3.3	4.4	5.5	6.6	7.6	8.7	9.7	10.7	11.6	12.6
160	1.5	2.5	3.3	4.2	5.0	5.8	6.5	7.3	8.0	8.8	9.5
200	1.2	2.0	2.7	3.4	4.0	4.6	5.3	5.9	6.5	7.1	7.6

*：超过20%。

注：本表以百分比表示总体偏差率上限。本表假设总体足够大。

来源：AICPA Audit and Accounting Guide：Audit Sampling（2005）。

本例中，注册会计师应当选择可接受的信赖过度风险为10%的表（即表10-7）评价样本结果。样本规模为56，注册会计师可以选择样本规模为55的那一行。当样本中未发现偏差时，应选择偏差数为0的那一列，两者交叉处的4.1%即为总体偏差率上限。此时，由于总体偏差率上限小于本例中的可容忍偏差率7%，总体可以接受。也就是说，样本结果证实注册会计师对控制运行有效性的估计和评估的重大错报风险水平是适当的。

当样本中发现两个偏差时，应选择偏差数为2的那一列，两者交叉处的9.4%即为总体偏差率上限。此时，总体偏差率上限大于可容忍偏差率，因此不能接受总体。也就是说，样本结果不支持注册会计师对控制运行有效性的估计和评估的重大错报风险水平。注册会计师应当扩大控制测试范围，以证实初步评估结果，或提高重大错报风险评估水平，并增加实质性程序的数量，或者对影响重大错报风险评估水平的其他控制进行测试，以支持计划的重大错报风险评估水平。

③ 分析偏差的性质和原因。除了评价偏差发生的频率之外，注册会计师还要对偏差进行定性分析，即分析偏差的性质和原因。

2）停-走抽样

停-走抽样是固定样本量抽样的一种特殊形式。采用固定样本量抽样时，如果预计总体偏差率大大高于实际偏差率，其结果将是选取了过多的样本，降低了审计工作效率。停-走抽样从预计总体偏差率为零开始，通过边抽样边评估来完成审计工作。注册会计师先抽取一定量的样本进行审查，如果结果可以接受，就停止抽样得出结论；如果结果不能接受，就扩大样本量继续审查，直至得出结论。

停-走抽样通常由二到四组抽样单元组成。注册会计师根据既定的信赖过度风险、可容忍偏差率和预计总体偏差率，确定每组抽样单元的规模（通常使用计算机程序或表格）。注册会计师首先对第一组抽样单元实施检查，然后根据检查结果确定是在不扩大检查范围的情况下接受计划的重大错报风险评估水平，还是不扩大检查范围而提高计划的重大错报风险评估水平，或者因为没有获取充分的信息确定计划的重大错报风险水平是否有保证而决定扩大检查范围。假定可容忍偏差率为5%，信赖过度风险为10%，预计总体偏差率为0.5%。表10-8列示了一个四步的停-走抽样计划。

表10-8　四步停-走抽样计划

组	抽样单元数量	累计抽样单元数量	如果累计偏差为下列数量，则		
			接受计划的重大错报风险评估水平	继续抽样（转入下一步）	提高计划的重大错报风险评估水平
1	50	50	0	1～3	4
2	51	101	1	2～3	4
3	51	152	2	3	4
4	51	203	3	不适用	4

在本例中，如果注册会计师发现4个偏差，就停止检查抽样单元，并提高计划的重大错报风险评估水平。如果在第一组50个抽样单元中没有发现偏差，注册会计师就不需检查更多的样本单元，认为样本支持计划的控制信赖程度和重大错报风险评估水平。如果第一组抽样单元中存在1个、2个或3个偏差，注册会计师就应当对下一组的抽样单元进行检查。注册会计师继续对后面组中的抽样单元进行检查，直到样本结果支持或不支持计划的重大错报风险评估水平。例如，如果第一组存在3个偏差，后面的三组抽样单元必须在检查后没有发现额外的偏差，才能支持计划的重大错报风险评估水平。

停-走抽样使注册会计师在预计总体偏差率较低时可以尽量减小样本规模。但注册会计师可能发现，如果在停-走抽样中需要对所有抽样单元进行检查，其审计成本可能大于控制测试所减少的实质性程序的成本。因此，有时注册会计师在完成所有步骤之前决定停止停-走抽样。例如，在表10-8的四步停-走抽样中，如果第二组中发现了2个或3个偏差，注册会计师可能决定停止检查。在这种情况下，注册会计师可能认为，所减少的实质性程序可能难以补偿对最多可达102个的抽样单元进行额外检查所增加的审计成本。

3）发现抽样

发现抽样是固定样本量抽样的另一种特殊形式，它与固定样本量抽样的不同之处在于：发现抽样将预计总体偏差率直接定为0%，并根据可接受信赖过度风险和可容忍偏差率一起确定样本量。在对选出的样本进行审查时，一旦发现一个偏差就立即停止抽样。如果在样本中没有发现偏差，则可以得出总体可以接受的结论。发现抽样适合于查找重大舞弊或非法行为。

本章小结

控制测试作为进一步审计程序的类型之一，并非在任何情况下都需要实施。只有当存在下列情形之一时，注册会计师才应当实施控制测试：在评估认定层次重大错报风险时，预期控制的运行是有效的；仅实施实质性程序不足以提供认定层次充分、适当的审计证据。如此，本章在回顾内部控制认识发展的沿革时，总结了审计准则中对内部控制的基本要求。对内部控制基本理论进行介绍的目的是对内部控制有初步的认识。预期控制的运行是有效的，还需要进一步地证实“控制运行的有效性”，这样的证据来源于控制测试。为此，分别对销售循环、采购循环、生产与存货循环等业务循环实施控制测试，就可以获得“控制运行有效”的证据。当所测试的控制留下书面证据时，注册会计师通常会在控制测试中使用审计抽样。如果注册会计师认为被审计单位控制设计合理并得到执行，能够有效防止或发现并纠正重大错报，那么注册会计师通常可以信赖这些控制，减少拟实施的实质性程序。

案例与习题

一、讨论题

1. 讨论注册会计师需要实施控制测试的情形。
2. 讨论注册会计师在重要业务流程层面了解和评估内部控制的一般步骤。
3. 讨论注册会计师控制测试时常用的审计程序类型。

二、单项选择题

1. 属于外部证据的销售和收款循环所涉及的主要凭证或会计记录是（　　）。
   A. 顾客订货单　　B. 销售单
   C. 顾客月末对账单　　D. 商品价目表
2. 对于由信用管理部门批准赊销这一控制政策，与之相关的认定是（　　）。
   A. 存在或发生　　B. 完整性认定
   C. 估价或分摊　　D. 表达与披露认定
3. 对存货的控制测试，一般应当借助于存货内部控制的流程图或备忘录。为了确信这种测试基础的可靠性，应当实施（　　）的程序。
   A. 分析程序　　B. 查询及函证
   C. 计算及检查　　D. 穿行测试
4. 注册会计师对（　　）核实，直接涉及被审计单位管理当局关于存货的“权利和义务”认定。
   A. 代其他公司保管或来料加工的材料
   B. 残次冷背的存货
   C. 未做账务处理的存货
   D. 无法盘点的存货

三、多项选择题

1. 注册会计师对被审计单位已发生的销货业务是否均已登记入账进行审计时，常用的控制测试程序有（　　）。
   A. 检查发运凭证连续编号的完整性
   B. 检查赊销业务是否经过授权批准
   C. 检查销售发票连续编号的完整性
   D. 观察已经寄出的对账单的完整性
2. 下列属于采购与收款业务中不相容岗位的有（　　）。
   A. 请购与审批　　B. 询价与确定供应商
   C. 赊销批准与销售　　D. 付款审批与付款执行
3. 下列能防止或发现采购与付款循环中发生错误或舞弊的内部控制有（　　）。
   A. 由被授权的财务人员签署支票
   B. 订货单经采购部门及有关部门批准，其副本应及时提交财务部门
   C. 收到购货发票后，应立即与订货单、验收单核对相符
   D. 请购单连续编号
4. 对销售交易内部控制进行测试，下列体现了适当的职责分离原则的有（　　）。
   A. 一人负责主营业务收入账和应收账款账，但由另一位不负责账簿的职员定期调节总账和明细账
   B. 负责主营业务收入和应收账款记账的职员不经手货币资金
   C. 将办理销售、发货、收款三项业务的部门（或岗位）分别设立
   D. 应收票据的取得和贴现必须经由保管票据以外的主管人员的书面批准
5. 下列（　　）控制措施对防范相应的风险有效。
   A. 赊销的审批，可以防止以巨额坏账损失为代价的大量销售风险
   B. 销售价格、销售条件、运费、折扣等必须经过审批，是为了保证销售交易按照企业定价政策规定的价格开票收款
   C. 对于超过单位既定销售政策和信用政策规定范围的特殊销售交易单位应当进行集体决策，是为了防止因审批人决策失误而造成严重损失
   D. 发货以后才开具账单是为了防止漏开账单

四、判断题

1. 从验收单和卖方发票分别追查采购明细账能够实现真实性目标。（　　）
2. 请购单应由采购部门事先连续编号，以保证采购业务真实、完整。（　　）

五、简答题

简述根据控制测试结果修改审计计划的必要性。

六、案例分析题

以下是对销售与收款循环实施的控制测试清单。

① 选择一个发运凭证样本，检查发运凭证上是否附有带有信用额度和制单人批准签名的销售单；然后与销售发票上的货物规格、数量、目的地和价格核对。

② 从销售发票追查到存货记录。

③ 细查销售日记账，看是否有不正常交易或异常大的金额或拖欠的项目。

④ 对比现金收入日记账和银行月末对账单上的存款额，确定未列在银行余额调节表的在途存款，并纳入下月的银行月末对账单。

⑤ 从红字退货单样本的条款追查到收款报告、永续盘存记录、应收账款明细账和总账。

⑥ 从一个未结账户的注销分录追查到总账。

要求：请简要介绍每一测试的目的。

第11章

实质性程序

【学习目标】

◇ 掌握注册会计师对审计期间各类交易和事项运用的认定

◇ 掌握注册会计师对期末账户余额运用的认定

◇ 掌握注册会计师对列报运用的认定

◇ 理解分析程序作为实质性程序的条件

◇ 理解注册会计师对各重要交易和账户余额实施的实质性程序

◇ 熟悉截止测试

◇ 熟悉银行存款函证

◇ 熟悉应收账款函证与应付账款函证

◇ 熟悉存货监盘

◇ 了解审计抽样在细节测试中的运用

【相关注册会计师执业准则、会计准则】

◇ 中国注册会计师审计准则第 1141 号——财务报表审计中与舞弊相关的责任

◇ 中国注册会计师审计准则第 1142 号——财务报表审计中对法律法规的考虑

◇ 中国注册会计师审计准则第 1211 号——通过了解被审计单位及其环境识别和评估重大错报风险

◇ 中国注册会计师审计准则第 1231 号——针对评估的重大错报风险采取的应对措施

◇ 中国注册会计师审计准则第 1301 号——审计证据

◇ 中国注册会计师审计准则第 1131 号——审计工作底稿

◇ 中国注册会计师审计准则第 1311 号——对存货、诉讼和索赔、分部信息等特定项目获取审计证据的具体考虑

◇ 中国注册会计师审计准则第 1312 号——函证

◇ 中国注册会计师审计准则第 1313 号——分析程序

◇ 中国注册会计师审计准则第 1314 号——审计抽样

◇ 中国注册会计师审计准则第 1321 号——审计会计估计（包括公允价值会计估计）和相关披露

◇ 中国注册会计师审计准则第 1632 号——衍生金融工具的审计

◇ 企业会计准则第 1 号——存货

◇ 企业会计准则第 2 号——长期股权投资

◇ 企业会计准则第 4 号——固定资产
◇ 企业会计准则第 6 号——无形资产
◇ 企业会计准则第 7 号——非货币性资产交换
◇ 企业会计准则第 8 号——资产减值
◇ 企业会计准则第 13 号——或有事项
◇ 企业会计准则第 14 号——收入
◇ 企业会计准则第 17 号——借款费用
◇ 企业会计准则第 18 号——所得税
◇ 企业会计准则第 22 号——金融工具确认与计量
◇ 企业会计准则第 30 号——财务报表列报
◇ 企业会计准则第 37 号——金融工具列报

引　言

实质性程序是指注册会计师针对评估的重大错报风险实施的直接用以发现认定层次重大错报的审计程序。注册会计师应当针对评估的重大错报风险设计和实施实质性程序，以发现认定层次的重大错报。由于注册会计师对重大错报风险的评估是一种判断，可能无法充分识别所有的重大错报风险，并且由于内部控制存在固有局限性，所以无论评估的重大错报风险结果如何，注册会计师都应当针对所有重大的各类交易、账户余额、列报等实施实质性程序。

11.1　财务报表认定

注册会计师详细运用各类交易、账户余额、列报认定，作为评估重大错报风险及设计与实施进一步程序的基础。

认定是指管理层对财务报表组成要素的确认、计量、列报做出的明确或隐含的表达。管理层在财务报表上的认定有些是明确表达的，有些是隐含表达的。例如，管理层在资产负债表中列报存货及其金额，意味着做出了下列明确的认定：记录的存货是存在的；存货以恰当的金额包括在财务报表中，与之相关的计价或分摊调整已恰当记录。同时，管理层也做出下列隐含的认定：所有应当记录的存货均已记录；记录的存货都由被审计单位拥有。

管理层对财务报表各组成要素均做出了认定，注册会计师的审计工作就是要确定管理层的认定是否恰当。注册会计师了解了认定，就很容易确定每个项目的具体审计目标，并以此作为评估重大错报风险及设计和实施进一步审计程序的基础。

1. 与各类交易和事项相关的认定

注册会计师对审计期间的各类交易和事项运用的认定通常分为以下几类。

（1）发生

发生，是指记录的交易和事项已发生且与被审计单位有关。由发生认定推导的审计目标是已记录的交易是真实的。发生认定所要解决的问题是管理层是否把不曾发生的项目记入财务报表，它主要与财务报表组成要素的高估有关。

（2）完整性

完整性，是指所有应当记录的交易和事项均已记录。由完整性认定推导出的审计目标是已发生的交易确实已经记录。

发生和完整性两者强调的是相反的关注点。发生针对潜在的高估，而完整性则针对漏记交易，针对的是潜在的低估。

（3）准确性

准确性，是指与交易和事项有关的金额及其他数据已恰当记录。由准确性认定推导出的审计目标是已记录的交易是按正确金额反映的。

准确性与发生、完整性之间存在区别。例如，若已记录的销售交易是不应当记录的(如发出的商品是寄销商品)，则即使发票金额是准确计算的，仍违反了发生目标。再如，若已入账的销售交易是对正确发出商品的记录，但金额计算错误，则违反了准确性目标，但没有违反发生目标。准确性与完整性之间的关系类似于准确性与发生之间的关系。

（4）截止

截止，是指交易和事项已记录于正确的会计期间。由截止认定推导出的审计目标是接近于资产负债表日的交易记录于恰当的期间。例如，如果本期交易推迟到下期或下期交易提前记到本期，均违反了截止目标。

（5）分类

分类，是指交易和事项已记录于恰当的账户。由分类认定推导出的审计目标是被审计单位记录的交易经过适当分类。例如，如果将出售经营性固定资产所得的收入记录为营业收入，则导致交易分类的错误，违反了分类的目标。

2. 与期末账户余额相关的认定

注册会计师对期末账户余额运用的认定通常分为以下几类。

（1）存在

存在，是指记录的资产、负债和所有者权益是存在的。由存在认定推导出的审计目标是记录的金额确实存在。

（2）权利和义务

权利和义务，是指记录的资产由被审计单位拥有或控制，记录的负债是被审计单位应当履行的偿还义务。由权利和义务认定推导的审计目标是资产归属于被审计单位，负债属于被审计单位的义务。

（3）完整性

完整性，是指所有应当记录的资产、负债和所有者权益均已记录。由完整性认定推导的审计目标是已存在的金额均已记录。

（4）计价和分摊

计价和分摊，是指资产、负债和所有者权益以恰当的金额包括在财务报表中，与之相关的计价或分摊调整已恰当记录。

3. 与列报相关的认定

各类交易和账户余额的认定正确只是为列报正确打下了必要的基础，财务报表还可能因被审计单位误解有关列报的规定或舞弊等而产生错报。另外，还可能因被审计单位没有遵守一些专门的披露要求而导致财务报表错报。因此，即使注册会计师审计了各类交易和账户余额的认定，实现了各类交易和账户余额的具体审计目标，也不意味着获取了足以对财务报表发表审计意见的充分、适当的审计证据。因此，注册会计师还应当对各类交易、账户余额及相关事项在财务报表中列报的正确性实施审计。

注册会计师对列报运用的认定通常分为以下几类。

（1）发生及权利和义务

发生及权利和义务，是指披露的交易、事项和其他情况已发生，且与被审计单位有关。将没有发生的交易、事项或与被审计单位无关的交易和事项包括在财务报表中，就违反了该目标。例如，复核董事会会议记录中是否记载了应收账款质押或售让等事项，询问管理层应收账款是否经过质押或出售，即是对列报的权利认定的运用。

（2）完整性

完整性，是指所有应当包括在财务报表中的披露均已包括。如果应当披露的事项没有包括在财务报表中，则违反了该目标。

（3）分类和可理解性

分类和可理解性，是指财务信息已被恰当地列报和描述，且披露内容表述清楚。

（4）准确性和计价

准确性和计价，是指财务信息和其他信息已公允披露，且金额恰当。

11.2　货币资金和交易性金融资产审计

11.2.1　货币资金审计

货币资金是企业资产的重要组成部分，是企业资产中流动性最强的一种资产。根据货币资金存放地点及用途的不同，货币资金分为库存现金、银行存款及其他货币资金。下面主要介绍库存现金审计和银行存款审计。

1. 库存现金审计

库存现金包括企业的人民币现金和外币现金。企业内部周转使用的备用金，可以单独设置备用金科目核算。企业应当设置现金日记账，由出纳人员根据收付款凭证，按照业务发生顺序逐笔登记。每日终了，应当计算当日的现金收入合计额、现金支出合计额和结余额，并将结余额与实际库存额核对，做到账款相符。有外币现金的企业，应当分人民币和各种外币设置现金日记账进行明细核算。企业收到现金，借记本科目，贷记相关科目；支出现金做相反的会计分录。本科目期末借方余额，反映企业持有的库存现金。

库存现金的审计目标一般应包括：确定被审计单位资产负债表中的现金在财务报表日是否确定存在，是否确定为被审计单位所拥有；确定被审计单位在特定期间内发生的现金收支业务是否均已记录完毕，有无遗漏；确定现金余额是否正确；确定现金在财务报表上的列报是否恰当。

注册会计师对库存现金实施的实质性程序如下。

① 核对库存现金日记账与总账的余额是否相符，检查非记账本位币库存现金的折算汇

率及折算金额是否正确。注册会计师测试库存现金余额的起点是核对库存现金日记账与总账的金额是否相符。如果不相符，应查明原因，必要时应建议做出适当调整。

② 监盘库存现金。企业盘点库存现金，通常包括对已收到但未存入银行的现金、零用金、找换金等的盘点。盘点库存现金的时间和人员应视被审计单位的具体情况而定，但必须有出纳员和被审计单位会计主管人员参加，并由注册会计师进行监盘。盘点现金的步骤如下。

- 制订监盘计划，确定监盘时间。对库存现金的监盘最好实施突击性的检查，时间最好选择在上午上班前或下午下班时，盘点的范围一般包括被审计单位各部门经管的现金。在进行现金盘点前，应由出纳员将现金集中起来存入保险柜。必要时可加以封存，然后由出纳员把已办妥现金收付手续的收付款凭证登入库存现金日记账。如果被审计单位库存现金存放部门有两处或两处以上，应同时进行盘点。
- 审阅库存现金日记账并同时与现金收付凭证相核对。
- 由出纳员根据库存现金日记账加计累计数额，结出现金结余额。
- 盘点保险柜内的现金实存数，同时编制库存现金盘点表，分币种、面值列示盘点金额。
- 将盘点金额与库存现金日记账余额进行核对，如有差异，应要求被审计单位查明原因，必要时应提请被审计单位做出调整；如无法查明原因，应要求被审计单位按管理权限批准后做出调整。
- 若有冲抵库存现金的借条、未提现支票、未做报销的原始凭证，应在库存现金盘点表（见表 11－1）中注明或做必要的调整。
- 在非资产负债表日进行盘点和监盘时，应调整至资产负债表日的金额。

③ 分析被审计单位日常库存现金余额是否合理，关注是否存在大额未缴存的现金。

④ 抽查大额库存现金收支。抽查大额现金收支的原始凭证是否齐全，原始凭证内容是否完整，有无授权批准，记账凭证与原始凭证是否相符、账务处理是否正确、是否记录于恰当的会计期间等项内容。

表 11－1　库存现金盘点表

客户：
项目：
会计期间　　编制人：　　日期：　　索引号：
盘点日期：　　复核人：　　日期：　　页次：

检查盘点记录					实有现金盘点记录						
项目	项次	人民币	美元	某外币	面额	人民币		美元		某外币	
						张	金额	张	金额	张	金额
上一日账面库存金额	1				1 000 元						
盘点日未记账传票收入金额	2				500 元						
盘点日未记账传票支出金额	3				100 元						
盘点日账面应有金额	4＝1＋2－3				50 元						
盘点实有现金数额	5				20 元						
盘点日应有与实有差异	6＝4－5				10 元						

续表

<table>
<tr><th colspan="6">检查盘点记录</th><th colspan="7">实有现金盘点记录</th></tr>
<tr><th colspan="2" rowspan="2">项目</th><th rowspan="2">项次</th><th rowspan="2">人民币</th><th rowspan="2">美元</th><th rowspan="2">某外币</th><th rowspan="2">面额</th><th colspan="2">人民币</th><th colspan="2">美元</th><th colspan="2">某外币</th></tr>
<tr><th>张</th><th>金额</th><th>张</th><th>金额</th><th>张</th><th>金额</th></tr>
<tr><td rowspan="7">差异原因分析</td><td>白条抵库（张）</td><td></td><td></td><td></td><td></td><td>5 元</td><td></td><td></td><td></td><td></td><td></td><td></td></tr>
<tr><td></td><td></td><td></td><td></td><td></td><td>2 元</td><td></td><td></td><td></td><td></td><td></td><td></td></tr>
<tr><td></td><td></td><td></td><td></td><td></td><td>1 元</td><td></td><td></td><td></td><td></td><td></td><td></td></tr>
<tr><td></td><td></td><td></td><td></td><td></td><td>0.5 元</td><td></td><td></td><td></td><td></td><td></td><td></td></tr>
<tr><td></td><td></td><td></td><td></td><td></td><td>0.2 元</td><td></td><td></td><td></td><td></td><td></td><td></td></tr>
<tr><td></td><td></td><td></td><td></td><td></td><td>0.1 元</td><td></td><td></td><td></td><td></td><td></td><td></td></tr>
<tr><td></td><td></td><td></td><td></td><td></td><td>合计</td><td></td><td></td><td></td><td></td><td></td><td></td></tr>
<tr><td rowspan="5">追溯调整</td><td colspan="2">报表日至查账日现金付出总额</td><td></td><td></td><td></td><td colspan="7" rowspan="6">情况说明及审计结论：</td></tr>
<tr><td colspan="2">报表日至查账日现金收入总额</td><td></td><td></td><td></td></tr>
<tr><td colspan="2">报表日库存现金应有金额</td><td></td><td></td><td></td></tr>
<tr><td colspan="2">报表日账面余额</td><td></td><td></td><td></td></tr>
<tr><td colspan="2">报表日账面汇率</td><td></td><td></td><td></td></tr>
<tr><td></td><td>本位币合计</td><td></td><td></td><td></td><td></td></tr>
</table>

盘点人：　　　　　　监盘人：　　　　　　　　复核人：

⑤ 抽查资产负债表日前后若干天的、一定金额以上的现金收支凭证实施截止测试。被审计单位资产负债表的货币资金项目中的库存现金数额，应以结账日实有数额为准。因此，注册会计师必须验证现金收支的截止日期，以确定是否存在跨期事项、是否应考虑提出调整建议。

⑥ 检查库存现金是否在财务报表中做出恰当列报。根据有关规定，库存现金在资产负债表的“货币资金”项目中反映，注册会计师应在实施上述审计程序后，确定“库存现金”账户的期末余额是否恰当，进而确定库存现金是否在资产负债表中恰当列报。

2. 银行存款审计

银行存款核算企业存入银行或其他金融机构的各种款项。外埠存款、银行本票存款、银行汇票存款、信用卡存款、信用证保证金存款、存出投资款等，在其他货币资金科目核算。企业应当按照开户银行和其他金融机构、存款种类等，分别设置银行存款日记账，由出纳人员根据收付款凭证，按照业务的发生顺序逐笔登记。每日终了，应结出余额。银行存款日记账应定期与银行对账单核对，至少每月核对一次。月末，企业银行存款账面余额与银行对账单余额之间如有差额，应按月编制银行存款余额调节表调节相符。有外币存款的企业，应当分人民币和各种外币设置银行存款日记账进行明细核算。

银行存款的审计目标一般主要包括：确定被审计单位资产负债表中货币资金项目中的银行存款在资产负债表日是否确实存在（存在）；确定被审计单位在特定期间内发生的银行存款收支业务是否均已记录完毕，有无遗漏（完整性）；确定记录的银行存款是否为被审计单位所拥有或控制（权利和义务）；确定银行存款以恰当的金额包括在财务报表的货币资金项目中，与之相关的计价调整已恰当记录（计价和分摊）；确定银行存款是否已按照企业会计准则的规定在财务报表中做出恰当列报（列报）。

注册会计师对银行存款实施的实质性程序如下。

① 银行存款日记账与总账的余额是否相符。注册会计师测试现金余额的起点是核对库存现金日记账、银行存款日记账与总账的余额是否相符。如果不相符，应查明原因，必要时应建议做出适当调整。

② 实施实质性分析程序。计算银行存款累计余额应收利息收入，分析比较被审计单位银行存款应收利息收入与实际利息收入的差异是否恰当，评估利息收入的合理性，检查是否存在高息资金拆借，确认银行存款余额是否存在，利息收入是否已经完整记录。

③ 检查银行存款账户发生额。注册会计师对银行存款账户的发生额进行审计，通常能够有效应对被审计单位编制虚假财务报告、管理层或员工非法侵占货币资金等舞弊风险。

④ 取得并检查银行对账单和银行存款余额调节表。取得并检查银行存款余额调节表是证实资产负债表中所列银行存款是否存在的重要程序。银行存款余额调节表通常应由被审计单位根据不同的银行账户及货币种类分别编制，其格式如表 11－2 所示。具体测试程序如下。第一，取得并检查银行对账单，具体包括：取得被审计单位加盖银行印章的银行对账单，必要时，亲自到银行获取对账单，并对获取过程保持控制；将获取的银行对账单余额与银行日记账余额进行核对，如存在差异，获取银行存款余额调节表；将被审计单位资产负债表日的银行对账单与银行询证函回函核对，确认是否一致。第二，取得并检查银行存款余额调节表，具体包括：检查调节表中加计数是否正确，调节后银行存款日记账余额与银行对账单余额是否一致；检查调节事项，对于企业已收付、银行尚未入账的事项，检查相关收付款凭证，并取得期后银行对账单，确认未达账项是否存在，银行是否已于期后入账，对于银行已收付、企业尚未入账的事项，检查期后企业入账的收付款凭证，确认未达账项是否存在，必要时，提请被审计单位进行调整；关注长期未达账项，查看是否存在挪用资金等事项；特别关注银付企未付、企付银未付中支付异常的领款事项，包括没有载明收款人、签字不全等支付事项，确认是否存在舞弊。

⑤ 函证银行存款余额，编制银行函证结果汇总表，检查银行回函。函证是指注册会计师在执行审计业务过程中，需要以被审计单位名义向有关单位发函询证，以验证被审计单位的银行存款是否真实、合法、完整。按照国际惯例，财政部、中国人民银行 1999 年 1 月 6 日联合印发了《关于做好企业的银行存款、借款及往来款项函证工作的通知》（以下简称《通知》），对函证工作提出了明确的要求，并提供了银行询证函和企业询证函参考格式。注册会计师可按照此格式以被审计单位的名义向有关单位发函询证。《通知》规定，各商业银行、政策性银行、非银行金融机构要在收到询证函之日起 10 个工作日内，根据函证的具体要求，及时回函并可按照国家的有关规定收取询证费用；各有关企业或单位根据函证的具体要求回函。

函证银行存款余额是证实资产负债表所列银行存款是否存在的重要程序。通过向往来银行函证，注册会计师不仅可以了解企业资产的存在，同时还可以了解欠银行的债务。函证还可用于发现企业未登记的银行借款和未披露的或有负债。函证时，注册会计师应当对银行存款（包括零余额账户和在本期内注销的账户）及与金融机构往来的其他重要信息实施函证程序，除非有充分证据表明某一银行存款及与金融机构往来的其他重要信息对财务报表不重要且与之相关的重大错报风险很低。如果不对这些项目实施函证程序，注册会计师应当在审计工作底稿中说明理由。注册会计师需要考虑是否对在本期内注销的账户的银行进行函证，这通常是因为有可能存款账户已注销但仍有银行借款或其他负债存在。表 11－3 列示了银行询证函格式，供参考。

表 11－2　银行存款余额调节表

年　　月　　日

编制人：　　　　　　　日期：　　　　　　　索引号：
复核人：　　　　　　　日期：　　　　　　　页次：
户别：　　　　　　　　　　　　　　　　　　币别：

项目
银行对账单余额（　　年　　月　　日）

加：企业已收、银行尚未入账金额
其中：1. ____________
　　　2. ____________
减：企业已付、银行尚未入账金额
其中：1. ____________
　　　2. ____________
调整后银行对账单金额

企业银行存款日记账金额（　　年　　月　　日）
加：银行已收、企业尚未入账金额
其中：1. ____________
　　　2. ____________
减：银行已付、企业尚未入账金额
其中：1. ____________
　　　2. ____________
调整后银行存款日记账金额

经办会计人员：（签字）　　　　　　　会计主管：（签字）

表 11－3　银行询证函

编号：

（银行）：

本公司聘请的×××会计师事务所正在对本公司××年度的财务报表进行审计，按照中国注册会计师执业准则的要求，应当询证本公司与贵行的存款、借款往来等事项。下列数据出自本公司账簿记录，如与贵行记录相符，请在本函下端“信息证明无误”处签章证明；如有不符，请在“信息不符”处列明不符项目及具体内容；如存在与本公司有关的未列入本函的其他重要信息，也请在“信息不符”处列出其详细资料。有关询证费用可直接从本公司×××存款账户中收取。回函请直接寄至×××会计师事务所。

回函地址：

邮编：　　　　电话：　　　　传真：　　　　联系人：

截至　　年　　月　　日止，本公司银行存款、借款账户余额等列示如下：

1. 银行存款

账户名称	银行账号	币种	利率	余额	起止日期	是否被抵押或质押或其他限制	备注

除上述列示的银行存款外，本公司并无在贵行的其他存款。

注：“起止日期”一栏仅适用于定期存款，如为活期或保证金存款，可只填写“活期”或“保证金”字样。

2. 银行借款

借款人名称	币种	本息余额	借款日期	到期日期	利率	借款条件	抵（质）押品/担保人	备注

除上述列示的银行借款外，本公司并无自贵行的其他借款。

注：此项仅函证截至资产负债表日本公司尚未归还的借款。

（公司签章）
年　　月　　日
经办人：

以下仅供被询证银行使用

结论：1. 信息证明无误

（银行签章）
年　　月　　日
经办人：

2. 信息不符，请列明不符项目及具体内容

（银行签章）
年　　月　　日
经办人：

⑥ 检查银行存款账户存款人是否为被审计单位，若存款人非被审计单位，应获取该账户户主和被审计单位的书面声明，确认资产负债表日是否需要提请被审计单位进行调整。

⑦ 关注是否存在质押、冻结等对变现有限制或存在境外的款项。如果存在，是否已提请被审计单位做必要的调整和披露。

⑧ 对不符合现金及现金等价物条件的银行存款在审计工作底稿中予以列明，以考虑对现金流量表的影响。

⑨ 抽查大额银行存款收支的原始凭证，检查原始凭证是否齐全、记账凭证与原始凭证是否相符、账务处理是否正确、是否记录于恰当的会计期间等项内容。检查是否存在非营业目的的大额货币资金转移，并核对相关账户的进账情况；如有与被审计单位生产经营无关的收支事项，应查明原因并做相应的记录。

⑩ 检查银行存款收支的正确截止。被审计单位资产负债表上的现金数额，应以结账日实有数额为准。因此，注册会计师必须验证现金收支的截止日期。通常，注册会计师可以对结账日前后一段时期内现金收支凭证进行审计，以确定是否存在跨期事项。企业资产负债表上银行存款数字应当包括当年最后一天收到的所有存放于银行的款项，而不得包括其后收到的款项；同样，企业年终前开出的支票，不得在年后入账。为了确保银行存款收付的正确截止，注册会计师应当在清点支票及支票存根时，确定各银行账户最后一张支票的号码，同时查实该号码之前的所有支票均已开出。在结账日未开出的支票及其后开出的支票，均不得作

为结账日的存款收付入账。

⑪ 检查银行存款是否在资产负债表上恰当披露。根据有关会计制度的规定，企业的银行存款在资产负债表上“货币资金”项目中反映，所以注册会计师应在实施上述审计程序后，确定银行存款账户的期末余额是否恰当，从而确定银行存款是否在资产负债表上恰当披露。此外，如果企业的银行存款存在抵押、冻结等使用限制情况或者潜在回收风险，注册会计师应关注企业是否已经恰当披露有关情况。

11.2.2 交易性金融资产审计

依据最新修订的《企业会计准则第 22 号——金融工具确认和计量》（财会［2017］7 号）规定，除分类为以摊余成本计量的金融资产和分类为以公允价值计量且其变动计入其他综合收益的金融资产之外的金融资产，企业应当将其分类为以公允价值计量且其变动计入当期损益的金融资产，金融资产满足下列条件之一的，表明企业持有该金融资产的目的是交易性的，计入“交易性金融资产”项目：① 取得相关金融资产的目的，主要是近期出售或回购。例如，企业以赚取差价为目的从二级市场购入的股票、债券和基金等。② 相关金融资产在初始确认时属于集中管理的可辨认金融工具组合的一部分，且有客观证据表明近期实际存在短期获利模式。③ 相关金融资产属于衍生工具。但符合财务担保合同定义的衍生工具及被指定为有效套期工具的衍生工具除外。

1. 审计目标

交易性金融资产审计的目标主要包括：确定被审计单位资产负债表中的交易性金融资产在财务报表日是否确实存在，是否为被审计单位所拥有；确定被审计单位在特定期间发生的交易性金融资产收支业务是否均已记录完毕，有无遗漏；确定交易性金融资产的余额是否正确；确定交易性金融资产在财务报表上的列报是否恰当。

2. 实质性程序

注册会计师实施的实质性程序如下。

① 获取或编制交易性金融资产明细表，复核加计正确，并与报表数、总账数和明细账合计数核对相符。核对期初余额与上期审定期末余额是否相符。（计价和分摊）

② 获取交易性金融资产的清单，检查有无遗漏，同时与明细账余额核对，需要时向证券公司等发函询证，注意期末资金账户余额会计处理是否正确；检查非记账本位币交易性金融资产的折算汇率及折算是否正确。（存在、权利和义务、计价和分摊）

注意：实务中，对于交易性金融资产，注册会计师通常都会向证券公司发函询证，对于不同的证券公司，回函方式可能不同，但都含有金融资产数量的信息。注册会计师需要上网查找期末时点金融资产的公允价格（收盘价），计算交易性金融资产的价值并与账面价值进行核对，不符的，需要做出调整。交易性金融资产的公允价值变动计入公允价值变动损益，这是程序中“会计处理是否正确”的要求。

③ 监盘库存有价证券并与相关账户余额进行核对，如有差异，应查明原因做出记录或进行适当调整。（存在、权利和义务）

注意：监盘通常针对存在纸质凭证的情况。

④ 对在外保管的有价证券，查阅有关保管的证明文件，需要时向保管人函证。

注意：注册会计师通常都会函证保管人，以获取充分、适当的审计证据。

⑤ 检查被审计单位对交易性金融资产的分类是否正确，是否符合《企业会计准则第 22

号——金融工具确认和计量》第 19 条的有关要求。

- 检查归类为交易性金融资产的项目，是否包括全部被审计单位为交易目的所持有的债券投资、股票投资、基金投资等交易性金融资产，以及被审计单位持有的直接指定为以公允价值计量且其变动计入当期损益的金融资产。（存在、权利和义务、计价和分摊）
- 分析管理层的持有意图和能力，检查有关原始凭证，包括检查董事会会议纪要、有关合同、协议等相关文件，以验证其真实性。（存在、权利和义务、计价和分摊）
- 检查有无不属于交易性金融资产核算的项目，如有，应做出记录或做适当调整。（存在、权利和义务、计价和分摊）

⑥ 查阅有关交易性金融资产的协议、合同、董事会决议及有关出资的凭证和记录，检查交易性金融资产购入、借出或兑现的原始凭证是否完整。取得证券交易账户流水单，检查账面记录是否完整，检查购入证券是否有本企业控股公司的股票。（存在、完整性、权利和义务、计价和分摊）

⑦ 检查交易性金融资产持有期间收到被投资单位宣告发放的股利或债券利息会计处理是否正确；检查资产负债表日，交易性金融资产公允价值与其账面余额差额的会计处理是否正确。（存在、权利和义务、计价和分摊）

⑧ 抽取×张或金额为×元以上的交易性金融资产增加及减少项目的记账凭证，检查其原始凭证是否完整合法，会计处理是否正确。注意入账成本的确定是否符合相关规定，检查与交易性金融资产有关的会计记录，以确定被审计单位是否按规定进行相应的会计处理和披露。（存在、完整性、计价和分摊）

- 企业取得交易性金融资产时，检查是否按照交易性金融资产的公允价值入账，发生的交易费用是否计入当期损益。
- 在持有交易性金融资产期间收到被投资单位宣告发放的现金股利或债券利息处理是否正确。
- 资产负债表日，交易性金融资产的公允价值与账面余额的差额是否计入公允价值变动损益。
- 出售交易性金融资产时，按实际收到的金额，借记“银行存款”，按该项交易性金融资产的成本，贷记“交易性金融资产（成本）”，按该项交易性金融资产的公允价值变动，贷记或借记“交易性金融资产（公允价值变动）”，按其差额，贷记或借记“投资收益”。同时，按该交易性金融资产的公允价值变动，借记或贷记“公允价值变动损益”，贷记或借记“投资收益”。

⑨ 针对识别的舞弊风险等特别风险，需要额外考虑实施的审计程序。

⑩ 检查交易性金融资产的列报和披露是否恰当，检查附注中是否披露与交易性金融资产有关的下列信息。

- 对于指定为以公允价值计量且其变动计入当期损益的金融资产，应当披露以下信息：指定的依据；指定的金融资产的性质；指定后如何消除或明显减少原来由于该金融资产的计量基础不同所导致的相关利得和损失在确认和计量方面不一致的情况，以及是否符合企业正式书面文件载明的风险管理或投资策略的说明。
- 交易性金融资产分为交易性债券投资、交易性权益工具投资、指定为以公允价值计量且其变动计入本期损益的金融资产、衍生金融资产等类别，披露其期初公允价值和期末公允价值。

- 说明交易性金融资产投资变现是否存在重大限制，以及相应原因。

11.3　应收及预付款项审计

应收和预付款项不仅与销售与收款循环有关，而且与采购与付款循环有关，涉及的资产负债表项目主要包括应收票据及应收账款、其他应收款、长期应收款、预付款项等。根据这些项目在企业中的经常性与重要性，本节将侧重阐述应收票据及应收账款、预付款项等的审计。

11.3.1　应收票据审计

应收票据核算企业因销售商品、产品、提供劳务等而收到的商业汇票，包括银行承兑汇票和商业承兑汇票。企业应当按照开出、承兑商业汇票的单位进行明细核算。企业应当设置应收票据备查簿，逐笔登记每张商业汇票的种类、号数和出票日、票面金额、交易合同号和付款人、承兑人、背书人的姓名或单位名称、到期日、背书转让日、贴现日、贴现率和贴现净额，以及收款日和收回金额、退票情况等资料；商业汇票到期结清票款或退票后，应当在备查簿内逐笔注销。本科目期末借方余额，反映企业持有的商业汇票的票面金额。

1. 审计目标

应收票据的审计目标一般包括：确定应收票据是否存在；确定应收票据是否归被审计单位所有或控制；确定应收票据及其坏账准备增减变动的记录是否完整；确定应收票据可否收回，坏账准备的计提方法和比例是否恰当，计提是否充分；检查应收票据及其坏账准备期末余额是否正确；确定应收票据及其坏账准备在财务报表上的披露是否恰当。

2. 实质性程序

注册会计师对应收票据实施的实质性程序如下。

① 获取或编制应收票据明细表，复核加计正确，并核对其期末余额合计数与报表数、总账数和明细账合计数是否相符。

② 取得被审计单位应收票据备查簿，核对其是否与账面记录一致。

③ 检查库存票据，注意票据的种类、号数、签收的日期、到期日、票面金额、合同交易号、付款人、承兑人、背书人姓名或单位名称，以及利率、贴现率、收款日期、收回金额等是否与应收票据登记簿的记录相符，是否存在已作质押的票据和银行退回的票据。

④ 必要时抽出部分票据向出票人函证，证实其存在性和可收回性，编制函证结果汇总表。

⑤ 检查有疑问的商业票据是否曾经更换或转期，或向出票人函证以确定其兑现能力，如果不能兑现，要提请被审计单位转入应收账款。

⑥ 检查应收票据的利息收入是否正确入账，注意逾期应收票据是否已按规定停止计提利息。

⑦ 对于已贴现的应收票据，注册会计师应检查其贴现额与利息额的计算是否正确，会计处理方法是否适当，复核、统计已贴现及已转让但未到期的应收票据的金额。

⑧ 请被审计单位协助，在应收票据明细表上标出至外勤审计时已兑现或已贴现的应收票据，核对收款凭证等资料，以确认其资产负债表日的真实性。

⑨ 对以非记账本位币结算的应收票据，检查其采用的折算汇率是否正确。

⑩ 对应收票据相关的坏账准备进行审计。

⑪ 检查应收票据在资产负债表上的披露是否恰当。根据 2018 年 6 月 15 日财政部发布的《关于修订印发 2018 年度一般企业财务报表格式的通知》（财会〔2018〕15 号），要求应收票据应计入资产负债表“应收票据及应收账款”项目进行列示。

11.3.2 应收账款审计

应收账款核算企业因销售商品、产品、提供劳务等经营活动应收取的款项。若合同或协议价款的收取采用递延方式、实质上具有融资性质的，在长期应收款科目核算，不在本科目核算。本科目应当按照债务人要求进行明细核算。

1. 审计目标

应收账款的审计目标一般包括：确定应收账款是否存在；确定应收账款是否归被审计单位所有或控制；确定应收账款增减变动的记录是否完整；确定应收账款是否可收回，坏账准备的计提方法和比例是否恰当，坏账准备的计提是否充分；确定应收账款期末余额是否正确；确定应收账款在会计报表上的披露是否恰当。

2. 实质性程序

注册会计师对应收账款实施的实质性程序如下。

① 核对应收账款。取得或编制应收账款明细表，复核加计正确，并与报表数、总账数和明细账合计数核对相符。

② 检查涉及应收账款的相关财务指标。复核应收账款借方累计发生额与主营业务收入关系是否合理，并将当期应收账款借方发生额占销售收入净额的百分比与管理层考核指标和被审计单位相关赊销政策比较，如存在异常应查明原因。计算应收账款周转率、应收账款周转天数等指标，并与被审计单位相关赊销政策、被审计单位以前年度指标、同行业同期相关指标对比分析，检查是否存在重大异常。

③ 分析应收账款账龄。注册会计师可以通过编制或索取应收账款账龄分析表来分析应收账款的账龄，以便了解应收账款的可收回性。应收账款账龄分析表格式见表 11－4 与表 11－5。表 11－4 列示了应收账款总体账龄情况，表 11－5 列示了应收账款分客户账龄情况。

表 11－4 应收账款账龄总表

年 月 日

货币单位：

账龄	期末数			期初数		
	账面余额		坏账准备	账面余额		坏账准备
	金额	比例/%		金额	比例/%	
一年以内						
一年至两年						
两年至三年						
三年以上						
合计						

表 11-5　应收账款分客户账龄表

年　　月　　日

货币单位：

顾客名称	期末余额	账龄			
		一年以内	一年至两年	两年至三年	三年以上
合　计					

④ 向债务人函证应收账款。注册会计师应当对应收账款实施函证，除非有充分证据表明应收账款对财务报表不重要或函证很可能无效。如果不对应收账款函证，注册会计师应当在审计工作底稿中说明理由。如果认为函证很可能无效，注册会计师应当实施替代审计程序，以获取充分、适当的审计证据。

应收账款函证就是直接发函给被审计单位的债务人，要求核实被审计单位应收账款的记录是否正确的一种审计方法。函证的目的是证实应收账款账户余额的真实性、正确性，防止或发现被审计单位及其有关人员在销售业务中发生的差错或弄虚作假、营私舞弊行为。通过函证应收账款，可以有力地证明债务人的存在和被审计单位记录的可靠性。

- 函证的范围和对象的选择。如果采用审计抽样的方式确定函证程序的范围，无论是采用统计抽样方法，还是非统计抽样方法，选取的样本应当足以代表总体，并包括：金额较大的项目；账龄较长的项目；交易频繁但期末余额较小甚至余额为零的项目；重大关联方交易；重大或异常的交易；可能存在争议及产生重大舞弊或错误的交易。
- 函证时间的选择。注册会计师通常以资产负债表日为截止日，在资产负债表日后适当时间实施函证。如果重大错报风险评估为低水平，注册会计师可选择资产负债表日前适当日期为截止日实施函证，并对所函证项目自该截止日起至资产负债表日止发生的变动实施其他实质性程序。
- 管理层要求不实施函证时的处理。如果注册会计师拟函证某些账户余额或其他信息，而被审计单位管理层要求注册会计师不实施函证时，注册会计师应当考虑管理层的要求是否合理，并获取审计证据予以支持。如果认为管理层的要求合理，注册会计师应当实施替代审计程序，以获取与这些账户余额或其他信息相关的充分、适当的审计证据。如果认为管理层的要求不合理，且被其阻挠而无法实施函证，注册会计师应当视为审计范围受到限制，并考虑对审计报告可能产生的影响。在分析管理层要求不实施函证的原因时，注册会计师应当保持职业怀疑态度，并考虑：管理层是否诚信；是否可能存在重大的舞弊或错误；替代审计程序能否提供与这些账户余额或其他信息相关的充分、适当的审计证据。如果认为管理层的请求可能显示存在舞弊，注册会计师应当遵循《财务报表审计中对舞弊的考虑》的有关规定进行处理。
- 设计询证函。在设计询证函时，注册会计师应当考虑所审计的认定及可能影响函证可靠性的因素。可能影响函证可靠性的因素主要包括：函证的方式；以往审计或类似业务的经验；拟函证信息的性质；选择被询证者的适当性；被询证者易于回函的信息类型。通常在针对账户余额的存在性认定获取审计证据时，注册会计师在询证函中列明相关信息，要求对方核对确认。但在针对账户余额的完整性认定获取审计证据时，注册会计师则需要改变询证函的内容或者采用其他审计程序。如在询证函中不列出应收账款账户余额，而是要求被询证者提供余额信息，这样就能够发现应收账款低估错报。

- 函证方式的选择。注册会计师可采用积极的或消极的函证方式实施函证，也可将两种方式结合使用。

如果采用积极的函证方式，注册会计师应当要求被询证者在所有情况下必须回函，确认询证函所列示信息是否正确或填列询证函要求的信息。积极的函证方式又分为两种。一种是在询证函中列明拟函证的账户余额或其他信息，要求被询证者确认所函证的款项是否正确。通常认为，对这种询证函的回复能够提供可靠的审计证据，其缺点是被询证者可能对所列示信息根本就不加以验证就予以回函确认。为了避免这种风险，注册会计师可以采用另外一种询证函，即在询证函中不列明账户余额或其他信息，而要求被询证者填写有关信息或提供进一步信息。由于这种询证函要求被询证者做出更多的努力，可能会导致回函率降低，进而导致注册会计师执行更多的替代程序。在采用积极的函证方式时，只有注册会计师收到回函，才能为财务报表认定提供审计证据。注册会计师没有收到回函，可能是由于被询证者根本不存在或是由于被询证者没有收到询证函，也可能是由于被询证者没有理会询证函，因此无法证明所函证信息是否正确。以下是《〈中国注册会计师审计准则第 1312 号——函证〉指南》提供的积极式询证函之一的格式，供参考。

企业询证函

编号：

××（公司）：

本公司聘请的××会计师事务所正在对本公司××年度财务报表进行审计，按照中国注册会计师执业准则的要求，应当询证本公司与贵公司的往来账项等事项。请列示×年×月×日贵公司与本公司往来款项余额。回函请直接寄至××会计师事务所。

通信地址：

邮编：　　　　　　　　电话：　　　　传真：　　　　联系人：

本函仅为复核账目之用，并非催款结算。若款项在上述日期之后已经付清，仍请及时函复为盼。

（公司盖章）

年　　月　　日

1. 贵公司与本公司的往来款项列示如下。

截止日期	贵公司欠	欠贵公司	备注

2. 其他事项

(公司盖章)
年 月 日
经办人：

如果采用消极的函证方式，注册会计师只要求被询证者仅在不同意询证函列示信息的情况下才予以回函。在采用消极的函证方式时，如果收到回函，能够为财务报表提供说服力强的审计证据；未收到回函可能是因为被询证者根本就没有收到询证函，而不是因为被询证者已收到询证函且核对无误。因此，积极的函证方式通常比消极的函证方式提供的审计证据可靠。因此，在采用消极的方式函证时，注册会计师通常还须实施其他审计程序。只有当同时存在下列情况时，注册会计师才可考虑采用消极的函证方式：重大错报风险评估为低水平；涉及大量余额较小的账户；预期不存在大量的错误；没有理由相信被询证者不认真对待函证。以下是《〈中国注册会计师审计准则第 1312 号——函证〉指南》提供的消极式询证函之一的格式，供参考。

企业询证函

编号：

××（公司）：

本公司聘请的××会计师事务所正在对本公司××年度财务报表进行审计，按照中国注册会计师执业准则的要求，应当询证本公司与贵公司的往来账项等事项。下列数据出自本公司账簿记录，如与贵公司记录相符，则无须回复；如有不符，请直接通知会计师事务所，并请在空白处列明贵公司认为是正确的信息。回函请直接寄至××会计师事务所。

通信地址：

邮编： 电话： 传真： 联系人：

(公司盖章)
年 月 日

1. 本公司与贵公司的往来款项列示如下：

截止日期	贵公司欠	欠贵公司	备注

2. 其他事项

本函仅为复核账目之用，并非催款结算。若款项在上述日期之后已经付清，仍请及时函复为盼。

××会计师事务所：

上面的信息不正确，差异如下：

(公司盖章)
年 月 日
经办人：

在实务中，注册会计师可将以上两种方式结合使用。当应收账款的余额是由少量的大额应收账款和大量的小额应收账款构成时，注册会计师可以对所有的或抽取的大额应收账款样本采用积极的函证方式，而对抽取的小额应收账款样本采用消极的函证方式。

- 函证实施过程的控制。当实施函证时，注册会计师应当对选择被询证者、设计询证函及发出和收回询证函保持控制。出于掩盖舞弊的目的，被审计单位可能想方设法拦截或更改询证函及回函的内容。如果注册会计师对函证程序控制不严密，就可能给被审计单位造成可乘之机，导致函证结果发生偏差和函证程序失效。注册会计师应当采取下列措施对函证实施过程进行控制：将被询证者的名称、地址与被审计单位有关记录核对；将询证函中列示的账户余额或其他信息与被审计单位有关资料核对；在询证函中指明直接向接受审计业务委托的会计师事务所回函；询证函经被审计单位盖章后，由注册会计师直接发出；将发出询证函的情况形成审计工作记录；将收到的回函形成审计工作记录，并汇总统计函证结果。应收账款函证结果汇总表如表 11-6 所示。

表 11-6　应收账款函证结果汇总表

被审计单位名称：　　　　　　　　　　制表：　　　　　　　　日期：

结账日：　年　月　日　　　　　　　　复核：　　　　　　　　日期：

询证函编号	债务人名称	债务人地址	账面金额	函证方式	函证日期	回函日期	替代程序	确认余额	差异金额及说明	备注
合计										

- 以传真、电子邮件等方式回函时的处理。被询证者以传真、电子邮件等方式回函确实能让注册会计师及时得到回函信息，但由于这些方式易被截留、篡改或难以确定回函者的真实身份，所以如果被询证者以传真、电子邮件等方式回函，注册会计师应当直接接收，并要求被询证者寄回询证函原件。
- 积极式函证未收到回函时的处理。如果采用积极的函证方式实施函证而未能收到回函，注册会计师应当考虑与被询证者联系；如果未能得到被询证者的回应，注册会计师应当实施替代审计程序。实施的替代程序因涉及的账户和认定而异，但替代审计程序应当能够提供实施函证所能够提供的同样效果的审计证据。在同时满足下列两个条件时，注册会计师可不实施替代程序：注册会计师没有发现不回函存在异常原因或具有规律性，例如，所有没有回函的，都与期末前发生的交易有关；如果测试高估错报，在推断总体结果时，将所有没有收到回函的金额视为百分之百错误，由此得出的总体错报金额与其他领域的未调整错报相加，并不影响注册会计师对财务报表是否存在重大错报得出的结论。
- 评价审计证据的充分性和适当性时应考虑的因素。如果实施函证和替代审计程序都不能提供财务报表认定的充分、适当的审计证据，注册会计师应当实施追加的审计程序。在评价实施函证和替代审计程序获取的审计证据是否充分、适当时，注册会计师应当考虑：函证和替代审计程序的可靠性；不符事项的原因、频率、性质和金额；实施其他审计程序获取的审计证据。

- 评价函证的可靠性。在评价函证的可靠性时，注册会计师应当考虑：对询证函的设计、发出及收回的控制情况；被询证者的胜任能力、独立性、授权回函情况、对函证项目的了解及其客观性；被审计单位施加的限制或回函中的限制。如果有迹象表明收回的询证函不可靠，注册会计师应当实施适当的审计程序予以证实或消除疑虑。
- 对不符事项的处理。注册会计师应当考虑不符事项是否构成错报及其对财务报表可能产生的影响，并将结果形成审计工作记录。如果发现了不符事项，注册会计师应当进行细致的分析，以确定不符事项的原因，并做进一步核实。不符事项的原因可能是由于双方登记入账的时间不同，可能是由于一方或双方记账错误，也可能是被审计单位的舞弊行为。而登记入账的时间不同而产生的不符事项又主要表现为：询证函发出时，债务人已经付款，而被审计单位尚未收到货款；询证函发出时，被审计单位的货物已经发出并已做销售记录，但货物仍在途中，债务人尚未收到货物；债务人由于某种原因将货物退回，而被审计单位尚未收到；债务人对收到的货物的数量、质量及价格等方面有异议而全部或部分拒付货款等。如果不符事项构成错报，注册会计师应当重新考虑所实施审计程序的性质、时间安排和范围。

⑤ 请被审计单位协助，在应收账款明细表上标出至审计时已收回的应收账款金额。对已收回金额较大的款项进行常规检查，如核对收款凭证、银行对账单、销售发票等，并注意凭证发生日期的合理性，分析收款时间是否与合同相关要素一致。

⑥ 检查未函证应收账款。由于注册会计师不可能对所有应收账款进行函证，因此对于未函证应收账款，注册会计师应抽查有关原始凭证，如销售合同、销售订单、销售发票副本、发运凭证及收款的回款单据等，以验证这些应收账款的真实性。

⑦ 检查坏账的确认和处理。首先，检查坏账确认的条件，注册会计师应检查有无债务人破产或者死亡的，以及破产或遗产清偿后仍无法收回的，或者债务人长期未履行清偿义务的应收账款；其次，应检查被审计单位坏账的处理是否经授权批准，有关会计处理是否正确。

⑧ 抽查有无不属于结算业务的债权。不属于结算业务的债权，不应在应收账款中进行核算。因此，注册会计师应抽查应收账款明细账，并追查有关原始凭证，查证被审计单位有无不属于结算业务的债权。如有，应建议被审计单位进行适当调整。

⑨ 检查应收账款是否业已用于融资，并根据融资合同判定属于质押还是出售，其会计处理是否正确。

⑩ 审查外币应收账款的折算。

⑪ 对应收账款实施关联方及其交易审计程序。标明应收关联方［包括持股 5%以上（含 5%）股东］的款项，实施关联方及其交易审计程序，并注明合并财务报表时应予抵销的金额；对关联企业、有密切关系的主要客户的交易事项进行专门核查：

- 了解交易事项目的、价格和条件，进行比较分析；
- 检查销售合同、销售发票、发运凭证等相关文件资料；
- 检查收款凭证等货款结算单据；
- 向关联方或有密切关系的主要客户函询，以确认交易的真实性、合理性。

⑫ 检查应收账款在资产负债表上是否已恰当列报。根据 2018 年 6 月 15 日财政部发布的《关于修订印发 2018 年度一般企业财务报表格式的通知》（财会〔2018〕15 号），要求应

收账款应计入资产负债表“应收票据及应收账款”项目进行列示。此外，如果被审计单位为上市公司，则其财务报表附注通常应披露期初余额、期末余额的账龄分析，期末欠款金额较大的单位账款，以及持有5%以上（含5%）股份的股东单位账款等情况。

11.3.3 预付款项审计

预付款项核算企业按照购货合同规定预付给供应单位的款项。预付款项情况不多的，也可以不设置本科目，将预付的款项直接记入应付账款科目的借方。本科目应当按照供应单位进行明细核算。本科目期末借方余额，反映企业预付的款项；期末如为贷方余额，反映企业尚未补付的款项。

1. 审计目标

预付款项的审计目标一般包括：确定预付款项是否存在；确定预付款项是否归被审计单位所有；确定预付款项增减变动的记录是否完整；确定预付款项期末余额是否正确；确定预付款项在会计报表上的披露是否恰当。

2. 实质性程序

注册会计师对预付款项实施的实质性程序如下。

① 获取或编制预付款项明细表，复核加计正确，并与报表数、总账数和明细账合计数核对相符；同时请被审计单位协助，在预付款项明细表上标出截止审计日已收到货物并冲销预付款项的项目，抽查复核其真实性和正确性。

② 分析预付款项账龄及款项构成，关注账龄超过1年的款项未结转的原因。

③ 根据被审计单位的具体情况，选择以下方法对预付款项实施分析程序：将期末预付款项余额与上期期末余额进行比较，分析其波动原因；了解预付款项惯例及收回货物的平均天数，并分析预付款项的账龄；有确凿证据表明企业的预付款项不符合预付款项性质，或者因供货单位破产、撤销等原因已无望再收回所购货物的，是否将原计入预付款项的金额转入其他应收款项目；计算预付款项与主营业务成本的比率，与以前各期末比较，分析异常变动的原因；将预付账款余额的增减幅度与主营业务成本的增减幅度比较，分析异常变动的原因。

④ 检查大额预付工程款增加或者结转是否有相应的审批手续。

⑤ 分析预付款项账龄及余额构成，根据审计策略选择大额或异常的预付款项重要项目（包括零账户），函证其余额是否正确，并根据回函情况编制函证结果汇总表。

⑥ 结合应付账款明细账，查核有无重复付款或将同一笔已付清的账款在预付款项和应付账款这两个项目同时挂账的情况。

⑦ 分析明细账余额，对于出现贷方余额的项目，应查明原因，必要时建议做重分类调整。

⑧ 检查预付款项长期挂账的原因。

⑨ 关注是否存在预付关联方账款。

⑩ 对于用非记账本位币结算的预付款项，检查其采用的折算汇率和汇兑损益处理的正确性。

⑪ 检查预付款项是否已在资产负债表上恰当披露。

11.3.4　坏账准备审计

坏账准备并非是资产负债表项目。坏账准备核算企业应收款项等发生减值时计提的减值准备。

1. 审计目标

坏账准备的审计目标一般包括：确定计提坏账准备的方法和比例是否恰当，坏账准备的计提是否充分；确定坏账准备增减变动的记录是否完整；确定坏账准备期末余额是否正确；确定坏账准备的披露是否恰当。

2. 实质性程序

注册会计师对坏账准备实施的实质性程序如下。

① 检查坏账准备的计提。主要应查明坏账准备的计提方法和比例是否符合制度规定，计提的数额是否恰当，会计处理是否正确，前后期是否一致。

② 检查坏账损失。对于被审计单位在被审计期间内发生的坏账损失，注册会计师应检查其原因是否清楚，是否符合有关规定，有无授权批准，有无已做坏账处理后又重新收回的应收款项，相应的会计处理是否正确。对有确凿证据表明确实无法收回的应收款项，如债务单位已撤销、破产、资不抵债、现金流量严重不足等，企业应根据管理权限，经股东大会或董事会，或经理办公会或类似机构批准作为坏账损失，冲销提取的坏账准备。

③ 检查长期挂账应收款项。注册会计师应检查应收款项(包括应收账款和其他应收款等)明细账及相关原始凭证，查找有无资产负债表日后仍未收回的长期挂账应收款项，如有，应提请被审计单位做适当处理。

④ 检查函证结果。对债务人回函中反映的例外事项及存在争议的余额，注册会计师应查明原因并做记录，必要时应建议被审计单位考虑是否存在坏账可能及是否需要做相应的调整。

⑤ 分析程序。通过比较前期坏账准备计提数和实际发生数，以及检查期后事项，评价应收账款坏账准备计提的合理性。

⑥ 确定坏账准备的列报是否恰当。企业应当在财务报表附注中清晰地说明坏账的确认标准、坏账准备的计提方法和计提比例。

11.4　存 货 审 计

存货是指企业在日常活动中持有以备出售的产成品或商品，处在生产过程中的在产品、在生产过程或提供劳务过程中耗用的材料和物料等，大体上涉及材料采购、在途物资、原材料、材料成本差异、库存商品、发出商品、商品进销差价、委托加工物资、包装物及低值易耗品、存货跌价准备等。

存货的审计目标一般包括：确定存货是否存在；确定存货是否归被审计单位所有；确定存货增减变动的记录是否完整；确定存货的品质状况，存货跌价准备的计提是否合理；确定存货的计价方法是否恰当；确定存货期末余额是否正确；确定存货的披露是否恰当。对此，注册会计师首先需要对存货进行存在测试、计价测试、截止测试，在此基础上再对存货相关账户实施实质性程序。下面侧重阐述存货的存在测试与计价测试。

11.4.1 存货的存在测试——监盘

存货监盘，是指注册会计师现场观察被审计单位存货的盘点，并对已盘点的存货进行适当检查。存货监盘是一项复合程序，是观察程序和检查程序的结合运用。在存货监盘过程中，注册会计师应当现场观察被审计单位存货的盘点活动或盘点程序。存货监盘的目的是获取有关存货数量和状况的审计证据。存货监盘针对的主要是存货的存在性认定、完整性认定和所有权认定。

管理层和注册会计师对存货盘点的责任不同。定期盘点存货，合理确定存货的数量和状况是被审计单位管理层的责任；实施存货监盘，获取有关期末存货数量和状况的充分、适当的审计证据是注册会计师的责任。

1. 存货监盘计划

注册会计师应当根据被审计单位存货的特点、盘存制度和存货内部控制的有效性等情况，在评价被审计单位管理层制定的存货盘点程序的基础上，编制存货监盘计划，对存货监盘做出合理安排。

在编制存货监盘计划时，注册会计师应当实施下列审计程序。

① 了解存货的内容、性质、各存货项目的重要程度及存放场所。

② 了解与存货相关的内部控制。

③ 评估与存货相关的重大错报风险和重要性。

④ 查阅以前年度的存货监盘工作底稿。

⑤ 考虑实地察看存货的存放场所，特别是金额较大或性质特殊的存货。

⑥ 考虑是否需要利用专家的工作或其他注册会计师的工作。

⑦ 复核或与管理层讨论其存货盘点计划。在复核或与管理层讨论其存货盘点计划时，注册会计师应当考虑下列主要因素，以评价其能否合理地确定存货的数量和状况：盘点的时间安排；存货盘点范围和场所的确定；盘点人员的分工及胜任能力；盘点前的会议及任务布置；存货的整理和排列，对毁损、陈旧、过时、残次及所有权不属于被审计单位的存货的区分；存货的计量工具和计量方法；在产品完工程度的确定方法；存放在外单位的存货的盘点安排；存货收发截止的控制；盘点期间存货移动的控制；盘点表单的设计、使用与控制；盘点结果的汇总及盘盈或盘亏的分析、调查与处理。注册会计师应当根据被审计单位的存货盘存制度和相关内部控制的有效性，评价其盘点时间是否合理。如果认为被审计单位的存货盘点计划存在缺陷，注册会计师应当提请被审计单位调整。表 11－7 是《〈中国注册会计师审计准则第 1311 号——存货监盘〉应用指南》提供的存货盘点计划调查问卷的格式，供参考。

表 11－7　存货盘点计划调查问卷

本调查问卷旨在帮助注册会计师了解和评价被审计单位存货盘点计划。如果被审计单位有盘点的书面说明，本调查问卷也可作为有益的补充。需要说明的是，注册会计师在审计实务中，应当根据被审计单位所处行业的特点、内部控制和会计核算制度等具体情况，对本调查问卷进行修改。

被审计单位：

资产负债表日：

1. 存货盘点的范围、盘点的场所及盘点时间是如何确定的？填写以下表格。

地点	存货类型	占存货总额的大致比例	盘点时间

2. 盘点人员是如何组织分工的？是否具有胜任能力？填写以下表格。

人员	地点	职责	胜任能力	电话

3. 盘点过程是否有专家参加？是否对专家参加盘点做出了适当的安排？

4. 盘点前是否召开会议并布置任务？

5. 在盘点过程中，存货是怎样整理和排列的？

6. 是否存在代销存货等所有权不属于被审计单位的存货？如有，情况如何？

7. 有哪些毁损、陈旧、过时、残次的存货？它们是如何区分和存放的？

8. 半成品、原材料和产成品如何分开？

9. 对于成堆堆放或分散在仓库中的存货，是否设置了盘点程序或数量转换计算的方法？

10. 分散在不同地方的相同存货项目如何汇总？（这对于与后续盘点汇总保持一致很重要）

11. 存货盘点采用什么计量工具和计量方法？

12. 在产品的完工程度如何确认？原材料、直接人工、制造费用等如何在产成品和在产品之间分配？

13. 是否有存放在外单位的存货？如何进行盘点？

14. 放在距离较远的地方的存货如何盘点？

15. 对存货收发截止是如何进行控制的？

16. 对盘点期间存货移动是如何进行控制的？盘点期间是否需要停止生产？

17. 盘点表单是如何设计、使用与控制的？使用什么形式的文件来记录盘点？盘点表是否预先编号？

18. 是否所有的盘点都被独立检查以确保它们的准确性？若使用永续存货盘存制，如果实际数量与记录存在出入，是否有进行独立再盘点的措施？是否要求监督者对盘点执行的检做做出记录？

19. 盘点结果是如何汇总的？

20. 如何对盘盈或盘亏进行分析、调查与处理？

21. 是否存在其他在盘点中需要注意的事项？

22. 对被审计单位存货盘点计划能否合理地确定存货的数量和状况做出总体评价：

（1）被审计单位存货盘点计划是否适当？

（2）盘点计划是否存在缺陷，如是，应建议被审计单位调整。

编制人：　　　　　　　　　　　　　　　　　　　　编制时间：

审核人：　　　　　　　　　　　　　　　　　　　　审核时间：

在实施上述审计程序后，注册会计师制订存货监盘计划。存货监盘计划应当包括下列 4 个方面的内容。

① 存货监盘的目标、范围及时间安排。存货监盘的目标是获取被审计单位资产负债表日有关存货数量和状况及有关管理层存货盘点程序可靠性的审计证据，检查存货的数量是否真实完整，是否归属被审计单位，存货有无毁损、陈旧、过时、残次和短缺等状况。存货监盘范围的大小取决于存货的内容、性质，以及与存货相关的内部控制的完善程度和重大错报风险的评估结果。对存放于外单位的存货，应当考虑实施适当的替代程序，以获取充分、适当的审计证据。存货监盘的时间，包括实地察看盘点现场的时间、观察存货盘点的时间和对已盘点存货实施检查的时间等，应当与被审计单位实施存货盘点的时间相协调。

② 存货监盘的要点及关注事项。存货监盘的要点主要包括注册会计师实施存货监盘程序的方法、步骤，各个环节应注意的问题及所要解决的问题。注册会计师需要重点关注的事项包括盘点期间的存货移动、存货的状况、存货的截止确认、存货的各个存放地点及金额等。

③ 参加存货监盘人员的分工。注册会计师应当根据被审计单位参加存货盘点人员分工、分组情况、存货监盘工作量的大小和人员素质情况，确定参加存货监盘的人员组成，各组成人员的职责和具体的分工情况，并加强督导。

④ 检查存货的范围。根据对被审计单位存货盘点和对被审计单位内部控制的评价结果，注册会计师确定检查存货的范围。在实施观察程序后，如果认为被审计单位内部控制设计良好且得到有效实施、存货盘点组织良好，注册会计师可以相应缩小检查程序的范围。

2. 存货监盘程序

针对被审计单位的存货盘点，注册会计师实施观察和检查这两项存货监盘程序。

(1) 观察程序

① 在盘点前观察存货现场。在被审计单位盘点存货前，注册会计师应当观察盘点现场，确定应纳入盘点范围的存货是否已经适当整理和排列，并附有盘点标识，防止遗漏或重复盘点。对未纳入盘点范围的存货，注册会计师应当查明未纳入的原因。

② 对所有权不属于被审计单位的存货的处理。对所有权不属于被审计单位的存货，注册会计师应当取得其规格、数量等有关资料，并确定这些存货是否已分别存放、标明，且未被纳入盘点范围。

③ 观察盘点人员是否遵守盘点计划。注册会计师应当观察被审计单位盘点人员是否遵守盘点计划并准确地记录存货的数量和状况。

(2) 检查程序

① 实施检查程序的基本要求。注册会计师应当对已盘点的存货进行适当检查，将检查结果与被审计单位盘点记录相核对，并形成相应记录。

② 检查程序的实施。在检查已盘点的存货时，注册会计师应当从存货盘点记录中选取项目追查至存货实物，以测试盘点记录的准确性；注册会计师还应当从存货实物中选取项目追查至存货盘点记录，以测试存货盘点记录的完整性。

③ 实施检查时发现差异的处理。如果检查时发现差异，注册会计师应当查明原因，及时提请被审计单位更正。如果差异较大，注册会计师应当扩大检查范围或提请被审计单位重新盘点。

无论是观察程序还是检查程序，注册会计师应当特别关注以下问题。

① 存货移动情况。注册会计师应当特别关注存货的移动情况，防止遗漏或重复盘点。

② 存货的状况。注册会计师应当特别关注存货的状况，观察被审计单位是否已经恰当区分所有毁损、陈旧、过时及残次的存货。

③ 存货的截止。注册会计师应当获取盘点日前后存货收发及移动的凭证，检查库存记录与会计记录期末截止是否正确。

④ 特殊类型存货的监盘。对某些特殊类型的存货而言，被审计单位通常使用的盘点方法和控制程序并不完全适用。这些存货通常或者没有标签，或者其数量难以估计，或者其质量难以确定，或者盘点人员无法对其移动实施控制。在这些情况下，注册会计师需要运用职业判断，根据存货的实际情况，设计恰当的审计程序，对存货的数量和状况获取审计证据。

3. 盘点结束时的后续工作

① 再次观察现场并检查盘点表单。在被审计单位存货盘点结束前，注册会计师应当实施下列审计程序：再次观察盘点现场，以确定所有应纳入盘点范围的存货是否均已盘点；取得并检查已填用、作废及未使用盘点表单的号码记录，确定其是否连续编号，查明已发放的表单是否均已收回，并与存货盘点的汇总记录进行核对。

② 复核盘点结果汇总记录。注册会计师应当复核盘点结果汇总记录，评估其是否正确地反映了实际盘点结果。

③ 关注盘点日与资产负债表日之间存货的变动情况。在很多情况下，存货盘点日并不是资产负债表日，而在资产负债表日之后或之前，甚至存货盘点是在不同日期进行的。如果存货盘点日不是资产负债表日，注册会计师应当实施适当的审计程序，确定盘点日与资产负债表日之间存货的变动是否已做出正确的记录。

④ 存货盘点结果与永续盘存记录之间出现重大差异的处理。在永续盘存制下，如果永续盘存记录与存货盘点结果之间出现重大差异，注册会计师应当实施追加的审计程序，查明原因，并检查永续盘存记录是否已做出适当的调整。

⑤ 盘点方式及其结果无效时的处理。如果认为被审计单位的盘点方式及其结果无效，注册会计师应当提请被审计单位重新盘点。如果被审计单位的存货盘点计划存在缺陷，但未进行必要调整；或虽制订了适当的存货盘点计划，但在盘点过程中盘点人员未按计划的要求实施盘点工作或采取了不恰当的盘点方式，就会对盘点结果的有效性产生重大影响。这种影响可能涉及个别存货项目，也可能覆盖存货总体。注册会计师在实施存货监盘程序后，如果认为被审计单位对某项存货的盘点方式及其结果不可信赖，应当提请盘点人员对该项存货项目进行重新盘点；如果认为盘点结果在总体上是不可信赖的，应当提请被审计单位重新组织安排整个盘点工作。

4. 特殊情况的处理

如果由于被审计单位存货的性质或位置等原因导致无法实施存货监盘，注册会计师应当考虑能否实施替代审计程序，获取有关期末存货数量和状况的充分、适当的审计证据。注册会计师实施的替代审计程序主要包括：检查进货交易凭证或生产记录及其他相关资料；检查资产负债表日后发生的销货交易凭证；向顾客或供应商函证。

① 由于存货的性质或位置而无法实施存货监盘程序。这种情况，通常需要依赖内部控制。注册会计师应当复核采购、生产和销售记录，以获取必要的审计证据，通常情况下还可以向能够接触到相关存货项目的第三方人员询证。当然，注册会计师也可以实施其他有效的替代审计程序。

② 因不可预见的因素导致无法在预定日期实施存货监盘或接受委托时被审计单位的期

末存货盘点已经完成。在这些情况下，注册会计师应当评估与存货相关的内部控制的有效性，对存货进行适当检查或提请被审计单位另择日期重新盘点；同时测试在该期间发生的存货交易，以获取有关期末存货数量和状况的充分、适当的审计证据。

③ 委托其他单位保管或已作质押的存货。对被审计单位委托其他单位保管的或已作质押的存货，注册会计师应当向保管人或债权人函证。如果此类存货的金额占流动资产或总资产的比例较大，注册会计师还应当考虑实施存货监盘或利用其他注册会计师的工作。

④ 首次接受委托的情况。当首次接受委托未能对上期期末存货实施监盘，且该存货对本期财务报表存在重大影响时，如果已获取有关本期期末存货余额的充分、适当的审计证据，注册会计师应当实施下列一项或多项审计程序，以获取有关本期期初存货余额的充分、适当的审计证据：查阅前任注册会计师工作底稿；复核上期存货盘点记录及文件；检查上期存货交易记录；运用毛利百分比法等进行分析。

5. 存货监盘结果对审计报告的影响

注册会计师应当根据已获取的审计证据，形成有关期末存货数量和状况的审计结论，并确定对审计报告的影响。具体区分为审计范围受到限制、被审计单位拒绝调整及首次接受委托。

（1）审计范围受到限制的情况

如果无法实施存货监盘，也无法实施替代审计程序以获取有关期末存货数量和状况的充分、适当的审计证据，注册会计师应当考虑出具保留意见或无法表示意见的审计报告。

（2）被审计单位拒绝调整的情况

如果通过实施存货监盘发现被审计单位财务报表存在重大错报，且被审计单位拒绝调整，注册会计师应当考虑出具保留意见或否定意见的审计报告。

（3）首次接受委托的情况

如果首次接受委托，按照相关规定实施审计程序后，仍未能获取有关本期期初存货余额的充分、适当的审计证据，注册会计师应当考虑出具保留意见或无法表示意见的审计报告。

11.4.2 存货的计价测试

监盘程序主要是对存货的结存数量加以确认。为验证资产负债表上存货余额的真实性，还必须进行存货的计价测试，确定存货实物数量和永续盘存记录中的数量是否经过正确的计价和汇总。存货计价审计表如表 11-8 所示。

表 11-8 存货计价审计表

日期	品名及规格	购入			发出			余额		
		数量	单位	金额	数量	单位	金额	数量	单位	金额

1. 计价方法说明：
2. 情况说明及审计结论

（1）样本的选择

计价审计的样本，应从存货数量已经盘点、单价和总金额已经记入存货汇总表的结存存货中选择。

（2）计价方法的确认

存货的计价方法多种多样，被审计单位应结合企业会计准则的基本要求选择符合自身特点的方法。注册会计师除应了解、掌握被审计单位的存货计价方法外，还应对这种计价方法的合理性与一贯性加以关注。没有足够的理由，计价方法在同一会计年度内不得变动。

（3）计价测试

进行计价测试时，注册会计师首先应对存货价格的组成内容予以审核；然后按照了解的计价方法对所选择的存货样本进行计价测试。测试时，应尽量排除被审计单位已有计算程序和结果的影响，进行独立测试。测试结果出来后，应与被审计单位账面记录对比，编制对比分析表，分析形成差异的原因。如果差异过大，应扩大测试范围，并根据审计结果考虑是否应提出审计调整建议。存货计价审计中，由于被审计单位对期末存货采用成本与可变现净值孰低的方法计价，所以注册会计师应充分关注其对存货可变现净值的确定及存货跌价准备的计提。

11.5　非流动资产审计

企业的非流动资产包括的内容很多，主要有债权投资、其他债权投资、长期应收款、长期股权投资、其他权益工具投资、其他非流动金融资产、投资性房地产、固定资产、在建资产、递延所得税资产、无形资产等。下面侧重阐述其他权益工具投资、债权投资、长期股权投资、固定资产、无形资产、递延所得税资产等方面的实质性程序。

11.5.1　其他权益工具投资审计

其他权益工具投资，反映资产负债表日企业指定为以公允价值计量且其变动计入其他综合收益的非交易性权益工具投资的期末账面价值。

1. 审计目标

其他权益工具投资的审计目标一般包括：确定被审计单位资产负债表中的其他权益工具投资在财务报表日是否确实存在，是否为被审计单位所拥有；确定其他权益工具投资的增减变动及其损益的记录是否完整；确定其他权益工具投资的计价是否正确；确定其他权益工具投资减值准备的计提方法是否恰当，计提是否充分；确定其他权益工具投资减值准备的增减变动记录是否完整；确定其他权益工具投资及其减值准备期末余额是否正确；确定其他权益工具投资及其减值准备的披露是否恰当。

2. 实质性程序

注册会计师对其他权益工具投资实施的实质性程序主要如下。

① 获取或编制其他权益工具投资明细表，复核加计正确，并与总账数和明细账合计数核对相符。

② 获取其他权益工具投资对账单，与明细账核对，并检查其会计处理是否正确。

③ 检查库存其他权益工具投资，并与相关账户余额进行核对，如有差异，应查明原因，

并做出记录或进行适当调整。

④ 向相关金融机构发函询证其他权益工具投资期末数量，并记录函证过程。取得回函时应检查相关签章是否符合要求。

⑤ 对期末结存的其他权益工具投资，向被审计单位核实其持有目的，检查核对范围是否恰当。

⑥ 抽取其他权益工具投资增减变动的相关凭证，检查其原始凭证是否完整合法，会计处理是否正确。

⑦ 复核其他权益工具投资的期末公允价值是否合理，检查会计处理是否正确。

⑧ 如果其他权益工具投资的公允价值发生较大幅度下降，并且预期这种下降趋势属于非暂时性的，应当检查被审计单位是否计提资产减值准备，计提金额和相关会计处理是否正确。

⑨ 已确认减值损失的其他权益工具投资，当公允价值变动回升时，检查其相关会计处理是否正确。

⑩ 检查处置其他权益工具投资时，其相关损益计算及会计处理是否正确，已计入其他综合收益的公允价值累计变动额是否转入投资收益科目。

⑪ 结合银行借款等科目，了解是否存在已用于债务担保的其他权益工具投资；如有，则应取证并做相应的记录，同时提请被审计单位做恰当披露。

⑫ 确定其他权益工具投资的列报是否恰当。

11.5.2 债权投资审计

债权投资反映资产负债表日企业以摊余成本计量的长期债权投资的期末账面价值。

1. 审计目标

债权投资的审计目标一般包括：确定持有至到期资产是否存在；确定债权投资是否归被审计单位所有；确定债权投资的增减变动及其损益的记录是否完整；确定债权投资的计价是否正确；确定债权投资的减值准备的计提方法是否恰当，计提是否充分；确定债权投资减值准备的增减变动记录是否完整；确定债权投资及其减值准备期末余额是否正确；确定债权投资及其减值准备的列报是否恰当。

2. 实质性程序

注册会计师对债权投资实施的实质性程序主要如下。

① 获取或编制债权投资明细表，复核加计正确，并与总账数和明细账合计数核对相符。

② 获取债权投资对账单，与明细账核对，并检查其会计处理是否正确。

③ 检查库存债权投资，并与账面余额进行核对，如有差异，应查明原因，并做出记录或进行适当调整。

④ 向相关金融机构发函询证债权投资期末数量，并记录函证过程。取得回函时应检查相关签章是否符合要求。

⑤ 对期末结存的债权投资，核实被审计单位持有的目的和能力，检查核算范围是否正确。

⑥ 抽取债权投资减少的记账凭证，检查其原始凭证是否完整合法，会计处理是否正确。

⑦ 抽取债权投资增加的记账凭证，检查其原始凭证是否完整合法，成本、交易费用和

相关利息的会计处理是否符合规定。

⑧ 根据相关资料，确定债券投资的计息类型，结合投资收益科目，复核计算利息采用的利率是否恰当，相关会计处理是否正确。

⑨ 检查当持有目的或外部环境改变时，是否正确划转为以公允价值计量且其变动计入当期损益的金融资产或以公允值价计量且其变动计入其他综合收益的金融资产。

⑩ 当有证据表明债权投资发生减值时，应当复核相关资产项目的预计未来现金流量现值，并与其账面价值进行比较，检查相关准备计提是否充分。

⑪ 检查发生减值时，相关利息的计算及处理是否正确。

⑫ 检查其列报是否恰当。

11.5.3 长期股权投资审计

长期股权投资核算企业持有的采用权益法或成本法核算的长期股权投资。了解被审计单位投资活动有助于注册会计师关注被审计单位在经营策略和方向上的重大变化。

1. 审计目标

长期股权投资的审计目标一般包括：确定长期股权投资是否存在；确定长期股权投资是否归被审计单位所有；确定长期股权投资的增减变动及投资损益的记录是否完整；确定长期股权投资的核算方法是否正确；确定长期股权投资减值准备的计提方法是否恰当；确定长期股权投资减值准备增减变动的记录是否完整；确定长期股权投资及其减值准备的列报是否恰当。

2. 实质性程序

注册会计师实施的实质性程序如下。

① 获取或编制长期股权投资明细表，复核加计正确，并与总账数和明细账合计数核对相符。

② 根据有关合同和文件，确认股权投资的股权比例和持有时间，检查股权投资核算方法是否正确。

③ 对于重大的投资，向被投资单位函证被审计单位的投资额、持股比例及被投资单位发放股利等情况。

④ 对于应采用权益法核算的长期股权投资，获取被投资单位已经注册会计师审计的年度会计报表，如果未经注册会计师审计，则应考虑对被投资单位的财务报表实施适当的审计或审阅。

⑤ 对于采用成本法核算的长期股权投资，检查股利分配的原始凭证及分配决议等资料，确定会计处理是否正确；对被审计单位实施控制而采用成本法核算的长期股权投资，比照权益法编制变动明细表，以备合并报表使用。

⑥ 检查成本法和权益法相互转换时会计处理的正确性。

⑦ 确定长期股权投资的增减变动记录是否完整。

⑧ 期末对长期股权投资进行逐项检查，以确定长期股权投资是否已经发生减值。

⑨ 了解长期股权投资是否存在质押、担保情况。如有，则应详细记录，并提请被审计单位进行充分列报。

⑩ 确定长期股权投资在财务报表上的列报是否恰当。

11.5.4 固定资产审计

固定资产的范围很广，包括固定资产账面价值、固定资产累计折旧、固定资产减值准备、固定资产清理、在建工程等。固定资产的审计目标一般包括：确定固定资产是否存在；确定固定资产是否归被审计单位所有；确定固定资产增减变动的记录是否完整；确定固定资产的计价是否恰当；确定固定资产折旧政策是否恰当；确定折旧费用的分摊是否合理与一贯；确定固定资产减值准备的计提是否充分、完整；确定固定资产的期末余额是否正确；确定固定资产在财务报表上的披露是否恰当。在此侧重阐述固定资产账面价值审计、固定资产累计折旧审计和固定资产减值准备审计。

1. 固定资产账面价值审计

固定资产账面价值，就是指固定资产科目，其核算企业持有固定资产的原价。该科目按照固定资产类别或项目进行明细核算。企业以经营租赁方式租入的固定资产发生的改良支出，应在本科目设置经营租入固定资产改良明细科目进行核算。企业融资租入的固定资产，应在本科目设置融资租入固定资产明细科目进行核算。

注册会计师对固定资产实施的实质性程序如下。

① 获取或编制固定资产及累计折旧分类汇总表。检查分类是否正确，复核加计正确，并与报表数、总账数和明细账合计数核对相符。固定资产及累计折旧分类汇总表如表 11－9 所示。

表 11－9　固定资产及累计折旧分类汇总表

年　　月　　日

编制人：　　　　日期：

被审计单位：________　　复核人：　　　　日期：

固定资产类别	固定资产				累计折旧					
	期初余额	本期增加	本期减少	期末余额	折旧方法	折旧率	期初余额	本期增加	本期减少	期末余额
合计										

② 对固定资产实施实质性分析程序。根据被审计单位业务的性质，选择以下方法对固定资产实施分析程序：计算固定资产原值与本期产品产量的比率，并与以前期间比较，可能发现已减少固定资产未在账户上注销的问题，也可能发现经营性租赁的固定资产或者增加了固定资产但没入账的情况；计算本期计提折旧额与固定资产总成本的比率，并与上期比较，可能发现本期累计折旧额计算错误；通过计算累计折旧与固定资产总成本的比率，并与前期比较，可能发现累计折旧核算错误；比较本期各月、本期与以前各期之间的修理及维护费用，可能发现资本性支出与收益性支出区分上存在的错误；比较本期与以前各期的固定资产增减变动，分析增减变化的原因；分析固定资产的构成及其增减变动情况，与在建工程、现金流量表、生产能力等相关信息交叉复核，检查固定资产相关金额的合理性和准确性。

③ 检查固定资产的增加。对于外购的固定资产，核对购货合同、发票、保险单、发运

凭证等文件，抽查测试其计价是否正确，授权批准手续是否齐备，会计处理是否正确；对于在建工程转入的固定资产，检查竣工决算、验收和移交报告是否正确，与在建工程相关的记录是否核对相符；对于投资者投入的固定资产，应检查其入账价值与投资合同中关于固定资产作价的规定是否一致，须经评估的是否具有评估报告，固定资产的交接手续是否齐全；对于更新改造增加的固定资产，应查明增加的原值是否真实，是否符合资本化条件，增计金额是否超过了该项固定资产的可收回金额，重新确定的剩余折旧年限是否恰当；对于因债务人抵债获得的固定资产，应检查产权过户手续是否齐全，固定资产计价及损益确认是否符合有关规定；对于以非货币性交易换入的固定资产，应检查其换入固定资产的入账价值是否符合相关规定；对于因其他原因增加的，应检查相关的原始凭证，核对其计价及会计处理是否正确，法律手续是否齐全。

④ 检查固定资产的减少。对固定资产减少实施实质性程序的目的在于查明业已减少的固定资产是否已做适当的会计处理。

- 结合固定资产清理科目，抽查固定资产账面转销额是否正确。
- 检查出售、盘亏、转让、报废或毁损的固定资产是否经授权批准，会计处理是否正确。
- 检查因修理、更新改造而停止使用的固定资产的会计处理是否正确。
- 检查投资转出固定资产的会计处理是否正确。
- 检查债务重组或非货币性资产交换转出固定资产的会计处理是否正确。
- 检查转出的投资性房地产账面价值及会计处理是否正确。
- 检查其他减少固定资产的会计处理是否正确。

⑤ 检查固定资产后续支出，确定固定资产有关的后续支出是否满足资产确认条件；如不满足，该支出是否在该后续支出发生时计入当期损益。

⑥ 检查固定资产的所有权或控制权。

⑦ 实地检查重要固定资产，确定其是否存在，关注是否存在已报废但仍未核销的固定资产。

⑧ 获取已提足折旧仍继续使用固定资产的相关证明文件，并做相应记录。

⑨ 检查固定资产的租赁，查明租赁是属于经营租赁还是融资租赁。

⑩ 检查固定资产的保险情况，复核保险范围是否足够。

⑪ 获取暂时闲置固定资产的相关证明文件，并观察其实际状况，检查是否已按规定计提折旧，相关的会计处理是否正确。

⑫ 获取持有待售固定资产的相关证明文件，并做相应记录。检查对其预计净残值调整是否正确、会计处理是否正确。

⑬ 检查固定资产的抵押、担保情况。结合对银行借款等的检查，了解固定资产是否存在重大的抵押、担保情况。如存在，应取证，并做相应的记录，同时提请被审计单位做恰当披露。

⑭ 检查购置固定资产时是否存在与资本性支出有关的财务承诺。

⑮ 检查有无与关联方之间的固定资产购售活动，是否经适当授权，交易价格是否公允。

⑯ 对应计入固定资产的借款费用，应根据《企业会计准则》的规定，结合长短期借款、应付债券或长期应付款的审计，检查借款费用（借款利息、折溢价摊销、汇兑差额、辅助费

用）资本化的计算方法和资本化金额及会计处理是否正确。

⑰ 检查固定资产是否已在资产负债表上恰当列报。

2. 累计折旧审计

累计折旧核算企业对固定资产计提的累计折旧。该科目应当按照固定资产的类别或项目进行明细核算。企业按月计提固定资产折旧时贷记该科目。

累计折旧的审计目标包括：确定折旧政策和方法是否符合国家有关财务会计制度，是否一贯遵循；确定累计折旧增减变动的记录是否完整；确定折旧费用的计算、分摊是否正确、合理和一贯；确定累计折旧的期末余额是否正确；确定累计折旧在财务报表上的列报是否恰当。

注册会计师对累计折旧实施的实质性程序如下。

① 获取或编制固定资产及累计折旧分类汇总表，复核加计正确，并与报表数、总账数和明细账合计数核对相符。

② 检查被审计单位制定的折旧政策和方法是否符合有关规定，并前后一致。

③ 对累计折旧进行实质性分析程序。计算本期计提折旧额占固定资产原值的比率，并与上期比较，分析本期折旧计提额的合理性与准确性。计算累计折旧占固定资产原值的比率，评估固定资产老化率。

④ 复核本期折旧费用的计提是否正确。

⑤ 检查折旧费用的分配是否合理，与上期分配方法是否一致。

⑥ 注意固定资产增减变动时，有关折旧的会计处理是否符合规定。查明通过更新改造、接受捐赠或融资租入而增加的固定资产的折旧费用计算是否正确。

⑦ 将累计折旧账户贷方本期的计提折旧额与相应的成本费用中折旧费用明细账借方相比较，以查明所计提折旧是否已全部计入本期产品成本或费用。

⑧ 结合固定资产的实质性程序，检查其折旧的计提是否正确无误，并追查至固定资产登记卡。

⑨ 对于因资产评估调整累计折旧的，应取得有关资产评估报告，检查其会计处理是否正确。

⑩ 检查累计折旧的列报是否恰当。

3. 固定资产减值准备审计

固定资产减值准备科目核算企业固定资产发生减值时计提的减值准备。企业(石油天然气开采)可以单独设置“油气资产减值准备”科目进行处理。资产负债表日，企业确定固定资产发生减值的，按应减记的金额，借记资产减值损失科目，贷记本科目。处置固定资产时，应同时结转已计提的固定资产减值准备。本科目期末贷方余额，反映企业已计提但尚未转销的固定资产减值准备。

固定资产减值准备的审计目标一般包括：确定计提固定资产减值准备的方法是否恰当，固定资产减值准备的计提是否充分；确定固定资产减值准备增减变动的记录是否完整；确定固定资产减值准备期末余额是否正确；确定固定资产减值准备的列报是否恰当。

注册会计师对固定资产减值准备实施的实质性程序如下。

① 获取或编制固定资产减值准备明细表，复核加计正确，并与总账数和明细账合计数核对是否相符。

② 检查固定资产减值准备的计提和核销的批准程序，取得并核对书面报告等证明文件。主要应查明固定资产减值准备的计提方法是否符合制度规定，计提的依据是否充分，计提的数额是否恰当，相关会计处理是否正确，前后期是否一致。

③ 获取闲置固定资产的清单，并观察其实际状况，识别是否存在减值迹象。

④ 运用实质性分析程序，分析本期末固定资产减值准备数额占期末固定资产原价的比率，并与期初数比较。如有异常波动，查明波动原因，并判断波动的合理性。

⑤ 检查被审计单位处置固定资产时原计提的减值准备是否同时结转，会计处理是否正确。

⑥ 已计提减值准备的固定资产价值又得以恢复时，关注是否违反有关规定做转回处理。

⑦ 检查资产组的认定是否恰当，计提固定资产减值准备的依据是否充分，会计处理是否正确。

⑧ 确定固定资产减值准备的列报是否恰当。企业应当在财务报表附注中清晰地说明固定资产减值准备的确认标准和计提方法。

11.5.5　无形资产审计

无形资产是指企业拥有或者控制的没有实物形态的可辨认非货币性资产。企业持有的无形资产，包括专利权、非专利技术、商标权、著作权、土地使用权等。另外，采用成本模式计量的已出租的土地使用权和持有并准备增值后转让的土地使用权，在投资性房地产科目核算，不在无形资产中核算。企业按照无形资产项目进行明细核算。

无形资产的审计目标一般包括：确定无形资产是否存在；确定无形资产是否归被审计单位所有；确定无形资产增减变动及其摊销的记录是否完整；确定无形资产的摊销政策是否恰当；确定无形资产减值准备的计提是否正确；确定无形资产的期末余额是否正确；确定无形资产的列报是否恰当。下面阐述无形资产账面余额审计、无形资产累计摊销审计、无形资产减值准备审计。

1. 无形资产账面余额审计

注册会计师对无形资产账面余额实施的实质性程序如下。

① 获取或编制无形资产明细表，复核加计正确，并与报表数、总账数和明细账合计数核对是否相符。

② 获取有关协议和董事会纪要等文件、资料，检查无形资产的性质、构成内容、计价依据，其所有权是否归被审计单位所有；检查无形资产各项目的摊销政策是否符合有关规定，是否与上期一致，若改变摊销政策，检查其依据是否充分。

③ 检查无形资产的增加。对股东投入的无形资产，检查是否符合有关规定，并经过适当的检查审批，无形资产的价值是否与验资报告及资产评估结果确认书或合同协议等证明文件一致，会计处理是否正确；对自行取得或购入的无形资产，检查其原始凭证，确认计价是否正确，法律程序是否完备，会计处理是否正确。

④ 检查无形资产的减少。检查无形资产转让的会计处理是否正确，注意转让的是所有权还是使用权。

⑤ 检查被审计单位确定无形资产使用寿命的依据，分析其合理性。

⑥ 检查无形资产的后续支出是否合理，会计处理是否正确。

⑦ 检查无形资产减值准备的计提是否正确；检查本期摊销额是否正确，会计处理是否正确。

⑧ 检查是否存在用于债务担保的无形资产。

⑨ 检查无形资产的列报是否恰当。

2. 无形资产累计摊销审计

无形资产累计摊销核算企业对使用寿命有限的无形资产计提的累计摊销。作为投资性房地产的采用成本模式计量的土地使用权的累计摊销，也通过本科目核算。本科目应按无形资产项目进行明细核算。企业按月计提无形资产摊销，借记管理费用、其他业务支出等科目，贷记本科目。本科目期末贷方余额，反映企业无形资产累计摊销额。

注册会计师实施的实质性程序如下。

① 获取或编制无形资产累计摊销明细表，复核加计正确，并与总账数和明细账合计数核对相符。

② 检查无形资产各项目的摊销政策是否符合有关规定，是否与上期一致，若改变摊销政策，检查其依据是否充分。

③ 检查被审计单位是否在年度终了，对使用寿命有限的无形资产的使用寿命和摊销方法进行复核，检查其复核结果是否合理。

④ 检查无形资产的应摊销金额是否为其成本扣除预计残值和减值准备后的余额。

⑤ 复核本期摊销是否正确，与相关科目核对是否相符。

⑥ 确定累计摊销的列报是否恰当。

3. 无形资产减值准备审计

无形资产减值准备科目核算企业无形资产发生减值时计提的减值准备。本科目应按无形资产项目进行明细核算。资产负债表日，企业根据资产减值准则确定无形资产发生减值的，按应减记的金额，借记资产减值损失科目，贷记本科目。处置无形资产时，应同时结转已计提的无形资产减值准备。本科目期末贷方余额，反映企业已计提但尚未转销的无形资产减值准备。注册会计师实施的实质性程序如下。

① 获取或编制无形资产减值准备明细表，复核加计正确，并与总账数和明细账合计数核对相符。

② 检查无形资产减值准备计提和转销的批准程序，取得书面报告等证明文件。

③ 检查被审计单位计提无形资产减值准备的依据是否充分，计算和会计处理是否正确。

④ 检查无形资产转让时，相应的减值准备是否一并结转，会计处理是否正确。

⑤ 通过检查期后事项，以及比较前期无形资产减值准备数与实际发生数，评价无形资产减值准备的合理性。

⑥ 确定无形资产减值准备的列报是否恰当。

11.5.6 递延所得税资产审计

递延所得税资产，是指未来预计可以用来抵税的资产，是根据可抵扣暂时性差异及适用税率计算、影响（减少）未来期间应交所得税的金额。

1. 审计目标

递延所得税资产的审计目标一般包括：确定递延所得税资产的增减记录是否正确、完整；确定递延所得税资产的期末余额是否正确；确定递延所得税资产的列报是否恰当。

2. 实质性程序

注册会计师对递延所得税资产实施的实质性程序主要如下。

① 获取或编制递延所得税资产明细表，复核加计正确，并与报表数、总账数和明细账合计数核对相符。

② 检查被审计单位采用的会计政策是否恰当，前后期是否一致。

③ 检查被审计单位用于确认递延所得税资产的税率是否正确。

④ 检查递延所得税资产增减变动记录，以及可抵扣暂时性差异的形成原因，确定是否符合有关规定，计算是否正确，预计转销期是否适当。

⑤ 检查被审计单位是否在资产负债表日对递延所得税资产的账面价值进行复核，如果预计未来期间很可能无法获得足够的应纳税所得额用以抵扣递延所得税资产，应当减记递延所得税资产的账面价值。

⑥ 当适用税率发生变化时，检查被审计单位是否对递延所得税资产进行重新计量，对其影响数的会计处理是否正确。

⑦ 确定递延所得税资产的列报是否恰当。

11.6 负债审计

负债是指企业过去的交易或者事项形成的、预期会导致经济利益流出企业的现时义务。现时义务是企业在现行条件下已承担的义务。对于一般的企业，负债类会计科目很多。在一般情况下，被审计单位不会高估负债，因为这样对自身不利，且难以与债权人的会计记录相互印证。注册会计师对于负债项目的审计，主要是防止企业低估债务。低估债务经常伴随着低估成本费用，从而高估利润。所以注册会计师在执行负债审计时，应将被审计单位是否低估负债作为一个关注重点。下面侧重阐述短期借款、应付票据、交易性金融负债、应付账款、应交税费、长期借款、递延所得税负债等的审计。

1. 短期借款审计

短期借款核算企业向银行或其他金融机构等借入的期限在 1 年以下(含 1 年)的各种借款。企业向银行或其他金融机构等借入的期限在 1 年以上的各种借款，在长期借款科目核算。

对短期借款进行实质性程序，注册会计师应根据被审计单位年末短期借款余额的大小、占负债总额的比重、以前年度发现问题的多少及相关内部控制制度的强弱等，确定短期借款的实质性程序的审计程序和方法。

短期借款的审计目标包括：确定期末短期借款是否存在；确定期末短期借款是否为被审计单位应履行的偿还义务；确定短期借款的借入、偿还及计息的记录是否完整；确定短期借款的期末余额是否正确；确定短期借款的列报是否正确。

一般而言，注册会计师对于短期借款的实质性程序通常包括以下内容。

① 获取或编制短期借款明细表。注册会计师应首先获取或编制短期借款明细表，复核其加计数是否正确，并与明细账和总账核对相符。

② 函证短期借款的实有数。注册会计师应在期末短期借款余额较大或认为必要时，向

银行或其他债权人函证短期借款。

③ 检查短期借款的增加。对年度内增加的短期借款，注册会计师应检查借款合同和授权批准，了解借款数额、借款条件、借款日期、还款期限、借款利率，并与相关会计记录相核对。

④ 检查短期借款的减少。对年度内减少的短期借款，注册会计师应检查相关记录和原始凭证，核实还款数额。

⑤ 检查有无到期未偿还的短期借款。注册会计师应检查相关记录和原始凭证，检查被审计单位有无到期未偿还的短期借款；如有，则应查明是否已向银行提出申请并经同意后办理延期手续。

⑥ 复核短期借款利息。注册会计师应根据短期借款的利率和期限，复核被审计单位短期借款的利息计算是否正确，有无多算或少算利息的情况，如有未计利息和多计利息，应做出记录，必要时进行调整。

⑦ 检查短期借款在资产负债表上的列报是否恰当。短期借款在资产负债表上通常设短期借款项目单独列示，对于因抵押而取得的短期借款，应在资产负债表附注中揭示，注册会计师应注意被审计单位对短期借款项目的反映是否充分。

2. 应付票据审计

应付票据核算企业购买材料、商品和接受劳务供应等而开出、承兑的商业汇票，包括银行承兑汇票和商业承兑汇票。

应付票据的审计目标一般包括：确定应付票据的存在；确定所有应当记录的应付票据是否均已记录；确定记录的应付票据是否为被审计单位应当履行的现时义务；确定应付票据是否以恰当的金额包括在财务报表中，与之相关的计价调整是否已恰当记录；确定应付票据在财务报表上的列报是否恰当。

注册会计师对应付票据的实质性程序通常包括以下内容。

① 获取或编制应付票据明细表，复核加计正确，并检查其与应付票据登记簿、报表数、总账数和明细账合计数是否相符。

② 选择应付票据重要项目（包括零账户），函证其余额是否正确，并根据回函情况，编制与分析函证结果汇总表。

③ 实施实质性分析程序，以证实应付票据的完整性和合理性，以及发现需要加以特别关注的方面。

④ 检查应付票据备查簿，抽查若干重要原始凭证，确定其是否真实，会计处理是否正确；检查该笔债务的相关合同、发票、货物验收单等资料，核实交易事项的真实性；抽查决算日后应付票据明细账及现金、银行存款日记账，核实其是否已付款并转销；对截止资产负债表日已偿付的应付票据，注意其凭证入账日期的合理性。

⑤ 复核带息应付票据利息是否足额计提，检查其会计处理是否正确。

⑥ 查明逾期未兑付应付票据的原因，检查是否有抵押票据的情况。

⑦ 关注是否存在应付关联方的票据。

⑧ 对于用非记账本位币结算的应付票据，检查其采用的折算汇率是否正确。

⑨ 确定应付票据是否已在资产负债表上恰当列报。根据 2018 年 6 月 15 日财政部发布的《关于修订印发 2018 年度一般企业财务报表格式的通知》（财会〔2018〕15 号），要求应

付票据应计入资产负债表“应付票据及应付账款”项目进行列示。

3. 交易性金融负债审计

交易性金融负债，是指以公允价值计量且其变动计入当期损益的金融负债或指定为公允价值计量且其变动计入当期损益的金融负债。在非同一控制下的企业合并中，企业作为购买方确认的或有对价形成金融负债的，该金融负债应当按照以公允价值计量且其变动计入当期损益进行会计处理。

交易性金融负债的审计目标包括：确定期末交易性金融负债是否存在；确定期末交易性金融负债是否为被审计单位应履行的现时义务；确定交易性金融负债的发生、偿还及计息的记录是否完整；确定交易性金融负债期末余额是否正确；确定交易性金融负债的列报是否恰当。

注册会计师对交易性金融负债实施的实质性程序主要如下。

① 获取或编制交易性金融负债明细表，复核加计是否正确，并与报表、总账数和明细数合计数核对相符。

② 根据相关的债券交易资料，审查交易性金融负债内容的真实性和完整性。

③ 根据需要向对方单位进行函证。

④ 审查交易性金融负债的会计处理是否正确，特别注意公允价值的合理性，是否存在低估公允价值而调增利润的情况。

⑤ 检查交易性金融负债的列报是否恰当。

4. 应付账款审计

应付账款核算企业因购买材料、商品和接受劳务供应等经营活动应支付的款项。应付账款应当按照不同的债权人进行明细核算。注册会计师应结合赊购业务进行应付账款的实质性程序。

应付账款的审计目标一般包括：确定应付账款的存在；确定所有应当记录的应付账款是否均已记录；确定记录的应付账款是否为被审计单位应当履行的现时义务；确定应付账款是否以恰当的金额包括在财务报表中，与之相关的计价调整是否已恰当记录；确定应付账款在财务报表上的列报是否恰当。

一般而言，注册会计师对应付账款的实质性程序通常包括以下内容。

① 获取或编制应付账款明细表，复核加计正确，并且与报表数、总账数，明细账的合计数核对是否相符。

② 根据被审计单位实际情况，对应付账款进行实质性分析程序：对本期期末应付账款余额与上期期末余额进行比较，分析其波动原因；分析长期挂账的应付账款，要求被审计单位做出解释，判断被审计单位是否缺乏偿债能力或利用应付账款隐瞒利润并注意是否可能无须支付；计算应付账款对存货、应付账款对流动负债的比率，并与以前期间对比分析，评价应付账款整体合理性；根据存货、主营业务收入和主营业务成本的增减变动幅度，判断应付账款变动的合理性。

③ 函证应付账款。一般情况下，应付账款不需要函证。但如果控制风险较高，某应付账款明细账户金额较大，或被审计单位处于财务困难阶段，则应进行应付账款的函证。对应付账款的存在性认定，替代审计程序可能包括检查期后付款记录、对方提供的对账单等；对完整性认定，替代审计程序可能包括检查收货等入库记录和凭证。

④ 检查应付账款是否记入了正确的会计期间，是否存在未入账的应付账款。

- 检查债务形成的相关原始凭证，如供应商发票、验收报告或入库单等，查找有无未及时入账的应付账款，确认应付账款期末余额的完整性。
- 检查资产负债表日后应付账款明细账贷方发生额的相应凭证，关注其购货发票的日期，确认其入账时间是否合理。
- 获取被审计单位与其供应商之间的对账单，并将对账单和被审计单位财务记录之间的差异进行调节（如在途款项、在途商品、付款折扣、未记录的负债等），查找有无未入账的应付账款，确定应付账款金额的准确性。
- 针对资产负债表日后付款项目，检查银行对账单及有关付款凭证（如银行汇款通知、供应商收据等），询问被审计单位内部或外部的知情人员，查找有无未及时入账的应付账款。
- 结合存货监盘程序，检查被审计单位在资产负债表日前后的存货入库资料（验收报告或入库单），检查是否有大额货到单未到的情况，确认相关负债是否记入了正确的会计期间。

如果注册会计师通过这些审计程序发现某些未入账的应付账款，应将有关情况详细记入审计工作底稿，并根据其重要性确定是否需建议被审计单位进行相应的调整。

⑤ 针对已偿付的应付账款，追查至银行对账单、银行付款单据和其他原始凭证，检查其是否在资产负债表日前真实偿付。

⑥ 结合预付账款的明细余额，查明有无在应付账款和预付账款同时挂账的项目；结合其他应付款的明细余额，查明有无不属于应付账款的其他应付款。若有应做出记录，必要时建议被审计单位做重分类调整或会计误差调整。

⑦ 检查是否存在长期挂账的应付账款，做出记录，注意其是否可能无须支付。对确实无法支付的应付账款是否按规定转入有关项目，相关依据及审批手续是否完备。

⑧ 检查带有现金折扣的应付账款是否按发票上记载的全部应付金额入账，待实际获得现金折扣时再冲减财务费用项目。

⑨ 被审计单位与债权人进行债务重组的，检查不同债务重组方式下的会计处理是否正确。

⑩ 标明应付关联方［包括持5%以上（含5%）表决权股份的股东］的款项，执行关联方及其交易审计程序，并注明合并报表时应予抵销的金额。

⑪ 检查用非记账本位币结算的应付账款。

⑫ 检查应付账款是否已按照《企业会计准则》的规定在财务报表中做出恰当列报。根据2018年6月15日财政部发布的《关于修订印发2018年度一般企业财务报表格式的通知》（财会〔2018〕15号），要求应付账款应计入资产负债表“应付票据及应付账款”项目进行列示。

5. 应交税费审计

应交税费核算企业按照税法规定计算应缴纳的各种税费，包括增值税、消费税、所得税、资源税、土地增值税、城市维护建设税、房产税、土地使用税、车船税、教育费附加、矿产资源补偿费等。企业(保险)按规定应交纳的保险保障基金，也通过应交税费核算。企业代扣代交的个人所得税，也通过应交税费核算。企业不需要预计应交数所交纳的税金，如印花税、耕地占用税等，不在应交税费核算。应交税费按照应交税费的税种进行明细核算。在应交增值税还应分进项税额、销项税额、出口退税、进项税额转出、已缴税费等设置专栏进行明细核算。

应交税费的审计目标一般包括：确定应计和已缴税费的记录是否完整；确定应交税费的期末余额是否正确；确定应交税费在财务报表上的列报是否恰当。

注册会计师对应交税费实施的实质性程序如下。

① 获取或编制应交税费明细表，复核其加计数是否正确，并核对其期末余额与报表数、总账数和明细账合计数是否相符。注意印花税、耕地占用税等有无误入应交税费项目。

② 查阅被审计单位纳税鉴定或纳税通知及征、免、减税的批准文件，了解被审计单位适用的税种、计税基础、税费率，以及征、免、减税的范围与期限，确认其在被审计期间内的应纳税的内容。

③ 核对期初未交税费与税务机关的认定数是否一致，如有差额，应查明原因并做出记录，必要时建议被审计单位作适当调整。

④ 取得税务部门汇算清缴或其他确认文件、有关政府部门的专项检查报告、税务代理机构的专业报告、企业纳税申报有关资料等，分析其有效性，并与上述明细表及账面情况进行核对。

⑤ 检查应缴增值税的计算是否正确：

- 获取或编制应缴增值税明细表，加计复核其正确性，并与明细账核对相符；
- 将应缴增值税明细表与企业增值税纳税申报表核对，检查进项、销项的入账与申报期间是否一致，金额是否相符，增值税纳税申报表是否经税务机关认定；
- 复核国内采购货物、进口货物、购进的免税农产品、接受投资或捐赠、接受应税劳务等应计的进项税额是否按规定进行了会计处理；
- 复核存货销售，或将存货用于投资、无偿馈赠他人、分配给股东(或投资者)应计的销项税额，以及将自产、委托加工的产品用于非应税项目应计的销项税额的计算是否正确，是否按规定进行了会计处理；
- 复核因存货改变用途或发生非常损失应计的进项税额转出数的计算是否正确，是否按规定进行了会计处理；检查出口货物退税的计算是否正确，是否按规定进行了会计处理；
- 对经主管税务机关批准实行核定征收率征收增值税的被审计单位，应检查其是否按照有关规定正确执行。如果申报增值税金额小于核定征收率计算的增值税金额，应注意超过申报额部分的会计处理是否正确。

⑥ 检查应缴消费税的计算是否正确。结合税金及附加等项目，根据审定的应税消费品销售额(或数量)，检查消费税的计税依据是否正确，适用税率(或单位税额)是否符合税法规定，是否按规定进行了会计处理，并分项复核本期应交消费税税额。

⑦ 检查应缴资源税的计算是否正确，是否按规定进行了会计处理。

⑧ 检查应缴土地增值税的计算是否正确，是否按规定进行了会计处理。

⑨ 检查应缴城市维护建设税的计算是否正确。结合税金及附加和其他业务支出等项目，根据审定的计税基础和按规定适用的税率，计算复核被审计单位本期应缴城市维护建设税税额。

⑩ 检查应缴车船税和房产税的计算是否正确。

⑪ 结合所得税项目，确定应纳税所得额及企业所得税税率，复核应缴企业所得税的计

算是否正确，是否按规定进行了会计处理。

⑫ 检查除上述税项外的其他税项及代扣税项的计算是否正确，是否按规定进行了会计处理。

⑬ 确定本期应缴纳的税款。检查有关账簿记录和缴税凭证，确认本期已缴税款和期末未缴税款。

⑭ 确定应交税费是否已在资产负债表上做恰当披露。

⑮ 结合税金及附加和其他业务支出等项目，检查教育费附加等的计算是否正确，是否按规定进行了会计处理。

6. 长期借款审计

长期借款的审计目标一般包括：确定期末长期借款是否存在；确定期末长期借款是否为被审计单位应履行的现时义务；确定长期借款的借入、偿还及计息是否完整；确定长期借款的期末余额是否正确；确定长期借款的列报是否恰当。

长期借款同短期借款一样，都是企业向银行或其他金融机构借入的借款，因此长期借款的实质性程序同短期借款的实质性程序较为相似。注册会计师在进行长期借款的实质性程序时，一般需要执行如下程序。

① 获取或编制长期借款明细表，复核其加计数是否正确，并与明细账和总账核对相符。

② 了解金融机构对被审计单位的授信情况及被审计单位的信用等级评估情况，了解被审计单位获得长期借款的抵押和担保情况，评估被审计单位的信誉和融资能力。

③ 对年度内增加的长期借款，应检查借款合同和授权批准，了解借款数额、借款条件、借款日期、还款期限、借款利率，并与相关会计记录相核对。

④ 检查长期借款的使用是否符合借款合同的规定，重点检查长期借款使用的合理性。

⑤ 向银行或其他债权人函证重大的长期借款。

⑥ 对年度内减少的长期借款，注册会计师应检查相关记录和原始凭证，核实还款数额。

⑦ 检查年末有无到期未偿还的借款，逾期借款是否办理了延期手续，分析计算逾期贷款的金额、比率和期限，判断被审计单位的资信程度和偿债能力。

⑧ 检查一年内到期的长期借款是否已转列为流动负债。

⑨ 计算长期借款在各个月份的平均余额，选取适用的利率匡算利息支出总额，并与财务费用的相关记录核对，判断被审计单位是否高估或低估利息支出，必要时进行适当调整。

⑩ 检查非记账本位币折合记账本位币采用的折算汇率，折算差额是否按规定进行会计处理。

⑪ 检查借款费用的会计处理是否正确。

⑫ 检查企业抵押长期借款的抵押资产的所有权是否属于企业，其价值和实际状况是否与抵押契约中的规定相一致。

⑬ 检查企业重大的资产租赁合同，判断被审计单位是否存在资产负债表外融资的现象。

⑭ 检查长期借款是否已在资产负债表上恰当列报。

7. 递延所得税负债

递延所得税负债，是指企业当期和以前期间应交未交的所得税。

递延所得税负债的审计目标一般包括：确定期末递延所得税负债是否存在；确定递延所得税负债的发生和转销记录是否完整；确定递延所得税负债的期末余额是否正确；确定递延

所得税负债的列报是否恰当。

注册会计师对递延所得税负债实施的实质性程序如下。

① 获取或编制递延所得税负债明细表，复核加计正确，并与报表数、总账数和明细账合计数核对相符。

② 检查被审计单位采用的会计政策是否恰当，前后期是否一致。

③ 检查被审计单位用于确认递延所得税负债的税率是否正确。

④ 检查递延所得税负债增减变动记录，以及应纳税暂时性差异的形成原因，确定是否符合有关规定，计算是否正确，预计转销期是否适当。

⑤ 当适用税率发生变化时，检查被审计单位是否对递延所得税负债进行重新计量，对其影响数的会计处理是否正确。

⑥ 确定递延所得税负债的列报是否恰当。

11.7　所有者权益审计

所有者权益是指企业资产扣除负债后由所有者享有的剩余权益。公司的所有者权益又称为股东权益。所有者权益的来源包括所有者投入的资本、直接计入所有者权益的利得和损失、留存收益等。所有者权益金额取决于资产和负债的计量，涉及的会计科目主要有实收资本(或股本)、其他权益工具、资本公积、其他综合收益、盈余公积和未分配利润等。如果注册会计师能够对企业的资产和负债进行充分审计，证明两者的期初余额、期末余额和本期变动都是正确的，这便从侧面为所有者权益的期末余额和本期变动的正确性提供了证据。由于所有者权益增减变动具有业务较少、金额较大的特点，注册会计师在审计了资产和负债后，往往只需要花费相对较少的时间对所有者权益进行审计。下面侧重阐述股本、资本公积、盈余公积、未分配利润等的审计。

1. 股本审计

除股份有限公司的投入资本在股本科目中核算外，其他组织形式的企业，其投入资本集中在实收资本科目中核算。

股本审计的目标主要包括：确定股本是否存在；确定股本增减变动是否符合法律、法规和合同、章程的规定，记录是否完整；确定股本期末余额是否正确；确定股本的列报是否恰当。

注册会计师对股本实施的实质性程序如下。

① 审阅公司章程、实施细则和股东大会、董事会会议记录。注册会计师应向被审计单位索取公司章程、实施细则和股东大会、董事会会议记录的副本，认真审阅有关股本的条款。注册会计师应进一步确定被审计单位股本的交易是否符合有关的法规规定及股东大会或董事会的决议。

② 检查股东是否按照公司章程、合同、协议规定的出资方式出资，各种出资方式的比例是否符合规定。

③ 索取或编制股本明细表，并与有关凭证和账目核对相符。股本明细表作为永久档案存档，以供本年度和以后年度检查股本时使用。

④ 检查股票的发行、收回等交易活动。应检查的凭证和记录包括已发行股票的登记簿、向外界收回的股票、募股清单、银行对账单、银行存款日记账、股本明细账、总账等。

⑤ 函证发行在外的股票。注册会计师检查已发行的股票数量是否真实，是否均已收到股款或资产。

⑥ 根据证券登记公司提供的股东名录，检查被审计单位及其子公司、合营企业与联营企业是否有违反规定的持股情况。

⑦ 检查股票发行费用的会计处理。

⑧ 以非记账本位币出资的，检查其折算汇率是否符合规定。

⑨ 检查认股权证及其有关交易，确定委托人及认股人是否遵守认股合约或认股权证中的有关规定。

⑩ 检查股本是否在资产负债表上恰当列报。

2. 资本公积审计

资本公积科目核算企业收到投资者出资超出其在注册资本或股本中所占的份额及直接计入所有者权益的利得和损失等。本科目应当分资本溢价或股本溢价、其他资本公积进行明细核算。

资本公积的审计目标一般包括：确定资本公积是否存在；确定资本公积的增减变动是否符合法律、法规和合同、章程的规定，记录是否完整；确定资本公积期末余额是否正确；确定资本公积的列报是否恰当。

注册会计师对资本公积实施的实质性程序如下。

① 获取或编制资本公积明细表，复核加计正确，并与报表数、总账数和明细账合计数核对相符。

② 收集与资本公积变动有关的股东(大)会决议、董事会会议纪要、资产评估报告等文件资料，更新永久性档案。首次接受委托的，应检查期初资本公积的原始发生依据。

③ 检查资本公积增减变动的内容及其依据。检查资本公积增减变动的内容及其依据，并查阅相关会计记录和原始凭证，确认资本公积增减变动的合法性和正确性。

④ 检查资本溢价或股本溢价。对资本溢价应检查是否是在企业吸收新的投资者时形成，其投资是否经企业董事会决定并已报审批机关批准；对股本溢价应检查发行是否合法，是否经有关部门批准。与发行权益性证券直接相关的手续费、佣金等交易费用，借记本科目(股本溢价)，贷记银行存款等科目。

⑤ 检查其他资本公积。

- 检查企业的股份支付及其账务处理是否符合有关规定。
- 检查企业自用房地产或存货转换为采用公允价值模式计量的投资性房地产时账务处理是否正确。
- 检查套期会计方法的账务处理是否符合有关规定。

⑥ 检查资本公积各项目，考虑对所得税的影响。

⑦ 记录资本公积中不能转增资本的项目。

⑧ 确定资本公积的列报是否恰当。

3. 盈余公积审计

盈余公积主要核算企业从净利润中提取的盈余公积。科目下分法定盈余公积、任意盈余公积进行明细核算。

盈余公积的审计目标一般包括：确定期末盈余公积是否存在；确定盈余公积的增减变动是否符合法律、法规和合同、章程的规定，记录是否完整；确定盈余公积期末余额是否正确；确定盈余公积的列报是否恰当。

注册会计师对盈余公积进行的实质性程序如下。

① 获取或编制盈余公积明细表，并与明细账和总账核对相符。注册会计师首先获取或编制盈余公积明细表，分别列示法定盈余公积、任意盈余公积等，并与明细账和总账的余额核对相符。在此基础上，对盈余公积各明细账项目的发生额，逐项检查其原始凭证。

② 检查盈余公积的提取。对盈余公积的提取，注册会计师主要检查盈余公积提取是否符合规定并经过批准，提取手续是否完备，提取的依据是否真实、正确，提取项目是否完整，提取比例是否合法，有无多提或少提。

③ 检查盈余公积的使用。盈余公积的使用必须经过一定的授权批准手续。用盈余公积弥补亏损或转增资本，必须经股东大会或类似机构决议。用盈余公积派送新股，按派送新股计算的金额，必须经股东大会决议。

④ 检查盈余公积是否已在资产负债表上恰当列报。企业的法定盈余公积、任意盈余公积等应合并在盈余公积中并在资产负债表中列示。股份有限公司还应在财务报表附注中说明各项盈余公积的期末余额及其期初到期末间的重要变化。

4. 未分配利润审计

未分配利润是指未作分配的净利润。未分配利润是企业当年税后利润在弥补以前年度亏损、提取公积金和公益金以后加上上年末未分配利润，再扣除向所有者分配的利润后的结余额，是企业留于以后年度分配的利润。它是企业历年积存的利润分配后的余额。

未分配利润的审计目标一般包括：确定期末未分配利润是否存在；确定未分配利润增减变动的记录是否完整；确定未分配利润期末余额是否正确；确定未分配利润的列报是否恰当。

注册会计师实施的实质性程序如下。

① 获取或编制利润分配明细表，复核加计正确，与报表数、总账数及明细账合计数核对相符。

② 检查未分配期初数与上期审定数是否相符，涉及损益的上期审计调整是否正确入账。

③ 检查利润分配的比例是否符合合同、协议、章程及董事会纪要的规定，利润分配数额及年末未分配利润是否正确。

④ 检查本期未分配利润变动除净利润转入以外的全部相关凭证，结合所有获取的文件资料，确定其会计处理是否正确。

⑤ 结合以前年度损益调整科目的审计，检查以前年度损益调整的内容是否真实、合理，注意对以前年度所得税的影响。

⑥ 检查未分配利润是否已在资产负债表上恰当列报。

11.8　其他账户审计

实质性程序阶段，对于关键的账户余额、关键交易均需要进行相应的审计。对于利润表，根据《企业会计准则第 30 号——财务报表列报》，至少应当单独列示营业收入、营业成本、税金及附加、管理费用、销售费用、研发费的、财务费用、投资收益、公允价值变动损益、资产减值损失、资产处置收益、所得税费用、净利润、其他综合收益的税后净额、各项目分别扣除所得税影响后的净额、综合收益总额。下面着重阐述注册会计师对营业收入、营业成本、税金及附加、管理费用、销售费用、财务费用、投资收益、公允价值变动损益、资产减值损失、所得税费用等方面的实质性程序。

1. 营业收入审计

营业收入，是指企业在销售商品、提供劳务等主营业务活动中所产生的收入，以及企业确认的除主营业务活动以外的其他经营活动实现的收入，包括出租固定资产、出租无形资产、出租包装物，以及商品、销售材料、用材料进行非货币性交换或债务重组等实现的收入。

营业收入的审计目标一般包括：确定记录的营业收入是否已发生，且与被审计单位有关；确定营业收入记录是否完整；确定与营业收入有关的金额及其他数据是否已恰当记录，包括对销售退回、销售折扣与折让的处理是否适当；确定营业收入是否已记录于正确的会计期间；确定营业收入是否按照《企业会计准则》的规定在财务报表中做出恰当的列报。

注册会计师对营业收入实施的实质性程序通常分主营业务收入和其他业务收入两部分实施。对于主营业务收入实施的实质性程序如下。

① 获取或编制主营业务收入明细表，复核加计正确，并与总账数和明细账合计数核对相符。

② 查明主营业务收入的确认原则、方法，注意是否符合企业会计准则和会计制度规定的收入实现条件，前后期是否一致。

③ 进行实质性分析程序：将本期与上期的主营业务收入进行比较，分析产品销售的结构和价格的变动是否正常，并分析异常变动的原因；比较本期各月各种主营收入的波动情况，分析其变动趋势是否正常，是否符合被审计单位季节性、周期性的经营规律，并查明异常现象和重大波动原因；计算本期重要产品的毛利率，分析比较本期与上期同类产品毛利率变化情况，注意收入与成本是否配比，并查清重大波动和异常情况的原因；计算对重要客户的销售额及产品毛利率，分析比较本期与上期有无异常变化；将上述分析结果与同行业企业本期相关资料进行对比分析，检查是否存在异常。

④ 根据增值税发票申报表或普通发票，估算全年收入，与实际入账收入金额核对，并检查是否存在虚开发票或已销售但未开发票的情况。

⑤ 获取产品价格目录，抽查售价是否符合定价政策，并注意销售给关联方或关系密切的重要客户的产品价格是否合理，有无低价或高价结算以转移收入和利润的现象。

⑥ 抽取本期一定数量的发运凭证，审查存货出库日期、品名、数量等是否与销售发票、销售合同、记账凭证等一致。

⑦ 抽取本期一定数量的记账凭证，检查入账日期、品名、数量、单价、金额等是否与销售发票、发运凭证、销售合同或协议等一致。

⑧ 实施销售的截止测试。

⑨ 结合对应收账款实施的函证程序，选择主要客户函证本期销售额。

⑩ 检查销售折扣、销售退回与折让业务是否真实，内容是否完整，相关手续是否符合规定，折扣与折让的计算和会计处理是否正确。

⑪ 检查外币收入折算汇率是否正确。

⑫ 检查有无特殊的销售行为，如附有销售退回条件的商品销售、委托代销、售后回购、以旧换新、商品需要安装和检验的销售、分期收款销售、出口销售、售后租回等，并进行相

应审核：

- 附有销售退回条件的商品销售，如果对退货部分能做合理估计的，确定其是否按估计不会退货部分确认收入；如果对退货部分不能做合理估计的，确定其是否在退货期满时确认收入。
- 售后回购，分析特定销售回购的实质，判断其是属于真正的销售交易，还是属于融资行为。
- 以旧换新销售，确定销售的商品是否按照商品销售的方法确认收入，回收的商品是否作为购进商品处理。
- 出口销售，确定其是否按离岸价格、到岸价格或成本加运费价格等不同的成交方式，确认收入的时点和金额。

⑬ 调查集团内部销售的情况，记录其交易价格、数量和金额，并追查在编制合并财务报表时是否已予以抵消。

⑭ 调查向关联方销售的情况，记录其交易品种、数量、价格、金额及占主营业务收入总额的比重。对于合并范围内的销售活动，记录应予合并抵消的金额。

⑮ 确定主营业务收入的列报是否恰当。

对于其他业务收入实施的实质性程序如下。

① 获取其他收入明细表，复核加计是否正确，并与总账数和明细账合计数核对是否相符，结合主营业务收入科目与营业收入报表数核对是否相符。

② 计算本期其他业务收入与其他业务成本的比率，并与上期该比率比较，检查是否存在重大波动，并查明原因。

③ 检查其他业务收入是否真实准确，收入确认原则及会计处理是否符合规定，抽查原始凭证予以核实。

④ 抽查资产负债表日前后一定数量的记账凭证，实施截止测试，确定入账时间是否正确。

⑤ 对异常项目，追查入账依据及有关法律文件是否充分。

⑥ 确定其他业务收入在财务报表中的列报是否恰当。

2. 营业成本审计

营业成本是指企业从事对外销售商品、提供劳务等主营业务活动和销售材料、出售固定资产、出售无形资产、出租包装物等其他经营活动所发生的实际成本。

营业成本的审计目标一般包括：确定记录的营业成本是否已发生，且与被审计单位有关；确定营业成本记录是否完整；确定与营业成本有关的金额及其他数据是否已恰当记录；确定营业成本是否已记录于正确的会计期间；确定营业成本的内容是否正确；确定营业成本与营业收入是否配比；确定营业成本的列报是否恰当。

注册会计师对营业成本实施的实质性程序通常分主营业务成本与其他业务成本两部分实施。下面主要介绍对主营业务成本实施的实质性程序。对于主营业务成本实施的实质性程序如下。

① 获取或编制主营业务成本汇总明细表，复核加计是否正确，并与报表数、总账数和明细账合计数核对相符。

② 复核主营业务成本汇总明细表的正确性，与库存商品等科目钩稽，并编制生产成本

与主营业务成本倒轧表。

③ 检查主营业务成本的内容和计算方法是否符合有关规定，前后期是否一致，并做出记录。

④ 对主营业务成本执行实质性分析程序，检查本期内各月间及前后期同一产品的单位成本是否存在异常波动，是否存在调节成本现象。

⑤ 抽取若干月份的主营业务成本结转明细清单，结合生产成本的审计，检查销售成本结转数额的正确性，比较计入主营业务成本的商品品种、规格、数量与计入主营业务收入的口径是否一致，是否符合配比原则。

⑥ 检查主营业务成本中重大调整事项的会计处理是否正确，尤其是关于销售退回。

⑦ 在采用计划成本、定额成本、标准成本或售价核算存货的情况下，检查产品成本差异或商品进销差价的计算、分配和会计处理是否正确。

⑧ 确定主营业务成本的列报是否恰当。

表 11－10 是生产成本及主营业务成本倒轧表。

表 11－10　生产成本及主营业务成本倒轧表

项目	未审数	调整或重分类金额借（贷）	审定数
原材料期初余额			
加：本期购进			
其他增加数			
减：原材料期末余额			
其他发出额			
直接材料成本			
加：直接人工成本			
制造费用			
其他费用			
产品生产成本			
加：产成品期初余额			
减：产成品期末余额			
库存商品成本			
加：库存商品期初余额			
其他因素增加			
减：库存商品期末余额			
其他库存商品发出额			
主营业务成本			

3. 税金及附加审计

税金及附加是指企业由于销售产品、提供劳务等负担的税金及附加，包括消费税、城市维护建设税、资源税和教育费附加，以及与投资性房地产相关的房产税、土地使用税等。

1）审计目标

税金及附加的审计目标一般包括：确定记录的税金及附加是否已发生，且与被审计单位是否有关；确定税金及附加记录是否完整；确定与税金及附加有关的金额及其他数据是否已恰当记录；确定税金及附加是否已记录于正确的会计期间；确定税金及附加的内容是否正确；确定税金及附加的列报是否恰当。

2）实质性程序

注册会计师对税金及附加实施的实质性程序通常如下。

① 获取或编制税金及附加明细表，复核加计是否正确，并与报表数、总账数和明细账合计数核对相符。

② 确定被审计单位的纳税(费)范围与税(费)种是否符合国家规定。

③ 根据审定的应税消费品销售额(或数量)，按规定适用的税率，分项计算、复核本期应纳消费税税额。

④ 检查城市维护建设税、教育费附加等项目的计算依据是否和本期应纳增值税、消费税合计数一致，并按规定适用的税率或费率计算。复核本期应纳城市维护建设税、教育费附加等。

⑤ 根据审定的应税资源税产品的课税数量，按规定适用的单位税额，计算、复核本期应纳资源税税额。

⑥ 复核各项税费与应交税费等项目的钩稽关系。

⑦ 确定被审计单位减免税的项目是否真实，理由是否充分，手续是否完备。

⑧ 确定税金及附加是否已在利润表上做恰当列报。

4. 管理费用审计

1）审计目标

管理费用的审计目标一般包括：确定记录的管理费用是否已发生，且与被审计单位有关；确定管理费用记录是否完整；确定与管理费用有关的金额及其他数据是否已恰当记录；确定管理费用是否已记录于正确的会计期间；确定管理费用的内容是否正确；确定管理费用的列报是否恰当。

2）实质性程序

注册会计师对管理费用实施的实质性程序主要如下。

① 获取或编制管理费用明细表，复核加计正确，与报表数、总账数及明细账合计数核对是否相符。

② 检查管理费用项目的核算内容与范围是否符合规定。

③ 将本期、上期管理费用各明细项目作比较分析，必要时比较各月份管理费用，对有重大波动和异常情况的项目应查明原因，考虑是否提请被审计单位调整。

④ 将管理费用中列支的职工薪酬、研究费用、折旧费及无形资产、长期待摊费用、其他长期资产的摊销额等项目与相关科目进行交叉钩稽，并做出相应记录。

⑤ 选择管理费用中数额较大，以及本期与上期相比变化异常的项目追查到原始凭证。

⑥ 抽取资产负债表日前后一定数量的凭证，实施截止测试，对于重大跨期项目，应建议做必要调整。

⑦ 检查管理费用的列报是否恰当。根据 2018 年 6 月 15 日财政部发布的《关于修订印发 2018 年度一般企业财务报表格式的通知》（财会〔2018〕15 号），企业进行研究和开发过程中发生的费用化支出应在利润表“研发费用”项目中单独列示，不再计入“管理费用”项目。

5. 销售费用审计

1）审计目标

销售费用的审计目标一般包括：确定记录的销售费用是否已发生，且与被审计单位有关；确定销售费用记录是否完整；确定与销售费用有关的金额及其他数据是否已恰当记录；确定销售费用是否已记录于正确的会计期间；确定销售费用的内容是否正确；确定销售费用的列报是否恰当。

2）实质性程序

注册会计师对销售费用实施的实质性程序如下。

① 获取或编制销售费用明细表，复核加计正确，与报表数、总账数及明细账合计数核对是否相符。

② 将本期、上期销售费用各明细项目作比较分析，必要时比较各月份销售费用，对有重大波动和异常情况的项目应查明原因，考虑是否提请被审计单位调整。

③ 检查各明细项目是否与被审计单位销售商品和材料、提供劳务及销售机构经营有关，是否合规、合理，计算是否正确。

④ 检查各明细项目与累计折旧、应付职工薪酬等项目的钩稽关系，做交叉牵引。

⑤ 针对销售费用各主要明细项目，选择重要或异常的凭证，检查原始凭证是否真实有效，会计处理是否正确。注意广告费和业务宣传费划分是否合理，是否符合税前列支条件。

⑥ 抽取资产负债表日前后一定数量的凭证，实施截止测试，对于重大跨期项目，应建议做必要调整。

⑦ 如被审计单位是商品流通企业且已将管理费用科目的核算内容并入本科目核算，应同时实施管理费用的实质性程序。

⑧ 确定销售费用的列报是否恰当。

6. 财务费用审计

1）审计目标

财务费用的审计目标一般包括：确定记录的财务费用是否已经发生，且与被审计单位有关；确定财务费用记录是否完整；确定与财务费用有关的金额及其他数据是否已恰当记录；确定财务费用是否已记录于正确的会计期间；确定财务费用的内容是否正确；确定财务费用的列报是否恰当。

2）实质性程序

注册会计师对财务费用实施的实质性程序如下。

① 获取或编制财务费用明细表，复核加计正确，与报表数、总账数及明细账合计数核对是否相符。

② 将本期、上期财务费用各明细项目作比较分析，必要时比较本期各月份财务费用，如有重大波动和异常情况应追查原因，扩大审计范围或增加测试量。

③ 检查利息支出明细账，确认利息收支的真实性及正确性。检查各项借款期末应计利息有无预计入账。注意检查现金折扣的会计处理是否正确。

④ 检查汇兑损失明细账，检查汇兑损益计算方法是否正确，核对所用汇率是否正确，前后期是否一致。

⑤ 注意检查大额金融机构手续费的真实性与正确性。

⑥ 审阅下期期初的财务费用明细账，检查财务费用各项目有无跨期入账现象，对于重大跨期项目，应做必要调整。

⑦ 检查财务费用的列报是否恰当。根据 2018 年 6 月 15 日财政部发布的《关于修订印

发 2018 年度一般企业财务报表格式的通知》（财会〔2018〕15 号）的相关规定，需在利润表“财务费用”项目下增加“利息费用”和“利息收入”两个明细项目。

7. 投资收益审计

1）审计目标

投资收益的审计目标一般包括：确定记录的投资收益是否已经发生，且与被审计单位有关；确定投资收益记录是否完整；确定与投资收益有关的金额及其他数据是否已恰当记录；确定投资收益是否已记录于正确的会计期间；确定投资收益的内容是否正确；确定投资收益的列报是否恰当。

2）实质性程序

注册会计师对投资收益实施的实质性程序如下。

① 获取或编制投资收益分类明细表，复核加计正确，并与总账数和明细账合计数核对相符，与报表数核对相符。

② 与以前年度投资收益比较，结合投资本期的变动情况，分析本期投资收益是否存在异常现象；如有，应查明原因，并做出适当的调整。

③ 与长期股权投资、交易性金融资产、交易性金融负债、其他权益工具投资、债权投资等相关项目的审计结合，验证确定投资收益的记录是否正确，确定投资收益被计入正确的会计期间。

④ 确定投资收益已恰当列报。

8. 公允价值变动损益审计

公允价值变动损益包括交易性金融资产、交易性金融负债，以及采用公允价值模式计量的投资性房地产、衍生金融工具、套期保值业务等公允价值变动形成的应计入当期损益的利得或损失。

在审计公允价值变动损益时，公允价值的确定是关键，注册会计师应当考虑《中国注册会计师审计准则第 1322 号——公允价值计量和披露的审计》的规定。

1）审计目标

公允价值变动损益的审计目标一般包括：确定记录的公允价值变动损益是否已经发生，且与被审计单位有关；确定公允价值变动损益记录是否完整；确定与公允价值变动损益有关的金额及其他数据是否已恰当记录；确定公允价值变动损益是否已记录于正确的会计期间；确定公允价值变动损益的内容是否正确；确定公允价值变动损益的列报是否恰当。

2）实质性程序

注册会计师对公允价值变动损益实施的实质性程序如下。

① 获取或编制公允价值变动收益明细表，复核加计正确，与报表数、总账数及明细账合计数核对相符。

② 根据公允价值变动损益明细账，对交易性金融资产、交易性金融负债、衍生金融工具、套期保值业务和投资性房地产等各明细发生额逐项检查。

③ 确定公允价值变动损益的列报是否恰当。

9. 资产减值损失审计

资产减值准备包括坏账准备、存货跌价准备、长期投资减值准备、其他权益工具投资减值准备、债权投资减值准备、投资性房地产减值准备、商誉减值准备等项目。

对资产减值准备的审计与相关资产审计一并进行。资产减值准备涉及会计估计，所以在审计资产减值准备时，注册会计师应当考虑《中国注册会计师审计准则第 1321 号——审计会计估计和相关披露》的要求。

1）审计目标

资产减值准备的审计目标一般包括：确定记录的资产减值损失是否已经发生，且与被审计单位有关；确定资产减值损失记录是否完整；确定与资产减值损失有关的金额及其他数据是否已恰当记录；确定资产减值损失是否已记录于正确的会计期间；确定资产减值损失的内容是否正确；确定资产减值损失的列报是否恰当。

2）实质性程序

注册会计师对资产减值准备实施的实质性程序如下。

① 获取或编制资产减值损失明细表，复核加计正确，并与报表数、总账数及明细账合计数核对相符。

② 检查资产减值损失核算内容是否符合规定。

③ 对本期增减变动情况进行检查：对本期增加及转回的资产减值损失，与坏账准备等科目进行交叉钩稽；对本期转销的资产减值损失，结合相关资产科目的审计，检查会计处理是否正确。

④ 确定资产减值损失的列报是否恰当。

10. 所得税费用审计

《企业会计准则第 18 号——所得税》要求，所得税的会计处理实现权责发生制，采用纳税影响会计法。

1）审计目标

所得税费用的审计目标一般包括：确定记录的所得税费用是否已经发生，且与被审计单位有关；确定所得税费用记录是否完整；确定与所得税费用有关的金额及其他数据是否已恰当记录；确定所得税费用是否已记录于正确的会计期间；确定所得税费用的内容是否正确；确定所得税费用的列报是否恰当。

2）实质性程序

注册会计师对所得税费用实施的实质性程序如下。

① 获取或编制所得税费用明细表、递延所得税资产明细表、递延所得税负债明细表，核对与明细账合计数、总账及报表数是否相符。

② 根据审计结果和税法规定，核实当期的纳税调整事项，确定应纳税所得额，计算当期所得税费用。

③ 根据期末资产及负债的账面价值与其计税基础之间的差异，以及未作为资产和负债确认的项目的账面价值与按照税法的规定确定的计税基础的差异，计算递延所得税资产、递延所得税负债期末应有余额，并根据递延所得税资产、递延所得税负债期初余额，倒轧出递延所得税费用(收益)。

④ 将当期所得税费用与递延所得税费用之和与利润表的所得税项目金额相核对。

⑤ 确定所得税费用、递延所得税资产、递延所得税负债是否已在财务报表中恰当列报。

11.9　审计抽样在实质性程序中的应用

11.9.1　抽样的基本概念在实质性程序中的具体表现

1. 确定样本规模

在实质性程序中，审计抽样只能在实施细节测试时使用。在细节测试中，可接受的抽样风险主要是指抽样风险中的误受风险，有时也包括误拒风险。在确定可接受的误受风险水平时，注册会计师需要考虑下列因素：注册会计师愿意接受的审计风险水平；评估的重大错报风险水平；针对同一审计目标(财务报表认定)的其他实质性程序的检查风险，包括分析程序。

如果在细节测试中使用非统计抽样，注册会计师在确定适当的样本规模时，也需要考虑相关的影响因素，如总体变异性、可接受抽样风险、可容忍错报、预计总体错报及总体规模等，即使注册会计师无法明确地量化这些因素。

注册会计师在细节测试中还可以利用模型来确定样本规模，该模型如下：

样本规模＝（总体账面金额/可容忍错报）×保证系数

该模型只用于说明计划抽样时考虑的各种因素对样本规模的影响，注册会计师使用本模型时，需要在下列方面运用职业判断。

① 评估重大错报风险。

② 确定可容忍错报。

③ 估计预计总体错报。

④ 评估其他实质性程序未能发现重大错报的风险。

⑤ 剔除百分之百检查的项目后估计总体的账面金额。

⑥ 调整确定样本规模。

2. 评价样本结果

在细节测试中，注册会计师首先必须根据样本中发现的实际错报要求被审计单位调整账面记录金额。将被审计单位已更正的错报从推断的总体错报金额中减掉后，注册会计师应当将调整后的推断总体错报与该类交易或账户余额的可容忍错报相比较，但必须考虑抽样风险。

（1）统计抽样

在统计抽样中，注册会计师利用计算机程序或数学公式计算出总体错报上限，并将计算的总体错报上限与可容忍错报比较。计算的总体错报上限等于推断的总体错报(调整后)与抽样风险允许限度之和。

如果计算的总体错报上限低于可容忍错报，则总体可以接受。这时注册会计师对总体做出结论，所测试的交易或账户余额不存在重大错报。如果计算的总体错报上限大于或等于可容忍错报，则总体不能接受。这时注册会计师对总体做出结论，所测试的交易或账户余额存在重大错报。在评价财务报表整体是否存在重大错报时，注册会计师应将该类交易或账户余额的错报与其他审计证据一起考虑。通常，注册会计师会建议被审计单位对错报进行调查，且在必要时调整账面记录。

（2）非统计抽样

在非统计抽样中，注册会计师运用其经验和职业判断评价抽样结果。如果调整后的总体错报大于可容忍错报，或虽小于可容忍错报但两者很接近，注册会计师通常做出总体实际错报大于可容忍错报的结论。也就是说，该类交易或账户余额存在重大错报，因而总体不能接受。如果对样本结果的评价显示，对总体相关特征的评估需要修正，注册会计师可以单独或综合采取下列措施：提请管理层对已识别的误差和存在更多误差的可能性进行调查，并在必要时予以调整；修改进一步审计程序的性质、时间和范围；考虑对审计报告的影响。

如果调整后的总体错报远远小于可容忍错报，注册会计师可以做出总体实际错报小于可容忍错报的结论，即该类交易或账户余额不存在重大错报，因而总体可以接受。

如果调整后的总体错报虽然小于可容忍错报但两者之间的差距很接近(既不很小又不很大)，注册会计师必须特别仔细地考虑，总体实际错报超过可容忍错报的风险是否能够接受，并考虑是否需要扩大细节测试的范围，以获取进一步的证据。

11.9.2　在实质性程序中常用的抽样方法

实施细节测试时，注册会计师可能使用统计抽样方法，也可能使用非统计抽样方法。注册会计师在细节测试中使用的统计抽样方法主要包括传统变量抽样和概率比例规模抽样法(以下简称 PPS 抽样)。

1. 变量抽样

变量抽样主要包括 3 种具体的方法：均值估计抽样、差额估计抽样和比率估计抽样。

(1) 均值估计抽样

均值估计抽样是指通过抽样审查确定样本的平均值，再根据样本平均值推断总体的平均值和总值的一种变量抽样方法。使用这种方法时，注册会计师先计算样本中所有项目审定金额的平均值，然后用这个样本平均值乘以总体规模，得出总体金额的估计值。总体估计金额和总体账面金额之间的差额就是推断的总体错报。例如，注册会计师从总体规模为 1 000、账面金额为 1 000 000 元的存货项目中选择了 200 个项目作为样本。在确定了正确的采购价格并重新计算了价格与数量的乘积之后，注册会计师将 200 个样本项目的审定金额加总后除以 200，确定样本项目的平均审定金额为 980 元；然后计算估计的存货余额为 980 000 元(980 元×1 000)，推断的总体错报就是20 000元(1 000 000 元－980 000 元)。

(2) 差额估计抽样

差额估计抽样是以样本实际金额与账面金额的平均差额来估计总体实际金额与账面金额的平均差额，然后再以这个平均差额乘以总体规模，从而求出总体的实际金额与账面金额的差额(即总体错报)的一种方法。差额估计抽样的计算公式如下。

$$\text{平均错报}=\frac{\text{样本实际金额与账面金额的差额}}{\text{样本规模}}$$

$$\text{推断的总体错报}=\text{平均错报}\times\text{总体规模}$$

使用这种方法时，注册会计师先计算样本项目的平均错报，然后根据这个样本平均错报推断总体。例如，注册会计师从总体规模为 1 000 的存货项目中选取了 200 个项目进行检查。总体的账面金额总额为 1 040 000 元。注册会计师逐一比较 200 个样本项目的审定金额和账面金额并将账面金额(208 000 元)和审定金额(196 000 元)之间的差异加总，本例中为 12 000 元。12 000 元的差额除以样本项目个数 200，得到样本平均错报 60 元。然后注册会计师用这个平均错报乘以总体规模，计算出总体错报为 60 000 元(60 元×1 000)。

(3) 比率估计抽样

比率估计抽样是指以样本的实际金额与账面金额之间的比率关系来估计总体实际金额与账面金额之间的比率关系，然后再以这个比率去乘总体的账面金额，从而求出估计的总体实际金额的一种抽样方法。比率估计抽样法的计算公式如下。

$$比率=\frac{样本审定金额}{样本账面金额}$$

$$估计的总体实际金额=总体账面金额\times比率$$

$$推断的总体错报=估计的总体实际金额-总体账面金额$$

如果上例中注册会计师使用比率估计抽样，样本审定金额合计与样本账面金额的比例则为 0.94(196 000 元÷208 000 元)。注册会计师用总体的账面金额乘以该比例 0.94，得到估计的存货余额 977 600 元(1 040 000 元×0.94)。推断的总体错报则为62 400元(1 040 000 元－977 600 元)。

如果未对总体进行分层，注册会计师通常不使用均值估计抽样，因为此时所需的样本规模可能太大，以至于对一般的审计而言不符合成本效益原则。比率估计抽样和差额估计抽样都要求样本项目存在错报。如果样本项目的审定金额和账面金额之间没有差异，这两种方法使用的公式所隐含的机理就会导致错误的结论。如果注册会计师决定使用统计抽样，且预计只发现少量差异，就不应使用比率估计抽样和差额估计抽样，而考虑使用其他的替代方法，如均值估计抽样或 PPS 抽样。

设计传统变量抽样所需的数学计算，包括样本规模的计算，对于手工应用来说显得复杂且困难。注册会计师在使用传统变量抽样时通常运用计算机程序确定样本规模，一般不须懂得这些方法所用的数学公式。注册会计师在确定样本规模时要考虑可容忍错报和误受风险，有时也需要考虑误拒风险。

下面以 XYZ 公司审计中的积极函证为例，来说明差额估计抽样的运用。XYZ 公司的背景资料如下。在账龄试算表中总共列示了 4 000 笔应收账款，账面价值合计为600 000 元。注册会计师认为该公司的内部控制存在薄弱环节，并预期审计中还将会在账面金额中发现大量的小额错报。其总资产为￥2 500 000，税前净收益为￥400 000。由于财务报表的使用者有限，并且 XYZ 公司的财务状况良好，因此可接受的审计风险较高，分析性程序的结果表明没有重大问题。在整个讨论过程中，均假定所有的函证都有答复或都已执行了有效的替代程序。因此，样本规模就是寄出的积极函证的数量。

注册会计师对 XYZ 公司进行审计测试目标是确定在考虑坏账准备之前的应收账款是否存在重要错报。由于应收账款数目较大，决定采用审计抽样。XYZ 公司应收账款的总体容量为 4 000。注册会计师确定的可容忍错报额为 21 000 元。

在 XYZ 公司应收账款审计中，注册会计师要确定两类风险。一类是可接受的误受风险，是指在应收账款实际错报额超过 21 000 元时，认为应收账款金额正确的风险。它受可接受的审计风险、控制测试和交易实质性测试的结果、分析性程序和应收账款在财务报表中的相对重要性等方面的影响。在 XYZ 公司审计中，采用 10%的可接受的误受风险。另一类是可接受的误拒风险，是在应收账款实际上没有发生重要错报时，认为应收账款不正确而拒绝接受的风险。它要受重新抽样所要追加的成本影响。由于进行第二次函证的成本很高，因此采用 25%的可接受的误拒风险。对于那些增加样本规模但成本不是很高的审计测试，通常采用较高的可接受的误拒风险。

注册会计师根据以前年度的审计测试结果，确定 XYZ 公司的预期总体错报的点估计值为 1 500 元(高估)。

由于在确定初始样本规模时，需要预先估计总体中个别错报的变动程度，它是以总体标准差来衡量的，因此注册会计师根据以前年度的审计测试结果，估计 XYZ 公司的总体标准差为 20 元。

现在 XYZ 公司的初始样本规模可用下列公式计算。

$$n=\left[\frac{\mathrm{SD}^{*}(Z_A+Z_R)N}{\mathrm{TM}-E^{*}}\right]^2$$

其中：

n——初始样本规模；

SD^{*}——预先估计的标准差；

Z_A——可接受的误受风险的置信系数(见表 11－11)；

Z_R——可接受的误拒风险的置信系数(见表 11－11)；

N——总体容量；

TM——总体可容忍错报(重要性)；

E^{*}——估计的总体错报点估计值。

将该公式应用于 XYZ 公司，得

$$n=\left[\frac{20(1.28+1.15)4\,000}{21\,000-1\,500}\right]^2=(9.97)^2=100$$

表 11－11　置信度、可接受的误受风险、可接受的误拒风险的置信系数

置信度/%	可接受的误受风险/%	可接受的误拒风险/%	置信系数
99	0.5	1	2.58
95	2.5	5	1.96
90	5	10	1.64
80	10	20	1.28
75	12.5	25	1.15
70	15	30	1.04
60	20	40	0.84
50	25	50	0.67
40	30	60	0.52
30	35	70	0.39
20	40	80	0.25
10	45	90	0.13
0	50	100	0

注册会计师运用前面所讨论的选样方法之一随机选取了 100 个样本项目进行函证。表 11－12列示了注册会计师计算总体错报界限的过程。

表 11-12 总体错报界限的计算

步 骤	统 计 公 式	以 XYZ 公司为例
1.取得一样本容量为 n 的随机样本	n=样本规模	从包含 4 000 个账户的账龄试算表中随机选取 100 笔应收账款
2.确定样本中的每项错报值		75 个账户经顾客证实，其余 25 个账户采用替代程序验证。在调整了时间性差异和顾客的错误后，确定了下列 12 个项目是被审计单位的错误(低估) 1 12.7　2 (69.46)　3 85.28 4 100.00　5 (27.30)　6 41.06 7 (0.87)　8 24.32　9 36.59 10(102.16)　11 54.71　12 71.56 合计=226.48
3.计算错报总额的点估计值	$\bar{e}=\frac{\sum e_j}{n}$ $\hat{E}=N\bar{e}$ 或 $N\frac{\sum e_j}{n}$ 其中， $\bar{e}$—样本中的平均错报额 $\sum$—合计 e_j—样本中的个别错报 n—样本规模 $\hat{E}$—错报总额的点估计值 N—总体容量	$\bar{e}=226.48/100=2.26$ $\hat{E}$=￥4 000×2.26=￥9 040 或 $\hat{E}$=￥4 000(226.48/100)=￥9 040
4.根据样本计算错报的总体标准差	$SD=\sqrt{\frac{\sum(e_j)-n(\bar{e})^2}{n-1}}$ 其中： SD—标准差 e_j—样本中的个别错报 n—样本规模 $\bar{e}$—样本中的平均错报额	e_j(四舍五入至整元)　$(e_j)^2$ 1 13　169 2 (69)　4 761 3 85　7 225 4 100　10 000 5 (27)　729 6 41　1 681 7 (1)　1 8 24　576 9 37　1 369 10 (102)　10 404 11 55　3 025 12 72　5 184 228　45 124 $SD=\sqrt{\frac{45\,124-100(2.26)^2}{99}}$ SD=21.2
5.计算期望置信度的总体错报总额估计值的抽样风险允许限度	$CSR=NZ_A\frac{SD}{\sqrt{n}}\sqrt{\frac{N-n}{N}}$ 其中： CSR—计算的抽样风险允许限度 N—总体容量 Z_A—可接受的误受风险的置信系数(见表 11-11) SD—总体标准差 n—样本规模 $\sqrt{\frac{N-n}{N}}$—有限修正系数	CSR=￥4 000×1.28×$\frac{21.2}{\sqrt{100}}$×$\sqrt{\frac{4\,000-100}{4\,000}}$ =￥4 000×1.28×$\frac{21.2}{10}$×0.99 =￥4 000×1.28×2.12×0.99 =￥10 800(四舍五入)

续表

步　骤	统计公式	以 XYZ 公司为例
6. 计算期望置信度的总体错报界限	UCL$=\hat{E}+$CSR LCL$=\hat{E}-$CSR 其中： UCL—计算的总体错报上限 LCL—计算的总体错报下限 $\hat{E}$—错报总额的点估计值 CSR—期望置信度上计算的抽样风险允许限度	UCL＝9 040＋10 800＝￥19 840 LCL＝9 040－10 800＝￥1 760

计算的总体错报界限等于错报总额的点估计值加减抽样风险允许限度。在本例中，计算的总体错报上限 19 840 元和总体错报下限（1 760）元，其绝对值均小于注册会计师确定的可容忍错报 21 000 元。因此，应收账款的账面价值是可以接受的。

2. 概率比例规模抽样法（PPS）

实质性细节测试中运用的两种统计抽样方法，即传统变量抽样和 PPS 抽样，都能为注册会计师实现审计目标提供充分的证据。但在有些情况下，PPS 抽样比传统变量抽样更实用。PPS 抽样是一种运用属性抽样原理对货币金额而不是对发生率得出结论的统计抽样方法。

PPS 抽样是以货币单位作为抽样单元进行选样的一种方法，有时也被称为金额加权抽样、货币单位抽样、累计货币金额抽样，以及综合属性变量抽样等。在该方法下总体中的每个货币单位被选中的机会相同，所以总体中某一项目被选中的概率等于该项目的金额与总体金额的比率。项目金额越大，被选中的概率就越大。但实际上注册会计师并不是对总体中的货币单位实施检查，而是对包含被选取货币单位的余额或交易实施检查。注册会计师检查的余额或交易被称为逻辑单元。

PPS 抽样有助于注册会计师将审计重点放在较大的余额或交易。此抽样方法之所以得名，是因为总体中每一余额或交易被选取的概率与其账面金额（规模）成比例。

1）PPS 抽样的优缺点

（1）PPS 抽样的优点

PPS 抽样的优点如下。

① PPS 抽样一般比传统变量抽样更易于使用。由于 PPS 抽样以属性抽样原理为基础，注册会计师可以很方便地计算样本规模，并手工或使用量表评价样本结果。样本的选取可以在计算机程序或计算器的协助下进行。

② PPS 抽样的样本规模不须考虑被审计金额的预计变异性。传统变量抽样的样本规模是在总体项目共有特征的变异性或标准差的基础上计算的，PPS 抽样在确定所需的样本规模时不需要直接考虑货币金额的标准差。

③ PPS 抽样中项目被选取的概率与其货币金额大小成比例，因而生成的样本自动分层。如果使用传统变量抽样，注册会计师通常需要对总体进行分层，以减小样本规模。在 PPS 抽样中，如果项目金额超过选样间距，PPS 系统选样自动识别所有个别重大项目。

④ PPS 抽样可以如同大海捞针一样发现极少量的大额错报，原因在于它通过将少量的大额实物单元拆成数量众多、金额很小的货币单元，从而赋予大额项目更多的机会被选入样本。

⑤ 如果注册会计师预计没有错报或报错很小，PPS 抽样的样本规模通常比传统变量抽

样方法更小。

⑥ PPS 抽样的样本更容易设计，且可在能够获得完整的总体之前开始选取样本。

(2) PPS 抽样的缺点

PPS 抽样的缺点如下。

① PPS 抽样要求总体每一实物单元的错报金额不能超出其账面金额。

② 在 PPS 抽样中，被低估的实物单元被选取的概率更低。PPS 抽样不适用于测试低估。如果注册会计师在 PPS 抽样的样本中发现低估，在评价样本时需要特别考虑。

③ 对零余额或负余额的选取需要在设计时特别考虑。例如，如果准备对应收账款进行抽样，注册会计师可能需要将贷方余额分离出去，作为一个单独的总体。如果检查零余额的项目对审计目标非常重要，注册会计师需要单独对其进行测试，因为零余额的项目在 PPS 抽样中不会被选取。

④ 当总体中错报数量增加时，PPS 抽样所需的样本规模也会增加。在这些情况下，PPS 抽样的样本规模可能大于传统变量抽样所需的规模。

⑤ 当发现错报时，如果风险水平一定，PPS 抽样在评价样本时可能高估抽样风险的影响，从而导致注册会计师更可能拒绝一个可接受的总体账面余额。

⑥ 在 PPS 抽样中注册会计师通常需要逐个累计总体金额。但如果相关的会计数据以电子形式储存，就不会额外增加大量的审计成本。

2) PPS 抽样中样本的选取

PPS 抽样以货币单位作为抽样单元，但注册会计师却不是对具体货币单位进行审计，而必须确定实物单位（即逻辑单元）来执行审计测试。例如，在表 11－13 中，注册会计师要在 1 至 7 376（具体金额）之间的总体项目中随机选取样本。但是，为了执行审计程序，注册会计师必须找出 1 至 12（逻辑单元）之间的总体项目。如果注册会计师选取的随机数是 3 014，则与该数相联系的逻辑单元就是 6。

表 11－13　应收账款总体

总体项目（实物单位）	账面金额/元	累计合计数/元
1	357	357
2	1 281	1 638
3	60	1 698
4	573	2 271
5	691	2 962
6	143	3 105
7	1 425	4 530
8	278	4 808
9	942	5 750
10	826	6 576
11	404	6 980
12	396	7 376

PPS 样本可以通过运用计算机软件、随机数表或系统抽样技术来获取。表11－13列示了一个应收账款总体，其中包括累计合计数，现以该表来说明如何使用计算机软件来选取样本。

假设注册会计师想要从表 11－13 的总体中选取一个含有 4 个账户的 PPS 样本。由于规定以单位金额为抽样单位，则总体容量就是 7 376，因此需要计算机程序随机生成 4 个数字。假定计算机程序随机生成的 4 个数字是：6 586，1 756，850，6 499，则包含这些随机金额的总体实物单位项目需由累计合计数栏来确定。它们分别是项目 11（包含 6 577 元至 6 980 元的货币金额）、项目 4（1 699 元至 2 271 元）、项目 2（358 元至 1 638 元）和项目 10（5 751 元至 6 576 元）。注册会计师将对这些实物单位项目进行审计，并将各实物单位项目的审计结果应用到它们各自包含的随机货币金额上。

PPS 抽样允许某一实物单位在样本中出现多次。也就是说，在前例中，如果随机数是 6 586，1 756，856 和 6 599，则样本项目就是 11、4、2 和 11。项目 11 尽管只审计一次，但在统计上仍视为两个样本项目，样本中的项目总数也仍然是 4 个，因为样本涉及 4 个货币金额数。

PPS 抽样会出现两个问题。一个问题是：在选样时，账面余额为 0 的总体项目存在没有被选中的机会，尽管这些项目可能含有错报。另外，一些严重低估的小余额被选入样本的机会也很小。对此，如果注册会计师关注这些余额为零或较小的项目，那么解决这一问题的方法是对它们进行一些专门的审计测试。

另一个问题是：概率规模比例选样法选取的样本中无法包括负余额，如应收账款的贷方余额等。在进行选样时，可以先不理会这些负余额，而后用其他方法去测试它们。另一种替代方法就是将它们视同为正余额，加入到所要测试的货币金额总数中，但这样做会使分析过程变得复杂化。

3）PPS 抽样中总体的推断

无论选用何种抽样方法，注册会计师都必须运用下述方法来推断总体：根据样本结果来推断总体的错报，确定相应的抽样误差。PPS 抽样中根据样本推断总体有 4 个方面的重要内容。一是利用属性抽样表来计算结果，但是用可接受的误受风险代替可接受的信赖过度风险。二是必须把属性结果转换为金额的形式。货币单位抽样法估计的是总体中错报的金额，而不是总体中存在错报的项目百分比。货币单位抽样是通过将每个总体项目定义为单位金额来实现这一目的的，因此估计含有错报的总体金额比率是估计错报总额的方法。三是注册会计师必须为每个有错报的总体项目假设一个错报百分比，这一假设可以使注册会计师能够利用属性抽样表来估计错报金额。四是计算总体错报界限。错报界限是在既定可接受的误受风险下，可能最大的高估额（错报上限）的估计和可能最大的低估额（错报下限）的估计。

当样本中存在错报和不存在错报时，注册会计师的推断是不同的。这两种不同情况下的推断，将在下面介绍。

（1）未发现错报时总体的推断

假设注册会计师想要对某一应收账款总体进行函证，以确认其金额的正确性。总体金额为 1 200 000 元，并对 100 个样本项目进行了函证。经过审计，在样本中没有发现错报。即使在这种情况下，注册会计师也要确定总体中可能存在的高估和低估的最大数额，也就是分别确定错报上限和错报下限。具体方法如下：假定可接受的误受风险为 5%，使用表 10－7，采用与控制测试相同的方法，根据样本规模（100）和实际的错报数（0）的交点来确定错报的上限和下限。表中该交点处的计算的偏差率上限是 3%，既代表错报上限，也代表错报下限，均用百分数表示。因为样本错报率是 0.3%代表抽样误差的估计值。

根据样本结果和从属性抽样表中得到的错报界限，注册会计师就可以认定，在抽样风险为 5%的条件下，总体错报金额不会超过 3%。为了将这一百分比转换成货币金额，注册会计师还必须为含有错报的总体金额假定一个错报平均百分比。这一假定对错报界限有着重要影响。为了说明这一影响，我们来考察以下三组假定情况：高估和低估错报都是 100%；高估错报和低估错报都是 10%；高估错报为 20%，低估错报为 200%。

假定情况①：高估金额等于 100%，低估金额也等于 100%，在可接受的误受风险为 5%时，错报界限为

错报上限＝¥1 200 000×3%×100%＝¥36 000

错报下限＝¥1 200 000×3%×100%＝¥36 000

被错报的总体项目错报额等于其账面价值总额的这种假定，是对一般情形而言的。由于错报界限为 3%，这些错报的金额不可能超过 36 000 元（总体账面金额的 3%）。如果所有的错报都是高估，则高估额就是 36 000 元。如果所有的错报都是低估，则低估额也是36 000元。

错报为 100%是一个极其保守的假定，特别是对高估来说。假定实际总体偏差率为 3%，只有在以下两种情况同时出现时，36 000 元才能恰当地反映真实的高估金额。一是所有的错报额都是高估，因为相抵性错报额会减少这一高估金额。二是所有错报总体项目都发生 100%的错报。例如，不会发生将 226 元的应收余额误记为 262 元的情况，因为这项错报只有 13.7%（高估 262－226＝36；36/262＝13.7%）。

在计算 36 000 元的高估和低估错报界限时，注册会计师并不采用本章前面讨论的方法来计算点估计值和抽样误差，这是因为从所用表中可以得出偏差率上限的点估计值和抽样风险允许限度的数额。尽管没有计算货币单位抽样的点估计值和抽样风险允许限度的数额，但它们却隐含在错报界限的确定过程之中，并可以根据控制测试的属性抽样表来确定。例如，在本例中，点估计值就是零，抽样风险允许限度就是36 000元。

假定情况②：高估金额等于 10%，低估金额也等于 10%，在可接受的误受风险为 5%时，错报界限为

错报上限＝¥1 200 000×3%×10%＝¥3 600

错报下限＝¥1 200 000×3%×10%＝¥3 600

一般来说，这种假定是指被错报项目的错报额不超过 10%。如果所有项目的错报都是同一方向，则错报界限就是＋3 600 元。如果将错报假定由 100%变为 10%，这时对错报界限会产生重要影响，其影响程度与变动幅度成正比。

假定情况③：高估金额等于 20%，低估金额等于 200%，在可接受的误受风险为 5%时，错报界限为

错报上限＝¥1 200 000×3%×20%＝¥7 200

错报下限＝¥1 200 000×3%×200%＝¥72 000

低估百分比较大的理由是，百分比形式的错误低估比高估要大得多。例如，一笔应记为 200 元的应收账款误记为 20 元时，就低估了 900%((200－20)/20)，而一笔应记为 20 元的应收账款误记为 200 元时，只高估了 90%((200－20)/200)。

含有较大低估额的项目，由于低估错报的原因，其账面价值可能较小，根据货币单位抽样的要义，它们被选入样本的机会也非常小。有鉴于此，在低估额成为审计关注点时，一些注册会计师会增加一个由小余额项目组成的样本，作为货币单位样本的补充。

为含有错报的总体项目假定一个恰当的整体错报百分比，是注册会计师的一项决策。注册会计师必须根据具体情况，运用职业判断来确定这些百分比。在没有有力的相反证据时，大多数注册会计师都认为，除非样本结果中含有错报，否则将高估额和低估额都假定为

100%是比较合适的。在本章中除非另有说明，错报假定一律采用100%。

（2）发现错报时的总体推断

在上面的讨论中，我们假定样本中没有错报。但是如果样本中存在错报又该如何处理呢？这里仍沿用前面的例子，只是假定样本中发现了五处错报，而不是没有，如表11－14所示。

表11－14　发现的错报

顾客编号	应收账款账面金额/元	已审计的应收账款金额/元	错报	错报/账面金额
2 073	6 200	6 100	100	0.016
5 111	12 910	12 000	910	0.07
5 206	4 322	4 450	(128)	(0.03)
7 642	23 000	22 995	5	0.000 2
9 816	8 947	2 947	6 000	0.671

仍用前面讨论的根据样本推断总体的四项内容，但应用时要作如下修改。

① 高估额和低估额分开处理，然后再合并。首先，分别计算出高估额和低估额的初始错报上限和错报下限。其次，计算高估和低估的点估计值。低估的点估计值用于减去初始错报上限，高估的点估计值用于减去初始错报下限。可以用表11－14中的四项高估错报和一项低估错报来说明这些计算的方法和原理。

② 对包括零错报在内的每项错报，分别做出不同的错报假定。当样本中没有发现错报时，还需要为总体错报项目估计一个错报平均百分比，错报界限的计算反映了几种不同的假定。若已经发现了错报，就利用样本信息可确定错报界限。但仍需要错报假定，只不过此时可以对实际错报数据加以修改而得。

在发现错报时，认为所有错报都是100%的假定不仅异常保守，而且与样本结果也不一致。在实际工作中常用的假定也是本书所遵循的假定，就是假定实际的样本错报是总体错报的代表。这一假定要求注册会计师计算每个样本项目被错报的百分比（错报额/账面金额），然后把这一百分比应用于总体。表11－14的最后一栏列示了对每项错报计算的百分比。对于计算结果中的零错报部分仍需要做出错报假定。在本例中对于零错报部分，高估和低估的错报界限，都采用了100%的错报假定。

③ 对控制测试抽样表中计算的偏差率上限的各层，注册会计师必须加以处理。这样做的原因是每项错报都有不同的错报假定。在各层的计算时，注册会计师应首先根据属性抽样表来确定每项错报的计算的偏差率上限，然后再计算出各层。表11－15列示了本例根据属性抽样表确定的各层。这里的层是通过读取表10－7中样本规模为100的行，再找到该行与偏差数为0至4列的交点来确定的。

表11－15　百分比错报界限

错报数	表中的偏差率上限	由各项错报引起的偏差率上限的增加额（层）
0	0.03	0.03
1	0.047	0.017
2	0.062	0.015
3	0.076	0.014
4	0.090	0.014

④ 必须把错报假定与各个层联系起来。其最常用的方法就是比较保守地将最大的金额错报百分比与最大的层相联系。表 11－16 就反映了这种联系，表中最大的平均错报是 9816 号顾客的 0.671，而这一错报是与层系数 0.017（也就是发现错报的最大的层）相联系，精确度上限与零错报层相联系部分的假定错报为 100%，这仍然很保守。实际上，表 11－16 反映的是没有考虑相抵性金额的错报界限计算，这里不仅计算错报上限时假定没有低估额，而且计算错报下限时也是假定没有高估额的。

大多数 PPS 抽样法的使用者都认为，在存在相抵性金额时，前面刚讨论过的方法过于保守。如果发现了低估金额，则高估金额的界限应当低于未发现低估金额时的界限，反之亦然，这是合乎逻辑和常理的。因此，需要为相抵性金额而对界限进行必要的调整，调整的步骤如下：分别确定高估金额和低估金额的点估计值；各界限分别减少相对的点估计值。

表 11－16　计算初始错报上限和下限的范例

错报数 (1)	偏差率上限部分 (2)	账面价值 (3)	假定的单位错报 (4)	错报界限部分 (2) × (3) × (4)
高估				
0	0.030	1 200 000	1.0	36 000
1	0.017	1 200 000	0.671	13 688
2	0.015	1 200 000	0.07	1 260
3	0.014	1 200 000	0.016	269
4	0.014	1 200 000	0.0002	3
偏差率上限	0.090			
初始错报界限				51 220
低估				
0	0.030	1 200 000	1.0	36 000
1	0.017	1 200 000	0.03	612
偏差率下限	0.047			
初始错报界限				$ 36 612

注：可接受的误受风险为 5%，样本规模为 100。

高估的点估计值是已审金额的平均高估额与账面价值的乘积。低估的点估计值的计算方法与此相同。在本例容量为 100 的样本中，每一个金额单位有一项金额为 3 分的低估额，因此低估的点估计值就是 360 元（（0.03/100）×1 200 000 元）。同理，高估的点估计值就是 9 086元{[(0.671+0.07+0.016+0.0002)/100]×1 200 000}元。

表 11－17 反映了采用这一程序对界限所做的调整。用初始上限 51 220 元与估计最可能的低估额 360 元相减，得到的差额为 50 860 元，这就是调整后的上限。用初始下限 36 612 元与估计最可能的高估额 9 086 元相减，得到的差额为 27 526 元，这就是调整后的下限。因此，在既定的方法和假定下，注册会计师就可以得出以下结论：应收账款高估超过 50 860 元或者低估超过 27 526 元的风险是 5%。应当注意，如果错报假定一旦发生变化，错报界限也将随之变化。需要说明的是，这里采用的依据相抵性金额调整界限的方法，只是目前流行的多种方法中的一种。该方法源于莱斯利、泰托鲍姆和安德森的有关著述。

以依据表 11－14 中的四项高估金额调整错报上限为例，来演示 PPS 抽样中有相抵性金额时，计算调整错报界限的过程，见表 11－17。

表 11-17 计算调整错报界限的示范

错报数	单位错报假定	样本规模	账面总体	点估计值	界限
初始高估界限					$51 220
低估金额					
1	0.03	100	$1 200 000	$360	(360)
调整后的高估界限					$50 860
初始低估界限					$36 612
高估金额					
1	0.671				
2	0.07				
3	0.016				
4	0.000 2				
合计	0.757 2	100	$1 200 000	$9 086	(9 086)
调整后的低估界限					$27 526

同样，只有错报下限和错报上限都完全落在低估和高估可容忍错报的限额内，注册会计师才能够做出总体没有重大错报的结论。在本例中，假定注册会计师已经为应收账款确定了40 000元的可容忍错报（高估或低估），由于调整后的错报上限为50 860元，超过了 40 000元的可容忍错报，因此注册会计师不能接受总体。

本章小结

根据《企业会计准则第 30 号——财务报表列报》中对于资产负债表和利润表规定的财务报表至少应当单独列示并反映信息的科目，本章重点阐述了资产负债表、利润表中的重要科目。对于《企业会计准则第 30 号——财务报表列报》没有规定，但对企业披露其经营状况及经营活动结果等信息极为重要的一些科目，本章也加以阐述。另外，本章还讲述了审计抽样在实质性测试中的应用。

案例与习题

一、讨论题

银广夏事件中的审计方法

根据政府有关部门披露的事实和新闻媒体的相关报道：银广夏做假事件中，涉案注册会计师存在重大过失，未能发现或对外披露银广夏会计报表中的重大虚假问题；注册会计师未能保持职业谨慎，对审计证据的真伪未能给予应有关注；注册会计师没有执行必要的审计程序。

① 银广夏编制合并报表时，未抵消与子公司之间的关联交易，也未

按股权协议的比例合并子公司，从而虚增巨额资产和利润。注册会计师未能发现或报告有关重大虚假问题。

② 对银广夏进行年报审计的会计事务所未对关键证据亲自取证，这些重要的证据，如海关报关单、银行对账单、重要出口商品单价等均是由被审计单位提供，进行审计的会计师未能采取必要的审计程序对这些证据的真假作进一步确认。在对天津广夏的审计过程中，将所有询证函交由公司发出，而并未要求公司债务人将回函直接寄达注册会计师处；对于无法执行函证程序的应收账款，审计人员在运用替代程序时，未取得海关报关单、运单、提单等外部证据，仅根据公司内部证据便确认公司应收账款。

③ 面对银广夏近乎奇迹般的增长时，主审会计师仍不可思议地、一如既往地相信其管理当局为其提供的所有证据；对于银广夏在 2000 年度主营业务收入大幅增长的同时生产用电的电费费用却反而降低的情况竟没有发现或报告；面对银广夏 2000 年度生产卵磷脂的投入产出比率较 1999 年度大幅下降的异常情况，注册会计师即未实地考察，又没有咨询专家意见，而轻信银广夏管理当局声称的“生产进入成熟期”。

④ 天津广夏审计项目负责人由非注册会计师担任，审计人员普遍缺乏外贸业务知识，不具备专业胜任能力。

⑤ 此外，对于不符合国家税法规定的异常增值税及所得税政策披露情况，审计人员没有予以应有关注；在搜集了真假两种海关报关单后未予以必要关注；对于境外销售合同的行文不符合一般商业惯例的情况，未能予以关注；未搜集或严格审查重要的法律文件；未关注重大不良资产；以预审代替年审，未贯彻三级复核制度。

资料来源：http://218.58.59.75:7715/UploadFiles/Pages/200611/20061116111332_reh540.htm

讨论：针对以上①至⑤情形，讨论分别怎样做才能并达到《中国注册会计师执业规范准则》的要求。

二、单项选择题

1. 下列各项中，不属于应收票据实质性程序审计目标的是（　）。
   A. 确定应收票据的内部控制是否存在、有效且得到一贯遵循
   B. 确定应收票据是否存在、完整性和归被审计单位所有
   C. 确定应收票据年末余额是否正确
   D. 确定应收票据在会计报表上是否恰当披露
2. 对大额逾期应收账款如无法获取询证回函，则注册会计师应（　）。
   A. 审查所审期间应收账款的收回情况
   B. 了解大额应收账款的信用情况
   C. 审查与销货有关的销售订单、发票、发运凭证等文件
   D. 提请被审计单位提高坏账准备提取比例

3. 在对M公司2016年度会计报表进行审计时，L注册会计师计划测试M公司2016年度业务收入的完整性。以下各项审计程序中，通常实现上述审计目标的是（　　）。
   A. 抽取2016年12月31日开具的销售发票，检查相应的发运单和账簿记录
   B. 抽取2016年12月31日的发运单，检查相应的销售发票和账簿记录
   C. 从业务收入明细账中抽取2016年12月31日的明细记录，检查相应的记账凭证、发运单和销售发票
   D. 从业务收入明细账中抽取2017年1月1日的明细记录，检查相应的记账凭证、发运单和销售发票
4. D注册会计师负责对丁公司2016年度会计报表进行审计。在对应付账款进行审计时，D注册会计师遇到以下情况，请代为做出正确的专业判断。
   (1) 以下审计程序中，D注册会计师最有可能证实已记录应付账款存在的是（　　）。
      A. 从应付账款明细账追查至购货合同、购货发票和入库凭单等凭证
      B. 检查采购文件以确定是否采用预先编号的采购单
      C. 抽取购货合同、购货发票和入库单等凭证，追查至应付账款明细账
      D. 向供应商函证零余额的应付账款
   (2) 在验证应付账款余额不存在漏洞时，D注册会计师获取的以下审计证据中，证明力最强的是（　　）。
      A. 供应商开具的销售发票
      B. 供应商提供的月对账单
      C. 丁公司编制的连续编号的验收报告
      D. 丁公司编制的连续编号的订货单
5. 有关存货审计的下列表述中，正确的是（　　）。
   A. 对存货进行监盘是证实存货“完整性”和“权利”认定的重要程序
   B. 对难以盘点的存货，应根据企业存货收发制度确认存货数量
   C. 存货计价审计的样本应着重选择余额较小且价格变动不大的存货项目
   D. 存货截止测试的主要方法是抽查存货盘点日前后的购货发票与验收报告确定每张发票均附有验收报告
6. 如果被审计单位的投资证券是委托某些专门机构代为保管的，为证实这些投资证券的真实存在，注册会计师应（　　）。
   A. 实地盘点投资证券
   B. 获取被审计单位管理当局声明
   C. 向代保管机构发函询证
   D. 逐笔检查被审计单位相关会计记录

三、多项选择题

1. 只有同时存在下列（　　）情况时，注册会计师才可考虑采用消极的函证方式。
   A. 重大错报风险评估为低水平
   B. 涉及大量余额较小的账户
   C. 预期不存在大量的错误

D. 没有理由相信被询证者不认真对待函证

2. 在分析管理层要求不实施函证的原因时，注册会计师应当保持职业怀疑态度，并考虑下列（　　）因素。

A. 管理层是否诚信

B. 是否可能存在重大的舞弊或错误

C. 替代审计程序能否提供与这些账户余额或其他信息相关的充分、适当的审计证据

D. 内部控制是否值得信赖

3. 在对 J 公司 2016 年度会计报表进行审计时，A 注册会计师需要考虑以下事项，请代为做出正确的专业判断。

(1) 在确定函证对象后，如果 J 公司不同意对某函证对象进行函证，以下方案中，应选取的有（　　）。

A. 如果 J 公司的要求合理，则应当实施替代审计程序

B. 如果 J 公司的要求合理，且无法实施替代审计程序，则应视为审计范围受到限制

C. 如果 J 公司的要求不合理，可以不实施替代审计程序，并将其视为审计范围受到限制

D. 如果 J 公司的要求不合理，且无法实施替代审计程序，则应视为审计范围受到限制

(2) 在对询证函的以下处理方法中，正确的有（　　）。

A. 在黏封询证函时对其统一编号，并将发出询证函的情况记录于审计工作底稿

B. 询证函经会计师事务所盖章后，由注册会计师直接发出

C. 收回询证函后，将重要的回函复制给 J 公司以帮助催收货款

D. 对以电子邮件方式回收的询证函，要求被询证单位将原件盖章后寄至会计师事务所

四、判断题

1. 实施 2016 年业务收入截止测试时，注册会计师应当以该年度的销售发票为起点，以检查是否高估业务收入。（　　）

2. 注册会计师如果将收入与资产虚报问题确定为被审计单位销货业务的审计重点，则通常无须对销货业务完整性进行交易实质性程序。（　　）

3. 应付账款通常不需要函证，如函证，最好采用否定式函证。（　　）

五、简答题

如何确定实质性分析程序对特定认定的适用性？

六、案例分析题

X 公司是公开发行 A 股的上市公司，主要经营计算机硬件的开发、集成与销售。注册会计师于 2017 年年初对该公司 2016 年度会计报表进行审计。经初步了解，X 公司 2016 年度的经营形势、管理及经营机构与 2015 年度相比未发生重大变化，且未发生重大重组行为。X 公司 2016 年度未审利润表及 2015 年度已审利润表如下。（单位：万元）

项　　目	2016 年度（未审数）	2015 年度（审定数）
一、营业收入	104 300	58 900
减：营业成本	91 845	53 599
税金及附加	560	350
销售费用	2 800	1 610
管理费用	2 380	3 260
财务费用	180	150
资产减值损失		
加：公允价值变动净收益		
投资净收益	980	
二、营业利润	7 515	(69)
加：营业外收入	100	150
减：营业外支出	260	300
其中：非流动资产处置净损失		
三、利润总额	7 355	(219)
减：所得税	800	
四、净利润	6 555	(219)
五、每股收益：		
（一）基本每股收益		
（二）稀释每股收益		

要求：为确定重点审计领域，注册会计师拟实施分析程序。请对上表进行分析，指出利润表中的重点审计领域。

第12章

终结审计

【学习目标】

◇ 掌握审计终结阶段的程序

◇ 了解期初余额审计

◇ 了解期后事项审计

◇ 了解或有事项审计

◇ 了解持续经营审计

◇ 了解关联方及其交易审计

◇ 掌握管理层声明书的获取

◇ 掌握审计收尾程序

【相关注册会计师执业准则、会计准则】

◇ 中国注册会计师审计准则第 1101 号——注册会计师的总体目标和审计工作的基本要求

◇ 中国注册会计师审计准则第 1121 号——对财务报表审计实施的质量控制

◇ 中国注册会计师审计准则第 1131 号——审计工作底稿

◇ 中国注册会计师审计准则第 1151 号——与治理层的沟通

◇ 中国注册会计师审计准则第 1321 号——审计会计估计（包括公允价值会计估计）和相关披露

◇ 中国注册会计师审计准则第 1323 号——关联方

◇ 中国注册会计师审计准则第 1324 号——持续经营

◇ 中国注册会计师审计准则第 1331 号——首次审计业务涉及的期初余额

◇ 中国注册会计师审计准则第 1332 号——期后事项

◇ 中国注册会计师审计准则第 1341 号——书面声明

◇ 中国注册会计师审计准则第 1313 号——分析程序

◇ 会计师事务所质量控制准则第 5101 号——会计师事务所对执行财务报表审计和审阅、其他鉴证和相关服务业务实施的质量控制

◇ 企业会计准则第 13 号——或有事项

◇ 企业会计准则第 29 号——资产负债表日后事项

◇ 企业会计准则第 36 号——关联方披露

引　　言

只有签署了审计报告，审计才算结束。如果在资产负债表日后、审计报告签署之前发现有关事实，审计就未完成。在现场工作几近完成后，终结审计阶段通常有一系列程序要执行。这些程序的意图是：复核审计工作，从客户处获得保证，发现潜在问题，检查是否遵循法律法规，检验提供给财务报表使用者的资料是否具有一贯性。

审计终结阶段的程序包括：实施特殊项目审计，如审计期初余额、识别期后事项、考虑或有事项、评价持续经营、复核关联方及其交易的披露等；获取管理层声明；执行收尾程序。

12.1　特殊项目审计

12.1.1　期初余额审计

在执行连续审计业务时，注册会计师在当期审计中通常只需关注被审计单位经审计的上期期末余额是否已正确结转至本期，或在适当的情况下已做出重新表述，很少再实施其他专门的审计程序。如果是首次接受委托，注册会计师进行财务报表审计时，一般无须专门对期初余额发表审计意见，但应当实施适当的审计程序，并充分考虑相关审计结论对所审计财务报表发表审计意见的影响。

1. 期初余额的含义

期初余额是指期初已存在的账户余额。正确理解期初余额这个概念，需要把握以下 3 点。

① 期初余额是所审计会计期间期初已存在的余额。期初已存在的余额是由上期结转至本期的金额，或是上期期末余额调整后的金额。但期初余额与上期期末余额是一个事物的两个方面。就一般而言，期初余额是上期账户结转至本期账户的余额，在数量上与上期金额相等。但是，有时由于受上期期后事项、会计政策诸因素的影响，上期期末余额结转至本期时，需经过调整或重编。

② 期初余额反映了前期交易和事项，是上期采用的会计政策的结果。

③ 期初余额审计与注册会计师首次接受委托相联系。

期初余额是本期财务报表的基础，注册会计师应以高度的责任感和慎重的态度，去判断期初余额对所审计财务报表影响的程度。判断期初余额对本期财务报表的影响程度应着眼于以下 3 个方面：一是上期结转至本期的金额；二是上期所采用的会计政策；三是上期期末已存在的或有事项及承诺。

2. 期初余额的审计目标

对首次接受委托业务，注册会计师审计期初余额，应当获取充分、适当的审计证据，以确定：期初余额是否含有对本期财务报表产生重大影响的错报；期初余额反映的恰当的会计政策是否在本期财务报表中得到一贯运用，或会计政策的变更是否已按照适用的财务报告编制基础做出恰当的会计处理和充分的列报。

3. 期初余额的审计程序

为达成上述期初余额的审计目标，期初余额的审计程序通常如下。

① 确定上期期末余额是否已正确结转至本期，或在适当的情况下已做出重新表述。

② 确定期初余额是否反映对恰当会计政策的运用。注册会计师首先应了解、分析被审计单位所选用的会计政策是否恰当，是否符合适用的财务报告编制基础的要求，按照所选用会计政策对被审计单位发生的交易或事项进行处理，是否能够提供可靠、相关的会计信息；其次，如果认定被审计单位所选用的会计政策恰当，应确认该会计政策是否在每一会计期间和前后各期得到一贯执行，有无变更；最后，如果发现会计政策发生变更，应确定其变更理由是否充分，是否按规定予以变更，或者由于具体情况发生变化，会计政策变更能够提供更可靠、更相关的会计信息，并关注被审计单位是否已经按照适用的财务报告编制基础的要求，对会计政策变更做出适当的会计处理和充分披露。

如果被审计单位上期适用的会计政策不恰当或与本期不一致，注册会计师在实施期初余额审计时应提请被审计单位进行调整或予以披露。

③ 了解上期财务报表是否经过其他会计师事务所审计。如果上期财务报表已经其他会计师事务所审计，注册会计师可通过查阅前任注册会计师的审计工作底稿，获取有关期初余额的审计证据，但应当考虑前任注册会计师的专业胜任能力和独立性，以判断获取证据的充分性和适当性。如果前任注册会计师出具了带说明段的审计报告，则后任注册会计师应特别注意其中与本期财务报表有关的部分。

④ 如实施上述审计程序仍不能获取充分、适当的审计证据，或前期财务报表未经审计，应对期初余额实施以下审计程序。

- 询问被审计单位管理层。内容诸如对本期经营有重要影响的事项、政府新颁布的影响行业发展的法规及其他重要事项。
- 审阅上期会计记录及相关资料。在审阅时，注册会计师应特别关注其合法性、公允性和一贯性。
- 结合对本期财务报表实施的审计程序证实期初余额的真实性。对流动资产和流动负债，注册会计师通常可以根据本期实施的程序获取部分审计证据。例如，应收账款或应付账款的期初余额，通常在本期内即可收回或支付，则检查、核实本期收回或支付的事实即可视为应收账款或应付账款期初余额存在的适当证据。
- 补充实施适当的实质性测试程序。比如，就存货这个特殊的流动资产项目而言，审计本期交易仍难获取期初余额是否适当的证据。因此，注册会计师通常必须采用其他审计程序。例如，审阅被审计单位上期存货盘点记录及文件，测试期初存货项目的价值和数量，以及运用毛利百分比法分析比较。对于非流动资产和非流动负债期初余额的审计，注册会计师通常要检查其期初的有关记录。在某些情况下，注册会计师可向第三者函证以获取对期初余额的确认。

期初余额涉及的各财务报表项目的性质不同，对本期财务报表中的重大错报风险的影响程度也就不同。注册会计师应当重点关注期初余额中性质重要、对本期财务报表中的重大错报风险产生较大影响的财务报表项目。而且，注册会计师接受委托进行审计并发表意见的对象毕竟是被审计单位本期的财务报表而不是期初余额，因此注册会计师应该考虑期初余额对于本期财务报表而言是否重要。如果期初余额本身并不重要，或者虽然对于上期财务报表是重要的，但由于本期被审计单位资产规模和经营规模的迅速扩大，期初余额对于本期财务报表而言已经变得不重要，则注册会计师无须对其予以特别关注。只有当期初余额对于本期财务报表重要时，注册会计师才需要对其予以特别关注并实施专门的审计程序。

4. 期初余额审计对审计报告的影响

注册会计师应结合上述审计结果，形成对期初余额的审计结论，并在此基础上确定其对本期审计意见类型的影响。

① 如果期初余额对本期财务报表存在重大影响，但无法对其获取充分、适当的审计证据，注册会计师需要在审计报告中发表下列类型之一的非无保留意见：发表适合具体情况的保留意见或无法表示意见；除非法律法规禁止，对经营成果和现金流量（如相关）发表保留意见或无法表示意见，而对财务状况发表无保留意见。

② 如果期初余额存在对本期财务报表产生重大影响的错报，注册会计师应当告知管理层；如果上期财务报表由前任注册会计师审计，注册会计师还应考虑提请管理层告知前任注册会计师。如果错报的影响未能得到正确的会计处理和恰当的列报，注册会计师应当对本期财务报表发表保留意见或否定意见。

③ 会计政策变更对审计报告的影响。如果认为按照适用的财务报告编制基础与期初余额相关的会计政策未能在本期得到一贯运用，或者会计政策的变更未能得到恰当的会计处理或适当的列报，注册会计师应当对财务报表发表保留意见或否定意见。

④ 如果前任注册会计师对上期财务报表发表了非无保留意见，注册会计师应当考虑该审计报告对本期财务报表的影响。如果导致出具非标准审计报告的事项对本期财务报表仍然相关和重大，注册会计师应当对本期财务报表发表非无保留意见。

12.1.2 期后事项审计

1. 期后事项的种类

期后事项是指财务报表日至审计报告日发生的事项，以及审计报告日后发现的事实。期后事项有两类：一是财务报表日后调整事项，即对财务报表日已经存在的情况提供了新的或进一步证据的事项，这类事项影响财务报表金额，需提请被审计单位管理层调整财务报表及与之相关的披露信息；二是财务报表日后非调整事项，指在财务报表日并不存在，是在此之后出现的情况。这类事项不影响财务报表日的存在状况，但如果不加以说明，会影响财务报告使用者做出正确估计和决策，故应当在财务报表附注中予以适当披露。

1）财务报表日后调整事项

这类事项既为被审计单位管理层确定财务报表日账户余额提供信息，也为注册会计师核实这些余额提供补充证据。如果这类期后事项的金额重大，应提请被审计单位对年度财务报表及相关的账户余额进行调整。

① 财务报表日被审计单位会计人员认为可以收回的大额应收款项，因财务报表日后债务人突然破产而无法收回。注册会计师应考虑提请被审计单位增加备抵坏账数额，调整财务报表有关项目的数额。

② 在财务报表日以前或财务报表日，被审计单位确认为已经销售并在财务报表上反映，但在财务报表日后至财务报告批准报出日所取得的证据证明该批已确认为销售的物资确实已经退回。如果金额较大，注册会计师应考虑提请被审计单位调整财务报表有关项目的数额。

③ 被审计单位由于某种原因被起诉，法院于财务报表日后做出判决被审计单位应赔偿对方的损失。因这一负债实际上在财务报表日之前就已存在，所以如果数额很大，注册会计

师应考虑提请被审计单位增加财务报表日有关负债项目的数额，并加以说明。

④ 财务报表日后进一步确定了财务报表日前购入资产的成本或售出资产的收入。例如，被审计单位在财务报表日前购入一项固定资产，并投入使用。由于购入时尚未确定准确的购买价款，故先以估计的价格考虑其达到预定可使用状态前所发生的可归属于该项固定资产的运输费、装卸费、安装费和专业人员服务费等，并按规定计提固定资产折旧。如果在财务报表日后商定了购买价款，取得了采购发票，被审计单位就应该据此调整该固定资产原值。

2）财务报表日后非调整事项

这类事项是财务报表日后发生的，因不影响财务报表日财务状况，所以不需要调整被审计单位的本期财务报表；但如果被审计单位的财务报表因此可能受到误解，就应在报表中以附注的形式予以披露。

被审计单位在财务报表日后发生的、需要在财务报表上披露而非调整的事项主要有：财务报表日后发生重大诉讼、仲裁、承诺；财务报表日后资产价格、税收政策、外汇汇率发生重大变化；财务报表日后因自然灾害导致资产发生重大损失；财务报表日后发行股票和债券及其他巨额举债；财务报表日后资本公积转增资本；财务报表日后发生巨额亏损；财务报表日后发生企业合并或处置子公司；财务报表日后企业利润分配方案中拟分配的及经审议批准宣告发放的股利或利润。

2. 期后事项的审计

按照时段不同，期后事项可以划分为3个时段的期后事项：第一个时段是财务报表日后至审计报告日，可以把在这一期间发生的事项称为“第一时段期后事项”；第二个时段是审计报告日后至财务报表报出日，可以把在这一期间发生的事项称为“第二时段期后事项”；第三个时段是财务报表报出日后，可以把在这一期间发生的事项称为“第三时段期后事项”。在实务中，审计报告日通常与财务报表批准日是相同的日期，财务报表批准日是指被审计单位董事会或类似机构批准财务报表报出的日期。财务报表报出日是指被审计单位对外披露已审计财务报表的日期。

1）截至审计报告日发生的期后事项

对于第一时段的期后事项，注册会计师负有主动识别的义务，应当设计专门的审计程序来识别这些期后事项，并根据这些事项的性质判断其对财务报表的影响，进而确定是进行调整还是披露。用以识别第一阶段期后事项的审计程序通常如下。

① 了解管理层为确保识别期后事项而建立的程序。

② 询问管理层和治理层（如适用），确定是否已发生可能影响财务报表的期后事项。注册会计师可以询问根据初步或尚无定论的数据做出会计处理的项目的现状，以及是否已发生新的承诺、借款或担保，是否计划出售或购置资产等。

③ 查阅被审计单位的所有者、管理层和治理层在财务报表日后举行会议的纪要，在不能获取会议纪要的情况下，询问此类会议讨论的事项。

④ 查问被审计单位最近的中期财务报表（如有）。在实施上述审计程序后，如果注册会计师识别出对财务报表有重大影响的期后事项，应当确定这些事项是否按照适用的财务报告编制基础的规定在财务报表中得到恰当反映。

如果所知悉的期后事项属于调整事项，注册会计师应当考虑被审计单位是否已对财务报表做出适当的调整。如果所知悉的期后事项属于非调整事项，注册会计师应当考虑被审计单位是否在财务报表附注中予以充分披露。

2）截至财务报表报出日前发现的事实

在审计报告日后，注册会计师没有义务针对财务报表实施审计程序或进行专门查询。审计报告日后，注册会计师针对被审计单位的审计业务已经结束，要识别可能存在的期后事项比较困难，因而无法承担主动识别第二时段期后事项的审计责任。但是，在这一阶段，被审计单位的财务报表并未报出，管理层有责任将发现的可能影响财务报表的事实告知注册会计师。当然，注册会计师还可能从媒体报道、举报信或证券监管部门告知等途径获悉影响财务报表的期后事项。

在审计报告日后至财务报表报出日前，如果知悉了某事实，且若在审计报告日知悉可能导致修改审计报告，注册会计师应当与管理层和治理层（如适用）讨论该事项，确定财务报表是否需要修改；如果需要修改，询问管理层将如何在财务报表中处理该事项。如果管理层修改财务报表，注册会计师除了根据具体情况实施必要的审计程序，以验证管理层根据期后事项做出的财务报表调整或披露是否符合《企业会计准则》或相关会计制度的规定外，还要针对修改后的财务报表出具新的审计报告和索取新的管理层声明书。如果注册会计师认为应当修改财务报表而管理层没有修改，并且审计报告尚未提交给被审计单位，注册会计师应当发表非无保留意见，然后再提交审计报告。如果注册会计师认为应当修改财务报表而管理层没有修改，并且审计报告已经提交给被审计单位，注册会计师应当通知管理层和治理层（除非治理层全部成员参与管理被审计单位）在财务报表做出必要修改前不要将财务报表和审计报告向第三方报出。如果财务报表在未经必要修改的情况下仍被报出，注册会计师应当采取适当措施防止财务报表使用者信赖该审计报告。

3）财务报表报出日后发现的事实

在财务报表报出后，注册会计师没有义务针对财务报表实施任何审计程序，但是这并不排除注册会计师通过媒体等其他途径获悉可能对财务报表产生重大影响的期后事项的可能性。在财务报表报出后，如果知悉在审计报告日已存在的、可能导致修改审计报告的事实，注册会计师应当考虑是否需要修改财务报表，并与管理层和治理层（如适用）进行讨论。同时，注册会计师还需要根据管理层是否修改财务报表、是否采取必要措施确保所有收到原财务报表和审计报告的人士了解这一情况、是否对临近公布下一期财务报表等具体情况采取适当措施。

12.1.3 或有事项审计

或有事项是指过去的交易或事项形成的，其结果须通过未来不确定事项的发生或不发生予以证实的不确定事项。常见的或有事项主要包括：未决诉讼或仲裁、债务担保、产品质量保证、承诺、亏损合同、重组义务、环境污染整治等。由于或有事项具有不确定性这一重要特征，其结果只能由未来发生的事项确定，需要注册会计师具备相当程度的专业判断能力。

1. 或有事项的审计目标

注册会计师对或有事项进行审计所要达到的审计目标一般包括：确定或有事项是否存在和完整；确定或有事项的确认和计量是否符合会计准则的规定；确定或有事项的列报是否恰当。或有事项的审计主要是发现未记录的业务或事项。需要指出的是，在实施其他程序的过程中，注册会计师可能已经获取了有关或有事项的部分审计证据。在临近审计工作结束时，注册会计师如果对或有事项进行审计，多数也是复核，而非初次关注。

2. 或有事项的审计程序

总结起来，针对或有事项的审计程序通常如下。

① 向被审计单位管理层询问其确定、评价与控制或有事项方面的有关方针政策和工作程序。

② 向被审计单位管理层索取下列资料，做必要的审核和评价：

- 被审计单位管理层的书面声明，保证其已按照有关规定，对其全部或有事项做了反映；
- 被审计单位现存的有关或有负债的全部文件和凭证；
- 被审计单位与银行之间的往来函件；
- 被审计单位的债务说明书。

③ 向被审计单位的法律顾问和律师进行函证，获取财务报表日业已存在的，以及财务报表日至复函日期间存在的或有事项的确认证据。进行法律费用分析，从法律顾问和律师处复核发票和说明，看其是否足以说明存在或有事项。

④ 复核上期和审计期间税务机构的税收结算报告。

⑤ 向与被审计单位有业务往来的银行寄发含有要求银行提供被审计单位或有负债的函证书。

⑥ 审阅截至审计外勤工作完成日止被审计单位历次董事会纪要和股东大会会议记录，确定是否存在或有事项的记录。

⑦ 复核现存的审计工作底稿，寻找任何可以说明潜在或有事项的资料。

⑧ 寻查被审计单位对未来事项和协议的财务承诺，并向被审计单位管理层询问。

⑨ 确定或有事项在财务报表上的列报是否恰当。

12.1.4 持续经营审计

持续经营假设是指被审计单位在编制财务报表时，假定其经营活动在可预见的将来会继续下去，不拟也不必终止经营或破产清算，可以在正常的经营过程中变现资产、清偿债务。持续经营假设是会计确认和计量的四项基本假设之一，对财务报表的编制和审计关系重大。例如，对于固定资产，企业在持续经营假设基础下，以历史成本计价，并在预计使用年限内对该项资产计提折旧。通过此方式，可将资产的成本分摊到不同期间的费用中去，据以核算各个期间的损益。如果这一假设不再成立，该项资产应以清算价格计价。

1. 持续经营的审计目标与程序

对持续经营进行审计的目标包括：确定被审计单位的持续经营假设是否合理；根据被审计单位的持续经营假设的情况，确定财务报表项目的分类及计价基础是否须做调整。

为实现上述目标，注册会计师通常实施下列审计程序。

① 关注被审计单位在财务、经营等方面存在的持续经营假设不再合理的各种迹象。

② 了解被审计单位管理层对于存在的持续经营假设不再合理的迹象计划采取的措施，并判断其能否缓解对持续经营假设的影响。

③ 与管理层分析、讨论最近的财务报表。

④ 与管理层分析、讨论现金流量预测、盈利预测及其他预测。

⑤ 审核影响持续经营能力的期后事项、财务承诺及或有事项。

⑥ 检查借款合同及债务契约条款等的履行情况。

⑦ 查阅股东大会、董事会会议及其他重要会议有关财务困境的记录。

⑧ 向被审计单位的法律顾问或律师询问有关诉讼、索赔的情况。

⑨ 检查有无改善措施及财务救助计划，并评估其合法性和可行性。

⑩ 向被审计单位管理层索取其关于持续经营假设的书面声明。

⑪ 对于应予披露的持续经营事项，验明是否已做恰当列报。

2. 持续经营假设对审计意见的影响

注册会计师应当根据上述审计程序所获取的审计证据，确定可能导致对被审计单位持续经营能力产生重大疑虑的事项或情况是否存在重大不确定性，并考虑对审计报告的影响。

（1）被审计单位在编制财务报表时运用持续经营假设是适当的

如果认为被审计单位在编制财务报表时运用持续经营假设是适当的，但可能导致对持续经营能力产生重大疑虑的事项或情况存在重大不确定性，注册会计师应当考虑：

- 财务报表是否已充分描述导致对持续经营能力产生重大疑虑的主要事项或情况，以及管理层针对这些事项或情况提出的应对计划；
- 财务报表是否已清楚指明，可能导致对持续经营能力产生重大疑虑的事项或情况存在重大不确定性，被审计单位可能无法在正常的经营过程中变现资产、清偿债务。

如果财务报表已做出充分列报，注册会计师应当出具无保留意见的审计报告，并在审计意见段之后增加强调事项段，强调可能导致对持续经营能力产生重大疑虑的事项或情况存在重大不确定性的事实，并提醒财务报表使用者注意财务报表附注中对有关事项的披露。例如，

> 我们提醒财务报表使用者关注，如财务报表附注×所述，ABC公司在20×1年发生亏损×万元，在20×1年12月31日，流动负债高于资产总额×万元。ABC公司已在财务报表附注×中充分披露了拟采取的改善措施，但其持续经营能力仍然存在重大不确定性，可能无法在正常的经营过程中变现资产、清偿债务。本段内容不影响已发表的审计意见。

在极端情况下，如果同时存在多项重大不确定性，注册会计师应当考虑出具无法表示意见的审计报告，而不是在审计意见段之后增加强调事项段。当被审计单位存在多项可能导致对其持续经营能力产生重大疑虑的事项或情况存在重大不确定性时，如果注册会计师难以判断财务报表的编制基础是否适合继续采用持续经营假设，应将其视为对注册会计师的审计范围构成重大限制。在这种情况下，如果财务报表已做出充分列报，注册会计师应当考虑出具无法表示意见的审计报告，而不是在审计意见段之后增加强调事项段。例如，

> 二、导致无法表示意见的事项
>
> ABC公司已连续三个会计年度发生巨额亏损，主要财务指标显示其财务状况严重恶化，巨额逾期债务无法偿还，且存在巨额对外担保。截至审计报告日，ABC公司管理层在其书面评价中表示已开始采取包括债务重组、资产置换在内的多项措施。但由于该等措施正处于实施初期，我们无法获取充分、适当的审计证据以确证其能否有效改善ABC公司的持续经营能力，因此无法判断ABC公司继续按照持续经营假设编制20×1年

度财务报表是否恰当。

三、审计意见

由于上述审计范围受到限制可能产生的影响非常重大和广泛，我们无法对 ABC 公司财务报表发表意见。

如果财务报表未能做出充分列报，注册会计师应当出具保留意见或否定意见的审计报告。审计报告应当具体提及可能导致对持续经营能力产生重大疑虑的事项或情况存在重大不确定性的事实，并指明财务报表未对该事实做出披露。例如，

三、导致保留意见的事项

ABC 公司的借款合同已经到期，按照合同规定，应于 20×1 年 3 月 20 日偿还借款×××万元。截至审计报告日，ABC 公司尚未偿还该笔贷款，也未获得该笔贷款的展期协议或取得新的借款。这一情况表明 ABC 公司的持续经营能力存在重大不确定性，可能无法在正常的经营过程中变现资产、清偿债务。ABC 公司 20×1 年度财务报表未充分披露上述情况。

四、审计意见

我们认为，除了前段所述事项的重大影响外，ABC 公司财务报表已经按照《企业会计准则》和《××会计制度》的规定编制，在所有重大方面公允反映了 ABC 公司 20×1年 12 月 31 日的财务状况及 20×1 年度的经营成果和现金流量。

(2) 被审计单位将不能持续经营，但财务报表仍然按持续经营假设编制

如果判断被审计单位将不能持续经营，但财务报表仍然按持续经营假设编制，注册会计师应当出具否定意见的审计报告。例如，

三、导致否定意见的事项

ABC 公司已连续三个会计年度发生巨额亏损，主要财务指标显示其财务状况严重恶化，巨额逾期债务无法偿还，且存在巨额对外担保。截至审计报告日，无任何证据表明 ABC 公司采取的各项措施能够有效改善公司的财务和经营状况。根据我们的判断，ABC 公司不具有持续经营能力。因此，ABC 公司继续按照持续经营假设编制 20×1 年度财务报表是不适当的。

四、审计意见

我们认为，由于受到前段所述事项的重大影响，ABC 公司财务报表没有按照《企业会计准则》和《××会计制度》的规定编制，未能在所有重大方面公允反映 ABC 公司 20×1 年 12 月 31 日的财务状况及 20×1 年度的经营成果和现金流量。

(3) 被审计单位不能持续经营，以其他基础编制财务报表

如果管理层认为以持续经营为基础编制财务报表不再合理，可以选用其他基础编制财务报表。在这种情况下，注册会计师应当实施补充的审计程序。如果认为管理层选用的其他编制基础是适当的，且财务报表已做出充分列报，注册会计师可以出具无保留意见的审计报告，并考虑在审计意见段之后增加强调事项段，提醒财务报表使用者关注管理层选用的其他编制基础。

(4) 管理层拒绝对持续经营能力做出评估或评估期间未能涵盖自财务报表日起的12个月

对持续经营能力做出适当评估是管理层的责任。当存在以下情况时，注册会计师应当提请管理层对持续经营能力做出评估或将评估期间延伸至自财务报表日起的12个月：

- 管理层没有对持续经营能力做出评估；
- 管理层未就超出评估期间的事项或情况对持续经营能力的影响做出评估；
- 管理层评估持续经营能力涵盖的期间少于自财务报表日起的12个月。

如果管理层拒绝注册会计师的要求，注册会计师应评价在管理层拒绝评估或延伸评估期间的情况下所取得的审计证据的充分性和适当性，判断审计范围受到限制的程度，并考虑出具审计报告的意见类型。例如，

> "二、导致无法表示意见的事项
>
> ABC公司已连续两年亏损，巨额逾期债务无法偿还，管理层拒绝对公司的持续经营能力做出书面评价，且我们也无法通过其他程序就管理层运用持续经营假设编制财务报表的合理性获取充分、适当的审计证据。
>
> 三、审计意见
>
> 由于上述审计范围受到限制可能产生的影响非常重大和广泛，我们无法对ABC公司财务报表发表意见。"

背景资料

会计师对ST自仪(600848)持续经营存疑问

ST自仪今天公布的2006年年报被审计的会计事务所出具了带强调事项的审计报告。

2006年，ST自仪在业务形态、经营运行等方面有了较大的转变。全年实现主营业务收入91 251.37万元，比上年增长19.63%；实现净利润597.94万元，比上年增长7.96%。对这份看上去似乎不错的年报，为其审计的立信会计师事务所和香港浩华会计师事务所出具了带强调事项无保留意见的审计报告。会计师事务所的报告称，ST自仪持续经营能力仍然存在重大不确定性。对会计师事务所强调事项中提及的问题，ST自仪董事会表示，这是长期以来历史原因所形成的。通过努力，这些问题正得到不同程度的缓解，公司资产质量有所改善。

ST自仪资产质量得到改善，主要表现在几个方面。首先，主营业务递增幅度较大，ST自仪2006年主营业务收入在连续5年增长的基础上比2005年增长了20%；其次，产品档次上台阶，科技创新能力得到提高。2006年，ST自仪通过科技创新实现新产品开发40项，新产品试产15项，22项已实现销售，进入全国大中型工业企业自主创新能力十强企业的行列；最后，得到大股东支持，资产质量得到改善。在控股股东——电气集团的支持下，ST自仪通过债权债务重组，将公司历年贷款全部还清，解决了公司财务费用的沉重负担，资产质量得到改善。公司经营性现金流量较之过去宽松，短期偿债能力增强，扣除非经常性损益实现了盈利。同时，ST自仪实现了无对外担保事项。

资料来源：http：//www.sina.com.cn 2007年03月19日

12.1.5 关联方及其交易的审计

1. 管理层的责任和注册会计师的责任

在关联方及其交易问题上，被审计单位管理层与注册会计师有不同的责任。被审计单位管理层的责任是，按照《企业会计准则》的要求识别和披露关联方及其交易；注册会计师的责任是，实施必要的审计程序，获取充分、适当的审计证据，以确定被审计单位是否按照《企业会计准则》的要求识别和披露关联方及其交易。

2. 关联方及其交易审计的审计程序

在对关联方及其交易进行审计时，注册会计师常用的审计程序如下。

① 获取、复核被审计单位提供的关联方清单，并实施以下审计程序，以识别关联方，确定关联方关系的性质：

- 了解被审计单位各组成部分及其相互关系、管理层的职责分工，评价其识别和处理关联方及其交易的程序；
- 查阅以前期间的审计工作底稿；
- 查阅主要投资者、关键管理人员名单；
- 询问主要投资者个人、关键管理人员和与其相关的其他单位的关系；
- 了解与主要投资者个人、关键管理人员关系密切的家庭成员和与其相关的其他单位的关系；
- 查阅股东大会记录、董事会会议记录及其他重要会议记录；
- 询问其他注册会计师及前任注册会计师；
- 审核所审计会计期间被审计单位的投资业务及资产重组方案；
- 检查企业所得税申报资料及报送政府机构、证券交易所等的其他相关资料。

② 实施以下专门审计程序，以识别有关交易是否为关联方交易：

- 查阅股东大会记录、董事会会议记录及其他重要会议记录，询问管理层有关重大交易的授权情况；该程序主要用于测试被审计单位关于关联方及其交易的授权、批准等内部控制制度是否存在、健全并有效执行；同时，也有助于识别部分重大的关联方交易；
- 了解被审计单位与其主要客户、供应商和债权人、债务人的交易性质与范围；该程序有助于注册会计师发现未予披露的关联方交易的线索，识别在商品购销及资金借贷中形成的关联方交易；
- 了解是否存在已经发生但未进行会计处理的交易，因为对接受或提供产品与劳务业务若未做会计处理，其中可能忽略、遗漏或隐藏此类交易的实质是关联交易这一事实；
- 查阅会计记录中数额较大的、异常的及不经常发生的交易或余额，尤其是资产负债表日前后确认的交易；
- 审阅有关存款、借款的询证函和贷款证，检查是否存在担保关系；识别那些名为存款或借款、实为关联方购销交易的事项，关注和有担保关系的单位之间的交易是否为关联方交易。

③ 向负责审计被审计单位组成部分的其他注册会计师提供已知关联方清单。

④ 实施以下必要审计程序，以确定关联方交易是否已做适当记录：

- 询问管理层，以了解关联方交易的目的及定价政策；
- 检查有关发票、协议、合同及其他有关文件；
- 确定有关交易是否已获股东大会、董事会或相关机构及管理人员批准；
- 检查财务报表中关联方交易金额及相关信息披露的合理性；
- 核对关联方之间同一时点的账户余额，必要时与其他注册会计师沟通，核实关联方某些特殊的、重要的、有代表性的关联方交易；
- 检查有关抵押、质押品的价值及可流通性。

⑤ 必要时，追加以下审计程序，检查重大关联方交易：

- 询证关联方交易的条件及金额，并检查关联方拥有的相关证据；
- 向有关中介机构询证或与其讨论关联方交易的相关重要信息；
- 就重大应收款项及担保，获取关联方偿债能力的信息。

⑥ 向被审计单位管理层索取关联方及其交易的声明书，以明确界定会计责任和审计责任。要求管理层确认其所提供的识别关联方的资料是否真实、完整，财务报表对关联方及其交易的披露是否充分，以明确界定注册会计师与被审计单位管理层各自应负的责任。

3. 关联方及其交易对审计报告的影响

注册会计师应当在考虑关联方及其交易的审计范围是否受到限制、关联方及其交易的披露是否符合《企业会计准则》要求的基础上，确定对审计报告的影响。

当审计范围受到限制，未能对财务报表具有重大影响的关联方及其交易获取充分、适当的审计证据时，注册会计师应当考虑发表保留意见或无法表示意见；如果被审计单位对财务报表具有重大影响的关联方及其交易的披露不符合相关会计准则的要求，注册会计师应当发表保留意见或否定意见。

12.2 获取管理层声明

管理层声明，是指被审计单位管理层向注册会计师提供的关于财务报表的各项陈述。管理层声明具有两个基本作用：一是明确管理层对财务报表的责任；二是提供审计证据。

12.2.1 管理层对财务报表责任的认可

注册会计师应当获取审计证据，以确定管理层认可其按照使用的会计准则和相关会计制度的规定编制财务报表的责任，并且已批准财务报表。向管理层获取书面声明是获取此类证据的一种方法。注册会计师应当就下列事项获取书面声明。

① 管理层认可其设计和实施内部控制以防止或发现并纠正错报的责任。设计良好并得到有效执行的内部控制，可以有效防止或发现并纠正错报，是使财务报表按照适用的会计准则和相关会计制度的规定编制的制度保证。管理层认可这一责任，是认可对财务报表责任的基础。

② 管理层认为注册会计师在审计过程中发现的未更正错报，无论是单独还是汇总起来考虑，对财务报表整体均不具有重大影响。未更正错报项目的概要应当包含在书面声明中或

附于书面声明后。

管理层在批准财务报表前必须保证财务报表不存在重大错报，因此对于注册会计师在审计过程中发现的错报，如果管理层不准备调整或者不准备全部调整，则需要确认这些错报无论是单独还是汇总起来考虑，对财务报表整体均不具有重大影响。当然，注册会计师需要对重要性做出独立职业判断，出具适当的审计报告。

12.2.2 将管理层声明作为审计证据

1. 将管理层声明作为审计证据的特定情形

如果预期不存在其他充分、适当的审计证据，注册会计师应当就对财务报表具有重大影响的事项向管理层获取书面声明。对于多数事项来说，存在相互印证的审计证据。但对于某些对财务报表具有重大影响的事项而言，如涉及管理层的判断、意图及仅限于管理层知悉事实的事项，可以合理预期除实施询问程序获得的证据外，不存在其他充分、适当的审计证据。在这种情况下，注册会计师应当针对询问的结果取得管理层的签字确认，获取书面声明。

例如，按照《企业会计准则第 22 号——金融工具确认和计量》的规定，金融资产按照被审计单位持有意图和目的的不同分为 4 种类型，其各自的会计处理也各不相同，因此就管理层的意图和目的取得审计证据尤为重要。而除就此向管理层实施询问程序取得的答复外，可以合理预期不存在其他充分、适当的审计证据。在这种情况下，注册会计师应当将询问结果取得管理层的确认，获取书面声明。

注册会计师要求管理层提供的书面声明可仅限于单独或汇总起来对财务报表产生重大影响的事项；必要时，注册会计师应将对声明事项重要性的理解告知管理层。

2. 收集审计证据以支持管理层声明

由于管理层声明是来自于被审计单位内部的一种证据，较之外部证据证明力较弱，其本身不能构成充分、适当的审计证据，作为发表审计意见的基础。当管理层声明的事项对财务报表具有重大影响时，注册会计师应当实施下列审计程序。

① 从被审计单位内部或外部获取佐证证据。例如，在评价管理层的计划或意图时，注册会计师可以通过下列方式对其予以印证：考虑管理层以前所述的对于资产和负债的意图的实际实施情况；复核包括预算、会议纪要等在内的书面计划和其他文件记录；考虑管理层选择特定措施的理由；考虑管理层在既定经济环境下实施特定措施的能力。

② 评价管理层声明是否合理并与获取的其他审计证据(包括其他声明)一致。

③ 考虑做出声明的人员是否熟知所声明的事项。例如，一般来说，企业董事会的秘书负责保管股东会或董事会等会议记录，对会议记录是否完整最为清楚。

3. 管理层声明不能替代其他审计证据

注册会计师不应以管理层声明替代能够合理预期获取的其他审计证据。例如，管理层不能以管理层承诺应收账款可以全部收回的声明，替代其他应当实施的审计程序，而是应当提供检查应收账款期后回收情况、分析应收账款的账龄和债务人的信用等级等因素，评价其可收回性。如果不能获取对财务报表具有或可能具有重大影响的事项的充分、适当的审计证据，而这些证据预期是可以获取的，即使已收到管理层就这些事项做出的声明，注册会计师仍应将其视为审计范围受到限制。

4. 管理层声明与其他审计证据相矛盾时的处理

如果管理层的某些声明与其他审计证据相矛盾，注册会计师应当调查这种情况；必要时，重新考虑管理层做出的声明的可靠性。例如，如果管理层声明已向注册会计师提供了所有与关联方及其交易相关的信息，并已对关联方和关联方交易做出充分披露。但在审计过程中，注册会计师发现被审计单位还存在某一关联方，且与之存在重大关联方交易，而未予披露，且该交易金额对被审计单位本期损益具有重大影响。在这种情况下，注册会计师应当就此询问管理层。如果管理层不能对此做出合理解释或所做的解释不充分，则表明管理层的诚信可能存在问题，这时需要重新考虑管理层所做声明的可靠性。

12.2.3 管理层声明的内容和格式

1. 管理层声明的形式

管理层声明包括书面声明和口头声明。书面声明作为审计证据通常比口头声明可靠。

书面声明可采取下列形式：管理层声明书；注册会计师提供的列示其对管理层声明的理解并经管理层确认的函；董事会及类似机构的相关会议纪要或已签署的财务报表副本。

2. 管理层声明的内容

当要求管理层提供声明书时，注册会计师应当要求将声明书径送注册会计师本人。声明书应当包括要求列明的信息，表明适当的日期并经签署。管理层声明一般包括以下 3 个方面的内容。

(1) 关于财务报表

① 管理层认可其对财务报表的编制责任。

② 管理层认可其设计、实施和维护内部控制以防止或发现并纠正错报的责任。

③ 管理层认为注册会计师在审计过程中发现的未更正错报，无论是单独还是汇总起来考虑，对财务报表整体均不具有重大影响。

(2) 关于信息的完整性

① 所有财务信息和其他数据的可获得性。

② 所有股东会和董事会会议记录的完整性和可获得性。

③ 就违反法规行为这一事项，被审计单位与监管机构沟通的书面文件的可获得性。

④ 与未记录交易相关的资料的可获得性。

⑤ 涉及下列人员舞弊行为或舞弊嫌疑的信息的可获得性：管理层、对内部控制产生重大影响的雇员、对财务报表的编制具有重大影响的其他人员。

(3) 关于确认、计量和列报

① 对资产或负债的确认或列报具有重大影响的计划或意图。

② 关联方交易，以及涉及关联方的应收或应付款项。

③ 需要在财务报表中披露的违反法规行为。

④ 需要确认或披露的或有事项，对财务报表具有重大影响的承诺事项和需要偿付的担保等。

⑤ 对财务报表具有重大影响的合同的遵循情况。

⑥ 对财务报表具有重大影响的重大不确定事项。

⑦ 被审计单位对资产的拥有或控制情况，以及抵押、质押或留置资产。

⑧ 持续经营假设的合理性。

⑨ 需要调整或披露的期后事项。

上述事项，因其复杂程度和重要程度的不同，注册会计师可以将其全部列入管理层声明书中，也可以就此向管理层获取专项声明。

3. 签署日期

为了保证在签署审计报告时，与已获取管理层声明相关的事项没有发生变化，不会引致对财务报表的调整，管理层声明书标明的日期通常与审计报告日一致。但在某些情况下，注册会计师也可能在审计过程中或审计报告日后就某些交易或事项获取单独的声明书。例如，如果注册会计师在审计过程中就某些交易或事项单独获取了声明，那么在审计报告日注册会计师还要获取一份补充声明书，声明交易或事项是否发生变化。又如，如果在审计报告日后注册会计师发现了财务报表在财务报表日业已存在的重大错报，需要重新签署审计报告，注册会计师需要重新就此期后事项获取补充声明书。

4. 签署人

管理层声明书通常由管理层中对被审计单位及其财务负主要责任的人员签署。在某些情况下，注册会计师也可以向管理层中的其他人员获取管理层声明书。

5. 管理层声明书范例

下面列示了一种管理层声明书的范例，供参考。

管理层声明书

××会计师事务所并××注册会计师：

本公司已委托贵事务所对本公司20×6年12月31日的资产负债表，20×6年度的利润表、股东权益变动表和现金流量表及财务报表附注进行审计，并出具审计报告。

为配合贵事务所的审计工作，本公司做出如下声明。

关于财务报表

1. 本公司承诺，按照《企业会计准则》和《××会计制度》的规定编制财务报表是我们的责任。

2. 本公司已按照《企业会计准则》和《××会计制度》的规定编制20×6年度财务报表，财务报表的编制基础与上年度保持一致，本公司管理层对上述财务报表的真实性、合法性和完整性承担责任。

3. 设计、实施和维护内部控制，保证本公司资产安全和完整，防止或发现并纠正错报，是本公司管理层的责任。

4. 本公司承诺财务报表不存在重大错报。贵事务所在审计过程中发现的未更正错报，无论是单独还是汇总起来，对财务报表整体均不具有重大影响。未更正错报汇总(见附件)附后。

本公司就已知的全部事项，做出如下声明。[写出具体声明]

5. 关于信息的完整性，本公司已向贵事务所提供如下材料：

(1) 全部财务信息和其他数据；

(2) 全部重要的决议、合同、章程、纳税申报表等相关资料；

(3) 全部股东会和董事会的会议记录。

6. 关于确认、计量和列报，本公司所有经济业务均已按规定入账，不存在账外资产或未计负债。

7. 本公司认为所有与公允价值计量相关的重大假设是合理的，恰当地反映了本公司的意图和采取特定措施的能力；用于确定公允价值的计量方法符合《企业会计准则》的规定，并在使用上保持了一贯性；本公司已在财务报表中对上述事项做出恰当披露。

8. 本公司不存在导致重述比较数据的任何事项。

9. 本公司已提供所有与关联方和关联方交易相关的资料，并已根据《企业会计准则》和《××企业会计制度》的规定恰当披露了所有重大关联方交易。

10. 本公司已提供全部或有事项的相关资料。除财务报表附注中披露的或有事项外，本公司不存在其他应披露而未披露的诉讼、赔偿、背书、承兑、担保等或有事项。

11. 除财务报表附注披露的承诺事项外，本公司不存在其他应披露而未披露的承诺事项。

12. 本公司不存在未披露的影响财务报表公允性的重大不确定事项。

13. 本公司已采取必要措施防止或发现舞弊及其他违反法规行为，不存在对财务报表产生重大影响的舞弊和其他违反法规行为。

14. 本公司严格遵守了合同规定的条款，不存在因未履行合同而对财务报表产生重大影响的事项。

15. 本公司对所有资产均拥有合法权利，除已披露事项外，无其他被抵押、质押资产。

16. 本公司编制财务报表所依据的持续经营假设是合理的，没有计划终止经营或破产清算。

17. 本公司已提供全部资产负债表日后事项的相关资料，除财务报表附注中披露的资产负债表日后事项外，本公司不存在其他应披露而未披露的重大资产负债表日后事项。

18. 本公司管理层确信：

(1) 未收到监管机构有关调整或修改财务报表的通知；

(2) 无税务纠纷。

19. 其他事项

[注册会计师认为重要而需声明的事项，或者管理层认为必要而需声明的事项。如：

1. 本公司在银行存款或现金运用方面未受到任何限制。

2. 本公司对存货均已按照《××会计制度》的规定予以确认和计量；受托代销商品或不属于本公司的存货均未包括在会计记录内；在途物资或由代理商保管的货物均已确认为本公司存货。

3. 本公司不存在未披露的大股东及关联方资金占用和担保事项。]

××有限责任公司

法定代表人(签名并盖章)

财务负责人(签名并盖章)

二〇×七年×月×日

附件：未更正错报汇总

	借方	贷方	利润表影响 增加/(减少) 单位：元
1. 计提管理用固定资产折旧			
借：管理费用	××		
贷：累计折旧		××	
2. 计提利息			
借：财务费用	××		
贷：应付利息		××	
3. 冲回多计提工资			
借：应付职工薪酬	××		
贷：管理费用		××	
合计：			

本公司经考虑认为，上述差异对公司净利润不会产生重大影响，未予调整。

12.2.4 管理层拒绝提供声明时的措施

如果管理层拒绝提供注册会计师认为必要的声明，注册会计师应当将其视为审计范围受到限制，出具保留意见或无法表示意见的审计报告。

如果注册会计师认为某项声明重要，如涉及重大事项的声明或其他可获取的审计证据证明力较弱的情况下的声明，而管理层拒绝提供，则注册会计师需要考虑无法获取该声明对审计意见的影响，并按照《中国注册会计师审计准则第 1502 号——非标准审计报告》的规定出具保留意见或无法表示意见的审计报告。

例如，如果被审计单位房地产的用途发生改变，将自用房地产转换为投资性房地产，并采用公允价值模式计量，停止对其计提折旧，注册会计师应就转换用途的目的或意图向管理层实施询问程序，并将询问结果获取管理层认可，取得书面声明。如果管理层拒绝就此提供声明，而停止计提折旧这一事项对本期财务报表的损益影响重大，则注册会计师应将其视为审计范围受到限制，根据具体情况出具保留意见或无法表示意见的审计报告。同时，在这种情况下，注册会计师应当评价审计过程中获取的管理层其他声明的可靠性，并考虑管理层拒绝提供声明是否可能对审计报告产生其他影响。

12.3 执行收尾程序

注册会计师在完成各会计报表项目的审计测试和一些特殊项目的审计工作，并获取管理层声明书之后，应汇总审计测试结果，执行审计收尾程序。收尾程序包括编制审计差异调整表和试算平衡表，执行分析程序，撰写审计总结及完成审计工作底稿的复核等。在此基础上，注册会计师评价审计结果，并在与客户沟通以后，确定应出具审计报告的意见类型和措辞。

12.3.1 编制审计差异调整表和试算平衡表

在完成控制测试、实质性程序和特殊项目的审计后，对审计项目组成员在审计中发现的审计差异，即被审计单位的会计处理方法与企业会计准则的不一致，审计项目经理应根据审计重要性原则予以初步确定并汇总，并建议被审计单位进行调整，使经审计的财务报表所载信息能够公允地反映被审计单位的财务状况、经营成果和现金流量。

1. 编制审计差异调整表

审计差异内容按是否需要调整账户记录可分为核算错误和重分类错误。核算错误是因企业对经济业务进行了不正确的会计核算而引起的错误。用审计重要性原则来衡量每一项核算错误，又可把这些核算错误分为建议调整的不符事项和未调整不符事项。重分类错误是因企业未按企业会计准则列报财务报表而引起的错误。例如，企业在应付账款项目中反映的预付账款、在应收账款项目中反映的预收账款等。

为了便于审计项目的各级负责人综合判断、分析和决定，注册会计师通常需要将这些审计差异分别汇总，形成客户确认的审计差异调整分录汇总表、重分类分录汇总表和未调整不符事项汇总表。三张汇总表的参考格式分别见表 12－1、表 12－2 和表 12－3。

表 12－1 审计差异调整分录汇总表

客户名称：　　　　编制人　　日期　　索引号

年度或截止日期：　　复核人　　日期　　页次

序号	调整事项说明	索引号	会计科目	借方	贷方	影响利润＋（－）
1						
2						
3						
4						
5						
6						
7						
8						

与客户的沟通

参加人员

客户：________________________

审计项目组：____________________

客户意见：

结论：是否同意上述审计调整__________________

客户(签章)：____________　　日期：__________

表12-2 重分类分录汇总表

客户名称： 编制人 日期 索引号

年度或截止日期： 复核人 日期 页次

序号	重分类说明	索引号	借方科目	借方金额	贷方科目	贷方金额
1						
2						
3						
4						
5						
6						
7						
8						
9						

与客户的沟通

参加人员

客户：________________________________

审计项目组：___________________________

客户意见：

结论：是否同意上述审计调整________________________

客户(签章)：________________ 日期：____________

表12-3 未调整不符事项汇总表

客户名称： 编制人 日期 索引号

年度或截止日期： 复核人 日期 页次

序号	未调整事项及说明	索引号	会计科目	借方	贷方	备注
1						
2						
3						
4						
5						
6						
7						
8						
9						

未调整不符事项的影响：

项目 金额 百分比 计划百分比

1. 净利润
2. 净资产
3. 资产总额
4. 主营业务收入

结论：

客户签章：

对于审计中发现的核算错误，如何运用审计重要性原则来划分建议调整的不符事项与未调整不符事项，是正确编制审计差异调整表的关键。注册会计师在划分建议调整的不符事项与未调整不符事项时，应当考虑核算错误的金额和性质两个因素。

① 对于单笔核算错误超过所涉及财务报表项目(或账项)层次重要性水平的，应视为建议调整的不符事项。

② 对于单笔核算错误大大低于所涉及财务报表项目(或账项)层次重要性水平的，但性质重要的，如涉及舞弊与违法行为的核算错误、影响收益趋势的核算错误、股本项目等不期望出现的核算错误，应视为建议调整的不符事项。

③ 对于单笔核算错误大大低于所涉及财务报表项目(或账项)层次重要性水平的，并且性质不重要的，一般应视为未调整不符事项；但应当考虑小额错报累计起来可能重要的可能性。

注册会计师确定了建议调整的不符事项和重分类错误后，应以书面方式及时征求被审计单位对需要调整财务报表事项的意见。若被审计单位予以采纳，应取得被审计单位同意调整的书面确认；若被审计单位不予采纳，应分析原因，并根据未调整不符事项的性质和重要程度，确定是否在审计报告中予以反映，以及如何反映。

2. 编制试算平衡表

试算平衡表是注册会计师在被审计单位提供未审财务报表的基础上，考虑调整分录、重分类分录等内容以确定已审数与报表披露数的表式。有关资产负债表和利润表的试算平衡表的参考格式分别见表 12-4 和表 12-5。

① 试算平衡表中的“审计前金额”栏，应根据被审计单位提供的未审计财务报表填列。

② 有些财务报表项目往往会在未调整这些审计差异所作的会计分录中多次出现，因此在手工编制试算平衡表前，可先通过按财务报表项目设置的“丁”字账户，区分调整分录与重分类分录分别进行汇总，然后将按财务报表项目汇总后的借、贷方发生额分别过入试算平衡表中的“调整金额”和“重分类调整”栏内。

③ 在编制完试算平衡表后，应注意核对相应的钩稽关系。例如，资产负债表试算平衡表左边的审计前金额、审定金额、报表反映的各栏合计数应分别等于其右边相应各栏合计数；资产负债表试算平衡表左边的调整金额栏中的借方合计数与贷方合计数之差应等于右边的调整金额栏中的贷方合计数与借方合计数之差；资产负债表试算平衡表左边的重分类调整栏中的借方合计数与贷方合计数之差应等于右边的重分类调整栏中的贷方合计数与借方合计数之差，等等。

12.3.2 对财务报表总体合理性实施分析程序

在审计临近结束时，注册会计师运用分析程序的目的是确定审计调整后的财务报表整体是否与其对被审计单位的了解一致，注册会计师应当围绕这一目的运用分析程序。在运用分析程序进行总体复核时，如果识别出以前未识别的重大错报风险，注册会计师应当重新考虑对全部或部分各类交易、账户余额和披露评估的风险是否恰当，并在此基础上重新评价之前计划的审计程序是否充分，是否有必要追加审计程序。

表 12-4　资产负债表试算平衡表

客户名称：　　　　编制：　　　　复核：　　　　索引：A18—
截止日：20×6.12.31　　　　日期：　　　　日期：　　　　页次：1

项　目	审计前金额借方	调整金额		审定金额借方	重分类调整		报表反映数借方	项　目	审计前金额贷方	调整金额		审定金额贷方	重分类调整		报表反映数贷方
		借方	贷方		借方	贷方				借方	贷方		借方	贷方	
货币资金								短期借款							
交易性金融资产								交易性金融负债							
衍生金融资产								衍生金融负债							
应收票据及应收账款								应付票据及应付账款							
其他应收款								预收款项							
预付款项								合同负债							
存货								应付职工薪酬							
合同资产								应交税费							
持有待售资产								其他应付款							
一年内到期的非流动资产								持有待售负债							
其他流动资产								一年内到期的非流动负债							
流动资产合计								其他流动负债							
								流动负债合计							
债权投资															
其他债权投资								长期借款							
长期应收款								应付债券							
长期股权投资								长期应付款							
其他权益工具投资								预计负债							
其他非流动金融资产								递延所得税负债							
投资性房地产								其他非流动负债							
固定资产								非流动负债合计							
在建工程								负债合计							
生产性生物资产															
油气资产								实收资本（或股本）							
无形资产								资本公积							
开发支出								盈余公积							
商誉								未分配利润							
长期待摊费用								所有者权益合计							
递延所得税资产								负债和所有者权益合计							
其他非流动资产															
非流动资产合计															
资产总计															

表 12-5　利润表试算平衡表

客户名称：　　　　编制：　　复核：　　　　索引：

会计期间：　　　　日期：　　日期：　　　　页次：

项　　目	审计前金额	调整金额		审定金额
		借　方	贷　方	
一、营业收入				
减：营业成本				
税金及附加				
销售费用				
管理费用				
研发费用				
财务费用				
资产减值损失				
信用减值损失				
加：其他收益				
投资收益				
公允价值变动收益				
资产处置收益				
二、营业利润				
加：营业外收入				
减：营业外支出				
三、利润总额				
减：所得税费用				
四、净利润				

12.3.3　评价审计结果

注册会计师评价审计结果，主要是为了确定将要发表的审计意见的类型及在整个审计工作中是否遵循了审计准则。为此，注册会计师必须完成两项工作：一是对重要性和审计风险进行最终的评价；二是对被审计单位已审计财务报表形成审计意见并草拟审计报告。

1. 对重要性和审计风险进行最终评价

注册会计师首先按财务报表项目确定可能的错报金额(包括已经识别的具体错报和推断错报)，然后确定各财务报表项目可能的错报金额的汇总数(即可能错报总额)对财务报表层次重要性水平和其他与这些错报有关的财务报表总额(如流动资产或流动负债)的影响程度。

注册会计师在审计计划阶段已确定了审计风险的可接受水平。随着可能错报总额的增加，财务报表可能存在重大错报的风险也会增加。如果注册会计师得出结论，审计风险处在一个可接受的水平，则可以直接提出审计结果所支持的意见；如果注册会计师认为审计风险不能接受，则应追加实施额外的实质性程序或者说服被审计单位做必要调整，以便将重要错报的风险降低到一个可接受的水平；否则注册会计师应慎重考虑该审计风险对审计报告的影响。

2. 对被审计单位已审计财务报表形成审计意见并草拟审计报告

在审计终结阶段，为了对财务报表整体发表适当的意见，必须将分散的审计结果加以汇总和评价，综合考虑在审计过程中所收集到的全部证据。在对审计意见形成最后决定之前，会计师事务所通常要与被审计单位召开沟通会。在会议上，注册会计师可口头报告本次审计所发现的问题，并说明建议被审计单位做必要调整或表外披露的理由。当然，管理层也可以在会上申辩其立场。最后，通常会对需要被审计单位做出的改变达成协议。如果达成了协议，注册会计师一般即可签发标准审计报告，否则注册会计师可能不得不发表其他类型的审计意见。注册会计师的审计意见是通过审计报告来反映的，将在下一章介绍不同类型的审计报告。

12.3.4 与治理层沟通

在审计结束时，注册会计师应当就注册会计师与财务报表审计相关的责任、计划的审计范围和时间安排的总体情况、审计中发现的重大问题、值得关注的内部控制缺陷及注册会计师的独立性等事项与治理层沟通。公司治理层和注册会计师在健全完善公司治理机构中都扮演着重要的角色，两者在对管理层编制的财务报表进行监督这一方面具有共同的关注点。治理层和注册会计师对各自从不同层面掌握的情况和信息进行有效的沟通，不仅有助于公司治理层对管理层进行有效监督与制衡，还可以增强注册会计师审计工作的针对性，特别是保护注册会计师独立性不受管理层干扰。注册会计师与治理层进行沟通的主要目的如下。

① 就审计范围和时间及注册会计师、治理层和管理层各方在财务报表审计和沟通中的责任，取得相互了解。

② 及时向治理层告知审计中发现的与治理层责任相关的事项。

③ 共享有助于注册会计师获取审计证据和治理层履行责任的其他信息。明确与治理层沟通的目的，有助于注册会计师全面理解与治理层进行沟通的必要性，意识到自己向治理层告知审计中发现的与治理层责任相关的事项的义务，以期与治理层就履行各自职责达成共识并共享信息。

12.3.5 完成质量控制复核

会计师事务所应当建立完善的审计工作底稿分级复核制度。对工作底稿的复核可分为两个层次：项目组内部复核和项目质量控制复核。

1. 项目组内部复核

项目组内部复核又分为两个层次：审计项目经理的现场复核和项目合伙人的复核。

（1）审计项目经理的现场复核

审计项目经理对审计工作底稿的全面复核通常在审计现场完成，以便及时发现和解决问题。这层复核主要是评价已完成的审计工作、所获得的证据和工作底稿编制人员形成的结论。

（2）项目合伙人的复核

根据审计准则的规定：项目合伙人应当对会计师事务所分派的每项审计业务的总体质量负责；项目合伙人应当对项目组按照会计师事务所复核政策和程序实施的复核负责。

《注册会计师审计准则第 1121 号——对财务报表审计实施的质量控制》应用指南指出，项目合伙人在审计过程的适当阶段及时实施复核，有助于重大事项在审计报告日之前得到及时满意的解决。项目合伙人复核的内容包括：对关键领域所做的判断，尤其是执行业务过程中识别出的疑难问题或争议事项；特别风险；项目合伙人认为重要的其他领域。项目合伙人无须复核所有审计工作底稿。《中国注册会计师审计准则第 1131 号——审计工作底稿》要求项目合伙人记录复核的范围和时间。在审计报告日或审计报告日之前，项目合伙人应当通过复核审计工作底稿与项目组讨论，确信已获取充分、适当的审计证据，支持得出的结论和拟出具的审计报告。

2. 项目质量控制复核

根据《质量控制准则第 5101 号——会计师事务所对执行财务报表审计和审阅、其他鉴证和相关服务业务实施的质量控制》的规定，会计师事务所应当制定政策和程序，对特定业务（包括所有上市实体财务报表审计）实施项目质量控制复核，以客观评价项目组做出的重大判断及在编制报告时得出的结论。

会计师事务所应当制定政策和程序，以明确项目质量控制复核的性质、时间安排和范围。这些政策和程序应当要求：只有完成项目质量控制复核，才可以签署业务报告。

（1）质量控制复核人员

《质量控制准则第 5101 号——会计师事务所对执行财务报表审计和审阅、其他鉴证和相关服务业务实施的质量控制》规定，会计师事务所应当制定政策和程序，解决项目质量控制复核人员的委派问题，明确项目质量控制复核人员的资格要求，包括：履行职责需要的技术资格，包括必要的经验和权限；在不损害其客观性的前提下，项目质量控制复核人员能够提供业务咨询的程度。会计师事务所在确定质量控制复核人员的资格要求时，要充分考虑质量控制复核工作的重要性和复杂性，安排经验丰富的注册会计师担任项目质量控制复核人员。

（2）质量控制复核范围

《中国注册会计师审计准则第 1121 号——对财务报表审计实施的质量控制》规定，项目质量控制复核人员应当客观地评价项目组做出的重大判断及在编制审计报告时得出的结论。

评价工作应当涉及下列内容：与项目合伙人讨论重大事项；复核财务报表和拟出具的审计报告；复核选取的与项目组做出的重大判断和得出的结论相关的审计工作底稿；评价在编制审计报告时得出的结论，并考虑拟出具审计报告的恰当性。

对上市实体财务报表进行审计时，项目质量控制复核人员在实施项目质量控制复核时，还应当考虑：项目组就具体审计业务对会计师事务所独立性做出的评价；项目组是否已就涉及意见分歧的事项，或者其他疑难问题或争议事项进行适当咨询，以及咨询得出的结论；选取的用于复核的审计工作底稿是否反映了项目组针对重大判断执行的工作，以及是否支持得出的结论。

本章小结

本章主要包括特殊项目审计、获取管理层声明和执行收尾程序三大部分内容。

如果是首次接受业务委托，注册会计师必须对被审计单位财务报表的期初余额进行审计。发现期后事项和事实可能对形成正确的审计意见非常重要，注册会计师必须考虑期后事项对审计报告的影响。此外，注册会计师还必须复核或有事项、关联方及其交易是否得到适当的确认和披露，以及持续经营假设是否仍然适当。

注册会计师还应当获取管理层声明，以确定管理层认可其按照使用的会计准则和相关会计制度的规定编制财务报表的责任，并且已批准财务报表。

注册会计师在完成各会计报表项目的审计测试和一些特殊项目的审计工作，并获取管理层声明书之后，应汇总审计测试结果，执行审计收尾程序。收尾程序包括编制审计差异调整表和试算平衡表，执行分析程序，撰写审计总结及完成审计工作底稿的复核等。在此基础上，注册会计师评价审计结果，并与客户沟通以确定应出具审计报告的意见类型和措辞。

案例与习题

一、讨论题

公信会计师事务所注册会计师李颖在审计东方机械公司的财务报表时，收到了客户总裁出具的管理当局声明书如下。

李颖：

我们委托你对东方机械公司20×6年12月31日的资产负债表，以及20×6年的利润表和现金流量表进行审计，目的是对公司的财务报表是否在所有重大方面公允地反映了公司的财务状况、经营成果及现金流量，是否符合《企业会计准则》发表意见。我们确信在我们的知识和诚信范围内，我们已经做得最好，并做出如下声明。

1. 不存在会对存货及负债的价值和分类产生重大影响的计划和打算。

2. 没有来自监管机构的关于财务报表中的不合规行为和缺陷的通知。

3. 没有关于已出售资产的回购协议。

4. 不存在可能需要考虑在财务报表中进行披露或者作为或有损失记录的违法违规行为。

5. 不存在律师认为可能被认定的未决索赔且根据《企业会计准则》的要求必须进行披露的情况。

6. 不存在对于现金账户的限制协议。

总裁×××

东方机械公司

20×7年3月14日

要求：对该管理层声明书的完整性做出评价。

二、单项选择题

1. 注册会计师对期后事项的专门审计，一般应安排在（　　）时进行。

A. 审计的计划阶段　　B. 审计的实施阶段

C. 临近审计工作结束日　　D. 签约时

2. 如果认为被审计单位在可预见的将来无法持续经营，继续运用持续经营假设编制财务报表将对报表使用人产生严重误导，注册会计师应当发表（　　）

A. 无保留意见　　　　B. 保留意见

C. 否定意见　　　　D. 无法表示意见

3. 注册会计师对被审计单位2018年1月至6月的财务报表进行审计，并于2018年8月31日出具审计报告。下列各项中，管理层在编制2018年1月至6月的财务报表时，评估其持续经营能力应当涵盖的最短期间是（　　）。

A. 2018年7月1日至2019年6月30日止

B. 2018年9月1日至2019年8月31日止

C. 2018年7月1日至2018年12月31日止

D. 2018年9月1日至2018年12月31日止

三、多项选择题

1. 在适用的财务报告编制基础对关联方做出规定的情况下，下列各项中，应当包括在被审计单位管理层和治理层（如适用）书面声明中的有（　　）。

A. 已向注册会计师披露了全部已知的关联方名称和特征

B. 已向注册会计师披露了全部已知的关联方关系及其交易

C. 已按照适用的财务报告编制基础的规定，对关联方关系和交易进行了恰当的会计处理

D. 已按照适用的财务报告编制基础的规定，对关联方关系和交易进行了恰当的披露

2. 对已发现的对财务报表产生重大影响的期后事项，如果被审计单位不接受调整或披露建议，注册会计师视其具体情况可能发表的审计意见包括（　　）。

A. 无保留意见　　　　B. 无保留意见加说明段

C. 保留意见　　　　D. 否定意见

四、判断题

1. 如果上期财务报表已经其他会计师事务所审计，无论被审计单位同意与否，注册会计师都有责任与前任注册会计师联系，以获取必要的审计证据。（　　）

2. 通报可能影响财务报表的期后事项，是注册会计师的责任。（　　）

3. 注册会计师对关联方及其交易的审计，并不能保证发现关联方及其交易的所有错报与舞弊，这是因为会计师事务所内部控制的局限性。（　　）

五、简答题

1. 期初余额审计的目的是什么？

2. 期后事项有哪些类型？

六、案例分析题

天泓会计师事务所对红星公司进行审计的过程中，发现红星公司将存货出售给了龙翔公司，合同条款中付款期限为90天，是正常付款期限的3倍，且资金直接打入了红星公司总裁的账户，而没有走公司正常的会计核算程序。良亮公司提供了红星公司40%的原材料，而其他供应商的份额都没有超过5%。红星公司管理当局解释道，之所以从良亮公司购买大量的原材料，是因为该公司提供无条件的帮助。

红星公司的业务量在会计年度末的前一个月达到顶峰，销售量占全年销售量的30%，

有些年度在会计年度末的最后一周出现类似情况。红星公司在提供给天泓会计师事务所的管理层声明书中不承认存在关联方交易。

要求：

1. 分析红星公司可能存在关联方交易的情况。
2. 在调查关联方交易的时候，天泓会计师事务所的注册会计师应该执行怎样的审计程序？

第13章

审计报告

【学习目标】

◇ 了解审计报告的作用、分类和注册会计师审计意见的类型
◇ 掌握注册会计师出具标准审计报告的条件与基本内容
◇ 掌握非标准审计报告的含义、出具非标准审计报告的情形
◇ 明确注册会计师对比较数据的总体审计目标及实施的审计程序
◇ 明确其他信息特征，在不同情况下对其他信息的审计责任及审计程序
◇ 明确对特殊目的审计业务发表审计意见的总体要求

【相关注册会计师执业准则、会计准则】

◇ 中国注册会计师执业准则第1501号——对财务报表形成审计意见和出具审计报告
◇ 中国注册会计师执业准则第1502号——在审计报告中发表非无保留意见
◇ 中国注册会计师执业准则第1504号——在审计报告中沟通关键审计事项
◇ 中国注册会计师执业准则第1511号——比较信息：对应数据和比较财务报表
◇ 中国注册会计师执业准则第1521号——注册会计师对其他信息的责任
◇ 中国注册会计师执业准则第1601号——对按照特殊目的编制基础编制的财务报表审计的特殊考虑
◇ 中国注册会计师执业准则第1331号——首次审计业务涉及的期初余额
◇ 中国注册会计师执业准则第1332号——期后事项
◇ 中国注册会计师执业准则第1221号——计划和执行审计工作时的重要性
◇ 中国注册会计师审计准则第1324号——持续经营
◇ 企业会计准则第28号——会计政策、会计估计变更和差错更正

引　言

ST圣方(000620)是刘某所服务的会计师事务所的常年客户。2005年3月初，刘某到牡丹江市对公司2004年年报进行审计。

很快刘某便发现了三项重大问题：其一，公司提供的下属企业牡丹江石油化工厂的财务账上显示公司库存较上一年度大幅增加，原油出库价低，这意味着成本可能被虚减，利润由此虚增2 900万元；其二，公司收到的委托经营收益2 300万元没有委托合同支持，该委托经营收益被记在“其他业务收入”中；其三，公司报表上有一笔以前年度损益6 800万元，是牡丹江石油化工厂支付的购买牡丹江石

油化工集团土地的费用，但公司没有办理土地证，也就是购买的土地没过户到牡丹江石油化工厂名下。

就在刘某即将结束ST圣方审计的前一天晚上，ST圣方的常务副总裁来到了刘某的房间，他说："现在厂里比较困难，效益不好，得到银行贷款一定要年报盈利才行，希望你能帮助我们。"临走时递给刘某一个信封，里面是15 000元人民币。

之后的事情变得容易起来：刘某"适当调整"ST圣方少转成本的数额，体现出"盈利点"；不再索取ST圣方与牡丹江热电厂签订的委托经营合同的原件（事后证明此合同为ST圣方副总经理指使人私刻了牡丹江热电厂的公章而造的假合同）；无保留意见审计报告得以顺利出炉。

ST圣方2005年4月16日公布2004年报，宣布扭亏为盈。4月26日公司公告称：我公司部分高管人员、董事、监事因涉嫌提供虚假财务报告及其他犯罪行为被牡丹江市公安局立案侦查，负责2004年年报审计的刘某也因涉嫌提供虚假证明文件罪被刑事拘留。

资料来源：张连起．不争与不幸——ST圣方审计案的检讨．财务与会计，2005(7)

13.1 审计报告概述

审计报告是注册会计师根据中国注册会计师审计准则的要求，在实施审计工作的基础上对审计单位财务报表发表审计意见的书面文件。

审计报告是审计工作的最终结果，既是审计服务者传达所需信息的重要手段，也是表明注册会计师完成了审计任务并愿意承担审计责任的文件。

13.1.1 审计报告的类型

审计报告的正确性取决于两个方面：一是审计证据的充分与可靠；二是审计结论或意见的适当表述。由此可见，审计报告的质量将直接影响审计的作用，因此审计报告必须根据审计准则的要求编制。

1. 审计报告的作用

注册会计师签发的审计报告，主要具有鉴证、保护和证明三方面的作用。

(1) 鉴证作用

注册会计师签发的审计报告，是以独立的第三者身份，对被审计单位财务报表的合法性、公允性发表意见，做出客观的鉴证。注册会计师签发的审计报告具有法定证明效力，所起到的经济鉴证作用已为政府及其各部门和社会各界所认可。政府有关部门，如财政部门、税务部门等了解、掌握企业的财务状况和经营成果的主要依据是企业提供的财务报表。财务报表是否合法、公允，主要依据注册会计师的审计报告做出判断。股份制企业的股东，主要依据注册会计师的审计报告来判断被投资企业的财务报表是否公允地反映了财务状况和经营成果，以进行投资决策等。

(2) 保护作用

注册会计师签发的审计报告，可以通过出具不同类型的审计意见，以提高或降低财务报表信息使用者对财务报表的信赖程度，从而在一定程度上对被审计单位的财产、债权人和股东的权益及企业利害关系人的利益起到保护作用。例如投资者通过查阅被投资企业的财务报表和注册会计师的审计报告，可以更真实地了解被投资企业的经营情况，减小其投资风险；债权人通过查阅被投资企业的财务报表和注册会计师的审计报告，可以更真实地了解被投资企业的财务状况，减小其贷款风险。

（3）证明作用

注册会计师签发的审计报告，是对注册会计师审计任务完成情况及其结果所做的总结，它可以表明审计工作的质量并明确注册会计师的审计责任。因此，审计报表可以对审计工作质量和注册会计师的审计责任起到证明作用。通过审计报告，可以证明注册会计师在审计过程中是否实施了必要的审计程序，是否遵循了应有的规范，是否以审计工作底稿为依据发表审计意见，发表的审计意见是否与被审计单位的实际情况相一致，审计工作质量是否符合要求。通过审计报告，可以证明注册会计师对审计责任的履行情况。

2. 审计意见的形成和审计报告的类型

（1）审计意见的形成

注册会计师应当就财务报表是否在所有重大方面按照适用的财务报告编制基础编制并实现公允反映形成审计意见。为了形成审计意见，针对财务报表整体是否不存在由于舞弊或错误导致的重大错报，注册会计师应当得出结论，确定是否已就此获取合理保证。

在得出结论时，注册会计师应当考虑下列方面。

① 按照《中国注册会计师审计准则第 1231 号——针对评估的重大错报风险采取的应对措施》的规定，是否已获取充分、适当的审计证据。

② 按照《中国注册会计师审计准则第 1251 号——评价审计过程中识别出的错报》的规定，未更正错报单独或汇总起来是否构成重大错报。

③ 评价财务报表是否在所有重大方面按照适用的财务报告编制基础的规定编制。注册会计师应当依据适用的财务报告编制基础特别评价下列内容：财务报表是否充分披露了所选择和运用的重要会计政策；所选择和运用的会计政策是否符合适用的财务报告编制基础，并适合被审计单位的具体情况；管理层做出的会计估计是否合理；财务报表列报的信息是否具有相关性、可靠性、可比性和可理解性；财务报表是否做出充分披露，使预期使用者能够理解重大交易和事项对财务报表所传递信息的影响；财务报表使用的术语（包括每一财务报表的标题）是否适当。

④ 评价财务报表是否实现公允反映。在评价财务报表是否实现公允反映时，注册会计师应当考虑下列方面：财务报表的整体列报、结构和内容是否合理；财务报表（包括相关附注）是否公允地反映了相关交易和事项。

⑤ 评价财务报表是否恰当提及或说明适用的财务报告编制基础。

（2）审计报告的类型

审计报告分为标准审计报告和非标准审计报告。

标准审计报告，是指不含有说明段、强调事项段、其他事项段或其他任何修饰性用语的无保留意见的审计报告。其中，无保留意见，是指当注册会计师认为财务报表在所有重大方面按照适用的财务报告编制基础编制并实现公允反映时发表的审计意见。包含其他报告责任段，但不含有强调事项段或其他事项段的无保留意见的审计报告也被视为标准审计报告。

非标准审计报告，是指带强调事项段或其他事项段的无保留意见的审计报告和非无保留意见的审计报告。非无保留意见的审计报告包括保留意见的审计报告、否定意见的审计报告和无法表示意见的审计报告。

3. 审计报告的要素

审计报告应当包括下列要素。

（1）标题

审计报告应当具有标题，统一规范为“审计报告”。

（2）收件人

审计报告应当按照审计业务约定的要求载明收件人。

（3）审计意见

审计报告的第一部分应当包含审计意见，并以“审计意见”作为标题。审计意见部分还应当包括下列方面：指出被审计单位的名称；说明财务报表已经审计；指出构成整套财务报表的每一个财务报表的名称；提及财务报表附注，包括重大会计政策和会计估计；指明构成整套财务报表的每一个财务报表的日期或涵盖的期间。

如果对财务报表发表无保留意见，除非法律法规另有规定，审计意见应当使用“我们认为，后附的财务报表在所有重大方面按照［适用的财务报告编制基础（如企业会计准则等）］的规定编制，公允反映了［……］”的措辞。

如果适用的财务报告编制基础是国际财务报告准则、国际公共部门会计准则或者其他国家或地区的财务报告准则，注册会计师应当在审计意见部分指明适用的财务报告编制基础是国际财务报告准则、国际公共部门会计准则，或者指明财务报告编制基础所属的国家或地区。

（4）形成审计意见的基础

审计报告应当包含标题为“形成审计意见的基础”的部分。该部分应当紧接在审计意见部分之后，并包括下列方面：说明注册会计师按照审计准则的规定执行了审计工作；提及审计报告中用于描述审计准则规定的注册会计师责任的部分；声明注册会计师按照与审计相关的职业道德要求独立于被审计单位，并履行了职业道德方面的其他责任，声明中应当指明适用的职业道德要求，如中国注册会计师职业道德守则；说明注册会计师是否相信获取的审计证据是充分、适当的，为发表审计意见提供了基础。

（5）管理层对财务报表的责任

审计报告应当包含标题为“管理层对财务报表的责任”的部分。审计报告中应当使用特定国家或地区法律框架下的恰当术语，而不必限定为“管理层”。在某些国家或地区，恰当的术语可能是“治理层”。

管理层对财务报表的责任部分应当说明管理层负责下列方面：按照适用的财务报告编制基础的规定编制财务报表，使其实现公允反映，并设计、执行和维护必要的内部控制，以使财务报表不存在由于舞弊或错误导致的重大错报；评估被审计单位的持续经营能力和使用持续经营假设是否适当，并披露与持续经营相关的事项（如适用）。对管理层评估责任的说明应当包括描述在何种情况下使用持续经营假设是适当的。

当对财务报告过程负有监督责任的人员与履行上述责任的人员不同时，管理层对财务报表的责任部分还应当提及对财务报告过程负有监督责任的人员。在这种情况下，该部分的标题还应当提及“治理层”或者特定国家或地区法律框架中的恰当术语。

(6) 注册会计师对财务报表审计的责任

审计报告应当包含标题为“注册会计师对财务报表审计的责任”的部分。

注册会计师对财务报表审计的责任部分应当包括下列内容。

① 说明注册会计师的目标是对财务报表整体是否不存在由于舞弊或错误导致的重大错报获取合理保证，并出具包含审计意见的审计报告。

② 说明合理保证是高水平的保证，但并不能保证按照审计准则执行的审计在某一重大错报存在时总能发现。

③ 说明错报可能由于舞弊或错误导致。在说明错报可能由于舞弊或错误导致时，注册会计师应当从下列两种做法中选取一种：描述如果合理预期错报单独或汇总起来可能影响财务报表使用者依据财务报表做出的经济决策，则通常认为错报是重大的；根据适用的财务报告编制基础，提供关于重要性的定义或描述。

④ 说明在按照审计准则执行审计工作的过程中，注册会计师运用职业判断，并保持职业怀疑。

⑤ 通过说明注册会计师的责任，对审计工作进行描述。这些责任包括：

- 识别和评估由于舞弊或错误导致的财务报表重大错报风险，设计和实施审计程序以应对这些风险，并获取充分、适当的审计证据，作为发表审计意见的基础。由于舞弊可能涉及串通、伪造、故意遗漏、虚假陈述或凌驾于内部控制之上，未能发现由于舞弊导致的重大错报的风险高于未能发现由于错误导致的重大错报的风险；
- 了解与审计相关的内部控制，以设计恰当的审计程序，但目的并非对内部控制的有效性发表意见。当注册会计师有责任在财务报表审计的同时对内部控制的有效性发表意见时，应当略去上述“目的并非对内部控制的有效性发表意见”的表述；
- 评价管理层选用会计政策的恰当性和做出会计估计及相关披露的合理性；
- 对管理层使用持续经营假设的恰当性得出结论。同时，根据获取的审计证据，就可能导致对被审计单位持续经营能力产生重大疑虑的事项或情况是否存在重大不确定性得出结论。如果注册会计师得出结论认为存在重大不确定性，审计准则要求注册会计师在审计报告中提请报表使用者关注财务报表中的相关披露；如果披露不充分，注册会计师应当发表非无保留意见。注册会计师的结论基于截至审计报告日可获得的信息。然而，未来的事项或情况可能导致被审计单位不能持续经营；
- 评价财务报表的总体列报、结构和内容（包括披露），并评价财务报表是否公允反映了相关交易和事项。

当《中国注册会计师审计准则第 1401 号——对集团财务报表审计的特殊考虑》适用时，通过说明下列事项，进一步描述注册会计师在集团审计业务中的责任：注册会计师的责任是就集团中实体或业务活动的财务信息获取充分、适当的审计证据，以对合并财务报表发表审计意见；注册会计师负责指导、监督和执行集团审计；注册会计师对审计意见承担全部责任。

注册会计师对财务报表审计的责任部分还应当包括下列内容。

① 说明注册会计师与治理层就计划的审计范围、时间安排和重大审计发现等事项进行沟通，包括沟通注册会计师在审计中识别的值得关注的内部控制缺陷。

② 对于上市实体财务报表审计，指出注册会计师就已遵守与独立性相关的职业道德要

求向治理层提供声明，并与治理层沟通可能被合理认为影响注册会计师独立性的所有关系和其他事项，以及相关的防范措施（如适用）。

③ 对于上市实体财务报表审计，以及决定按照《中国注册会计师审计准则第1504号——在审计报告中沟通关键审计事项》的规定沟通关键审计事项的其他情况，说明注册会计师从与治理层沟通过的事项中确定哪些事项对本期财务报表审计最为重要，因而构成关键审计事项。注册会计师应当在审计报告中描述这些事项，除非法律法规禁止公开披露这些事项，或在极少数情形下，注册会计师合理预期在审计报告中沟通某事项造成的负面后果超过在公众利益方面产生的益处，因而确定不应在审计报告中沟通该事项。

除审计准则规定的注册会计师责任外，如果注册会计师在对财务报表出具的审计报告中履行其他报告责任，应当在审计报告中将其单独作为一部分，并以“按照相关法律法规的要求报告的事项”为标题，或使用适合于该部分内容的其他标题，除非其他报告责任涉及的事项与审计准则规定的报告责任涉及的事项相同。如果涉及相同的事项，其他报告责任可以在审计准则规定的同一报告要素部分列示。

（7）按照相关法律法规的要求报告的事项（如适用）

如果审计报告将其他报告责任单独作为一部分，注册会计师对财务报表审计的责任要求应当置于“对财务报表出具的审计报告”标题下；“按照相关法律法规的要求报告的事项”部分置于“对财务报表出具的审计报告”部分之后。

（8）注册会计师的签名和盖章

审计报告应当由项目合伙人和另一名负责该项目的注册会计师签名和盖章。注册会计师应当在对上市实体整套通用目的财务报表出具的审计报告中注明项目合伙人。

（9）会计师事务所的名称、地址和盖章

审计报告应当载明会计师事务所的名称和地址，并加盖会计师事务所公章。

（10）报告日期

审计报告应当注明报告日期。审计报告日不应早于注册会计师获取充分、适当的审计证据，并在此基础上对财务报表形成审计意见的日期。在确定审计报告日时，注册会计师应当确信已获取下列两方面的审计证据：构成整套财务报表的所有报表（包括相关附注）已编制完成；被审计单位的董事会、管理层或类似机构已经认可其对财务报表负责。

适用的情况下，注册会计师还应当按照《中国注册会计师审计准则第1324号——持续经营》《中国注册会计师审计准则第1504号——在审计报告中沟通关键审计事项》《中国注册会计师审计准则第1521号——注册会计师对其他信息的责任》的相关规定，在审计报告中对与持续经营相关的重大不确定性、关键审计事项、被审计单位年度报告中包含的除财务报表和审计报告之外的其他信息进行报告。

13.1.2 标准无保留意见审计报告

1. 标准无保留意见审计报告的签发条件

标准无保留意见审计报告，是注册会计师对被审计单位财务报表发表的不带强调事项段的无保留意见审计报告。

注册会计师出具标准无保留意见审计报告具体应符合下列所有条件。

① 财务报表已经按照适用的会计准则和相关会计制度的规定编制，在所有重大方面公

允地反映了被审计单位的财务状况、经营成果和现金流量。

② 注册会计师已经按照中国注册会计师审计准则的规定计划和实施审计工作，在审计过程中未受到限制。

③ 没有必要在审计报告中增加强调事项段或任何修饰性用语。

注册会计师应当根据已获取的审计证据，对财务报表的合法性和公允性形成审计意见。在评价财务报表是否按照适用的会计准则和相关会计制度的规定编制时，注册会计师应当考虑下列内容。

① 选择和运用的会计政策是否符合适用的会计准则和相关会计制度，并适合于被审计单位的具体情况。

② 管理层做出的会计估计是否合理。

③ 财务报表反映的信息是否具有相关性、可靠性、可比性和可理解性。

④ 财务报表是否做出充分披露，使财务报表使用者能够理解重大交易和事项对被审计单位财务状况、经营成果和现金流量的影响。

在评价财务报表是否做出公允反映时，注册会计师应当考虑下列内容。

① 经管理层调整后的财务报表是否与注册会计师对被审计单位及其环境的了解一致。

② 财务报表的列报、结构和内容是否合理。

③ 财务报表是否真实地反映了交易和事项的经济实质。

2. 标准无保留意见审计报告格式

标准无保留意见审计报告应当以“我们认为”作为意见段的开头，并使用“在所有大方面”“公允反映了”等专业术语。

标准无保留意见审计报告参考格式如下。

审 计 报 告

ABC 股份有限公司全体股东：

一、对财务报表出具的审计报告

（一）审计意见

我们审计了 ABC 股份有限公司（以下简称公司）财务报表，包括 20×6 年 12 月 31 日的资产负债表，20×6 年度的利润表、现金流量、所有者权益变动表及财务报表附注。

我们认为，后附的财务报表在所有重大方面按照企业会计准则的规定编制，公允反映了公司 20×6 年 12 月 31 日的财务状况及 20×6 年度的经营成果和现金流量。

（二）形成审计意见的基础

我们按照中国注册会计师审计准则的规定执行了审计工作。审计报告的“注册会计师对财务报表审计的责任”部分进一步阐述了我们在这些准则下的责任。按照中国注册会计师职业道德守则，我们独立于公司，并履行了职业道德方面的其他责任。我们相信，我们获取的审计证据是充分、适当的，为发表审计意见提供了基础。

（三）关键审计事项

关键审计事项是根据我们的职业判断，认为对本期财务报表审计最为重要的事项。这些事项是在对财务报表整体进行审计并形成意见的背景下进行处理的，我们不对这些事项提供单独的意见。

[按照《中国注册会计师审计准则第1504号——在审计报告中沟通关键审计事项》的规定描述每一关键审计事项。]

（四）其他信息

[按照《中国注册会计师审计准则第1521号——注册会计师对其他信息的责任》的规定报告，见《〈中国注册会计师审计准则第1521号——注册会计师对其他信息的责任〉应用指南》附录2中的参考格式1。]

（五）管理层和治理层对财务报表的责任

管理层负责按照企业会计准则的规定编制财务报表，使其实现公允反映，并设计、执行和维护必要的内部控制，以使财务报表不存在由于舞弊或错误导致的重大错报。

在编制财务报表时，管理层负责评估公司的持续经营能力，披露与持续经营相关的事项（如适用），并运用持续经营假设，除非管理层计划清算公司、停止营运或别无其他现实的选择。

治理层负责监督公司的财务报告过程。

（六）注册会计师对财务报表审计的责任

我们的目标是对财务报表整体是否不存在由于舞弊或错误导致的重大错报获取合理保证，并出具包含审计意见的审计报告。合理保证是高水平的保证，但并不能保证按照审计准则执行的审计在某一重大错报存在时总能发现。错报可能由舞弊或错误所导致，如果合理预期错报单独或汇总起来可能影响财务报表使用者依据财务报表做出的经济决策，则错报是重大的。

在按照审计准则执行审计的过程中，我们运用了职业判断，保持了职业怀疑。我们同时：

(1) 识别和评估由于舞弊或错误导致的财务报表重大错报风险，对这些风险有针对性地设计和实施审计程序获取充分、适当的审计证据，作为发表审计意见的基础。由于舞弊可能涉及串通、伪造、故意遗漏、虚假陈述或凌驾于内部控制之上，未能发现由于舞弊导致的重大错报的风险高于未能发现由于错误导致的重大错报的风险。

(2) 了解与审计相关的内部控制，以设计恰当的审计程序，但目的并非对内部控制的有效性发表意见。

(3) 评价管理层选用会计政策的恰当性和做出会计估计及相关披露的合理性。

(4) 对管理层使用持续经营假设的恰当性得出结论。同时，基于所获取的审计证据，对是否存在与事项或情况相关的重大不确定性，从而可能导致对公司的持续经营能力产生重大疑虑得出结论。如果我们得出结论认为存在重大不确定性，审计准则要求我们在审计报告中提请报告使用者注意财务报表中的相关披露，如果披露不充分，我们应当发表非无保留意见。我们的结论基于审计报告日可获得的信息。然而，未来的事项或情况可能导致公司不能持续经营。

(5) 评价财务报表的总体列报、结构和内容（包括披露），并评价对财务报表是否公允反映交易和事项。

除其他事项外，我们与治理层就计划的审计范围、时间安排和重大审计发现（包括我们在审计时识别的值得关注的内部控制缺陷）进行沟通。

我们还就遵守关于独立性的相关职业道德要求向治理层提供声明，并就可能被合理认为影响我们独立性的所有关系和其他事项，以及相关的防范措施（如适用）与治理层进行沟通。

从与治理层沟通的事项中，我们确定哪些事项对当期财务报表审计最为重要，因而构成关键审计事项。我们在审计报告中描述这些事项，除非法律法规不允许公开披露这些事项，或在极其罕见的情形下，如果合理预期在审计报告中沟通某事项造成的负面后果超过产生的公众利益方面的益处，我们确定不应在审计报告中沟通该事项。

二、按照相关法律法规的要求报告的事项

[本部分的格式和内容，取决于法律法规对其他报告责任的性质的规定。法律法规规范的事项（其他报告责任）应当在本部分处理，除非那些其他报告责任与审计准则所要求的报告责任涉及相同的主题。如果涉及相同的主题，其他报告责任可以在审计准则所要求的同一报告要素部分中列示。当其他报告责任和审计准则规定的报告责任涉及同一主题，并且审计报告中的措辞能够将其他报告责任与审计准则规定的责任予以清楚地区分（如差异存在）时，允许将两者合并列示（即包含在对财务报表审计的报告部分中，并使用适当的副标题）。]

××会计师事务所（盖章）

中国注册会计师：×××
（签名并盖章）
中国注册会计师：×××
（签名并盖章）

中国××市　　二〇×七年×月×日

背景资料

2017年审计报告的新变革——解读新审计报告准则

为了提高审计报告的信息含量，满足资本市场改革与发展对高质量会计信息的需求，保持我国审计准则与国际准则的持续全面趋同，20×7年12月23日，财政部以财会〔2016〕24号文件发布了《中国注册会计师审计准则第1504号——在审计报告中沟通关键审计事项》等12项中国注册会计师审计准则（以下简称“新审计报告准则”）。新审计报告准则实施后，财政部的财会〔2010〕21号文件中涉及的有关11项准则同时废止。

新审计报告准则的主要变化内容如下。

1. 新制定准则（CSA1504）的主要内容

新制定的《中国注册会计师审计准则第1504号——在审计报告中沟通关键审计事项》，明确要求注册会计师在上市实体审计报告中增加关键审计事项部分，用于沟通关键审计事项。

① 准则定义了关键审计事项并规定了关键审计事项的决策框架。

② 规范了审计报告中如何恰当表述关键审计事项。

③ 要求在审计工作底稿中记录关键审计事项。

④ 导致非无保留意见的事项、影响持续经营能力的相关事项不得在审计报告的关键事项部分沟通。

⑤ 其他。

对在特殊情况下不在审计报告中沟通关键审计事项的情形做出规范，如法律法规禁止公开披露某事项的情形，以及如果合理预期在审计报告中沟通某事项造成的负面后果超过在公众利益方面产生的益处的情形，并就注册会计师与治理层沟通关键审计事项做出要求。

2. 实质性修订的准则的主要变化内容

(1) 中国注册会计师审计准则第 1501 号——对财务报表形成审计意见和出具审计报告

① 优化了审计报告的行文顺序，将与报告相关的决策信息前置。

② 改进了关于管理层对财务报表的责任（特别是有关持续经营的责任）的表述。

③ 改进了关于注册会计师对财务报表审计责任和审计工作的描述。

④ 增加了关于披露项目合伙人姓名的要求，进一步增强对审计报告使用者的透明度。

(2) 中国注册会计师审计准则第 1502 号——在审计报告中发表非无保留意见

① 基于 CSA 1501 的修订而做出相应的修订。

② 与 CSA 1504 衔接，增加对财务报表发表无法表示意见时与关键审计事项相关的规定。

③ 除非法律法规另有规定，当对财务报表发表无法表示意见时，不得在审计报告中包含《中国注册会计师审计准则第 1521 号——注册会计师对其他信息的责任》规定的其他信息部分。

(3) 中国注册会计师审计准则第 1503 号——在审计报告中增加强调事项段和其他事项段

① 基于 CSA 1501 的修订而做出相应的修订。

② 强调事项段的使用不能替代发表非无保留意见，也不能替代对某项关键审计事项的描述。

审计报告增加强调事项段的前提条件是：按照 CSA 1502 的规定，该事项不会导致注册会计师发表非无保留意见；当 CSA 1504 适用时，该事项为未被确定为在审计报告中沟通的关键审计事项。

③ 强调事项段适用的范围变窄。强调事项段不能替代“与持续经营相关的重大不确定性”段落，即当可能导致对被审计单位持续经营能力产生重大疑虑的事项或情况存在重大不确定性时，应按照 CSA 1324 的要求增加“与持续经营相关的重大不确定性”段落，而非增加强调事项段。

④ 明确其他事项段与审计报告其他要素之间的关系

(4) 中国注册会计师审计准则第 1151 号——与治理层的沟通

① 基于 CSA 1504 的相关规定，扩展了与治理层的沟通事项，主要包括明确注册会计师在与治理层沟通计划的审计范围和时间安排的总体情况时，应当包括识别出的特别风险。

② 增加注册会计师在与治理层沟通审计中发现的事项时，应当包括影响审计报告形式和内容的情形（如有）。

③ 对沟通的对象和过程（沟通的形式、时间安排）提供更详尽的指引。

（5）中国注册会计师审计准则第 1324 号——持续经营

① CSA 1324 明确了注册会计师对持续经营的审计责任，增加了第十六条，即注册会计师应当评价是否已就管理层编制财务报表时运用持续经营假设的适当性获取了充分、适当的审计证据，并就运用持续经营假设的适当性得出结论。

② CSA 1324 为强化注册会计师对与持续经营相关的责任，增加了第十九条，即如果已识别出的可能导致对被审计单位持续经营能力产生重大疑虑的事项或情况，但根据获取的审计证据，注册会计师认为不存在重大不确定性，则注册会计师应当根据适用的财务报告编制基础的规定，评价财务报表是否对这些事项或情况做出充分披露。

③ CSA 1324 要求在审计报告中突出显示了持续经营的相关事项，以提醒财务报表使用者关注。CSA 1324 第二十一条明确，如果运用持续经营假设是恰当的，但存在重大不确定性时，且财务报表对重大不确定性已做出充分披露，注册会计师应在审计报告中单独设置“与持续经营相关的重大不确定性”段落，以提醒财务报表使用者关注财务报表附注中对重大不确定性的披露，说明这些事项或情况表明存在可能导致对被审计单位持续经营能力产生重大疑虑的重大不确定性，并说明该事项并不影响发表的审计意见。

CSA 1324 在审计报告中增加以“与持续经营相关的重大不确定性”为标题的单独部分取代了此前的准则增加强调事项段的做法。

此前的审计准则要求，如果财务报表已做出充分披露，注册会计师应当发表无保留意见，并在审计报告中增加强调事项段，强调可能导致对持续经营能力产生重大疑虑的事项或情况存在重大不确定性的事实。

④ 其他修订。在与治理层沟通的内容方面增加了可能导致对被审计单位持续经营能力产生重大疑虑的事项或情况对审计报告的影响（如适用）。

（6）中国注册会计师审计准则第 1521 号——注册会计师对其他信息的责任

CSA 1521 对原准则做出了重大的实质性修订，事实上可以视为一项全新的准则。CSA 1521 修订涉及的主要内容如下。

① 修订准则名称。

② 修订了其他信息的定义，新增了年度报告及其他信息的错报的定义，明确了准则的适用范围。

③ 增加了注册会计师获取其他信息的程序，修订了注册会计师阅读并考虑其他信息的工作要求。

④ 增加了注册会计师就似乎存在重大不一致或其他信息似乎存在重大错报时的应对程序及注册会计师对被审计单位及其环境的了解需要更新时的应对程序。

⑤ 修订了注册会计师在审计报告中报告其他信息的要求，即要求注册会计师在审计报告中增设一个单独的部分，以“其他信息”为标题，对与其他信息相关的内容进行报告。

⑥ 增加了审计工作底稿要求。

资料来源：中国注册会计师协会

13.2　非标准审计报告

非标准审计报告，是指标准审计报告以外的其他审计报告，包括带强调事项段或其他事项段的无保留意见的审计报告和非无保留意见的审计报告。非无保留意见的审计报告包括保留意见的审计报告、否定意见的审计报告和无法表示意见的审计报告。

与标准审计报告一样，非标准审计报告也是公布目的的审计报告，一般是用于对企业股东、投资者债权人等非特定利益关系者公布的后附财务报表的审计报告，而不能用于经营管理、合并或业务转让、融通资金等特定目的而实施审计的非公布目的的审计报告。

非标准审计报告也称简式审计报告，它所反映的内容是非特定多数的利害关系人共同认为的必要审计事项，具有记载事项为法令或审计准则所规定的特征，具有标准格式。

13.2.1　带强调事项段的审计报告

1. 强调事项的条件

强调事项段，是指审计报告中含有的一个段落，该段落提及已在财务报表中恰当列报或披露的事项，且根据注册会计师的职业判断，该事项对财务报表使用者理解财务报表至关重要。

如果认为有必要提醒财务报表使用者关注已在财务报表中列报或披露，且根据职业判断认为对财务报表使用者理解财务报表至关重要的事项，在同时满足下列条件时，注册会计师应当在审计报告中增加强调事项段。

① 按照《中国注册会计师审计准则第 1502 号——在审计报告中发表非无保留意见》的规定，该事项不会导致注册会计师发表非无保留意见；

② 当《中国注册会计师审计准则第 1504 号——在审计报告中沟通关键审计事项》适用时，该事项未被确定为在审计报告中沟通的关键审计事项。

注册会计师可能认为需要增加强调事项段的情形举例如下。

① 异常诉讼或监管行动的来来结果存在不确定性。

② 提前应用（在允许的情况下）对财务报表有广泛影响的新会计准则。

③ 存在已经或持续对被审计单位财务状况产生重大影响的特大灾难。

强调事项段的过多使用，会降低注册会计师沟通所强调事项的有效性。此外，与财务报表中的列报或披露相比，在强调事项段中包括过多的信息，可能隐含着这些事项未被恰当列报或披露。因此，强调事项段应当仅提及已在财务报表中列报或披露的信息。

2. 在审计报告中增加强调事项段时注册会计师采取的措施

如果在审计报告中包含强调事项段，注册会计师应当采取下列措施。

① 将强调事项段作为单独的一部分置于审计报告中，并使用包含“强调事项”这一术语的适当标题。

② 明确提及被强调事项及相关披露的位置，以便能够在财务报表中找到对该事项的详细描述。强调事项段应当仅提及已在财务报表中列报或披露的信息。

③ 指出审计意见没有因该强调事项而改变。

3. 带强调事项段的审计报告格式

审 计 报 告

ABC股份有限公司全体股东：

一、对财务报表出具的审计报告

（一）保留意见

我们审计了ABC股份有限公司（以下简称ABC公司）财务报表，包括20×1年12月31日的资产负债表，20×1年度的利润表、现金流量表、股东权益变动表及相关财务报表附注。

我们认为，除“形成保留意见的基础”部分所述事项产生的影响外，后附的财务报表在所有重大方面按照企业会计准则的规定编制，公允反映了ABC公司20×1年12月31日的财务状况及20×1年度的经营成果和现金流量。

（二）形成保留意见的基础

ABC公司20×1年12月31日资产负债表中以公允价值计量且其变动计入当期损益的金融资产的列示金额为×元。ABC公司管理层（以下简称管理层）根据成本对以公允价值计量且其变动计入当期损益的金融资产进行计量，而没有根据公允价值进行计量，这不符合企业会计准则的规定。ABC公司的会计记录显示，如果管理层以公允价值来计量以公允价值计量且其变动计入当期损益的金融资产，ABC公司20×1年度利润表中公允价值变动损益将减少×元，20×1年12月31日资产负债表中以公允价值计量且其变动计入当期损益的金融资产列示金额将减少×元。相应地，所得税、净利润和股东权益将分别减少×元、×元和×元。

我们按照中国注册会计师审计准则的规定执行了审计工作。审计报告的“注册会计师对财务报表审计的责任”部分进一步阐述了我们在这些准则下的责任。按照中国注册会计师职业道德守则，我们独立于ABC公司，并履行了职业道德方面的其他责任。我们相信，我们获取的审计证据是充分、适当的，为发表保留意见提供了基础。

（三）强调事项——火灾的影响

我们提醒财务报表使用者关注，财务报表附注×描述了火灾对ABC公司的生产设备造成的影响。本段内容不影响已发表的审计意见。

（四）管理层和治理层对财务报表的责任

管理层负责按照企业会计准则的规定编制财务报表，使其实现公允反映，并设计、执行和维护必要的内部控制，以使财务报表不存在由于舞弊或错误导致的重大错报。

在编制财务报表时，管理层负责评估公司的持续经营能力，披露与持续经营相关的事项（如适用），并运用持续经营假设，除非管理层计划清算公司、停止营运或别无其他现实的选择。

治理层负责监督公司的财务报告过程。

（五）注册会计师对财务报表审计的责任

［按照《中国注册会计师审计准则第1501号——对财务报表形成审计意见和出具审计报告》的规定报告，见《〈中国注册会计师审计准则第1501号——对财务报表形成审计意见和出具审计报告〉应用指南》参考格式3。］

二、按照相关法律法规的要求报告的事项

[按照《中国注册会计师审计准则第1501号——对财务报表形成审计意见和出具审计报告》的规定报告，见《〈中国注册会计师审计准则第1501号——对财务报表形成审计意见和出具审计报告〉应用指南》参考格式1。]

××会计师事务所（盖章）　　　　中国注册会计师：×××

（签名并盖章）

中国注册会计师：×××

（签名并盖章）

中国××市　　　　二〇×二年×月×日

13.2.2 带其他事项段的审计报告

1. 其他事项的条件

其他事项段，是指审计报告中含有的一个段落，该段落提及未在财务报表中列报或披露的事项，且根据注册会计师的职业判断，该事项与财务报表使用者理解审计工作、注册会计师的责任或审计报告相关。

如果认为有必要沟通虽然未在财务报表中列报或披露，但根据职业判断认为与财务报表使用者理解审计工作、注册会计师的责任或审计报告相关的事项，在同时满足下列条件时，注册会计师应当在审计报告中增加其他事项段。

① 未被法律法规禁止。

② 当《中国注册会计师审计准则第1504号——在审计报告中沟通关键审计事项》适用时，该事项未被确定为在审计报告中沟通的关键审计事项。

如果在审计报告中包含其他事项段，注册会计师应当将该段落作为单独的一部分，并使用“其他事项”或其他适当标题。

如果拟在审计报告中包含强调事项段或其他事项段，注册会计师应当就该事项和拟使用的措辞与治理层沟通。

2. 带其他事项段的审计报告格式

审 计 报 告

ABC股份有限公司全体股东：

一、对财务报表出具的审计报告

（一）审计意见

我们审计了ABC股份有限公司（以下简称ABC公司）财务报表，包括2×1年12月31日的资产负债表，20×1年度的利润表、现金流量表、股东权益变动表及相关财务报表附注。

我们认为，后附的财务报表在所有重大方面按照企业会计准则的规定编制，公允反映了ABC公司20×1年12月31日的财务状况及20×1年度的经营成果和现金流量。

（二）形成审计意见的基础

我们按照中国注册会计师审计准则的规定执行了审计工作。审计报告的“注册会计师对财务报表审计的责任”部分进一步阐述了我们在这些准则下的责任。按照中国注册会计师职业道德守则，我们独立于 ABC 公司，并履行了职业道德方面的其他责任。我们相信，我们获取的审计证据是充分、适当的，为发表审计意见提供了基础。

（三）强调事项

我们提醒财务报表使用者关注，财务报表附注×描述了火灾对 ABC 公司的生产设备造成的影响。本段内容不影响已发表的审计意见。

（四）关键审计事项

关键审计事项是我们根据职业判断，认为对本期财务报表审计最为重要的事项。这些事项的应对以对财务报表整体进行审计并形成审计意见为背景，我们不对这些事项单独发表意见。[按照《中国注册会计师审计准则第 1504 号——在审计报告中沟通关键审计事项》的规定描述每一关键审计事项。]

（五）其他事项

20×0 年 12 月 31 日的资产负债表，20×0 年度的利润表、现金流量表、股东权益变动表及相关财务报表附注由其他会计师事务所审计，并于 20×1 年 3 月 31 日发表了无保留意见。

（六）其他信息

[按照《中国注册会计师审计准则第 1521 号——注册会计师对其他信息的责任》的规定报告，见《〈中国注册会计师审计准则第 1521 号——注册会计师对其他信息的责任〉应用指南》附录 2 中的参考格式 1。]

（七）管理层和治理层对财务报表的责任

[按照《中国注册会计师审计准则第 1501 号——对财务报表形成审计意见和出具审计报告》的规定报告，见《〈中国注册会计师审计准则第 1501 号——对财务报表形成审计意见和出具审计报告〉应用指南》参考格式 1。]

（八）注册会计师对财务报表审计的责任

[按照《中国注册会计师审计准则第 1501 号——对财务报表形成审计意见和出具审计报告》的规定报告，见《〈中国注册会计师审计准则第 1501 号——对财务报表形成审计意见和出具审计报告〉应用指南》参考格式 1。]

二、按照相关法律法规的要求报告的事项

[按照《中国注册会计师审计准则第 1501 号——对财务报表形成审计意见和出具审计报告》的规定报告，见《〈中国注册会计师审计准则第 1501 号——对财务报表形成审计意见和出具审计报告〉应用指南》参考格式 1。]

××会计师事务所（盖章）　　　　中国注册会计师：×××

（签名并盖章）

中国注册会计师：×××

（签名并盖章）

中国××市　　　　二〇×二年×月×日

13.2.3 非无保留意见的审计报告

自 1992 年我国证监会成立以来，1997 年度的上市公司财务报表审计中首次出现了无法表示意见和否定意见的审计报告。此后，出具非标准审计意见的公司家数和比例出现了显著上升，理论界认为出现这种趋势的推动力是第一批《独立审计准则》于1997年开始实施。此后，随着会计、审计准则、制度的不断完善，非标准审计意见逐渐成为注册会计师表达其对公司财务报表持保留态度甚至否定态度、提醒报表使用者注意防范风险的一个重要渠道。

当然，审计业务本身包含了很多职业判断，保留意见与无法表示意见或否定意见之间没有明确的划分标准，需要注册会计师根据被审计单位的具体情况自行确定恰当的审计意见类型。

1. 非无保留意见的含义

非无保留意见，是指对财务报表发表的保留意见、否定意见或无法表示意见。

当存在下列情形之一时，注册会计师应当在审计报告中发表非无保留意见。

① 根据获取的审计证据，得出财务报表整体存在重大错报的结论。

② 无法获取充分、适当的审计证据，不能得出财务报表整体不存在重大错报的结论。

2. 非无保留意见类型的确定

注册会计师确定恰当的非无保留意见类型，取决于下列事项。

① 导致非无保留意见的事项的性质，是财务报表存在重大错报还是在无法获取充分、适当的审计证据的情况下，财务报表可能存在重大错报。

② 注册会计师就导致非无保留意见的事项对财务报表产生或可能产生影响的广泛性做出的判断。

广泛性是描述错报影响的术语，用以说明错报对财务报表的影响，或者由于无法获取充分、适当的审计证据而未发现的错报（如存在）对财务报表可能产生的影响。根据注册会计师的判断，对财务报表的影响具有广泛性的情形包括：不限于对财务报表的特定要素、账户或项目产生影响；虽然仅对财务报表的特定要素、账户或项目产生影响，但这些要素、账户或项目是或可能是财务报表的主要组成部分；当与披露相关时，产生的影响对财务报表使用者理解财务报表至关重要。

表13-1列示了注册会计师对导致发表非无保留意见的事项的性质和这些事项对财务报表产生或可能产生影响的广泛性做出的判断及注册会计师的判断对审计意见类型的影响。

表13-1 非无保留意见类型

导致发表非无保留意见的事项的性质	这些事项对财务报表产生或可能产生影响的广泛性	
	重大但不具有广泛性	重大且具有广泛性
财务报表存在重大错报	保留意见	否定意见
无法获取充分、适当的审计证据	保留意见	无法表示意见

（1）发表保留意见

当存在下列情形之一时，注册会计师应当发表保留意见。

① 在获取充分、适当的审计证据后，注册会计师认为错报单独或汇总起来对财务报表影响重大，但不具有广泛性。

② 注册会计师无法获取充分、适当的审计证据以作为形成审计意见的基础，但认为未发现的错报（如存在）对财务报表可能产生的影响重大，但不具有广泛性。

（2）发表否定意见

在获取充分、适当的审计证据后，如果认为错报单独或汇总起来对财务报表的影响重大且具有广泛性，注册会计师应当发表否定意见。

（3）发表无法表示意见

如果无法获取充分、适当的审计证据以作为形成审计意见的基础，但认为未发现的错报（如存在）对财务报表可能产生的影响重大且具有广泛性，注册会计师应当发表无法表示意见。

在极少数情况下，可能存在多个不确定事项。尽管注册会计师对每个单独的不确定事项获取了充分、适当的审计证据，但由于不确定事项之间可能存在相互影响，以及可能对财务报表产生累积影响，注册会计师不可能对财务报表形成审计意见。在这种情况下，注册会计师应当发表无法表示意见。

需要注意的是，如果无法获取充分、适当的审计证据，注册会计师应当通过下列方式确定其影响。

① 如果未发现的错报（如存在）可能对财务报表产生的影响重大，但不具有广泛性，注册会计师应当发表保留意见。

② 如果未发现的错报（如存在）可能对财务报表产生的影响重大且具有广泛性，以至于发表保留意见不足以反映情况的严重性，注册会计师应当在可行时解除业务约定（除非法律法规禁止）；如果在出具审计报告之前解除业务约定被禁止或不可行，应当发表无法表示意见。

3. 非无保留意见审计报告的格式和内容

如果对财务报表发表非无保留意见，除在审计报告中包含规定的审计报告要素外，注册会计师还应当：将原“形成审计意见的基础”这一标题修改为恰当的标题，如“形成保留意见的基础”“形成否定意见的基础”“形成无法表示意见的基础”；在该部分对导致发表非无保留意见的事项进行描述。

如果财务报表中存在与具体金额（包括财务报表附注中的定量披露）相关的重大错报，注册会计师应当在形成审计意见的基础部分说明并量化该错报的财务影响。如果无法量化财务影响，注册会计师应当在该部分说明这一情况。

如果财务报表中存在与叙述性披露相关的重大错报，注册会计师应当在形成审计意见的基础部分解释该错报错在何处。而如果财务报表中存在与应披露而未披露信息相关的重大错报，注册会计师应当：与治理层讨论未披露信息的情况；在形成审计意见的基础部分描述未披露信息的性质；如果可行并且已针对未披露信息获取了充分、适当的审计证据，在形成审计意见的基础部分包含对未披露信息的披露，除非法律法规禁止。

如果因无法获取充分、适当的审计证据而导致发表非无保留意见，注册会计师应当在形成审计意见的基础部分说明无法获取审计证据的原因。

此外，即使发表了否定意见或无法表示意见，注册会计师也应当在形成审计意见的基础部分说明注意到的、将导致发表非无保留意见的所有其他事项及其影响。

在发表非无保留意见时，注册会计师应当对审计意见部分使用恰当的标题，如“保留意见”“否定意见”“无法表示意见”。当由于财务报表存在重大错报而发表保留意见时，注册会计师应当在审计意见部分说明：注册会计师认为，除形成保留意见的基础部分所述事项产生的影响外，后附的财务报表在所有重大方面按照适用的财务报告编制基础的规定编制，公允反映了……；当由于无法获取充分、适当的审计证据而导致发表保留意见时，注册会计师应当在审计意见部分使用“除……可能产生的影响外”等措辞。当发表否定意见时，注册会计师应当在审计意见部分说明：注册会计师认为，由于形成否定意见的基础部分所述事项的重要性，后附的财务报表没有在所有重大方面按照适用的财务报告编制基础的规定编制，未能公允反映……。当由于无法获取充分、适当的审计证据而发表无法表示意见时，注册会计师应当：说明注册会计师不对后附的财务报表发表审计意见；说明由于形成无法表示意见的基础部分所述事项的重要性，注册会计师无法获取充分、适当的审计证据以作为对财务报表发表审计意见的基础；修改原规定的财务报表已经审计的说明，改为注册会计师接受委托审计财务报表。当发表保留意见或否定意见时，注册会计师应当在对注册会计师是否获取了充分、适当的审计证据以作为形成审计意见的基础的说明中，包含恰当的措辞如“保留”或“否定”；当注册会计师对财务报表发表无法表示意见时，审计报告中不应当包含下列要素：提及审计报告中用于描述注册会计师责任的部分；说明注册会计师是否已获取充分、适当的审计证据以作为形成审计意见的基础。当由于无法获取充分、适当的审计证据而发表无法表示意见时，注册会计师应当在审计报告中对注册会计师责任做出下列表述：注册会计师的责任是按照中国注册会计师审计准则的规定，对被审计单位财务报表执行审计工作，以出具审计报告；但由于形成无法表示意见的基础部分所述的事项，注册会计师无法获取充分、适当的审计证据以作为发表审计意见的基础；按照《中国注册会计师审计准则第1501号——对财务报表形成审计意见和出具审计报告》第二十八条第（三）项的规定，关于注册会计师在独立性和职业道德方面的其他责任的声明。

最后需要强调的是除非法律法规另有规定，当对财务报表发表无法表示意见时，注册会计师不得在审计报告中包含《中国注册会计师审计准则第1504号——在审计报告中沟通关键审计事项》规定的关键审计事项部分，也不得在审计报告中包含《中国注册会计师审计准则第1521号——注册会计师对其他信息的责任》规定的其他信息部分。

下面展示了不同情况下非无保留意见的具体格式。

（1）由于财务报表存在重大错报而发表保留意见的审计报告

审计报告

ABC股份有限公司全体股东：

一、对财务报表出具的审计报告

（一）保留意见

我们审计了ABC股份有限公司（以下简称ABC公司）财务报表，包括20×1年12月31日的资产负债表，20×1年度的利润表、现金流量表、股东权益变动表及相关财务报表附注。

我们认为，除“形成保留意见的基础”部分所述事项产生的影响外，后附的财务报表在所有重大方面按照《企业会计准则》的规定编制，公允反映了ABC公司20×1年12月31日的财务状况及20×1年度的经营成果和现金流量。

（二）形成保留意见的基础

ABC公司20×1年12月31日资产负债表中存货的列示金额为×元。ABC公司管理层

（以下简称管理层）根据成本对存货进行计量，而没有根据成本与可变现净值孰低的原则进行计量，这不符合《企业会计准则》的规定。ABC 公司的会计记录显示，如果管理层以成本与可变现净值孰低来计量存货，存货列示金额将减少×元。相应地，资产减值损失将增加×元，所得税、净利润和股东权益将分别减少×元、×元和×元。

我们按照中国注册会计师审计准则的规定执行了审计工作。审计报告的“注册会计师对财务报表审计的责任”部分进一步阐述了我们在这些准则下的责任。按照中国注册会计师职业道德守则，我们独立于 ABC 公司，并履行了职业道德方面的其他责任。我们相信，我们获取的审计证据是充分、适当的，为发表保留意见提供了基础。

（三）其他信息

[按照《中国注册会计师审计准则第 1521 号——注册会计师对其他信息的责任》的规定报告，见《〈中国注册会计师审计准则第 1521 号——注册会计师对其他信息的责任〉应用指南》附录 2 中的参考格式 6。该参考格式中其他信息部分的最后一段需要进行改写，以描述导致注册会计师对财务报表发表保留意见并且也影响其他信息的事项。]

（四）关键审计事项

关键审计事项是我们根据职业判断，认为对本期财务报表审计最为重要的事项。这些事项的应对以对财务报表整体进行审计并形成审计意见为背景，我们不对这些事项单独发表意见。除“形成保留意见的基础”部分所述事项外，我们确定下列事项是需要在审计报告中沟通的关键审计事项。

[按照《中国注册会计师审计准则第 1504 号——在审计报告中沟通关键审计事项》的规定描述每一关键审计事项。]

（五）管理层和治理层对财务报表的责任

[按照《中国注册会计师审计准则第 1501 号——对财务报表形成审计意见和出具审计报告》的规定报告，见《〈中国注册会计师审计准则第 1501 号——对财务报表形成审计意见和出具审计报告〉应用指南》参考格式 1。]

（六）注册会计师对财务报表审计的责任

[按照《中国注册会计师审计准则第 1501 号——对财务报表形成审计意见和出具审计报告》的规定报告，见《〈中国注册会计师审计准则第 1501 号——对财务报表形成审计意见和出具审计报告〉应用指南》参考格式 1。]

二、按照相关法律法规的要求报告的事项

[按照《中国注册会计师审计准则第 1501 号——对财务报表形成审计意见和出具审计报告》的规定报告，见《〈中国注册会计师审计准则第 1501 号——对财务报表形成审计意见和出具审计报告〉应用指南》参考格式 1。]

××会计师事务所（盖章）　　　　中国注册会计师：×××

（签名并盖章）

中国注册会计师：×××

（签名并盖章）

中国××市　　　　二〇×二年×月×日

（2）由于合并财务报表存在重大错报而发表否定意见的审计报告

审计报告

ABC股份有限公司全体股东：

一、对合并财务报表出具的审计报告

（一）否定意见

我们审计了ABC股份有限公司及其子公司（以下简称ABC集团）的合并财务报表，包括20×1年12月31日的合并资产负债表，20×1年度的合并利润表、合并现金流量表、合并股东权益变动表及相关合并财务报表附注。

我们认为，由于“形成否定意见的基础”部分所述事项的重要性，后附的合并财务报表没有在所有重大方面按照××财务报告编制基础的规定编制，未能公允反映ABC集团20×1年12月31日的合并财务状况及20×1年度的合并经营成果和合并现金流量。

（二）形成否定意见的基础

如财务报表附注×所述，20×1年ABC集团通过非同一控制下的企业合并获得对XYZ公司的控制权，因未能取得购买日XYZ公司某些重要资产和负债的公允价值，故未将XYZ公司纳入合并财务报表的范围。按照××财务报告编制基础的规定，该集团应将这一子公司纳入合并范围，并以暂估金额为基础核算该项收购。如果将XYZ公司纳入合并财务报表的范围，后附的ABC集团合并财务报表的多个报表项目将受到重大影响。但我们无法确定未将XYZ公司纳入合并范围对合并财务报表产生的影响。

我们按照中国注册会计师审计准则的规定执行了审计工作。审计报告的“注册会计师对合并财务报表审计的责任”部分进一步阐述了我们在这些准则下的责任。按照中国注册会计师职业道德守则，我们独立于ABC集团，并履行了职业道德方面的其他责任。我们相信，我们获取的审计证据是充分、适当的，为发表否定意见提供了基础。

（三）其他信息

[按照《中国注册会计师审计准则第1521号——注册会计师对其他信息的责任》的规定报告，见《〈中国注册会计师审计准则第1521号——注册会计师对其他信息的责任〉应用指南》附录2中的参考格式7。该参考格式中其他信息部分的最后一段需要进行改写，以描述导致注册会计师对财务报表发表否定意见并且也影响其他信息的事项。]

（四）关键审计事项

除“形成否定意见的基础”部分所述事项外，我们认为，没有其他需要在我们的报告中沟通的关键审计事项。

（五）管理层和治理层对合并财务报表的责任

[按照《中国注册会计师审计准则第1501号——对财务报表形成审计意见和出具审计报告》的规定报告，见《〈中国注册会计师审计准则第1501号——对财务报表形成审计意见和出具审计报告〉应用指南》参考格式2。]

（六）注册会计师对合并财务报表审计的责任

[按照《中国注册会计师审计准则第1501号——对财务报表形成审计意见和出具审计报告》的规定报告，见《〈中国注册会计师审计准则第1501号——对财务报表形成审计意见

和出具审计报告〉应用指南》参考格式 2。]

二、按照相关法律法规的要求报告的事项

[按照《中国注册会计师审计准则第 1501 号——对财务报表形成审计意见和出具审计报告》的规定报告，见《〈中国注册会计师审计准则第 1501 号——对财务报表形成审计意见和出具审计报告〉应用指南》参考格式 2。]

×××会计师事务所（盖章）　　　　中国注册会计师：×××

（签名并盖章）

中国注册会计师：×××

（签名并盖章）

中国××市　　　　二〇×二年×月×日

（3）由于注册会计师无法获取关于一家境外联营公司的充分、适当的审计证据而发表保留意见的审计报告

审 计 报 告

ABC 股份有限公司全体股东：

一、对合并财务报表出具的审计报告

（一）保留意见

我们审计了 ABC 股份有限公司及其子公司（以下简称 ABC 集团）合并财务报表，包括 20×1 年 12 月 31 日的合并资产负债表，20×1 年度的合并利润表、合并现金流量表、合并股东权益变动表及相关合并财务报表附注。

我们认为，除"形成保留意见的基础"部分所述事项可能产生的影响外，后附的合并财务报表在所有重大方面按照××财务报告编制基础的规定编制，公允反映了 ABC 集团 20×1 年 12 月 31 日的合并财务状况及 20×1 年度的合并经营成果和合并现金流量。

（二）形成保留意见的基础

如财务报表附注×所述，ABC 集团于 20×1 年取得了境外 XYZ 公司 30%的股权，因能够对 XYZ 公司施加重大影响，故采用权益法核算该项股权投资，于 20×1 年度确认对 XYZ 公司的投资收益×元，该项股权投资在 20×1 年 12 月 31 日合并资产负债表上反映的账面价值为×元。由于我们未被允许接触 XYZ 公司的财务信息、管理层和执行 XYZ 公司审计的注册会计师，我们无法就该项股权投资的账面价值及 ABC 集团确认的 20×1 年度对 XYZ 公司的投资收益获取充分、适当的审计证据，也无法确定是否有必要对这些金额进行调整。

我们按照中国注册会计师审计准则的规定执行了审计工作。审计报告的"注册会计师对合并财务报表审计的责任"部分进一步阐述了我们在这些准则下的责任。按照中国注册会计师职业道德守则，我们独立于 ABC 集团，并履行了职业道德方面的其他责任。我们相信，我们获取的审计证据是充分、适当的，为发表保留意见提供了基础。

（三）其他信息

[按照《中国注册会计师审计准则第 1521 号——注册会计师对其他信息的责任》的

规定报告，见《〈中国注册会计师审计准则第 1521 号——注册会计师对其他信息的责任〉应用指南》附录 2 中的参考格式 6。该参考格式中其他信息部分的最后一段需要进行改写，以描述导致注册会计师对财务报表发表保留意见并且也影响其他信息的事项。]

（四）关键审计事项

关键审计事项是我们根据职业判断，认为对本期合并财务报表审计最为重要的事项。这些事项的应对以对合并财务报表整体进行审计并形成审计意见为背景，我们不对这些事项单独发表意见。除“形成保留意见的基础”部分所述事项外，我们确定下列事项是需要在审计报告中沟通的关键审计事项。

[按照《中国注册会计师审计准则第 1504 号——在审计报告中沟通关键审计事项》的规定描述每一关键审计事项。]

（五）管理层和治理层对合并财务报表的责任

[按照《中国注册会计师审计准则第 1501 号——对财务报表形成审计意见和出具审计报告》的规定报告，见《〈中国注册会计师审计准则第 1501 号——对财务报表形成审计意见和出具审计报告〉应用指南》参考格式 2。]

（六）注册会计师对合并财务报表审计的责任

[按照《中国注册会计师审计准则第 1501 号——对财务报表形成审计意见和出具审计报告》的规定报告，见《〈中国注册会计师审计准则第 1501 号——对财务报表形成审计意见和出具审计报告〉应用指南》参考格式 2。]

二、按照相关法律法规的要求报告的事项

[按照《中国注册会计师审计准则第 1501 号——对财务报表形成审计意见和出具审计报告》的规定报告，见《〈中国注册会计师审计准则第 1501 号——对财务报表形成审计意见和出具审计报告〉应用指南》参考格式 2。]

××会计师事务所（盖章）

中国注册会计师：×××
（签名并盖章）
中国注册会计师：×××
（签名并盖章）

中国××市　　　　二〇×二年×月×日

（4）由于注册会计师无法针对合并财务报表单一要素获取充分、适当的审计证据而发表无法表示意见的审计报告

审 计 报 告

ABC 股份有限公司全体股东：

一、对合并财务报表出具的审计报告

（一）无法表示意见

我们接受委托，审计 ABC 股份有限公司及其子公司（以下简称 ABC 集团）合并财务报表，包括 20×1 年 12 月 31 日的合并资产负债表，20×1 年度的合并利润表、合并现金流量表、合并股东权益变动表及相关合并财务报表附注。

我们不对后附的ABC集团合并财务报表发表审计意见。由于“形成无法表示意见的基础”部分所述事项的重要性，我们无法获取充分、适当的审计证据以作为对合并财务报表发表审计意见的基础。

（二）形成无法表示意见的基础

ABC集团对共同经营XYZ公司享有的利益份额在该集团的合并资产负债表中的金额（资产扣除负债后的净影响）为×元，占该集团20×1年12月31日净资产的90%以上。我们未被允许接触XYZ公司的管理层和注册会计师，包括XYZ公司注册会计师的审计工作底稿。

因此，我们无法确定是否有必要对XYZ公司资产中ABC集团共同控制的比例份额、XYZ公司负债中ABC集团共同承担的比例份额、XYZ公司收入和费用中ABC集团的比例份额，以及合并现金流量表和合并股东权益变动表中的要素做出调整。

（三）管理层和治理层对合并财务报表的责任

[按照《中国注册会计师审计准则第1501号——对财务报表形成审计意见和出具审计报告》的规定报告，见《〈中国注册会计师审计准则第1501号——对财务报表形成审计意见和出具审计报告〉应用指南》参考格式2。]

（四）注册会计师对合并财务报表审计的责任

我们的责任是按照中国注册会计师审计准则的规定，对ABC集团的合并财务报表执行审计工作，以出具审计报告。但由于“形成无法表示意见的基础”部分所述的事项，我们无法获取充分、适当的审计证据以作为发表审计意见的基础。

按照中国注册会计师职业道德守则，我们独立于ABC集团，并履行了职业道德方面的其他责任。

二、按照相关法律法规的要求报告的事项

[按照《中国注册会计师审计准则第1501号——对财务报表形成审计意见和出具审计报告》的规定报告，见《〈中国注册会计师审计准则第1501号——对财务报表形成审计意见和出具审计报告〉应用指南》参考格式2。]

××会计师事务所（盖章）　　　　中国注册会计师：×××

（签名并盖章）

中国注册会计师：×××

（签名并盖章）

中国××市　　　　二〇×二年×月×日

(5) 由于注册会计师无法针对财务报表多个要素获取充分、适当的审计证据而发表无法表示意见的审计报告

审计报告

ABC股份有限公司全体股东：

一、对财务报表出具的审计报告

（一）无法表示意见

我们接受委托，审计ABC股份有限公司（以下简称ABC公司）财务报表，包括20×1

年12月31日的资产负债表，20×1年度的利润表、现金流量表、股东权益变动表及相关财务报表附注。

我们不对后附的ABC公司财务报表发表审计意见。由于"形成无法表示意见的基础"部分所述事项的重要性，我们无法获取充分、适当的审计证据以作为对财务报表发表审计意见的基础。

（二）形成无法表示意见的基础

我们于20×2年1月接受委托审计ABC公司财务报表，因而未能对ABC公司20×1年初金额为×元的存货和年末金额为×元的存货实施监盘程序。此外，我们也无法实施替代审计程序获取充分、适当的审计证据。并且，ABC公司于20×1年9月采用新的应收账款电算化系统，由于存在系统缺陷导致应收账款出现大量错误。截至报告日，ABC公司管理层（以下简称管理层）仍在纠正系统缺陷并更正错误，我们也无法实施替代审计程序，以对截至20×1年12月31日的应收账款总额×元获取充分、适当的审计证据。因此，我们无法确定是否有必要对存货、应收账款及财务报表其他项目做出调整，也无法确定应调整的金额。

（三）管理层和治理层对财务报表的责任

[按照《中国注册会计师审计准则第1501号——对财务报表形成审计意见和出具审计报告》的规定报告，见《〈中国注册会计师审计准则第1501号——对财务报表形成审计意见和出具审计报告〉应用指南》参考格式3。]

（四）注册会计师对财务报表审计的责任

我们的责任是按照中国注册会计师审计准则的规定，对ABC公司的财务报表执行审计工作，以出具审计报告。但由于"形成无法表示意见的基础"部分所述的事项，我们无法获取充分、适当的审计证据以作为发表审计意见的基础。

按照中国注册会计师职业道德守则，我们独立于ABC公司，并履行了职业道德方面的其他责任。

二、按照相关法律法规的要求报告的事项

[按照《中国注册会计师审计准则第1501号——对财务报表形成审计意见和出具审计报告》的规定报告，见《〈中国注册会计师审计准则第1501号——对财务报表形成审计意见和出具审计报告〉应用指南》参考格式1。]

××会计师事务所（盖章）　　　　中国注册会计师：×××
（签名并盖章）
中国注册会计师：×××
（签名并盖章）

中国××市　　　　二〇×二年×月×日

背景资料

脱胎换骨，首份采用新审计报告准则出具的报告出炉

2016年12月23日，财政部印发《在审计报告中沟通关键审计事项》等12项中国注册会计师审计准则（新审计报告准则）。

本次发布的12项审计准则，最为核心的1项是新制定的《中国注册会计师审计准则第1504号——在审计报告中沟通关键审计事项》，该准则要求在上市公司的审计报告中增设关键审计事项部分，披露审计工作中的重点、难点等审计项目的个性化信息。其中，要求注册会计师说明某事项被认定为关键审计事项的原因、针对该事项是如何实施审计工作的。该准则仅适用于上市实体的审计业务。

新审计报告准则的发布实施，将带来三个方面的积极变化：一是提高审计报告的信息含量，增强其决策相关性；二是提高审计报告的沟通价值，增强审计工作的透明度；三是强化注册会计师的责任，提高审计质量，回应财务报表使用者对持续经营、其他信息、注册会计师独立性的关注。

为确保新审计报告准则能够平稳顺利实施，采取分批、分步骤实施的方案，自2017年1月1日起，首先在A+H股公司及纯H股公司按照中国注册会计师审计准则执行的审计业务中实施；自2018年1月1日起扩大到所有被审计单位，其中，主板、中小板、创业板上市公司，IPO公司，新三板公司中的创新层挂牌公司，以及面向公众投资者公开发行债券的公司执行新审计报告准则的所有规定，对其他企业的审计暂不执行仅对上市实体审计业务的规定。同时，允许和鼓励提前执行新审计报告准则。

2017年2月18日，作为A+H股的上市公司晨鸣纸业公布2016年度报告，瑞华会计师事务所为公司出具了采用新审计报告准则的审计报告。

资料来源：审计之家

13.3 比较信息

财务报表使用者为了确定在一段时期内被审计单位财务状况和经营成果的变化趋势，需要了解涉及一个或多个以前会计期间的比较信息。为满足这种需求，我国《企业会计准则》对重要会计事项的信息披露做出了明确规定，多项具体会计准则都对比较信息的列报提出了要求，现行的其他相关法律法规对比较信息的披露也做出了明确规定。

审计准则规定，财务报表中列报的比较信息的性质取决于适用的财务报告编制基础的要求。比较信息包括对应数据和比较财务报表，相应地，注册会计师履行比较信息的报告责任有两种不同的方法。采用的方法通常由法律法规规定，但也可能在业务约定条款中做出约定。两种方法导致审计报告存在的主要差异表现在：对于对应数据，审计意见仅提及本期；对于比较财务报表，审计意见提及列报的财务报表所属的各期。

1. 比较信息的含义

比较信息，是指包含于财务报表中的、符合适用的财务报告编制基础的、与一个或多个以前期间相关的金额和披露。

比较数据，属于比较信息，是指作为本期财务报表组成部分的上期金额和相关披露。比较数据本身不构成完整的财务报表，应当与本期相关的金额和披露联系起来阅读。

比较财务报表，属于比较信息，是指为了与本期财务报表相比较而包含的上期金额和相关披露。比较财务报表包含信息的详细程度与本期财务报表包含信息的详细程度相似。如果上期金额和相关披露已经审计，则将在审计意见中提及。不同的财务报告编制基础对比较信息的列报要求不同，有的要求列报对应数据，而有的则要求列报比较财务报表。《企业会计准则第30号——财务报表列报》第八条规定，当期财务报表的列报，至少应当提供所有列报项目上一可比会计期间的比较数据。因此，对于法定年报审计而言，按照《企业会计准则》编制的财务报表属于对应数据。注册会计师对比较信息的审计目标在于：获取充分、适当的审计证据，确定在财务报表中包含的比较信息是否在所有重大方面按照适用的财务报告编制基础有关比较信息的要求进行列报；按照注册会计师的报告责任出具审计报告。

2. 审计程序

（1）一般审计程序

① 比较信息是否与上期财务报表列报的金额和相关披露一致，如果必要，比较信息是否已经重述。

② 在比较信息中反映的会计政策是否与本期采用的会计政策一致，如果会计政策已发生变更，这些变更是否得到恰当处理并得到充分列报与披露。

（2）注意到比较信息可能存在重大错报时的审计要求

① 在实施本期审计时，如果注意到比较信息可能存在重大错报，注册会计师应当根据实际情况追加必要的审计程序，获取充分、适当的审计证据，以确定是否存在重大错报。

② 如果上期财务报表已经审计，注册会计师还应当遵守《中国注册会计师审计准则第1332号——期后事项》的相关规定。如果上期财务报表已经得到更正，注册会计师应当确定比较信息与更正后的财务报表是否一致。

（3）获取书面声明

注册会计师应当按照《中国注册会计师审计准则第1341号——书面声明》的规定，获取与审计意见中提及的所有期间相关的书面声明。对于管理层做出的、更正上期财务报表中影响比较信息的重大错报的任何重述，注册会计师还应当获取特定书面声明。

3. 审计报告：对应数据

（1）总体要求

当财务报表列报对应数据时，由于审计意见是针对包括对应数据的本期财务报表整体的，审计意见通常不提及对应数据。只有在特定情形下，注册会计师才应当在审计报告中提及对应数据。

① 导致对上期财务报表发表非无保留意见的事项在本期尚未解决。

② 上期财务报表存在重大错报，而以前对该财务报表发表了无保留意见，且对应数据未经适当重述或恰当披露；该财务报表未经更正，也未重新出具审计报告，并且本期财务报表中的对应数据未经恰当重述和充分披露。

③ 上期财务报表未经审计。

（2）上期导致财务报表发表非无保留意见的事项仍未解决的处理

如果以前针对上期财务报表发表了保留意见、无法表示意见或否定意见，且导致非无保留意见的事项仍未解决，注册会计师应当对本期财务报表发表非无保留意见。

（3）上期财务报表存在重大错报时的报告要求

如果注册会计师已经获取上期财务报表存在重大错报的审计证据，而以前对该财务报表发表了无保留意见，且对应数据未经适当重述或恰当披露，注册会计师应当就包括在财务报表中的对应数据，在审计报告中对本期财务报表发表保留意见或否定意见。

如果存在错报的上期财务报表尚未更正，并且没有重新出具审计报告，但对应数据已经在本期财务报表中得到适当重述或恰当披露。此时，注册会计师可以在审计报告中增加强调事项段，以描述这一情况，并提及详细描述该事项的相关披露在财务报表中的位置。

（4）上期财务报表已由前任注册会计师审计时的报告要求

如果上期财务报表已由前任注册会计师审计，注册会计师在审计报告中可以提及前任注册会计师对对应数据出具的审计报告。当注册会计师决定提及时，应当在审计报告的其他事项段中说明。

（5）上期财务报表未经审计时的报告要求

如果上期财务报表未经审计，注册会计师应当在审计报告的其他事项段中说明对应数据未经审计。但这种说明并不减轻注册会计师获取充分、适当的审计证据，以确定期初余额不含有对本期财务报表产生重大影响的错报的责任。

4. 审计报告：比较财务报表

（1）总体要求

当列报比较财务报表时，审计意见应当提及列报财务报表所属的各期，以及发表的审计意见涵盖的各期。

由于对比较财务报表出具的审计报告涵盖所列报的每期财务报表，注册会计师可以对一期或多期财务报表发表保留意见、否定意见或无法表示意见，或者在审计报告中增加强调事项段，而对其他期间的财务报表发表不同的审计意见。

（2）对上期财务报表发表的意见与以前发表的意见不同

当因本期审计而对上期财务报表发表审计意见时，如果对上期财务报表发表的意见与以前发表的意见不同，注册会计师应当按照《中国注册会计师审计准则第 1503 号——在审计报告中增加强调事项段和其他事项段》的规定，在其他事项段中披露导致不同意见的实质性原因。

（3）上期财务报表已由前任注册会计师审计

如果上期财务报表已由前任注册会计师审计，除非前任注册会计师对上期财务报表出具的审计报告与财务报表一同对外提供，注册会计师除对本期财务报表发表意见外，还应当在其他事项段中说明：上期财务报表已由前任注册会计师审计；前任注册会计师发表的意见的类型（如果是非无保留意见，还应当说明发表非无保留意见的理由）；前任注册会计师出具的审计报告的日期。

（4）认为存在影响上期财务报表的重大错报

如果认为存在影响上期财务报表的重大错报，而前任注册会计师以前出具了无保留意见的审计报告，注册会计师应当就此与适当层级的管理层沟通，并要求其告知前任注册会计师。注册会计师还应当与治理层进行沟通，除非治理层全部成员参与管理被审计单位。如果上期财务报表已经更正，且前任注册会计师同意对更正后的上期财务报表出具新的审计报告，注册会计师应当仅对本期财务报表出具审计报告。

(5) 上期财务报表未经审计

如果上期财务报表未经审计，注册会计师应当在其他事项段中说明比较财务报表未经审计。但这种说明并不减轻注册会计师获取充分、适当的审计证据，以确定期初余额不含有对本期财务报表产生重大影响的错报的责任。

13.4 含有已审计财务报表的文件中的其他信息

财务报表审计的目的是注册会计师通过对财务报表进行审计，获得充分、适当的审计证据，对被审计单位的财务报表发表审计意见。但被审计单位根据有关法规或惯例在年度报告、招股说明书等含有已审计财务报表的文件中披露的信息，除经注册会计师审计的财务报表以外，可能还包括其他财务信息或非财务信息。如果其他信息与已审计财务报表存在重大不一致，或者其他信息存在对事实的重大错报，将会影响财务报表使用者对已审计财务报表的信赖程度。所以，注册会计师对其他信息应予以必要的关注。

无论是在出具审计报告前还是在出具审计报告后，注册会计师都应当关注含有已审计财务报表的文件中的其他信息，以发现其他信息与已审计财务报表之间存在的重大不一致或其他信息的重大错报，提请被审计单位修改已审计财务报表或所披露的其他信息，甚至修改审计意见，以保证审计意见的合理性，保证所披露信息的真实、完整，最终达到降低审计风险、保证执业质量的目的。

13.4.1 其他信息的含义及审计目标

1. 其他信息的含义

其他信息是指根据法律法规的规定或惯例，在被审计单位年度报告、招股说明书等文件中包含的除已审计财务报表和审计报告以外的其他财务信息和非财务信息。主要包括：管理层或治理层的经营报告、财务数据摘要、就业数据、计划的资本性支出、财务比率、董事和高级管理人员的姓名、择要列示的季度数据。

根据中国注册会计师审计准则第 1521 号的规定，注册会计师的目标应以《中国注册会计师审计准则第 1101 号——注册会计师的总体目标和审计工作的基本要求》第二十五条中描述的注册会计师的总体目标为背景来理解。注册会计师对财务报表发表的审计意见不涵盖其他信息，也不要求注册会计师获取超过形成财务报表审计意见所需要的审计证据。

2. 其他信息审计目标

注册会计师的目标是在已经阅读其他信息的情况下：

① 考虑其他信息与财务报表之间是否存在重大不一致；

② 考虑其他信息与注册会计师在审计中了解到的情况之间是否存在重大不一致；

③ 当注册会计师识别出此类重大不一致似乎存在时，或者注册会计师知悉其他信息似乎存在重大错报时，应予以恰当应对；

④ 根据《中国注册会计师审计准则第 1521 号——注册会计师对其他信息的责任》(2016 年 12 月 23 日修订) 的规定进行报告。

13.4.2 获取并阅读、考虑其他信息

1. 获取其他信息

注册会计师应当：

① 通过与管理层讨论，确定哪些文件组成年度报告，以及被审计单位计划公布这些文件的方式和时间安排；

② 就及时获取组成年度报告的文件的最终版本与管理层做出适当安排；如果可能，在审计报告日之前获取；

③ 如果第①项中确定的部分或全部文件在审计报告日后才能取得，要求管理层提供书面声明，声明上述文件的最终版本将在可获取时并且在被审计单位公布前提供给注册会计师，以使注册会计师可以完成准则要求的程序。

2. 阅读并考虑其他信息

注册会计师应当阅读其他信息。在阅读时，注册会计师应当做到以下几点。

① 考虑其他信息和财务报表之间是否存在重大不一致。作为考虑的基础，注册会计师应当将其他信息中选取的金额或其他项目（这些金额或其他项目旨在与财务报表中的金额或其他项目相一致，或对其进行概括，或为其提供更详细的信息）与财务报表中的相应金额或其他项目进行比较，以评价其一致性。

② 在已获取审计证据并已得出审计结论的背景下，考虑其他信息与注册会计师在审计中了解到的情况是否存在重大不一致。

注册会计师应当对与财务报表或注册会计师在审计中了解到的情况不相关的其他信息中似乎存在重大错报的迹象保持警觉。

13.4.3 当似乎存在重大不一致或其他信息似乎存在重大错报时的应对

不一致，是指其他信息与已审计财务报表中的信息相矛盾。重大不一致可能导致注册会计师对依据以前获取的审计证据得出的审计结论产生怀疑，甚至对形成审计意见的基础产生怀疑。注册会计师要判断不一致是否重大，取决于特定环境下对不一致涉及的金额和性质的判断。如果一项不一致单独或连同其他不一致可能影响财务报表使用者的判断或决策，则该项不一致就是重大的。很多情况下，并不存在一个一成不变的量化指标来衡量某项不一致是否属于重大的不一致，因此需要注册会计师遵循审计重要性原则，根据具体情况和审计经验加以判断。

其他信息的错报，是指对其他信息做出不正确陈述或其他信息具有误导性，包括遗漏或掩饰对恰当理解其他信息披露的事项必要的信息。

如果注册会计师识别出似乎存在重大不一致，或者知悉其他信息似乎存在重大错报，注册会计师应当与管理层讨论该事项，必要时，实施其他程序以确定：其他信息是否存在重大错报；财务报表是否存在重大错报；注册会计师对被审计单位及其环境的了解是否需要更新。

13.4.4 当注册会计师认为其他信息存在重大错报时的应对

1. 要求管理层更正其他信息

如果注册会计师认为其他信息存在重大错报，应当要求管理层更正其他信息。

① 如果管理层同意做出更正，注册会计师应当确定更正已经完成。

② 如果管理层拒绝做出更正，注册会计师应当就该事项与治理层进行沟通，并要求做出更正。

2. 审计报告日前获取的其他信息存在重大错报，且在与治理层沟通后其他信息仍未得到更正时的应对

如果注册会计师认为审计报告日前获取的其他信息存在重大错报，且在与治理层沟通后其他信息仍未得到更正，注册会计师应当采取恰当措施。

① 考虑对审计报告的影响，并就注册会计师计划如何在审计报告中处理重大错报与治理层进行沟通。

② 在相关法律法规允许的情况下，解除业务约定。

3. 审计报告日后获取的其他信息存在重大错报时的应对

如果注册会计师认为审计报告日后获取的其他信息存在重大错报：如果其他信息得以更正，注册会计师应当根据具体情形实施必要的程序；如果与治理层沟通后其他信息未得到更正，注册会计师应当考虑其法律权利和义务，并采取恰当的措施，以提醒审计报告使用者恰当关注未更正的重大错报。

13.4.5 当财务报表存在重大错报或注册会计师对被审计单位及其环境的了解需要更新时的应对

如果注册会计师通过实施相关程序后认为财务报表存在重大错报，或者注册会计师对被审计单位及其环境的了解需要更新，注册会计师应当根据其他审计准则做出恰当应对。

13.5 对特殊目的审计业务出具审计报告

13.5.1 特殊目的审计业务与通用财务报表审计业务的区别

在注册会计师从事的审计业务中，除了通用目的财务报表审计外，还包括特殊目的的审计。所谓特殊目的审计业务，是指注册会计师接受委托，对按特殊基础编制的财务报表、财务报表的组成部分、合同的遵守情况及简要财务报表进行审计并出具审计报告的业务。

通用目的财务报表审计与特殊目的审计虽然同属鉴证业务，两者在审计业务的程序、范围、时间、证据、审计工作底稿等方面有相似之处，但特殊目的的审计有其特殊性，表现如下。

(1) 目标特殊

通用财务报表审计的目的是对通用财务报表的公允性和合法性发表意见，虽然特殊目的的审计的目标一般也是要对财务信息的合法性和公允性发表意见，但其侧重点不同，注册会计师要结合特定的委托目的和特定的审计对象来确定特殊目的的审计业务的目标。

(2) 对象特殊

通用财务报表审计的对象是一整套通用财务报表，而特殊目的的审计的对象依委托人的目的不同而不同，主要包括按特殊基础编制的财务报表、财务报表的组成部分（含财务报表特定项目、特定账户或特定账户的特定内容）、合同的遵守情况和简要财务报表，由此决定了审计的范围不同于通用财务报表审计。

（3）审计报告特殊

注册会计师对整套通用目的财务报表审计业务出具审计报告，应当遵守《中国注册会计师审计准则第1501号——对财务报表形成审计意见和出具审计报告》及其指南和《中国注册会计师审计准则第1502号——在审计报告中发表非无保留意见》及其指南；而特定目的审计业务的审计报告要遵守《中国注册会计师审计准则第1601号——对按照特殊目的编制基础编制的财务报表审计的特殊考虑》（以下简称《对特殊目的审计业务出具审计报告》）。这就决定了通用财务报表审计的审计报告在内容、格式和措辞等方面不同于特殊目的审计业务审计报告。

（4）审计报告的使用范围特殊

整套通用目的财务报表审计业务出具审计报告的使用范围是公司的股东，而特殊目的审计业务审计报告的使用范围因具体委托业务的不同而不同，包括税务机关、金融机构等。由于特殊目的审计业务所审计的财务信息是满足特定使用者的特定需求的，因此注册会计师对特殊目的审计业务出具的审计报告也只能为特定使用者用于该特定用途。为了避免特殊目的审计业务的审计报告被用于非预定目的，注册会计师可以在审计报告中说明出具审计报告的目的，以及在分发和使用上的限制。

特殊目的审计业务的主要类型主要包括：对按特殊基础编制财务报表的审计、财务报表的组成部分的审计、对合同的遵守情况的审计、对简要财务报表的审计。

13.5.2 注册会计师承接特殊目的审计业务的总体要求

注册会计师执行审计业务的过程大体可以分为业务承接、审计计划、计划实施和审计报告等几个阶段。在这些阶段中，特殊目的审计业务的许多要求与通用目的财务报表审计业务的要求有相同之处。特殊目的审计业务不同于通用目的财务报表审计业务的要求主要体现在业务承接、审计计划和审计报告等方面。

（1）承接业务的一般要求

在执行特殊目的审计业务时，注册会计师实施的审计程序的性质、时间安排和范围因具体情况的不同而存在差异。为了避免误解和降低审计风险，在承接特殊目的审计业务前，注册会计师应当与委托人就业务性质、审计报告的格式和内容等达成一致意见。

（2）了解所审计信息的用途及可能的使用者

特殊目的审计业务所审计的财务信息一般有特定用途，是为了满足特定使用者的特定需要的。例如，按计税基础编制的财务报表，是为了满足向税务机关申报纳税需要，其特定使用者为被审计单位管理层和税务机关；按监管机构的报告要求编制的财务报表，是为了满足监管机构的监管要求，其特定使用者为被审计单位管理层和相关监管机构。注册会计师在计划审计工作时，应当通过与委托人的沟通，详细了解所审计财务信息的用途及可能的使用者。

（3）说明审计报告分发和使用的限制

由于特殊目的审计业务所审计财务信息是满足特定使用者的特定需求的，因此注册会计师对特殊目的审计业务出具的审计报告也只能为特定使用者用于该特定用途。为了避免审计报告被用于非预定目的，注册会计师可以在审计报告的审计意见段之后，增加说明出具审计报告的目的，以及在分发和使用上的限制。

13.5.3 对按照特殊基础编制的财务报表出具的审计报告

1. 特殊基础的主要类型

企业对外提供的财务信息是多种多样的，除了通常按企业会计准则和相关会计制度编制通用目的的财务报表外，还可能按企业会计准则和相关会计制度以外的其他基础(以下简称特殊基础)编制财务报表。特殊基础是指除企业会计准则和相关会计制度以外的其他基础。按照企业会计准则和相关会计制度编制的财务报表，是为了满足一般使用者的共同信息需求；而按照特殊基础编制的财务报表，是为了满足特定使用者的财务信息需求。这些特定使用者的信息需求决定了适用的财务报告框架。特殊基础通常包括下列基础。

(1) 计税基础

计税基础即按照国家税法的规定编制财务报表。由于税法明确规定了收入、费用的确认和计量标准，且与企业会计准则和相关会计制度的规定存在差异，因而按计税基础编制的财务报表与按企业会计准则和相关会计制度编制的财务报表存在差异。例如，企业发生的业务招待费，在日常会计核算中均可据实计入“管理费用”，抵扣会计利润，但在进行企业所得税申报时，则应按照所得税法规定的列支标准扣除，抵扣应税利润。

按照计税基础编制的财务报表通常用于企业向税务部门进行纳税申报，其特定使用者为被审计单位管理层和税务部门。

(2) 收付实现制基础

收付实现制基础是以款项的实际收付为标准来处理经济业务、确定本期收入和费用、计算本期盈亏的会计处理基础。企业会计准则规定，企业会计核算和财务报表编制应当以权责发生制为基础。

按收付实现制基础编制的财务报表通常提供给企业的贷款人，以便于他们了解企业的现金流量信息，其特定使用者为被审计单位管理层和被审计单位贷款人。

(3) 监管机构的报告要求

监管机构可能对企业报送的财务报表提出特殊要求。按监管机构的报告要求编制的财务报表通常提供给特定的监管部门，以便于它们对企业进行某方面监管的需要，其特定使用者为被审计单位管理层和相应的监管机构。

2. 出具审计报告的特殊考虑

注册会计师可能应委托人要求对按特殊基础编制的财务报表发表审计意见。对按照特殊基础编制的财务报表，注册会计师应当在审计报告的引言段中指明财务报表编制的基础，或提醒财务报表使用者注意财务信息附注中对编制基础做出的说明。审计意见段应当说明财务报表是否按照指定的特殊基础编制。注册会计师应当考虑财务报表的标题或附注是否清楚表明，该财务报表并非按照企业会计准则和相关会计制度的规定编制。如果按照特殊基础编制的财务报表未能冠以适当的标题，或特殊基础未得到充分披露，注册会计师应当出具恰当的非无保留意见的审计报告。

3. 审计报告

审 计 报 告

H股份有限公司全体股东：

我们接受委托，审计了H股份有限公司按照收付实现制基础编制的20×7年度的现金收入和支出表。该财务报表的编制是H公司管理层的责任，我们的责任是在实施审计工作的基础上对这些会计报表发表意见。

我们按照中国注册会计师审计准则的规定执行了审计工作。中国注册会计师审计准则要求我们遵守职业道德规范，计划和实施审计工作以对财务报表是否不存在重大错报获取合理保证。审计工作涉及实施审计程序，以获取有关财务报表金额和披露的审计证据。选择的审计程序取决于注册会计师的判断，包括对由于舞弊或错误导致的财务报表重大错报风险的评估。在进行风险评估时，我们考虑与财务报表编制相关的内部控制，以设计恰当的审计程序，但目的并非对内部控制的有效性发表意见。审计工作还包括评价管理层选用会计政策的恰当性和做出会计估计的合理性，以及评价财务报表的总体列报。

我们相信，我们获取的审计证据是充分、适当的，为发表审计意见提供了基础。

我们认为，H公司的现金收入和支出表在所有重大方面公允反映了H公司以收付实现制为基础的20×7年度现金收入和支出情况。

正如附注×所述，H公司采用收付实现制编制上述财务报表的目的是向×银行申请贷款，因此本报告仅限于H公司和×银行使用，不得用于其他目的。

××会计师事务所（盖章）　　中国注册会计师：××（签名并盖章）

中国注册会计师：××（签名并盖章）

中国××市　　20×8年×月×日

13.5.4 对财务报表组成部分出具的审计报告

财务报表的组成部分，包括财务报表特定项目、特定账户或特定账户的特定内容。注册会计师可以接受委托对财务报表的组成部分进行审计。相对于整套财务报表而言，财务报表的组成部分可以是单个财务报表，如资产负债表、利润表、现金收入和支出表；财务报表特定项目，如应收账款、存货等；特定账户，如库存商品、现金、银行存款等；特定账户的特定内容，如对某一具体客户的应收账款、主营业务收入中的某产品销售收入、其他业务收入中的租金收入、专利收入等。

由于财务报表项目是相互关联的，如销售与应收款项(包括应收账款和应收票据)、存货与应付款项(包括应付账款和应付票据)。因此，在对财务报表的组成部分出具报告时，注册会计师不仅要考虑所审计的财务报表组成部分，也要考虑与其相关的其他财务信息。例如，对主营业务收入进行审计，注册会计师就应当考虑现销时的现金收入和赊销时的应收账款和应收票据等；对物资采购业务进行审计，注册会计师就应当同时考虑现购时的现金支出和赊购时的应付账款和应付票据等。所以在确定财务报表组成部分的审计范围时，注册会计师应当考虑与所审计的财务报表组成部分相互关联，且可能对其具有重大影响的其他财务报表项目。

1. 出具审计报告的特殊考虑

(1) 审计报告不应后附整套财务报表

审计报告后附的信息通常被认为是与审计报告相关的。在对财务报表组成部分出具审计报告时，注册会计师可能并没有对整套财务报表实施审计。如果将整套财务报表附于审计报告后，就极有可能使信息使用者误认为整套财务报表已经注册会计师审计。为避免信息使用者误认为对财务报表组成部分出具的审计报告与整套财务报表相关，注册会计师应当提请委托人不应将整套财务报表附于审计报告后。

(2) 对引言段的特殊考虑

财务报表的编制基础不同，财务报表各组成部分所反映的数额也不一样。对财务报表组成部分出具审计报告时，注册会计师应当在审计报告中指明财务报表组成部分的编制基础或提及规定编制基础的协议。

(3) 对审计意见段的特殊考虑

注册会计师要对财务报表的各组成部分是否按指定的编制基础编制发表审计意见，审计意见应当说明财务报表组成部分是否按照指定的编制基础编制。

(4) 已对财务报表整体出具审计报告的特殊考虑

注册会计师可能在对财务报表组成部分审计前，已对财务报表整体发表意见。如果注册会计师对整体财务报表出具了否定意见或无法表示意见，而对财务报表组成部分却发表无保留意见，这种意见类型称为“分片意见(piecemeal opinion)”。如果注册会计师发表分片意见则会引起审计报告使用者的误解。在美国已全面禁止分片意见。

为了避免整套财务报表的审计报告产生不利影响，避免误解，如果已对整套财务报表出具否定意见或无法表示意见的审计报告，只有在组成部分并不构成财务报表的主要部分时，注册会计师才可以对组成部分出具审计报告。

2. 审计报告

审 计 报 告

H股份有限公司全体股东：

我们接受委托，审计了H股份有限公司根据《企业会计准则》和《企业会计制度》规定编制的20×7年12月31日的应收账款明细表。该明细表的编制是H公司管理层的责任，我们的责任是在实施审计工作的基础上对应收账款明细表发表审计意见。

我们按照中国注册会计师审计准则的规定执行了审计工作。中国注册会计师审计准则要求我们遵守职业道德规范，计划和实施审计工作以对应收账款明细表是否不存在重大错报获取合理保证。审计工作涉及实施审计程序，以获取有关应收账款明细表金额和披露的审计证据。选择的审计程序取决于注册会计师的判断，包括对由于舞弊或错误导致的重大错报风险的评估。在进行风险评估时，我们考虑与应收账款明细表编制相关的内部控制，以设计恰当的审计程序，但目的并非对内部控制的有效性发表意见。审计工作还包括评价管理层选用会计政策的恰当性和做出会计估计的合理性，以及评价财务报表的总体列报。我们相信，我们获取的审计证据是充分、适当的，为发表审计意见提供了基础。

我们认为，上述应收账款明细表在所有重大方面符合《企业会计准则》和《企业会计制度》的规定，公允地反映了H公司20×7年12月31日的应收账款情况。

××会计师事务所（盖章）　　　　中国注册会计师：××（签名并盖章）

中国××市　　　　中国注册会计师：××（签名并盖章）

20×8年×月×日

13.5.5 对合同的遵守情况出具的审计报告

注册会计师可能应委托人的要求对合同的遵守情况出具审计报告。常见的合同遵守情况包括贷款合同遵守情况、专利技术转让协议遵守情况。

在上述这些合同或协议中，签约双方可能约定，客户不仅应当提交经注册会计师审计的财务报表，还应当聘请注册会计师对其遵守合同中约定的有关财务与会计事项的情况进行审计，并根据审计意见评价客户遵守合同的情况。

合同遵循情况可能在总体方面与会计和财务事项相关，也可能在总体方面与会计和财务事项无关。注册会计师是会计和财务方面的专家，而非其他领域方面的专家，承接在总体上与财务和会计事项无关的审计业务，可能超出了注册会计师的能力范围。只有当合同遵守情况的总体方面与会计和财务事项相关，且在注册会计师专业胜任能力范围内时，注册会计师才能承接该项业务。如果该项业务的某些方面超越注册会计师的专业胜任能力，注册会计师应当考虑利用专家的工作。

1. 出具审计报告的特殊考虑

注册会计师应当在审计报告的引言段中指明已经对合同所涉及的财务与会计事项的遵守情况进行了审计。审计意见段应当说明被审计单位是否遵守了合同的特定条款。结合合同遵守情况审计业务的特征，防止审计报告被滥用，注册会计师应当在审计意见段之后增加对审计报告使用规定的强调事项段，指明审计报告仅供被审计单位与签订该合同的另一方使用，不得作为其他用途。

2. 审计报告

审 计 报 告

H股份有限公司全体股东：

我们接受委托，对H股份有限公司20×7年1月1日与中国银行××分行签订的贷款合同所涉及的财务会计规定的遵循情况进行了审计。遵循这些财务与会计的规定是H公司的责任，我们的责任是在实施审计工作的基础上对H公司是否遵循上述贷款合同的财务与会计规定发表意见。

我们按照中国注册会计师审计准则的规定执行了审计工作。中国注册会计师审计准则要求我们遵守职业道德规范，计划和实施审计工作以对是否不存在重大错报获取合理保证。审计工作涉及实施审计程序以获取H公司是否遵循了贷款合同的财务与会计规定的有关审计证据。我们相信，我们获取的审计证据是充分、适当的，为发表审计意见提供了基础。

我们认为，截至20×7年12月31日，H公司在所有重大方面遵循了20×7年1月1日与中国银行××分行签订的贷款合同所涉及的财务会计规定。

本报告仅供H公司与中国银行××分行使用，不得用于其他目的。

××会计师事务所（盖章）　　　　中国注册会计师：××（签名并盖章）

中国××市　　　　中国注册会计师：××（签名并盖章）

20×8年×月×日

13.5.6 对简要财务报表出具的审计报告

由于企业提供的整套会计报表可能过于复杂，为了满足某些财务报表使用者对被审计单位财务状况和经营成果主要情况的了解，被审计单位可能依据年度已审计财务报表编制一份简要财务报表，如“简要资产负债表”“简要利润表”“简要现金流量表”等。注册会计师可能应委托人要求对被审计单位依据已审计财务报表编制的简要财务报表发表审计意见。

注册会计师只有对简要财务报表所依据的财务报表整体进行了审计，才能获得充分了解，以承担对简要财务报表的审计责任并出具审计报告。如果未对简要财务报表所依据的财务报表整体发表审计意见，则不应对简要财务报表出具审计报告。

1. 简要财务报表的审计程序

简要财务报表的审计程序有其特殊性。为了对简要财务报表发表审计意见，注册会计师应当实施下列程序。

① 评价简要财务报表是否充分披露其简化性质，并指出其所依据的财务报表。

② 当简要财务报表不是附于其所依据的财务报表之后时，评价简要财务报表时要清楚地说明可从哪些途径获得其所依据的财务报表。

③ 比较简要财务报表和其所依据的财务报表中的相关信息，确定简要财务报表是否与其所依据的财务报表中的相关信息一致，或者能够从所依据的财务报表中的相关信息重新计算得到。

④ 评价简要财务报表是否包括了必要的信息，以使其在特定环境中不会产生误导。

根据所实施的上述审计程序，注册会计师对简要财务报表是否与其所依据的已审财务报表一致发表意见。

2. 简要财务报表审计的审计报告

1）审计报告的术语限制

简要财务报表并未包含年度已审计财务报表中的所有信息，注册会计师在对简要财务报表发表审计意见时不应使用“在所有重大方面”“公允反映”等术语；否则，预期使用者可能会认为简要财务报表包括了企业会计准则和相关会计制度所要求的所有披露。

由于简要财务报表所包含的内容大大少于已审计的年度财务报表的内容，因此简要财务报表应当清楚地表明其简化性质，并提醒使用者，为更好地理解被审计单位财务状况和经营成果，简要财务报表应当与最近已审计财务报表包含所要求的所有披露一并阅读。

2）审计报告的要素

对简要财务报表出具的审计报告应当包括下列要素。

① 标题。

② 收件人。收件人是指注册会计师按照业务约定书的要求致送审计报告的对象，一般

是指审计业务的委托人。审计报告应当载明收件人的全称。通常，简要财务报表审计报告的收件人与其所依据的财务报表审计报告的收件人相同。

③ 指出简要财务报表所依据的已审计财务报表。

④ 提及对已审计财务报表出具的审计报告的日期和意见类型。如果对简要财务报表所依据的财务报表发表了非无保留意见，还应指明发表该意见的理由及其影响。

⑤ 审计意见段。审计意见段应当说明，简要财务报表中的信息是否在所有重大方面与其依据的已审计财务报表一致。如果对已审计财务报表出具了非无保留意见的审计报告，即使对简要财务报表的编制表示满意，注册会计师仍应在对简要财务报表出具的审计报告中指出，简要财务报表依据的已审计财务报表已被注册会计师出具非无保留意见的审计报告。

⑥ 强调事项段。审计报告的强调事项段应当指出，为了更好地理解被审计单位的财务状况、经营成果及注册会计师实施审计工作的范围，简要财务报表应当与已审计财务报表及审计报告一并阅读；或提醒财务报表使用者注意财务信息附注中对上述事项的说明。

⑦ 注册会计师的签名和盖章。

⑧ 会计师事务所的名称、地址及盖章。

⑨ 报告日期。简要财务报表的审计报告日期不应早于注册会计师获取充分、适当的审计证据(包括管理层完成简要财务报表编制的证据，以及管理层对其承担责任的证据)，并在此基础上形成审计意见的日期。简要财务报表的审计报告日期不应当早于所依据的已审计财务报表的审计报告日期。

3）已审计财务报表为无保留审计意见的审计报告

审 计 报 告

H股份有限公司全体股东：

后附的H股份有限公司简要财务报表所依据的是20×7年12月31日为会计期间截止日的财务报表。简要财务报表包括20×7年12月31日的简要资产负债表、20×7年度的简要利润表、简要股东权益变动表、简要现金流量表及其附注。我们于20×8年2月×日对简要财务报表所依据的财务报表出具了无保留意见的审计报告。

我们认为，H公司简要财务报表的信息在所有重大方面与其依据的已审计财务报表一致。

为更全面地了解H公司的财务状况、经营成果、现金流量及我们实施审计工作的范围，上述简要财务报表应与已审计财务报表及其审计报告一并阅读。

××会计师事务所（盖章）　　　　中国注册会计师：××（签名并盖章）

中国××市　　　　　　　　　　中国注册会计师：××（签名并盖章）

20×8年3月×日

4）已审计财务报表为保留审计意见的审计报告

审 计 报 告

H股份有限公司全体股东：

后附的H股份有限公司简要财务报表所依据的是20×7年12月31日为会计期间截止

日的财务报表。简要财务报表包括20×7年12月31日的简要资产负债表、20×7年度的简要利润表、简要股东权益变动表、简要现金流量表及其附注。由于下段所述原因，我们于20×8年2月×日对简要财务报表所依据的财务报表出具了保留意见的审计报告。

经审计，我们发现贵公司20×7年12月份预付的下年度产品广告费××元，全部作为费用处理。我们认为，按照《企业会计准则》的规定，预付的产品广告费应作为待摊费用处理，但贵公司未接受我们的意见。该事项使贵公司20×7年12月31日资产负债表的流动资产减少××元，该年度利润表的利润总额减少××元。

我们认为，H公司简要财务报表的信息与其依据的已审计财务报表一致。

为更全面地了解H公司的财务状况、经营成果、现金流量及我们实施审计工作的范围，上述简要财务报表应与已审计财务报表及其审计报告一并阅读。

××会计师事务所（盖章）　　　　中国注册会计师：××（签名并盖章）

中国××市　　　　　　　　　　中国注册会计师：××（签名并盖章）

20×7年3月×日

本章小结

本章主要包括审计报告、非标准审计报告、比较信息、含有已审计财务报表的文件中的其他信息、对特殊目的的审计业务出具审计报告五大部分内容。

审计报告是注册会计师根据中国注册会计师执业准则的要求，在实施审计工作的基础上对被审计单位年度会计报表发表意见的书面文件。不附加任何说明段、强调事项段或修饰性用语的无保留意见审计报告称为标准审计报告。

比较信息，是指包含于财务报表中的、符合适用的财务报告编制基础的、与一个或多个以前期间相关的金额和披露。其包括比较数据和比较财务报表：比较数据是指作为本期财务报表组成部分的上期金额和相关披露。比较数据本身不构成完整的财务报表，应当与本期相关的金额和披露联系起来阅读；比较财务报表是指为了与本期财务报表相比较而包含的上期金额和相关披露。比较财务报表包含信息的详细程度与本期财务报表包含信息的详细程度相似。如果上期金额和相关披露已经审计，则将在审计意见中提及。其他信息，是指在被审计单位年度报告中包含的除财务报表和审计报告以外的财务信息和非财务信息。注册会计师在不同情形下对于其他信息具有不同责任，在有重大不一致、对事实的重大错报等情形时，注册会计师应针对不同情况相应实施审计程序。在注册会计师的审计业务中，除了通用目标的财务报表审计外，还包括特殊目的的审计，如对按特殊基础编制的财务报表、财务报表的组成部分、合同的遵循情况以及简要财务报表进行审计并出具审计报告。特殊目的的审计与通用目的的审计在审计业务程序、范围、时间、证据、审计工作底稿等方面都有相似之处，但在审计目标、审计对象、审计报告的内容以及使用范围方面都具有特殊性。

案例与习题

一、讨论题

保留意见与否定意见的界定标准是什么？可以量化吗？如果某公司作为被审计单位，其资产高估金额占总资产的30%，利润高估金额占利润总额的20%，而且管理当局拒绝调整，注册会计师应出具什么意见类型的审计报告？

二、单项选择题

1. 在审计报告意见段使用了“除存在上述问题以外”术语，这种审计报告是（　　）审计报告。

   A. 无保留意见　　B. 保留意见
   C. 否定意见　　D. 无法表示意见

2. 在审计报告意见段使用了“由于上述问题造成的重大影响”术语，这种审计报告是（　　）审计报告。

   A. 无保留意见　　B. 保留意见
   C. 否定意见　　D. 无法表示意见

3. 若注册会计师对持续经营能力产生重大疑虑，如果财务报表已做出充分披露，注册会计师应出具（　　）审计报告。

   A. 不带强调事项段的无保留意见　　B. 保留意见
   C. 带强调事项段的　　D. 否定意见

4. 若期初余额存在严重影响本期会计报表的错报或漏报，注册会计师提请被审计单位进行调整或披露，如被审计单位不接受，注册会计师应对本期会计报表发表（　　）。

   A. 保留意见　　B. 否定意见
   C. 无法表示意见　　D. A或者B

5. 审计报告日后财务报表报出日前，且审计报告尚未提交，注册会计师发现已审计财务报表存在重大错报，如果管理层拒绝修改财务报表，注册会计师应（　　）。

   A. 提交已完成审计报告
   B. 重新出具新的审计报告
   C. 通知被审计单位治理层不要向第三方报出财务报表和审计报告
   D. 重新签订业务约定书

三、多项选择题

1. 非标准审计报告包括（　　）。

   A. 保留意见审计报告　　B. 否定意见审计报告
   C. 无法表示意见审计报告　　D. 带强调事项段的无保留意见审计报告

2. 注册会计师审计后，认为被审计单位的会计报表存在（　　）情况时，应出具否定意见审计报告。

   A. 财务报表未能按照会计准则和会计制度规定编制
   B. 财务报表未能在所有重大方向公允反映被审计单位财务状况、经营成果和现金流量

C. 审计范围受到限制可能产生的影响非常重大

D. 资产负债表日至审计报告日存在或有损失，被审计单位不接受调整或披露建议

3. 注册会计师在审计报告中使用说明段的情形包括（　　）。

A. 保留意见　　B. 否定意见

C. 标准无保留意见　　D. 无法表示意见

4. 只有在以下特定情形下，注册会计师才应当在审计报告中提及比较数据（　　）。

A. 后任注册会计师识别出比较数据存在重大错报，管理层拒绝调整

B. 导致对上期财务报表发表非无保留意见的事项已经解决，但对本期财务状况仍很重要

C. 上期财务报表未经审计

D. 导致对上期财务报表发表非无保留意见的事项仍未解决，并对本期财务报表财务状况产生重大影响

5. 含有已审计财务报表的文件中的其他财务信息主要包括（　　）。

A. 财务数据摘要　　B. 就业数据

C. 管理层经营报告　　D. 计划的资本性支出

6. 承接审计业务后，如果注意到被审计单位管理层对审计范围施加了限制，且认为这些限制可能导致对财务报表发表保留意见或无法表示意见，注册会计师采取的下列措施中，正确的有（　　）。

A. 要求管理层消除这些限制，如果管理层拒绝消除限制，应当与治理层沟通

B. 如果无法获取充分、恰当的审计证据，且未发现的错报（如存在）对财务报表的影响重大且具有广泛性，应当在可行时解除业务约定

C. 如果无法获取充分、恰当的审计证据，且未发现的错报（如存在）对财务报表的影响重大且具有广泛性，若解除业务约定不可行，应当发表无法表示意见

D. 如果无法获取充分、恰当的审计证据，且未发现的错报（如存在）可能对财务报表的影响重大，但不具有广泛性，应当发表保留意见

四、判断题

1. 无保留意见审计报告又称标准审计报告。（　　）

2. 在进行风险评估时，注册会计师考虑财务报表编制相关的内部控制，以设计恰当的审计程序，因此审计报告应对内部控制的有效性发表意见。（　　）

3. 审计报告日通常应与被审计单位管理当局签署管理当局声明书的日期一致。（　　）

4. 注册会计师不应在审计报告的意见段之后增加说明段或任何解释性段落，可以增加强调事项段，以增加审计报告信息含量。（　　）

5. 由于审计意见是针对包括比较数据在内的本期财务报表整体发表的，注册会计师通常无须在审计报告中特别提及比较数据。（　　）

6. 若其他信息与已审计财务报表中的信息相矛盾，并确定需要修改已审计财务报表而被审计单位拒绝修改，注册会计师应考虑在审计报告中增加强调事项段说明该重大不一致。（　　）

五、简答题

1. 注册会计师对于含有已审计财务报表的文件中的其他信息的责任主要有哪些？

2. 在哪些特定情形下，注册会计师才应当在审计报告中提及比较数据？

3. 审计报告的意见类型有哪4种？分别在什么条件下出具相应的审计报告？

4. 说明保留意见与带强调事项段无保留意见之间的区别。

六、案例分析题

1. 注册会计师王某作为H会计师事务所审计项目负责人，在审计以下单位20×8年度会计报表时分别遇到以下情况。

① 甲公司拥有一项长期股权投资，账面价值500万元，持股比例30%。20×8年12月31日，甲公司与K公司签署投资转让协议，拟以450万元的价格转让该项长期股权投资，已收到价款300万元，但尚未办理产权过户手续，甲公司以该项长期股权投资正在转让之中为由，不再计减值准备。

② 乙公司于20×7年5月为L公司1年期银行借款1 000万元提供担保，因L公司不能及时偿还，银行于20×8年11月向法院提起诉讼，要求乙公司承担连带清偿责任。20×8年12月31日，乙公司在咨询律师后，根据L公司的财务状况，计提了500万元的预计负债。对上述预计负债，乙公司已在会计报表附注中进行了适当披露。截止审计工作完成日，法院未对该项诉讼做出判决。

③ 丙公司在20×8年度向其控股股东M公司以市场价格销售产品5 000万元，以成本加成价格购入原材料3 000万元，上述销售和采购分别占丙公司当年销售、购货的比例为30%和40%，丙公司已在会计报表附注中进行了适当披露。

④ 丁公司于20×8年11月20日发现，20×8年漏记固定资产折旧费用200万元。丁公司在编制20×8年度会计报表时，对此项会计差错予以更正，追溯调整了相关会计报表项目，并在会计报表附注中进行了适当披露。

⑤ 戊公司于20×8年年末更换了大股东，并成立了新的董事会，继任法定代表人以刚上任不了解以前年度情况为由，拒绝签署20×8年度已审会计报表和提供管理层声明书。原法定代表人以不再继续履行职责为由，也拒绝签署20×8年度已审计会计报表和提供的管理层声明书。

要求：假定上述情况对各被审计单位20×8年度会计报表的影响都是重要的，且各被审计单位均拒绝接受注册会计师王某提出的审计处理建议。在不考虑其他因素影响的前提下，请分别针对上述5种情况，判断注册会计师王某应对20×8年度会计报表出具何种类型的审计报告，并简要说明理由。

2. Z公司是Y公司于20×8年1月1日在境外投资设立的联营公司，其20×8年度以人民币为金额单位的会计报表反映的资产总额为4 520万元，负债总额为3 770万元，所有者权益总额为750万元，主营业务收入为3 120万元，利润总额为520万元，净利润为416万元。Y公司占Z公司40%的股权比例，对其财务和经营决策具有重大影响，故在20×8年度会计报表中采用权益确认了该项投资收益166万元。Z公司20×8年度会计报表未经其他会计师事务所审计，Y公司同意A和B注册会计师进行审计的要求。

要求：在不考虑其他条件的前提下，A和B注册会计师应当对Y公司20×8年度会计报表出具何种类型的审计报告？并请代为编制该审计报告。

3. 甲公司20×8年度未经审计的净资产为6 200万元，利润总额为1 000万元，该公司主要从事计算机组装与销售业务。张某和王某负责该公司的审计工作。他们确定该公司会计报表层次的重要性水平为100万元，外勤审计工作于20×9年3月2日完成。在审计过程中，两位注册会计师发现甲公司的会计报表数据存在下列问题。

① 由于市场竞争激烈，甲公司购入的部分硬件出现滞销，这些硬件的账面成本为900万元，20×8年12月31日的可变现净值为520万元，甲公司尚未进行相应的会计处理。

② 20×8年3月1日，甲公司经批准按面值发行了1 500万元、3年期、到期还本付息的企业债券，票面利率为4.8%。发行债券筹集到的资金有900万元用于建造生产厂房(20×8年12月31日尚未完工)，600万元用于补充流动资金。甲公司对债券发行作了相应的会计处理，但是未计提20×8年度的债券利息。

③ 甲公司为乙公司的银行贷款700万元提供担保。20×8年11月，乙公司因严重亏损进行破产清算，无力偿还已到期的这笔银行贷款。20×8年12月20日，贷款银行向法院起诉，要求甲公司承担担保产生的连带赔偿责任，支付贷款本息共计800万元。20×9年2月20日，法院终审判决贷款银行胜诉。甲公司准备在20×8年年报附注中披露该事项。

④ 甲公司20×8年12月30日向丙公司销售计算机配件一批，取得销售收入200万元(不含增值税)，该批配件的成本为180万元，双方约定在20×9年1月10日结算货款。由于这批配件存在质量问题，丙公司20×9年1月5日退回了这批配件。甲公司将销售业务登记在20×8年12月，退货业务登记在20×9年1月。

⑤ 20×9年2月18日，甲公司兼并了一家从事计算机配件生产的公司——丁公司。这次兼并对降低产品成本、提高市场竞争力具有重要意义。但是，考虑到该事项发生在20×9年，甲公司不准备在20×8年年度报表中披露该事项。

要求：

(1) 对于上述5个事项，如果注册会计师张某和王某认为均比较重要，他们应该向甲公司提出哪些会计处理建议？其依据是什么？

(2) 如果甲公司拒绝接受两位注册会计师关于上述5个事项的所有处理建议，注册会计师应该考虑出具什么类型的审计意见？

第3篇

Z 注册会计师提供的其他业务

huce kuaijishi tigong de qita yewu

第14章

财务报表审计之外的鉴证业务

【学习目标】

◇ 了解验资的概念、性质与作用
◇ 了解设立验资和变更验资的区别及使用范围
◇ 掌握不同出资方式的审验目标及审验程序
◇ 了解验资报告的内容与格式
◇ 了解财务报表审阅的目标、范围和保证程度
◇ 掌握财务报表审阅的基本程序及审阅报告
◇ 了解预测性财务信息审核和内部控制审计的概念、程序与报告

【相关注册会计师执业准则、会计准则】

◇ 中国注册会计师审计准则第 1602 号——验资
◇ 中国注册会计师审计准则第 1421 号——利用专家工作
◇ 中国注册会计师审计准则第 1131 号——审计工作底稿
◇ 中国注册会计师审计准则第 1301 号——审计证据
◇ 中国注册会计师审计准则第 1111 号——就审计业务约定条款达成一致意见
◇ 中国注册会计师审阅准则第 2101 号——财务报表审阅
◇ 中国注册会计师其他鉴证业务准则第 3101 号——历史财务信息审计或审阅以外的鉴证业务
◇ 中国注册会计师其他鉴证业务准则第 3111 号——预测性财务信息的审核

引　言

对被审计单位的财务报表进行审计，是注册会计师提供的鉴证服务之一。除此之外，注册会计师还提供其他类型的鉴证服务。本章主要说明财务报表审计之外的鉴证业务，包括验资、财务报表审阅、预测性财务信息审核、内部控制审计等。

14.1 验　　资

14.1.1 验资概述

验资是指注册会计师依法接受委托，按照审计准则的要求，对被审验单位注册资本的实收情况或注册资本及实收资本的变更情况进行审验，并出具验资报告。

1. 验资的性质与作用

验资是注册会计师的法定业务。随着我国社会主义市场经济的发展和改革开放的不断深入，有关法律对注册会计师验资业务的规定与日俱增。例如《公司法》《中华人民共和国中外合资经营企业法》《中华人民共和国中外合作经营企业法》《中华人民共和国外资企业法》《公司登记管理条例》《企业法人登记管理条例》等法律、法规对此均有涉及。《中华人民共和国注册会计师法》明确将验资业务列为注册会计师的法定业务之一。因此，企业在申请开业或变更注册资本前，必须委托注册会计师对其注册资本的实收或变更情况进行审验。

为了规范注册会计师执行验资业务，提高验资质量，降低验资风险，财政部 1995 年 12 月 25 日颁布了《独立审计实务公告第 1 号——验资》，于 1996 年 1 月 1 日实行。近年来，社会经济与法律环境发生了很大变化，注册会计师验资业务领域不断扩大，验资业务日趋复杂。特别是随着资本市场的发展，企业的组织形式、投资主体及出资方式呈多元化趋势，注册会计师在验资业务中遇到了许多新情况、新问题。并且，注册会计师因验资业务涉及的诉讼案件屡屡发生，验资风险不断增大，验资报告被滥用的情况十分严重。

为了进一步明确验资报告的用途，财政部于 1999 年 7 月 12 日发布了《财政部关于明确注册会计师验资报告作用的通知》(以下简称《通知》)。《通知》指出："注册会计师执行验资业务出具的验资报告在规定用途内(如在国家工商行政管理部门办理工商登记时)具有法定证明效力，能合理地保证报告使用人确定投资者出资到位情况。"此外还规定，由于验资的固有局限性及注册会计师的职责权限，若存在投资者恶意作弊或与有关机构共同作弊，提供注册会计师不能识别虚假证明材料等情况，即使注册会计师以应有的职业谨慎态度执行验资业务，也可能得出不适应的验资结论，导致所发表的验资意见与实际情况不符。因此，验资报告应当合理保证已验证的被审验单位注册资本的实收或变更情况符合国家相关法规的规定和协议、合同、章程的要求，但不应被视为对被审验单位验资报告日后资本保全、偿债能力和持续经营能力等的保证。

为了适应日渐变化的执业环境，财政部于 2001 年 1 月 21 日颁布了《独立审计实务公告第 1 号——验资(修订稿)》，于 2001 年 7 月 1 日起施行。同时，中国注册会计师协会于 2001 年 6 月 26 日修订了《中国注册会计师执业规范指南第 3 号——验资(试行)》，于 2001 年 7 月 1 日起施行。为了加强对企业注册资本的管理，进一步规范企业验资工作，提高注册会计师执行验资业务的质量，切实贯彻验资公告和指南，财政部和国家工商行政管理总局联合印发了《财政部、国家工商行政管理总局关于进一步规范企业验资工作的通知》。2006 年 2 月 15 日，为进一步规范注册会计师的执业行为，中国注册会计师协会修订了《中国注册会计师审计准则第 1602 号——验资》，自 2007 年 1 月 1 日起施行。

验资作为注册会计师的重要业务领域，其性质与作用可以从以下两个方面理解：一是验资关系到企业产权关系的界定；二是验资关系到社会经济秩序的好坏。

2. 验资类型

验资分为设立验资和变更验资。

（1）设立验资

设立验资是指注册会计师对被审计单位申请设立登记的注册资本实收情况进行的审验。

一般而言，在以下 3 种情况下需要注册会计师进行设立验资：一是在被审验单位向企业登记机关申请设立(开业)登记；二是出资者分期缴纳注册资本；三是企业新设合并、分立或企业改制时以部分资产进行重组，通过吸收其他股东的投资或转让部分股权设立新的企业，新设立的企业向工商行政管理部门申请设立登记。

（2）变更验资

变更验资是指注册会计师对被审验单位申请变更登记的注册资本及实收资本的变更情况进行的审验。

一般而言，在以下几种情况下需要注册会计师进行变更验资：一是被审验单位出资者(包括原出资者和新出资者)新投入资本，增加实收资本(股本)；二是被审验单位将资本公积、盈余公积、未分配利润等转为实收资本(股本)；三是出资者将其对被审验单位的债权转为股权；四是被审验单位因合并增加实收资本(股本)；五是被审验单位因吸收合并、派生分立、注销股份等减少实收资本(股本)；六是被审验单位整体改制，包括由非公司制改为公司制企业、内外资企业互转等，在改制中通过增量吸补、净资产分割、零资产或负资产出售、股权投资、债权转股权等方式变更注册资本。根据《财政部、国家工商行政管理局关于进一步规范企业验资工作的通知》，企业因出资者、出资比例等发生变化但注册资本金额不变，而需要按照有关规定向企业登记主管机关申请办理变更登记时，无须提交验资报告。

14.1.2　接受业务委托与编制验资计划

1. 接受委托与签订业务约定书

注册会计师应当在了解被审验单位基本情况，考虑自身能力和能否保持独立性，初步评估验资风险后，确定是否接受委托。如接受委托，会计师事务所应当与委托人签订验资业务约定书。

（1）了解被审验单位的基本情况

由于目前虚假出资、抽逃出资的现象屡见不鲜，注册会计师必须增强验资风险意识，在接受委托前谨慎从事，了解委托业务是否存在潜在重大风险。为此，注册会计师应当与委托人、被审验单位管理层进行沟通，实地察看被审验单位的住所和主要经营场所，初步了解被审验单位的基本情况。这里所说的被审验单位基本情况包括：被审验单位的设立审批、变更审批，名称预先核准，经营范围，经营规模，组织机构和人员，申请设立或变更登记的注册资本，全体出资者指定代表或委托代理人等基本情况。对于设立验资中的非首期验资或变更验资，还应了解被审验单位以往的验资和审计情况。

（2）考虑自身能力和独立性

注册会计师应当根据所了解的被审验单位基本情况和验资的类型、委托目的、审验范围及时间要求等，经过分析、判断，确定是否有能力承接该项业务，并考虑能否保持独立性。

（3）初步评估验资风险

验资风险源自两个方面：一是被审验单位管理层的诚实性、所提供验资资料的真实性与完整性；二是注册会计师的专业胜任能力和职业道德水平。

（4）签订验资业务约定书

如果接受委托，注册会计师应与委托人就验资类型、委托目的、审验范围、双方的责任、出具验资报告的时间、验资收费、验资报告的用途及使用责任、业务约定书的有效期间、约定事项的变更及违约责任等事项协商一致，并由会计师事务所与委托人签订验资业务约定书。签订验资业务约定书旨在明确以下四个问题：一是确认委托、受托关系成立；二是明确审验范围；三是明确双方的责任；四是明确验资报告的用途和使用责任。

2. 编制验资计划

注册会计师执行验资业务，应当编制验资计划，对验资工作做出合理安排。

1）验资计划的种类

验资计划包括总体验资计划和具体验资计划。总体验资计划是对验资业务总体做出的计划安排；具体验资计划是对各审验项目的计划安排。

2）验资计划的内容

总体验资计划通常包括：验资类型、委托目的和审验范围；以往的验资和审计情况；重点审验领域；验资风险评估；对专家工作的利用；验资工作进度及时间、收费预算；验资小组组成及人员分工。

具体验资计划通常包括各审验项目的以下内容：审验目标、审验程序、执行人及执行日期、验资工作底稿的索引号。具体验资计划一般通过编制各审验项目的审验程序表完成(程序表见表 14－1)。

表 14－1　××审验程序表

被审验单位名称：	索引号：		页次：
	编制人员：		日期：
审验项目：	复核人员：		日期：
一、审验目标			
二、审验程序		适用度	索引号
三、审验结论			
四、复核意见			

14.1.3　审验范围与程序

注册会计师在执行验资业务时，应当向被审验单位获取注册资本实收情况明细表或注册资本变更情况明细表。注册资本实收情况明细表或注册资本变更情况明细表是被审验单位出资者出资情况的总括反映，经被审验单位确认，代表了被审验单位对其出资者出资情况的认定，是注册会计师应当获取的重要审验证据之一。获取这一审验证据，有助于分清被审验单位和注册会计师各自的责任。

1. 审验范围

设立验资的审验范围一般应限于与被审验单位注册资本实收情况有关的事项，包括出资者、出资金额、出资方式、出资比例、出资时间和出资币种等。

变更验资的审验范围一般应限于与被审验单位注册资本及实收资本增、减变动情况有关的事项。增加注册资本时，审验范围包括与增资相关的出资者、出资金额、出资方式、出资比例、出资期限、出资币种及相关会计处理，以及增资后的出资者、出资金额和出资比例等。

减少注册资本及实收资本时，审验范围包括与减资相关的减资者、减资币种、减资金额、减资时间、减资方式、债务清偿或债务担保情况、相关会计处理，以及减资后的出资者、出资金额和出资比例等。

2. 审验程序

对于出资者投入的资本及其相关的资产、负债，注册会计师应当分别采用下列方法进行审验。

第一，以货币出资的，应当在检查被审验单位开户银行出具的收款凭证、对账单及银行询证函回函等的基础上，审验出资者的实际出资金额和货币出资比例是否符合规定。对于股份有限公司向社会公开募集的股本，还应当检查证券公司承销协议、募股清单和股票发行费用清单等。

第二，以实物出资的，应当观察、检查实物，审验其权属转移情况，并按照国家有关规定在资产评估的基础上审验其价值。如果被审验单位是外商投资企业，注册会计师应当按照国家有关外商投资企业的规定，审验实物出资的价值。

第三，以知识产权、土地使用权等无形资产出资的，应当审验其权属转移情况，并按照国家有关规定在资产评估的基础上审验其价值。如果被审验单位是外商投资企业，注册会计师应当按照国家有关外商投资企业的规定，审验无形资产出资的价值。

第四，以净资产折合实收资本的，或以资本公积、盈余公积、未分配利润转增注册资本及实收资本的，应当在审计的基础上按照国家有关规定审验其价值。

第五，以货币、实物、知识产权、土地使用权以外的其他财产出资的，注册会计师应当审验出资是否符合国家有关规定。

第六，外商投资企业的外方出资者以第一项至第五项所述方式出资的，注册会计师还应当关注其是否符合国家外汇管理有关规定，向企业注册地的外汇管理部门发出外方出资情况询证函，并根据外方出资者的出资方式附送银行询证函回函、资本项目外汇业务核准件及进口货物报关单等文件的复印件，以询证上述文件内容的真实性、合规性。

3. 利用专家工作

注册会计师在审验过程中利用专家协助工作时，应当考虑其专业胜任能力和独立性，并对利用专家工作结果所形成的审验结论负责。

注册会计师在执行验资业务时，可在以下方面利用专家的工作。

① 对出资的房屋、建筑物、机器设备、知识产权、非专利技术、土地使用权等非现金资产及工艺品、宝石等特殊类型资产的股价的审查，即该类资产评估报告价值的审查。

② 特定资产数量和物质状况的测定，如地下矿藏储量、成分、等级的测定与估算，房屋、建筑物及设备剩余使用年限的测算等。

③ 需用特殊技术或方法的金额测算。

④ 未完合同中已完成和未完成工作的计量，如按建造合同进行计量的资产在进行投资时，在未完工状态下的价值确认。当利用专家的工作结果作为审验证据时，注册会计师应当评价专家所用原始资料的适当性，专家使用的假设和方法的一贯性，并对利用专家工作结果所形成的审验结论负责。

4. 验资工作底稿

注册会计师应当对验资过程及结果进行记录，形成验资工作底稿。

注册会计师在验资工作中，从了解被审验单位基本情况、接受委托开始，到对各个项目的验证情况、遇到的问题、处理过程、形成的结论等，都应进行记录，连同有关审验证据及其文件资料，形成验资工作底稿。验资工作底稿是注册会计师在执行验资业务过程中形成的验资工作记录和获取的资料，是验资证据的载体，是形成验资结论、发表审验意见的直接依据，是评价、考核注册会计师专业胜任能力与验资工作的依据，是解脱注册会计师验资责任的重要依据，同时为验资质量的控制与监督提供了基础，对未来的验资业务也具有参考作用。

验资工作底稿一般分为：综合类工作底稿、业务类工作底稿和备查类工作底稿。

14.1.4 验资报告

注册会计师应当在完成预定的审验程序，取得充分、适当的审验证据，以及分析和评价审验结论的基础上出具验资报告。

1. 验资报告的作用

验资报告应当合理地保证已验证的被审验单位注册资本的实收或情况符合国家相关法规的规定和协议、合同、章程的要求，但不应被视为是对被审验单位验资报告日后资本保全、偿债能力和持续经营能力等的保证。

验资报告具有很强的时效性，不能作为被审验单位验资报告日后资本保全、偿债能力和持续经营能力的保证。这是因为注册会计师出具的验资报告，是说明验资截止日这一时点注册会计师验证的被审验单位注册资本的实收情况。验资以后，由于被审验单位经营管理活动的持续进行及经营者、出资者的各种经营管理行为(包括抽逃出资)都将直接或间接影响企业的财务状况和资本保全情况，从而影响其偿债能力和持续经营能力等。

关于验资报告的时效性及有效期问题，根据《公司注册资本登记管理暂行规定》(国家工商行政管理局令第 44 号)第六条的规定：“办理公司设立登记或者登记，应当在验资机构出具验资证明日起 90 日内向公司登记机关提出申请，如果超过 90 日，公司登记机关将要求企业重新委托会计师事务所进行验资。”由此可见，验资报告出具之后可用于工商登记的有效期为 90 日。

2. 验资报告的要素

验资报告应当包括以下要素。

（1）标题

验资报告的标题统一规范为“验资报告”。

（2）收件人

验资报告的收件人是指注册会计师按照业务约定书的要求致送验资报告的对象，一般是指验资业务的委托人。验资报告应当以企业登记机关预先核准的名称并加“(筹)全体股东”作为收件人全称。

（3）范围段

验资报告的范围段应当说明审验范围、出资者和被审验单位的责任、注册会计师的责任、审验依据和已实施的主要审验程序等。

① 审验范围是指注册会计师所验证的被审验单位截至特定日期止的注册资本实收或变更情况。

② 出资者及被审验单位的责任是指按照国家相关法规的规定和协议、合同、章程的要求出资，提供真实、合法、完整的验资资料，保护资产的安全、完整。

③ 注册会计师的责任是指按照独立审计准则的要求，对被审验单位注册资本的实收或变更情况进行审验，出具验资报告。

④ 注册会计师的审验依据是《中国注册会计师审计准则第 1602 号——验资》。

⑤ 注册会计师实施的主要审验程序通常包括检查、观察、监盘、查询及函证、计算等。

（4）意见段

验资报告的意见段应当说明已审验的被审验单位注册资本的实收情况或注册资本及实收资本的变更情况。

对于设立验资，注册会计师应当在意见段中说明被审验单位申请登记的注册资本金额、出资期限等，并说明截至特定日期止，被审验单位已收到全体出资者缴纳的注册资本情况，包括各出资者缴纳注册资本的合计金额，各种出资方式的出资金额及知识产权、非专利技术出资占注册资本的比例等。对于变更验资，注册会计师仅对本次注册资本及实收资本的情况发表审验意见。

（5）说明段

验资报告的说明段应当说明验资报告的用途、使用责任及注册会计师认为应当说明的其他重要事项。对于验资，注册会计师还应当在验资报告说明段中说明对以前注册资本实收情况审验的会计师事务所名称及其审验情况，并说明变更后的累计注册资本实收金额。

（6）附件

验资报告的附件应当包括已审验的注册资本实收情况明细表或注册资本、实收资本情况明细表和验资事项说明等。

（7）注册会计师的签名和盖章

验资报告应当由注册会计师签名并盖章。

（8）会计师事务所的名称、地址及盖章

验资报告应当载明会计师事务所的名称和地址，并加盖会计师事务所公章。

（9）报告日期

验资报告日期是指注册会计师完成审验工作的日期。验资报告日期不应早于被审验单位确认和签署注册资本实收情况明细表或注册资本情况明细表的日期。

3. 应当拒绝出具验资报告的情形

注册会计师在审验过程中，遇有下列情形之一时，应当拒绝出具验资报告并解除业务约定：

① 被审验单位或出资者不提供真实、合法、完整的验资资料的；

② 被审验单位或出资者对注册会计师应当实施的审验程序不予合作，甚至阻挠审验的；

③ 被审验单位或其出资者坚持要求注册会计师作不实证明的。

以下仅以适用于拟设立有限责任公司股东一次全部出资为例列示验资报告的参考格式，其余各种情形下的验资报告参考格式请参阅《中国注册会计师审计准则第 1602 号——验资》指南。

验资报告

（适用于拟设立有限责任公司股东一次全部出资）

××有限责任公司（筹）：

我们接受委托，审验了贵公司(筹)截至××年×月×日止申请设立登记的注册资本实收情况。按照法律法规及协议、章程的要求出资，提供真实、合法、完整的验资资料，保护资产的安全、完整是全体股东及贵公司(筹)的责任。我们的责任是对贵公司(筹)注册资本的实收情况发表审验意见。我们的审验是依据《中国注册会计师审计准则第 1602 号——验资》进行的。在审验过程中，我们结合贵公司(筹)的实际情况，实施了检查等必要的审验程序。

根据协议、章程的规定，贵公司（筹）申请登记的注册资本为人民币××元，由全体股东于××年×月×日之前一次缴足。经我们审验，截至××年×月×日止，贵公司（筹）已收到全体股东缴纳的注册资本（实收资本），合计人民币××元（大写）。各股东以货币出资××元，实物出资××元。

[如果存在需要说明的重大事项增加说明段]

…………

本验资报告供贵公司（筹）申请办理设立登记及据以向全体股东签发出资证明时使用，不应被视为是对贵公司（筹）验资报告日后资本保全、偿债能力和持续经营能力等的保证。因使用不当造成的后果，与执行本验资业务的注册会计师及本会计师事务所无关。

附件： 1. 注册资本实收情况明细表

2. 验资事项说明

××会计师事务所（盖章）

中国注册会计师：×××
（主任会计师/副主任会计师）
（签名并盖章）
中国注册会计师：×××
（签名并盖章）

中国××市

年 月 日

附件 1

注册资本实收情况明细表

截至 年 月 日止

被审验单位名称： 货币单位：

<table>
<tr><th rowspan="3">股东名称</th><th colspan="2">认缴注册资本</th><th colspan="10">实际出资情况</th></tr>
<tr><th rowspan="2">金额</th><th rowspan="2">出资比例</th><th rowspan="2">货币</th><th rowspan="2">实物</th><th rowspan="2">知识产权</th><th rowspan="2">土地使用权</th><th rowspan="2">其他</th><th rowspan="2">合计</th><th colspan="4">实收资本</th></tr>
<tr><th>金额</th><th>占注册资本总额比例</th><th colspan="2">其中：货币出资
金额 ｜ 占注册资本总额比例</th></tr>
<tr><td></td><td></td><td></td><td></td><td></td><td></td><td></td><td></td><td></td><td></td><td></td><td></td><td></td></tr>
<tr><td></td><td></td><td></td><td></td><td></td><td></td><td></td><td></td><td></td><td></td><td></td><td></td><td></td></tr>
<tr><td>合计</td><td></td><td></td><td></td><td></td><td></td><td></td><td></td><td></td><td></td><td></td><td></td><td></td></tr>
</table>

附件 2

验资事项说明

一、基本情况

××公司(筹)(以下简称贵公司)是由××(以下简称甲方)和××(以下简称乙方)共同出资组建的有限责任公司，于××年×月×日取得×× [公司登记机关] 核发的××号《企业名称预先核准通知书》，正在申请办理设立登记。(如果该公司在设立登记前需经审批，还需说明审批情况。)

二、申请的注册资本及出资规定

根据协议、章程的规定，贵公司申请登记的注册资本为人民币××元，由全体股东于××年×月×日之前一次缴足。其中：甲方认缴人民币××元，占注册资本的×%，出资方式为货币××元，实物(机器设备)××元；乙方认缴人民币××元，占注册资本的×%，出资方式为货币。

三、审验结果

截至××年×月×日止，贵公司已收到甲方、乙方缴纳的注册资本(实收资本)合计人民币××元，实收资本占注册资本的××%。

(一) 甲方实际缴纳出资额人民币××元。其中：货币出资××元，于××年××月××日缴存××公司(筹)在××银行开立的人民币临时存款账户××账号内；于××年×月×日投入机器设备×× [名称、数量等]，评估价值为××元，全体股东确认的价值为××元。

××资产评估有限公司已对甲方出资的机器设备进行了评估，并出具了 [文号] 资产评估报告。

甲方已与贵公司于××年××月××日就出资的机器设备办理了财产交接手续。

(二) 乙方实际缴纳出资额人民币××元。其中：货币出资××元，于××年×月×日缴存××公司(筹)在××银行开立的人民币临时存款账户××账号。

[如果股东的实际出资金额超过其认缴的注册资本金额，应当说明超过部分的处理情况]

(三) 以上全体股东的货币出资金额合计××元，占注册资本总额的×%。

四、其他事项

14.2　财务报表审阅

财务报表审阅，是指注册会计师接受委托，主要通过实施查询和分析性程序说明是否发现会计报表在所有重大方面有违反企业会计准则及国家其他有关财务会计法规规定的情况。在财务报表审阅业务中，注册会计师提供的保证水平低于在财务报表审计中提供的保证水平。

14.2.1　财务报表审阅的目标、范围和保证程度

1. 财务报表审阅的目标

财务报表审阅的目标，是注册会计师在实施审阅程序的基础上，说明是否注意到某

些事项，使其相信财务报表没有按照适用的会计准则和相关会计制度的规定编制，未能在所有重大方面公允反映被审阅单位的财务状况、经营成果和现金流量。

在财务报表审阅业务中，要求注册会计师将审阅风险降至该业务环境下可接受的水平(高于财务报表审计中可接受的低水平)，对审阅后的财务报表提供低于高水平的保证(即有限保证)，在审阅报告中对财务报表采用消极方式提出结论。

2. 财务报表审阅的范围

审阅范围是指为实现财务报表审阅目标，注册会计师根据财务报表审阅准则和职业判断实施的恰当的审阅程序的总和。注册会计师应当根据财务报表审阅准则确定执行财务报表审阅业务所要求的程序，必要时还应当考虑业务约定条款的要求。

3. 财务报表审阅的保证程度

由于实施审阅程序不能提供在财务报表审计中要求的所有证据，审阅业务对所审阅的财务报表不存在重大错报提供有限保证，注册会计师应当以消极方式提出结论。

审阅程序以询问和分析程序为主，通常只有在有理由相信财务报表可能存在重大错报的情况下，注册会计师才会实施追加的或更为广泛的程序。由于审阅程序有限，注册会计师通过实施审阅程序，通常不能获得足以支持较高程度保证(即合理保证)的证据，而只能获取支持有限保证的证据。为了表明保证程度低于合理保证，有限保证应以消极方式表达。

14.2.2 业务约定书

业务约定书是由会计师事务所和委托人签订的，用以记录和确认审阅业务的委托与受托关系、审阅目标和范围、双方的责任及报告的格式等事项的书面协议。注册会计师在接受审阅业务委托之前，应保持应有的职业谨慎，在了解委托人情况、初步评估风险、考虑自身能力和独立性等问题的基础上，决定是否接受委托。如果接受委托，应签订业务约定书。

业务约定书应当包括下列主要内容。

① 审阅业务的目标。

② 管理层对财务报表的责任。

③ 审阅范围。审阅范围应提及按照《中国注册会计师审阅准则第 2101 号——财务报表审阅》的规定执行审阅工作。

④ 注册会计师不受限制地接触审阅业务所要求的记录、文件和其他信息。

⑤ 预期提交的报告样本。为了便于委托人理解审阅与审计的区别，注册会计师应当在业务约定书中加入预定的报告格式，或者将预定的报告格式作为业务约定书的附件。

⑥ 说明不能依赖财务报表审阅揭示错误、舞弊和违反法规行为。注册会计师执行财务报表审阅业务，并非是为了揭示错误、舞弊和违反法规行为。由于审阅业务实施的程序有限，提供的保证程序相对较低，因此委托人不能依赖财务报表审阅揭示错误、舞弊和违反法规行为。

⑦ 说明没有实施审计，因此注册会计师不发表审计意见，不能满足法律法规或第三方对审计的要求。注册会计师实施审阅程序最终形成的是审阅结论，没有实施审计，因此不发表审计意见。

一份完整的业务约定书还应当包括其他内容，如签约双方的名称、业务收费金额及支付方式、出具报告的时间要求、报告的使用责任、业务约定书的有效期限、违约责任、签约日期、双方法定代表人（或授权人）的签名盖章等。

14.2.3　审阅计划

审阅计划由总体审阅策略和具体审阅计划两部分构成。总体审阅策略用以确定审阅的范围、时间安排和方向，并指导制订具体审阅计划。具体审阅计划比总体审阅策略更加详细，包括为获取充分、适当的审阅证据以将审阅风险降至可接受的水平，项目组拟实施的审阅程序的性质、时间安排和范围等。由于审阅计划的基本要素和编制要求与审计计划类似，在编制审阅计划时可参见《中国注册会计师审计准则第 1201 号——计划审计工作》及其指南。

在计划审阅工作时，注册会计师应当了解被审阅单位及其环境，或更新以前了解的内容，包括考虑被审阅单位的组织结构、会计信息系统、经营管理情况及资产、负债、收入和费用的性质等。

计划审阅工作对注册会计师顺利完成审阅工作和控制审阅风险具有重要意义。充分的审阅计划有助于注册会计师关注重点审阅领域，及时发现和解决潜在的问题及恰当地组织和管理审阅工作，以使审阅工作更加有效。同时充分的审阅计划还可以帮助注册会计师对项目组成员进行恰当的分工和监督指导，并复核其工作，还有助于协调其他注册会计师和专家的工作。

14.2.4　审阅程序和审阅证据

1. 确定审阅程序的性质、时间和范围时应考虑的因素

确定审阅程序的性质、时间和范围时，注册会计师应当运用职业判断，并考虑下列因素。

① 以前期间执行财务报表审计或审阅所了解的情况。

② 对被审阅单位及其环境的了解，包括适用的会计准则和相关会计制度、行业惯例。

③ 会计信息系统。

④ 管理层的判断对特定项目的影响程度。

⑤ 各类交易和账户余额的重要性。

2. 财务报表审阅程序

财务报表审阅程序通常如下。

① 了解被审阅单位及其环境。

② 询问被审阅单位采用的会计准则和相关会计制度、行业惯例。

③ 询问被审阅单位对交易和事项的确认、计量、记录和报告的程序。

④ 询问财务报表中所有重要的认定。

⑤ 实施分析程序，以识别异常关系和异常项目。

⑥ 询问股东会、董事会及其他类似机构决定采取的可能对财务报表产生影响的措施。

⑦ 阅读财务报表，以考虑是否遵循指明的编制基础。

⑧ 获取其他注册会计师对被审阅单位组成部分财务报表出具的审计报告或审阅报告。

3. 其他注意事项

① 在考虑重要性水平时，注册会计师应当采用与执行财务报表审计业务相同的标准。

② 必要时注册会计师应当获取管理层书面声明。

③ 注册会计师应当询问在资产负债表日后发生的、可能需要在财务报表中调整或披露的期后事项。注册会计师没有责任实施程序以识别审阅报告日后发生的事项。注册会计师关注的内容主要包括：

- 根据初步或尚无定论的数据做出会计处理的项目的现状；
- 是否发生新的担保、借款或承诺；
- 是否出售或购进资产，或者计划出售或购进资产；
- 是否已发行或计划发行新的股票或债券，是否已签订或计划签订合并或清算协议；
- 资产是否被政府征用或因不可抗力而遭受损失；
- 在风险领域和或有事项方面是否有新进展；
- 是否已做出或考虑做出异常的会计调整；
- 是否已发生或可能发生影响会计政策适当性的事项。

④ 有理由相信所审阅的财务报表可能存在重大错报时，注册会计师应当实施追加的或更为广泛的程序，以便能够以消极方式提出结论或确定是否出具非无保留结论的报告。

⑤ 在利用其他注册会计师或专家的工作时，注册会计师应当考虑其工作是否满足财务报表审阅的需要。

⑥ 注册会计师应当记录为审阅报告提供证据的重大事项，以及按照财务报表审阅准则的规定执行审阅业务的证据。

14.2.5 审阅结论和报告

在完成财务报表审阅之后，注册会计师应当形成审阅结论，并出具审阅报告。

1. 审阅报告的要素

审阅报告应当包括下列要素。

① 标题。审阅报告的标题应当统一规范为“审阅报告”。

② 收件人。收件人是审阅报告的致送对象。审阅报告的收件人应当为审阅业务的委托人。审阅报告应当载明收件人的全称。

③ 引言段。包括所审阅财务报表的名称及管理层的责任和注册会计师的责任。

④ 范围段。审阅报告的范围段应当说明审阅的性质，包括下列内容：审阅业务所依据的准则；审阅主要限于询问和实施分析程序，提供的保证程度低于审计；没有实施审计，因而不发表审计意见。

⑤ 结论段。审阅报告的结论段是表述注册会计师所形成的审阅结论的段落。结论段中应当说明：根据注册会计师的审阅，是否注意到某些事项，使注册会计师相信财务报表没有按照适用的会计准则和相关会计制度的规定编制，未能在所有重大方面公允反映被审阅单位的财务状况、经营成果和现金流量。这与审阅业务的目标相对应。

⑥ 注册会计师的签名和盖章。审阅报告应当由注册会计师签名并盖章。

⑦ 会计师事务所的名称、地址及盖章。审阅报告应当载明会计师事务所的名称和地址，并加盖会计师事务所公章。需要注意的是，对于会计师事务所地址，一般只需标注到其所在城市的名称，这与审计报告的要求是类似的。

⑧ 报告日期。审阅报告应当注明报告日期。审阅报告的日期是指注册会计师完成审阅工作的日期，不应早于管理层批准财务报表的日期。

注册会计师在确定审阅工作完成日时，应当考虑：

- 实施的程序是否已经完成；
- 要求被审阅单位调整或披露的事项是否已经提出，被审阅单位是否已经做出或拒绝做出调整或披露；
- 被审阅单位管理层是否已经正式签署财务报表。

2. 审阅结论的类型和适用条件

注册会计师应当根据实施审阅程序的情况，在审阅报告的结论段中提出下列之一的结论。

（1）无保留结论

注册会计师对所审阅财务报表提出无保留结论，应当同时满足以下条件：第一，注册会计师没有注意到任何事项使其相信财务报表没有按照适用的会计准则和相关会计制度的规定编制，未能在所有重大方面公允反映被审阅单位的财务状况、经营成果和现金流量；第二，注册会计师已经按照本准则的规定计划和实施审阅工作，在审阅过程中未受到限制。

（2）保留结论

注册会计师对所审阅财务报表提出保留结论适用于以下两种情况。

第一，注册会计师注意到某些事项使其相信财务报表没有按照适用的会计准则和相关会计制度的规定编制，未能在所有重大方面公允反映被审阅单位的财务状况、经营成果和现金流量。这些事项虽然影响重大，但其影响尚未达到“非常重大和广泛”的程度，尚不足以导致注册会计师提出否定结论。第二，注册会计师的审阅存在重大的范围限制。该范围限制虽然影响重大，但其影响尚未达到“非常重大和广泛”的程度，尚不足以导致注册会计师无法提供任何保证。

在上述第二种情况下，注册会计师还需要在审阅报告的范围段中提及审阅范围受限制的情况，典型的措辞如：“除下段（注：即说明段）所述事项外，我们按照《中国注册会计师审阅准则第 2101 号——财务报表审阅》的规定执行了审阅业务。”在提出保留结论的情况下，审阅报告的结论段中须使用“除了上述……所造成的影响外”等术语。

（3）否定结论

如果注册会计师注意到某些事项使其相信财务报表没有按照适用的会计准则和相关会计制度的规定编制，未能在所有重大方面公允反映被审阅单位的财务状况、经营成果和现金流量，且这些事项对财务报表的影响非常重大和广泛，以至于注册会计师认为仅提出保留结论不足以揭示财务报表的误导性或错报的严重程度，注册会计师应当对财务报表提出否定结论，即财务报表没有按照适用的会计准则和相关会计制度的规定编制，未能在所有重大方面公允反映被审阅单位的财务状况、经营成果和现金流量。

由此可见，导致注册会计师提出否定结论的事项，就其类型而言与前述保留结论的第一种情况是类似的，但是根据注册会计师的职业判断，认为其影响的程度和范围较导致提出保留结论的事项更为重大和广泛，以至于所审阅财务报表整体已经不再符合适用的会计准则和相关会计制度，仅提出保留结论不足以表明所审阅财务报表的误导性和错报的严重程度。在提出否定结论时，注册会计师应使用“由于受到前段所述事项的重大影响”“财务报表未能按照企业会计准则和《××会计制度》的规定编制”等术语。

（4）无法提供任何保证

如果存在重大的范围限制，且该范围限制的影响非常重大和广泛，以至于注册会计师认为不能提供任何程度的保证时，不应提供任何保证。由此可见，导致注册会计师无法提供任何保证的事项，就其类型而言与前述保留结论的第二种情况是类似的，但是根据注册会计师的职业判断，认为其影响的程度和范围较导致提出保留结论的事项更为重大广泛，以至于注册会计师认为不能提供任何程度的保证。在无法提供任何保证的审阅报告中，注册会计师应当删除引言段中对于注册会计师责任的表述，删除范围段，在说明段中说明审阅范围受限的情况，并在结论段中使用“由于受到前段所述事项的重大影响”“我们无法对财务报表提供任何保证”等术语。

14.3 预测性财务信息审核

14.3.1 预测性财务信息审核概述

预测性财务信息，是指被审核单位依据对未来可能发生的事项或采取的行动的假设而编制的财务信息。预测性财务信息可以表现为预测、规划或两者的结合，可能包括财务报表或财务报表的一项或多项要素。

所谓预测，是指管理层在最佳估计假设的基础上编制的预测性财务信息。最佳估计假设是指截至编制预测性财务信息日，管理层对预期未来发生的事项和采取的行动做出的假设。所谓规划，是指管理层基于推测性假设，或同时基于推测性假设和最佳估计假设编制的预测性财务信息。推测性假设是指管理层对未来事项和采取的行动做出的假设，该事项或行动预期在未来未必发生。

在执行预测性财务信息审核业务时，注册会计师应当就下列事项获取充分、适当的证据。

① 管理层编制预测性财务信息所依据的最佳估计假设并非不合理；在依据推测性假设的情况下，推测性假设与信息的编制目的是相适应的。

② 预测性财务信息是在假设的基础上恰当编制的。

③ 预测性财务信息已恰当列报，所有重大假设已充分披露，包括说明采用的是推测性假设还是最佳估计假设。

④ 预测性财务信息的编制基础与历史财务报表一致，并选用了恰当的会计政策。

预测性财务信息是由管理层负责编制的，应该包括识别和披露预测性财务信息依据的假设，注册会计师是接受委托对预测性财务信息实施审核并出具报告，这样可增强该信息的可信赖程度。但是，注册会计师不应对预测性财务信息的结果能否实现发表意见，对管理层采用的假设的合理性仅提供有限保证。同时，注册会计师需要对预测性财务信息的编制与假设的一致性，以及是否按照适用的会计准则和相关会计制度的规定进行列报提供合理保证。

14.3.2 接受业务委托

1. 接受委托

在承接预测性财务信息审核业务前，注册会计师应当考虑下列因素：信息的预定用途；信息是广为分发还是有限分发；假设的性质，即假设是最佳估计假设还是推测性假设；信息中包含的要素；信息涵盖的期间。

如果假设明显不切实际或认为预测性财务信息并不适合预定用途，注册会计师应当拒绝接受委托或解除业务约定。注册会计师应当与委托人就业务约定条款达成一致意见，并签订业务约定书。

2. 了解被审核单位情况

注册会计师应当充分了解被审核单位情况，以评价管理层是否识别出编制预测性财务信息所要求的全部重要假设。

注册会计师还应当通过考虑下列事项，以熟悉被审核单位编制预测性财务信息的过程。

① 与编制预测性财务信息相关的内部控制，以及负责编制预测性财务信息人员的专业技能和经验。

② 支持管理层做出假设的文件的性质。

③ 运用统计、数学方法及计算机辅助技术的程度。

④ 形成和运用假设时使用的方法。

⑤ 以前期间编制预测性财务信息的准确性及其与实际情况出现重大差异的原因。

注册会计师应当考虑被审核单位编制预测性财务信息时依赖历史财务信息的程度是否合理。注册会计师应当了解被审核单位的历史财务信息，以评价预测性财务信息与历史财务信息的编制基础是否一致，并为考虑管理层假设提供历史基准。

14.3.3　审核范围与程序

1. 审核范围

注册会计师应当考虑预测性财务信息涵盖的期间。随着涵盖期间的延长，假设的主观性将会增加，管理层做出最佳估计假设的能力将会减弱。预测性财务信息涵盖的期间不应超过管理层可做出合理假设的期间。

注册会计师可以从下列方面考虑预测性财务信息涵盖的期间是否合理：经营周期、假设的可靠程度、使用者的需求。

2. 审核程序

在确定审核程序的性质、时间和范围时，注册会计师应当考虑下列因素：重大错报的可能性；以前期间执行业务所了解的情况；管理层编制预测性财务信息的能力；预测性财务信息受管理层判断影响的程度；基础数据的恰当性和可靠性。

注册会计师需要评估支持管理层做出最佳估计假设的证据的来源和可靠性。这可以从内部或外部来源获取支持这些假设的充分、适当的证据，包括根据历史财务信息考虑这些假设，以及评价这些假设是否依据被审核单位有能力实现的计划。

当使用推测性假设时，注册会计师应当确定这些假设的所有重要影响是否已得到考虑。对推测性假设，注册会计师不需要获取支持性的证据，但应当确定这些假设与编制预测性财务信息的目的相适应，并且没有理由相信这些假设明显不切合实际。

注册会计师应该在审核中关注以下几个方面。

① 注册会计师应当通过检查数据计算准确性和内在一致性等，确定预测性财务信息是否依据管理层确定的假设恰当编制。内在一致性是指管理层拟采取的各项行动相互之间不存在矛盾，以及根据共同的变量确定的金额之间不存在不一致。

② 注册会计师应当关注对变化特别敏感的领域，并考虑该领域影响预测性财务信息的程度。

③ 当接受委托审核预测性财务信息的一项或多项要素时，注册会计师应当考虑该要素与财务信息其他要素之间的关联关系。

④ 注册会计师应当就预测性财务信息的预定用途，管理层做出的重大假设的完整性，管理层对预测性财务信息的责任向管理层获取书面声明。

14.3.4 审核报告

注册会计师对预测性财务信息出具的审核报告应当包括下列内容。

① 标题。

② 收件人。

③ 指出所审核的预测性财务信息。

④ 提及审核预测性财务信息时依据的准则。

⑤ 说明管理层对预测性财务信息（包括编制该信息所依据的假设）负责。

⑥ 适当时，提及预测性财务信息的使用目的和分发限制。

⑦ 以消极方式说明假设是否为预测性财务信息提供合理基础。

⑧ 对预测性财务信息是否依据假设恰当编制，并按照适用的会计准则和相关会计制度的规定进行列报发表意见。

⑨ 对预测性财务信息的可实现程度做出适当警示。

⑩ 注册会计师的签名及盖章。

⑪ 会计师事务所的名称、地址及盖章。

⑫ 报告日期。报告日期应为完成审核工作的日期。

审核报告应当说明以下内容。

① 根据对支持假设的证据的检查，注册会计师是否注意到任何事项，导致其认为这些假设不能为预测性财务信息提供合理基础。

② 对预测性财务信息是否依据这些假设恰当编制，并按照适用的会计准则和相关会计制度的规定进行列报发表意见。

③ 由于预期事项通常并非如预期那样发生，并且变动可能重大，实际结果可能与预测性财务信息存在差异；同样，当预测性财务信息以区间形式表述时，对实际结果是否处于该区间内不提供任何保证。

④ 在审核规划的情况下，编制预测性财务信息是为了特定目的（列明具体目的）。在编制过程中运用了一整套假设，包括有关未来事项和管理层行动的推测性假设，而这些事项和行动预期在未来未必发生。因此，提醒信息使用者注意，预测性财务信息不得用于该特定目的以外的其他目的。

如果认为预测性财务信息的列报不恰当，注册会计师应当对预测性财务信息出具保留或否定意见的审核报告或解除业务约定。

如果认为一项或者多项重大假设不能为依据最佳估计假设编制的预测性财务信息提供合理基础，或在给定的推测性假设下，一项或者多项重大假设不能为依据推测性假设编制的预测性财务信息提供合理基础，注册会计师应当对预测性财务信息出具否定意见的审核报告或解除业务约定。

如果审核范围受到限制，导致无法实施必要的审核程序，注册会计师应当解除业务约定或出具无法表示意见的审核报告，并在报告中说明审核范围受到限制的情况。

14.3.5　审核报告参考格式

1. 对预测性财务报表出具无保留意见的报告（以预测为基础）

审 核 报 告

ABC 股份有限公司：

我们审核了后附的 ABC 股份有限公司（以下简称 ABC 公司）编制的预测（列明预测涵盖的期间和预测的名称）。我们的审核依据是《中国注册会计师其他鉴证业务准则第 3111 号——预测性财务信息的审核》。ABC 公司管理层对该预测及其所依据的各项假设负责。这些假设已在附注×中披露。

根据我们对支持这些假设的证据的审核，我们没有注意到任何事项使我们认为这些假设没有为预测提供合理基础。而且，我们认为，该预测是在这些假设的基础上恰当编制的，并按照××编制基础的规定进行了列报。

由于预期事项通常并非如预期那样发生，并且变动可能重大，实际结果可能与预测性财务信息存在差异。

××会计师事务所（盖章）　　　　中国注册会计师：×××
（签名并盖章）
中国注册会计师：×××
（签名并盖章）

中国××市　　　　二〇××年×月×日

2. 对预测性财务报表出具无保留意见的报告（以规划为基础）

审 核 报 告

ABC 股份有限公司：

我们审核了后附的 ABC 股份有限公司（以下简称 ABC 公司）编制的规划（列明规划涵盖的期间和规划的名称）。我们的审核依据是《中国注册会计师其他鉴证业务准则第 3111 号——预测性财务信息的审核》。ABC 公司管理层对该规划及其所依据的各项假设负责。这些假设已在附注×中披露。

ABC 公司编制规划是为了××目的。由于 ABC 公司尚处于营业初期，在编制规划时运用了一整套假设，包括有关未来事项和管理层行动的推测性假设，而这些事项和行动预期在未来未必发生。因此，我们提醒信息使用者注意，该规划不得用于××目的以外的其他目的。

根据我们对支持这些假设的证据的审核，在推测性假设（列明推测性假设）成立的前提下，我们没有注意到任何事项使我们认为这些假设没有为规划提供合理基础。我们认为，该规划是在这些假设的基础上恰当编制的，并按照××编制基础的规定进行了列报。

即使在推测性假设中所涉及的事项发生，但由于预期事项通常并非如预期那样发生，并且变动可能重大，因此实际结果仍然可能与预测性财务信息存在差异。

××会计师事务所（盖章）　　　　中国注册会计师：×××（签名并盖章）

中国注册会计师：×××（签名并盖章）

中国××市　　　　二〇××年×月×日

14.4 内部控制审计

1. 内部控制审计的含义及目标

所谓内部控制审计，是指会计师事务所接受委托，对特定基准日内部控制设计与运行的有效性进行审计。

注册会计师可以单独进行内部控制审计，也可将内部控制审计与财务报告审计整合进行（以下简称整合审计）。在整合审计中，注册会计师应当对内部控制设计与运行的有效性进行测试，同时实现下列目标。

① 获取充分、适当的证据，支持其在内部控制审计中对内部控制有效性发表的意见。

② 获取充分、适当的证据，支持其在财务报表审计中对控制风险的评估结果。

2. 内部控制审计业务约定书

只有当内部控制审计的前提条件得到满足，并且会计师事务所符合独立性要求、具备专业胜任能力时，会计师事务所才能接受或保持内部控制审计业务。

（1）内部控制审计的前提条件

在确定内部控制审计的前提条件是否得到满足时，注册会计师应当：确定被审计单位采用的内部控制标准是否适当；就被审计单位认可并理解其责任与治理层和管理层达成一致意见。

被审计单位的责任如下。

① 按照适用的内部控制标准，建立健全和有效实施内部控制，以使财务报表不存在由于舞弊或错误导致的重大错报。

② 对内部控制的有效性进行评价并编制内部控制评价报告。

③ 向注册会计师提供必要的工作条件，包括允许注册会计师接触与内部控制审计相关的所有信息（如记录、文件和其他事项），允许注册会计师在获取审计证据时不受限制地接触其认为必要的内部人员和其他相关人员等。

（2）签订单独的内部控制审计业务约定书

如果决定接受或保持内部控制审计业务，会计师事务所应当与被审计单位签订单独的内部控制审计业务约定书。业务约定书应当至少包括下列内容。

① 内部控制审计的目标和范围。

② 注册会计师的责任。

③ 被审计单位的责任。

④ 指出被审计单位采用的内部控制标准。

⑤ 提及注册会计师拟出具的内部控制审计报告的形式和内容，以及对在特定情况下出具的内部控制审计报告可能不同于预期形式和内容的说明。

⑥ 审计收费。

3. 计划内部控制审计工作

注册会计师应当贯彻风险导向审计的思路，恰当地计划内部控制审计工作，制订总体审计策略和具体审计计划。

（1）总体审计策略

注册会计师应当在总体审计策略中体现下列内容。

① 确定内部控制审计业务特征，以界定审计范围。

② 明确内部控制审计业务的报告目标，以及计划审计的时间安排和所需沟通的性质。

③ 根据职业判断，考虑用以指导项目组工作方向的重要因素。

④ 考虑初步业务活动的结果，并考虑对被宙计单位执行其他业务时获得的经验是否与内部控制审计业务相关（如适用）。

⑤ 确定执行内部控制审计业务所需资源的性质、时间安排和范围。

（2）具体审计计划

注册会计师应当在具体审计计划中体现下列内容。

① 了解和识别内部控制的程序的性质、时间安排和范围。

② 测试控制设计有效性的程序的性质、时间安排和范围。

③ 测试控制运行有效性的程序的性质、时间安排和范围。

（3）对应对舞弊风险的考虑

在计划和实施内部控制审计工作时，注册会计师应当考虑财务报表审计中对舞弊风险的评估结果。在识别和测试企业层面控制及选择其他控制进行测试时，注册会计师应当评价被审计单位的内部控制是否足以应对识别出的、由于舞弊导致的重大错报风险，并评价为应对管理层和治理层凌驾于控制之上的风险而设计的控制。

被审计单位为应对这些风险可能设计的控制如下。

① 针对重大的非常规交易的控制，尤其是针对导致会计处理延迟或异常的交易的控制。

② 针对期末财务报告流程中编制的分录和做出的调整的控制。

③ 针对关联方交易的控制。

④ 与管理层的重大估计相关的控制。

⑤ 能够减弱管理层和治理层伪造或不恰当操纵财务结果的动机和压力的控制。

4. 实施内部控制审计工作

注册会计师应当按照自上而下的方法实施审计工作。自上而下的方法始于财务报表层次，以注册会计师对内部控制整体风险的了解开始，然后将关注重点放在企业层面的控制上，并将工作逐渐下移至重要账户、列报及其相关认定；随后，验证其对被审计单位业务流程中风险的了解，并选择能足以应对评估的每个相关认定的重大错报风险的控制进行测试。

（1）识别、了解和测试企业层面控制

注册会计师应当识别、了解和测试对内部控制有效性有重要影响的企业层面控制。企业层面控制包括下列内容。

① 与控制环境（即内部环境）相关的控制。

② 针对管理层和治理层凌驾于控制之上的风险而设计的控制。

③ 被审计单位的风险评估过程。

④ 对内部信息传递和期末财务报告流程的控制。

⑤ 对控制有效性的内部监督（即监督其他控制的控制）和内部控制评价。

此外，集中化的处理和控制（包括共享的服务环境）、监控经营成果的控制，以及针对重大经营控制及风险管理实务的政策也属于企业层面控制。

（2）识别重要账户、列报及其相关认定

注册会计师应当基于财务报表层次识别重要账户、列报及其相关认定。

如果某账户或列报可能存在一个错报，该错报单独或连同其他错报将导致财务报表发生重大错报，则该账户或列报为重要账户或列报。判断某账户或列报是否重要，应当依据其固有风险，而不应考虑相关控制的影响。

如果某财务报表认定可能存在一个或多个错报，这些错报将导致财务报表发生重大错报，则该认定为相关认定。判断某认定是否为相关认定，应当依据其固有风险，而不应考虑相关控制的影响。

（3）了解潜在错报的来源并识别相应的控制

注册会计师应当实现下列目标，以进一步了解潜在错报的来源，并为选择拟测试的控制奠定基础。

① 了解与相关认定有关的交易的处理流程，包括这些交易如何生成、批准、处理及记录。

② 验证注册会计师识别出的业务流程中可能发生重大错报（包括由于舞弊导致的错报）的环节。

③ 识别被审计单位用于应对这些错报或潜在错报的控制。

④ 识别被审计单位用于及时防止或发现并纠正未经授权的、导致重大错报的资产取得、使用或处置的控制。

（4）选择拟测试的控制

注册会计师应当针对每一相关认定获取控制有效性的审计证据，以便对内部控制整体的有效性发表意见，但没有责任对单项控制的有效性发表意见。

注册会计师应当对被审计单位的控制是否足以应对评估的每个相关认定的错报风险形成结论。因此，注册会计师应当选择对形成这一评价结论具有重要影响的控制进行测试。

对特定的相关认定而言，可能有多项控制用以应对评估的错报风险；反之，一项控制也可能应对评估的多项相关认定的错报风险。注册会计师没有必要测试与某项相关认定有关的所有控制。

在确定是否测试某项控制时，注册会计师应当考虑该项控制单独或连同其他控制，是否足以应对评估的某项相关认定的错报风险，而不论该项控制的分类和名称如何。

（5）测试控制有效性

① 测试控制设计的有效性。注册会计师应当测试控制设计的有效性。如果某项控制由拥有有效执行控制所需的授权和专业胜任能力的人员按规定的程序和要求执行，能够实现控制目标，从而有效地防止或发现并纠正可能导致财务报表发生重大错报的错误或舞弊，则表

明该项控制的设计是有效的。

② 测试控制运行的有效性。注册会计师应当测试控制运行的有效性。

如果某项控制正在按照设计运行、执行人员拥有有效执行控制所需的授权和专业胜任能力，能够实现控制目标，则表明该项控制的运行是有效的。

如果被审计单位利用第三方的帮助完成一些财务报告工作，注册会计师在评价负责财务报告及相关控制的人员的专业胜任能力时，可以一并考虑第三方的专业胜任能力。

注册会计师应当根据与内部控制相关的风险，确定拟实施审计程序的性质、时间安排和范围，获取充分、适当的证据。与内部控制相关的风险越高，注册会计师需要获取的证据应越多。同时，注册会计师在测试控制设计与运行的有效性时，应当综合运用询问适当人员、观察经营活动、检查相关文件、穿行测试和重新执行等方法，但注意询问本身并不足以提供充分、适当的证据。

5. 评价控制缺陷

（1）控制缺陷的分类

① 内部控制存在的缺陷包括设计缺陷和运行缺陷。

设计缺陷是指缺少为实现控制目标所必需的控制，或现有控制设计不适当、即使正常运行也难以实现预期的控制目标。

运行缺陷是指现存设计适当的控制没有按设计意图运行，或执行人员没有获得必要授权或缺乏胜任能力，无法有效地实施内部控制。

② 内部控制存在的缺陷，按其严重程度分为重大缺陷、重要缺陷和一般缺陷。

重大缺陷是指内部控制中存在的、可能导致不能及时防止或发现并纠正财务报表出现重大错报的一项控制缺陷或多项控制缺陷的组合。

重要缺陷是指内部控制中存在的、其严重程度不如重大缺陷但足以引起负责监督被审计单位财务报告的人员（如审计委员会或类似机构）关注的一项控制缺陷或多项控制缺陷的组合。

一般缺陷是指内部控制中存在的、除重大缺陷和重要缺陷之外的控制缺陷。

（2）评价控制缺陷的严重程度

注册会计师应当评价其识别的各项控制缺陷的严重程度，以确定这些缺陷单独或组合起来是否构成内部控制的重大缺陷。但是，在计划和实施审计工作时，不要求注册会计师寻找单独或组合起来不构成重大缺陷的控制缺陷。控制缺陷的严重程度取决于：控制不能防止或发现并纠正账户或列报发生错报的可能性的大小；因一项或多项控制缺陷导致的潜在错报的金额大小。

（3）表明可能存在重大缺陷的迹象

如果注册会计师确定发现的一项控制缺陷或多项控制缺陷的组合将导致审慎的管理人员在执行工作时，认为自身无法合理保证按照适用的财务报告编制基础记录交易，应当将这一项控制缺陷或多项控制缺陷的组合视为存在重大缺陷的迹象。下列迹象可能表明内部控制存在重大缺陷。

① 注册会计师发现董事、监事和高级管理人员的任何舞弊。

② 被审计单位重述以前公布的财务报表，以更正由于舞弊或错误导致的重大错报。

③ 注册会计师发现当期财务报表存在重大错报，而被审计单位内部控制在运行过程中

未能发现该错报。

④ 审计委员会和内部审计机构对内部控制的监督无效。

(4) 被审计单位对存在缺陷的控制进行整改

如果被审计单位在基准日前对存在缺陷的控制进行了整改，整改后的控制需要运行足够长的时间，才能使注册会计师得出其是否有效的审计结论。注册会计师应当根据控制的性质和与控制相关的风险，合理运用职业判断，确定整改后控制运行的最短期间（或整改后控制的最少运行次数）及最少测试数量。如果被审计单位在基准日前对存在重大缺陷的内部控制进行了整改，但新控制尚没有运行足够长的时间，注册会计师应当将其视为内部控制在基准日存在重大缺陷。

6. 完成内部控制审计工作

(1) 形成审计意见

注册会计师应当评价从各种来源获取的审计证据，包括对控制的测试结果、财务报表审计中发现的错报及已识别的所有控制缺陷，形成对内部控制有效性的意见。

(2) 获取书面声明

注册会计师完成审计工作后，应当取得经企业签署的书面声明。书面声明应当包括下列内容。

① 企业董事会认可其对建立健全和有效实施内部控制负责。

② 企业已对内部控制的有效性做出自我评价，并说明评价时采用的标准及得出的结论。

③ 企业没有利用注册会计师执行的审计程序及其结果作为自我评价的基础。

④ 企业已向注册会计师披露识别出的所有内部控制缺陷，并单独披露其中的重大缺陷和重要缺陷。

⑤ 企业对于注册会计师在以前年度审计中识别的重大缺陷和重要缺陷，是否已经采取措施予以解决。

⑥ 企业在内部控制自我评价基准日后，内部控制是否发生重大变化，或者存在对内部控制具有重要影响的其他因素。

企业如果拒绝提供或以其他不当理由回避书面声明，注册会计师应当将其视为审计范围受到限制，应解除业务约定或出具无法表示意见的内部控制审计报告。

(3) 沟通相关事项

注册会计师应当与企业沟通审计过程中识别的所有控制缺陷。对于其中的重大缺陷和重要缺陷，应当以书面形式与董事会和经理层沟通。

注册会计师认为审计委员会和内部审计机构对内部控制的监督无效的，应当就此以书面形式直接与董事会和经理层沟通。

书面沟通应当在注册会计师出具内部控制审计报告之前进行。

7. 内部控制审计报告

(1) 审计报告的基本内容

注册会计师在完成内部控制审计工作后，应当出具内部控制审计报告。标准内部控制审计报告应当包括以下内容：标题；收件人；引言段；企业对内部控制的责任段；注册会计师的责任段；内部控制固有局限性的说明段；财务报告内部控制审计意见段；非财务报告内部控制重大缺陷描述段；注册会计师的签名和盖章；会计师事务所的名称、地址及盖章；报告日期。

（2）内部控制审计报告的意见类型

内部控制审计报告包括无保留意见、否定意见和无法表示意见三种意见类型。

符合下列所有条件的，注册会计师应当对财务报告内部控制出具无保留意见的内部控制审计报告：在基准日，被审计单位按照适用的内部控制标准的要求，在所有重大方面保持了有效的内部控制；注册会计师已经按照《企业内部控制审计指引》的要求计划和实施审计工作，在审计过程中未受到限制。

注册会计师认为财务报告内部控制虽不存在重大缺陷，但仍有一项或者多项重大事项需要提请内部控制审计报告使用者注意的，应当在内部控制审计报告中增加强调事项段予以说明。注册会计师应当在强调事项段中指明，该段内容仅用于提醒内部控制审计报告使用者关注，并不影响对财务报告内部控制发表的审计意见。

注册会计师认为财务报告内部控制存在一项或多项重大缺陷的，除非审计范围受到限制，应当对财务报告内部控制发表否定意见。注册会计师出具否定意见的内部控制审计报告，还应当包括下列内容：重大缺陷的定义；重大缺陷的性质及其对财务报告内部控制的影响程度。

注册会计师审计范围受到限制的，应当解除业务约定或出具无法表示意见的内部控制审计报告，并就审计范围受到限制的情况，以书面形式与董事会进行沟通。注册会计师在出具无法表示意见的内部控制审计报告时，应当在内部控制审计报告中指明审计范围受到限制，无法对内部控制的有效性发表意见。注册会计师在已执行的有限程序中发现财务报告内部控制存在重大缺陷的，应当在内部控制审计报告中对重大缺陷做出详细说明。

注册会计师对在审计过程中注意到的非财务报告内部控制缺陷，应当区别具体情况予以处理。

① 注册会计师认为非财务报告内部控制缺陷为一般缺陷的，应当与企业进行沟通，提醒企业加以改进，但无须在内部控制审计报告中说明。

② 注册会计师认为非财务报告内部控制缺陷为重要缺陷的，应当以书面形式与企业董事会和经理层沟通，提醒企业加以改进，但无须在内部控制审计报告中说明。

③ 注册会计师认为非财务报告内部控制缺陷为重大缺陷的，应当以书面形式与企业董事会和经理层沟通，提醒企业加以改进；同时应当在内部控制审计报告中增加非财务报告内部控制重大缺陷描述段，对重大缺陷的性质及其对实现相关控制目标的影响程度进行披露，提示内部控制审计报告使用者注意相关风险。

标准内部控制审计报告的参考格式如下。

内部控制审计报告

××股份有限公司全体股东：

按照《企业内部控制审计指引》及中国注册会计师执业准则的相关要求，我们审计了××股份有限公司（以下简称××公司）××××年×月×日的财务报告内部控制的有效性。

一、企业对内部控制的责任

按照《企业内部控制基本规范》《企业内部控制应用指引》《企业内部控制评价指引》的

规定，建立健全和有效实施内部控制，并评价其有效性是企业董事会的责任。

二、注册会计师的责任

我们的责任是在实施审计工作的基础上，对财务报告内部控制的有效性发表审计意见，并对注意到的非财务报告内部控制的重大缺陷进行披露。

三、内部控制的固有局限性

内部控制具有固有局限性，存在不能防止和发现错报的可能性。此外，由于情况的变化可能导致内部控制变得不恰当，或对控制政策和程序遵循的程度降低，根据内部控制审计结果推测未来内部控制的有效性具有一定风险。

四、财务报告内部控制审计意见

我们认为，××公司按照《企业内部控制基本规范》和相关规定在所有重大方面保持了有效的财务报告内部控制。

五、非财务报告内部控制的重大缺陷

在内部控制审计过程中，我们注意到××公司的非财务报告内部控制存在重大缺陷［描述该缺陷的性质及其对实现相关控制目标的影响程度］。由于存在上述重大缺陷，我们提醒本报告使用者注意相关风险。需要指出的是，我们并不对××公司的非财务报告内部控制发表意见或提供保证。本段内容不影响对财务报告内部控制有效性发表的审计意见。

××会计师事务所（盖章）　　　　中国注册会计师：×××（签名并盖章）

　　　　　　　　　　　　　　　　中国注册会计师：×××（签名并盖章）

中国××市　　　　　　　　　　　××××年×月×日

带强调事项段的无保留意见内部控制审计报告的参考格式如下。

内部控制审计报告

××股份有限公司全体股东：

按照《企业内部控制审计指引》及中国注册会计师执业准则的相关要求，我们审计了××股份有限公司（以下简称××公司）××××年×月×日的财务报告内部控制的有效性。

［“一、企业对内部控制的责任”至“五、非财务报告内部控制的重大缺陷”参见标准内部控制审计报告相关段落表述。］

六、强调事项

我们提醒内部控制审计报告使用者关注，（描述强调事项的性质及其对内部控制的重大影响）。本段内容不影响已对财务报告内部控制发表的审计意见。

××会计师事务所（盖章）　　　　中国注册会计师：×××（签名并盖章）

　　　　　　　　　　　　　　　　中国注册会计师：×××（签名并盖章）

中国××市　　　　　　　　　　　××××年×月×日

否定意见内部控制审计报告的参考格式如下。

内部控制审计报告

××股份有限公司全体股东：

按照《企业内部控制审计指引》及中国注册会计师执业准则的相关要求，我们审计了××股份有限公司（以下简称××公司）××××年×月×日的财务报告内部控制的有效性。[“一、企业对内部控制的责任”至“三、内部控制的固有局限性”参见标准内部控制审计报告相关段落表述。]

四、导致否定意见的事项

重大缺陷，是指一个或多个控制缺陷的组合，可能导致企业严重偏离控制目标。

[指出注册会计师已识别出的重大缺陷，并说明重大缺陷的性质及其对财务报告内部控制的影响程度。]

有效的内部控制能够为财务报告及相关信息的真实完整提供合理保证，而上述重大缺陷使××公司内部控制失去这一功能。

五、财务报告内部控制审计意见

我们认为，由于存在上述重大缺陷及其对实现控制目标的影响，××公司未能按照《企业内部控制基本规范》和相关规定在所有重大方面保持有效的财务报告内部控制。

六、非财务报告内部控制的重大缺陷

[参见标准内部控制审计报告相关段落表述。]

××会计师事务所　　　　　　中国注册会计师：×××（签名并盖章）

（盖章）　　　　　　　　　　中国注册会计师：×××（签名并盖章）

中国××市　　　　　　　　　××××年×月×日

无法表示意见内部控制审计报告的参考格式如下。

内部控制审计报告

××股份有限公司全体股东：

我们接受委托，对××股份有限公司（以下简称××公司）××××年×月×日的财务报告内部控制进行审计。

[删除注册会计师的责任段，“一、企业对内部控制的责任”和“二、内部控制的固有局限性”参见标准内部控制审计报告相关段落表述。]

三、导致无法表示意见的事项

[描述审计范围受到限制的具体情况。]

四、财务报告内部控制审计意见

由于审计范围受到上述限制，我们未能实施必要的审计程序以获取发表意见所需的充分、适当证据，因此，我们无法对××公司财务报告内部控制的有效性发表意见。

五、识别的财务报告内部控制重大缺陷（如在审计范围受到限制前，执行有限程序未能识别出重大缺陷，则应删除本段）

重大缺陷，是指一个或多个控制缺陷的组合，可能导致企业严重偏离控制目标。

尽管我们无法对××公司财务报告内部控制的有效性发表意见，但在我们实施的有限程序的过程中，发现了以下重大缺陷：

[指出注册会计师已识别出的重大缺陷，并说明重大缺陷的性质及其对财务报告内部控制的影响程度。]

有效的内部控制能够为财务报告及相关信息的真实完整提供合理保证，而上述重大缺陷使××公司内部控制失去这一功能。

六、非财务报告内部控制的重大缺陷

[参见标准内部控制审计报告相关段落表述。]

××会计师事务所（盖章）　　　　中国注册会计师：××××（签名并盖章）

　　　　　　　　　　　　　　　中国注册会计师：×××（签名并盖章）

中国××市　　　　　　　　　　　××××年×月×日

本章小结

本章介绍了财务报表审计之外的其他鉴证业务，主要包括验资、财务报表审阅、预测性财务信息审核、内部控制审计和计算机信息系统审核。

验资是注册会计师的法定业务，同时也是一项鉴证业务。注册会计师通过对被审验单位注册资本的实收钱款或注册资本及实收资本变更情况发表审验意见，提高信息的可信赖程度。

财务报表审阅主要通过实施查询和分析性程序说明是否发现会计报表在所有重大方面有违反企业会计准则及国家其他有关财务会计法规规定的情况。注册会计师应保持应有的职业谨慎，签订业务约定书，并合理计划和实施财务报表审阅工作，获取充分、适当的审阅证据，以发现可能存在的导致财务报表发生重大错报的情况，最终出具审阅报告。

在经济决策中，除了历史财务信息外，还经常需要面向未来的预测性财务信息。注册会计师接受委托对预测性财务信息实施审核并出具报告，可增强该信息的可信赖程度。企业为了满足内部使用需要或国家有关法规的要求，往往聘请会计师事务所对其内部控制进行审核。

案例与习题

一、讨论题

ABC会计师事务所接受×股份有限公司（以下简称×公司）董事会委托，对×公司20×6年6月30日与会计报表相关的内部控制的有效性的认定进行审计。注册会计师A和B接受指派实施该项审计。于20×6年8月15日完成审计工作，出具内部控制审计报告。

×公司采用手工会计系统。在审计过程中，注册会计师A和B了解了×公司内部控制的设计，评价了内部控制设计的合理性，测试和评价了内部控制执行的有效性，并编制了相关审计工作底稿。审计工作底稿中记载的有关×公司内部控制设计和运行的部分内容摘录如下。

① 为加强货币支付管理，货币资金支付审批实行分级管理办法：单笔付款金额在 10 万元以下的，由财务部经理审批；单笔付款金额在 10 万元以上、50 万元以下的，由财务总监审批；单笔付款金额在 50 万元以上的，由总经理审批。

② 为统一财务管理、提高会计核算水平，设置内部审计部，与财务部一并由财务总监分管。内部审计的主要职责是对公司内部控制的健全、有效，会计及相关信息的真实、合法、完整，资产的安全、完整，经营绩效及经营合规性进行检查、监督和评价。

③ 为保证公司投资业务的不相容岗位相互分离、制约和监督，投资业务分由不同部门或不同职员负责。其中：投资部的甲职员负责对外投资预算的编制；投资部的乙职员负责对外投资项目的分析论证及评估；财务部负责对外投资业务的相关会计记录。

④ 在发出原材料过程中，仓库部门根据生产部门开出的领料单发出原材料。领料单必须列明所需原材料的数量和种类，以及领料部门的名称。领料单可以一料一单，也可以多料一单，通常需一式两联，仓库部门发出原材料后，其中一联连同原材料交还领料部门，一联留仓库部门据以登记原材料明细账。

⑤ 为加强在建工程项目的管理，要求审批人根据工程项目相关业务授权批准制度的规定，在授权范围内进行审批，不得超过审批权限。经办人在职责范围内，按照审批人的批准意见办理工程项目业务。对于审批人超越授权范围审批的工程项目业务，经办人虽无权拒绝办理，但在办理后，应及时向审批人的上级授权部门报告。

⑥ 丙职员在核对商品装运凭证和相应的经批准的销售单后，开具销售发票。具体程序为：根据已授权批准的商品价目表填写销售发票的金额，根据商品装运凭证上的数量填写销售发票的数量；销售发票的其中一联交财务部丁职员据以登记与销售业务相关的总账和明细账。

要求：

(1) 在测试和评价×公司内部控制执行的有效性时，注册会计师 A 和 B 通常应当实施哪些审计程序？

(2) 假定×公司的其他内部控制不存在缺陷，请指出×公司上述内部控制在设计与运行方面的缺陷，并简要说明理由。

二、单项选择题

1. 验资时应当关注公司全体股东的首次出资额不得低于注册资本的（　　）。

A. 7%　　B. 15%　　C. 20%　　D. 35%

2. 新公司法增加一人有限责任公司注册资本审验业务，审验时关注最低资本限额为人民币（　　）。

A. 5 万元　　B. 7 万元　　C. 10 万元　　D. 20 万元

3. 有限责任公司变更为股份有限公司时，折合的实收股本总额不得高于公司的（　　）。

A. 总资产额　　B. 净资产额　　C. 法定公积金总额　　D. 留存收益总额

4. 法定公积金转为资本时，所留存的该项资本公积不得少于转增前公司注册资本的（　　）。

A. 15%　　B. 25%　　C. 35%　　D. 50%

5. 注册会计师注意到某些事项使其相信财务报表没有按照适用的会计准则和相关会计制度的规定编制，未能在所有重大方面公允反映被审阅单位的财务状况、经营成果和现金流量。这些事项虽然影响重大，但其影响尚未达到“非常重大和广泛”的程度。以上情况应该出具（　　）审阅报告。

A. 无保留结论　　B. 保留结论

C. 否定结论　　D. 无法提供任何保证

三、多项选择题

1. 从 2007 年 1 月 1 日起所要执行的新公司法的价值取向有（　　）。

A. 强化鼓动自治和公司自治

B. 鼓励投资并购，鼓励创新

C. 关注利益主体和相关者和谐发展

D. 关注内外资主体法律适用的统一性

E. 关注可塑性和可操作性

2. 验资报告的范围段除了应当说明审验范围、出资者、出资额和被审验单位的责任、注册会计师的责任外，还要说明（　　）。

A. 审验依据

B. 已实施的主要程序

C. 出资方式

D. 出资时间

3. 与财务报表审计相比，财务报表审阅的特点在于（　　）。

A. 财务报表审阅的范围较小

B. 财务报表审阅的程序较少

C. 财务报表审阅的保证程度较低

D. 财务报表审阅的保证程度较高

4. 下列表述正确的有（　　）。

A. 由于实施审阅程序不能提供在财务报表审计中要求的所有证据，审阅业务对所审阅的财务报表不存在重大错报提供有限保证，注册会计师应当以消极方式提出结论

B. 审阅程序以询问和分析程序为主，通常只有在有理由相信财务报表可能存在重大错报的情况下，注册会计师才会实施追加的或更为广泛的程序

C. 在完成财务报表审阅之后，注册会计师应当形成审阅结论，并出具审阅报告

D. 财务报表审阅的程序较多，主要是查询和分析性程序，还包括对内部控制的测试、证实测试等程序

四、判断题

1. 内资企业出现分次验资，首次出资的验资为变更验资，以后各期出资的验资为设立验资。（　　）

2. 分次出资的非首次出资，增加实收资本（注册资本不变）的验资为变更验资。（　　）

五、简答题

验资业务会遇到一些事项通常导致注册资本实收情况或注册资本及实收资本变更情况发生重大错报风险，试举出几个事项。

六、案例分析题

A注册会计师在ABC会计师事务所承担验资工作底稿的复核职责。在20×8年度承办的5项验资业务的相关验资工作底稿中，存在以下事项。

① 甲公司为有限责任公司，拟整体变更为股份有限公司。甲公司原注册资本为2 000万元，审计确认的资产总额为10 000万元，负债总额为6 500万元，净资产为500万元。注册会计师根据审计确认的净资产验证确认股东缴纳的注册资本合计为3 000万元，资本公积为500万元。

② 乙公司为中外合资经营企业，其外方股东以从乙公司分得的人民币利润1 000万元出资设立注册资本为人民币1 000万元的外商独资企业。注册会计师按照货币资金出资的一般要求审验了外方股东的货币资金出资，并在对乙公司已审计会计报表和审计报告、董事会有关利润分配的决议、主管税务机关出具的完税凭证审验无误后，验证确认该外商独资企业实收的注册资本为人民币1 000万元。

③ 丙公司经国家批准实施债转股，其原注册资本为3 000万元，审计后的资产总额为11 100万元，负债总额为8 000万元，净资产为3 100万元（其中资本公积为50万元），评估确认的净资产为3 600万元。实施债转股的相关批准文件规定：债权人将债权1 000万元中的40万元给予豁免，960万元转为股权，债权转股权的比例为1.2∶1。注册会计师验证确认丙公司实施债转股后的注册资本为3 800万元，资本公积为750万元。

④ 丁公司为有限责任公司，原注册资本为600万元，资产总额为1 200万元，负债总额为300万元，净资产为900万元。经股东会决议，丁公司申请减少注册资本200万元。在对与减少注册资本有关的法律文件和与支付300万元货币资金相关的凭证等审验无误后，注册会计师验证确认丁公司减资后的净资产为600万元，其中注册资本为400万元。

⑤ 中方戊公司拟与外方已公司合资设立中外合资经营企业。该中外合资经营企业的注册资本币种和记账本位币均为人民币。戊公司以经评估确认的土地使用权作价2 000万元出资，已公司以货币资金美元500万元出资。美元对人民币的合同约定汇率为1∶8.23，出资当月1日汇率为1∶8.21，出资当日汇率为1∶8.24。注册会计师审验了中外双方的实际出资情况，验证确认中外双方缴纳的注册资本为人民币6 120万元。

要求：对上述5种情况，分别说明注册会计师的审验结论是否正确，并简要说明理由。

第 15 章

相关服务业务

【学习目标】

◇ 了解注册会计师相关服务业务的内容及其目标

◇ 了解对财务信息执行商定程序业务约定书、代编业务约定书

◇ 能够编制对财务信息执行商定程序报告和代编业务报告

【相关注册会计师执业准则、会计准则】

◇ 中国注册会计师相关服务准则第 4101 号——对财务信息执行商定程序

◇ 中国注册会计师执业准则指南第 4111 号——代编财务信息

引　　言

在鉴证业务中，注册会计师对鉴证对象信息提出结论，以增强除责任方之外的预期使用者对鉴证对象信息的信任程度。也就是说，在鉴证服务中，注册会计师提供一定程度的保证，即合理保证或有限保证。除鉴证业务之外，注册会计师还有其他不提供保证的业务类型，即相关服务业务。相关服务业务主要包括对财务信息执行商定程序、代编财务信息、税务咨询和管理咨询等。在提供相关服务时，注册会计师不提供任何程度的保证。

15.1　对财务信息执行商定程序

15.1.1　财务信息执行商定程序概述

1. 对财务信息执行商定程序的目标

对财务信息执行商定程序的目标是注册会计师对特定财务数据、单一财务报表或整套财务报表等财务信息执行与特定主体商定的具有审计性质的程序，并就执行的商定程序及其结果出具报告。

2. 特定主体的含义

特定主体是指委托人和业务约定书中指明的报告致送对象。

委托人是委托注册会计师执行商定程序业务并与会计师事务所签订业务约定书的一方，是注册会计师报告的致送对象。委托人与被执行商定程序的主体可能是同一主体，也可能不是同一主体。

商定程序业务报告的致送对象除了委托人之外，可能还有其他人。例如，企业为满足其债权人的需要，委托注册会计师对该企业的有关财务信息执行商定程序，报告致送对象不仅

包括企业，而且还包括企业的多个债权人。需要注意的是，除委托人之外的其他报告致送对象仅指业务约定书中所指明的报告致送对象。

3. 报告的使用限制

商定程序业务报告仅限于参与协商确定程序的特定主体使用，以避免不了解商定程序的人对报告产生误解。这是因为注册会计师所执行的商定程序是与特定主体协商确定的，而其他人由于不了解为什么要执行这些程序，可能会对注册会计师报告的结果产生误解。

4. 职业道德要求

注册会计师执行商定程序业务，应当遵守相关职业道德规范，恪守客观、公正的原则，保持专业胜任能力和应有的关注，并对执业过程中获知的信息保密。由于商定程序业务不以提供保证为目的，不属于鉴证业务，因此不对商定程序业务提出独立性要求；但如果业务约定书或委托目的对注册会计师的独立性提出要求，注册会计师应当从其规定。

如果注册会计师不具有独立性，应当在商定程序业务报告中说明这一事实。

5. 对财务信息执行商定程序与审计、审阅业务的区别

对财务信息执行商定程序不构成审计或审阅，与报表审计业务有着很大的区别，如表 15－1 所示。

表 15－1　商定程序业务与审计、审阅业务的比较

业务种类	证据收集程序的性质和范围	保证程度	结论表达方式	报告分发
审计	不断修正的、系统化的证据收集过程	合理保证	积极方式	普遍
审阅	一般限于询问和分析程序	有限保证	消极方式	普遍/限制
商定程序	取决于商定结果	不提供保证	不提供保证，仅报告工作结果	限制

① 执行业务的目标不同。审计的目标是对财务信息发表符合“三性”（合法性、公允性、一贯性）的意见。商定程序的目标是按照公告和与特定主体的约定完成预先商定的程序，在商定程序规定的范围内报告发现的事实。

② 执行程序的限定不同。审计过程中运用哪些审计程序，注册会计师可以根据情况进行必要的选择。商定程序应用的是审计性质的程序，一旦与客户约定一般不能变动，应严格执行。

③ 业务约定的内容不同。审计的业务约定中一般不会同客户就要执行的程序进行专门的约定，执行商定程序的业务约定中，该种约定却是主要的内容。另外，关于业务性质、执行商定程序的财务信息、关于责任及执行程序的性质、时间安排和范围、报告分发和使用的限制，甚至预定报告格式等，也是审计业务约定书中一般没有的内容。

④ 业务类底稿的编制有差异。注册会计师执行商定程序应形成工作底稿，“以支持报告中发现的事实和证明按照本公告及约定书的要求执行了商定程序”。这就要求对业务类底稿以商定程序为基础编制，并主要记录：

- 具体商定程序的名称或编号；
- 该商定程序的详细描述；
- 执行该程序的财务信息；

- 具体执行该程序的过程、必要的证据和发现的事实。这与报表审计业务类底稿一般按照报表项目编制的方法截然不同。

⑤ 对报告使用人的数量的限制有很大的不同。审计报告一般不对报告使用人进行限制，除了委托人外，还有其他可以预知和不可预知的使用人。执行商定程序报告“仅限于同意执行的特定主体使用”，并且“特定主体已经明确理解商定程序和业务约定的条款”，即在执行项目前报告使用人已明确界定，因此报告使用人的数量一般不会太多。

15.1.2 业务约定书

1. 签订业务约定书的基本前提

签订业务约定书的基本前提是注册会计师应当与特定主体进行沟通，确保已经清楚理解拟执行的商定程序和业务约定条款。

鉴于商定程序业务的特点，在接受业务委托前，注册会计师应当与特定主体就执行的程序、相关责任等业务约定事项进行沟通，协商拟执行程序的性质、时间安排和范围等，确保双方都已经清楚地了解拟执行的商定程序。如果执行商定程序的报告除提供给委托人外，还要提供给其他的业务约定书中指明的致送对象，注册会计师还应当与这些报告使用人沟通。

注册会计师接受商定程序业务委托的前提条件包括：

① 注册会计师和特定主体清楚地了解拟执行的程序；

② 注册会计师与特定主体就拟执行的程序达成一致意见；

③ 商定程序业务的对象(财务信息)存在明确、合理的评价或判断标准，且具有一定的事实证据，以使注册会计师能够据以执行商定程序和报告执行程序得出的结果；当需要运用重要性原则时，注册会计师还应根据委托目的与特定主体预先商定重要性水平；

④ 报告的分发和使用仅限于特定主体。

2. 与特定主体沟通的事项

注册会计师应当就下列事项与特定主体沟通，并达成一致意见。

(1) 业务性质

包括说明执行的商定程序并不构成审计或审阅，不提出鉴证结论。为区别于审计、审阅业务，注册会计师在业务约定书中应当说明执行的商定程序并不构成审计或审阅，不发表审计或审阅意见。

(2) 委托目的

商定程序业务的委托目的取决于委托人的需要。不同的委托人会有不同的需求，因而不同委托项目的委托目的可能千差万别。由于委托目的的不同，注册会计师执行商定程序的对象、执行的程序、报告的内容等均会有所不同。注册会计师在签发前必须弄清委托人的要求和委托目的，并应在业务约定书中予以明确。

(3) 拟执行商定程序的财务信息

执行商定程序的对象(财务信息)因委托目的的不同而不同，需要注册会计师在业务约定书中指明拟执行商定程序的具体财务信息。

(4) 拟执行的具体程序的性质、时间安排和范围

注册会计师执行商定程序业务，最为重要的是要与特定主体协商需要执行哪些程序，并确定程序的性质、时间安排和范围。不同特定主体的需求可能差别很大，所商定的程序在性

质、时间安排和范围等方面差异也会很大。业务约定书中必须详细列明拟执行的程序及执行程序的时间和范围。在描述程序时，不应使用含糊的词语。

（5）预期的报告样本

由于商定程序业务的特殊性，注册会计师执行的程序、出具的报告等与审计业务存在差异。为了使委托人及其他特定主体了解商定程序业务与审计业务的区别及商定程序业务报告的格式，注册会计师在向委托人递交业务约定书时，应当附送一份预期的报告样本，以免特定主体对注册会计师的工作及报告产生误解。

（6）报告分发和使用的限制

注册会计师执行的商定程序是与特定主体协商确定的，而其他人由于不了解为什么要执行这些程序，可能会对注册会计师报告的结果产生误解，所以商定程序业务的报告应仅限于同意执行商定程序的特定主体依据委托目的使用，不能用于其他目的及分发给其他单位或个人。如果报告除提供给委托人使用外，还需要分发给其他特定使用人，应当在业务约定书中予以指明。

上述与特定主体沟通的事项是业务约定书的主要内容，但并非业务约定书应当包括的全部内容。业务约定书还应当包括签约双方的名称、签约双方的责任、出具报告的时间要求、报告的使用责任、业务收费、约定书的有效期间、违约责任和签约时间等。

3. 与特定主体沟通的方式

通常，注册会计师应当就拟执行的程序直接与每一报告致送对象（特定主体）进行讨论。

如果无法与所有的报告致送对象直接讨论拟执行的商定程序，注册会计师应当考虑采取下列措施：与报告致送对象的代表讨论拟执行的商定程序；查阅来自报告致送对象的相关信函和文件；向报告致送对象提交报告样本。

如果接受委托，注册会计师应当与委托人就双方达成一致的事项签订业务约定书，以避免双方对商定程序业务的理解产生分歧。

签订业务约定书旨在确定委托、受托关系，明确委托目的、业务性质、双方的责任及报告的用途、分发范围和使用责任等。

15.1.3　计划、程序与记录

1. 合理制订工作计划

注册会计师应当合理制订工作计划，以有效执行商定程序业务。执行商定程序业务与执行审计业务一样也应编制工作计划。注册会计师可以参照相关审计准则的要求，对工作做出合理安排，以有效执行商定程序。

2. 程序的类型

执行商定业务运用的程序通常包括：

① 询问和分析；

② 重新计算、比较和其他核对方法；

③ 观察；

④ 检查；

⑤ 函证。

注册会计师执行的商定程序与审计程序基本相同。但需注意的是，实际执行商定程序业务可能仅执行上述程序中的一种或几种或某种程序中的一部分，究竟执行哪些程序取决于注册会计师与特定主体商定的结果。

另外，由于商定程序具有灵活性，注册会计师可执行的程序也不一定限于上述5种程序，可能会因特定主体的特殊需要执行上述程序以外的其他程序。

3. 对程序和证据的要求

注册会计师应当执行商定的程序，并将获取的证据作为出具报告的基础。

注册会计师只有按照业务约定书的要求，全部完成商定的程序后，才能就执行商定程序的结果出具报告。如果应当执行的程序没有执行或执行不充分，报告的结果就缺少合理的依据。虽然注册会计师执行商定程序的性质、时间和范围取决于与特定主体商定的结果，但在与特定主体协商时，注册会计师不应同意执行过于主观并可能因此产生多种理解的程序。

证据是支持注册会计师报告的基础。注册会计师只有通过执行商定的程序，获取适当的证据，才能据以得出恰当的工作结果。但是，注册会计师不需要为了获取额外的证据，在委托范围之外执行额外的程序。

下面列举了一些恰当和不恰当的例子。

(1) 恰当的程序

① 在商定相关的参数后，进行抽样。

② 检查能证明某些交易的文件或交易的详细情况。

③ 向第三方函证特定信息。

④ 将文件、清单或分析的结果与特定的实际情况相比较。

⑤ 就他人进行的工作执行特定程序(如内审人员的工作)。

⑥ 进行计算。

(2) 不恰当的程序

① 只查阅某一财务报表认定或某特定信息就据以出具报告。

② 只查阅他人的工作结果就据以出具报告，或者将他人的工作结果直接作为自己的工作结果进行报告。

③ 解释注册会计师专业知识范围以外的信息。

4. 执行程序的限制

当执行商定程序受到客观条件的限制时，注册会计师应当征得特定主体的同意来修改程序。如果得不到特定主体的同意(例如，程序是监管机构规定的，不能修改)，注册会计师应在报告中说明执行程序所受到的限制或者解除业务约定。

5. 工作记录

注册会计师应当记录支持商定业务报告的重大事项，并记录按照准则的规定和业务约定书的要求执行商定程序的证据。

工作底稿是注册会计师收集的证据和工作记录的载体。注册会计师在执行商定程序业务时，应当将与其工作过程和结果有关的所有重要事项记录于工作底稿。工作底稿可以为注册会计师出具报告提供支持证据，可以为注册会计师的工作是按照准则和业务约定书的要求执行的提供证明。

15.1.4　报告

1. 编制报告的基本要求

1）详细说明业务目的和商定的程序

商定程序业务报告应当详细说明业务的目的和商定的程序，以便使用者了解所执行工作的性质和范围。这要求注册会计师在其报告中具体说明所执行的业务目的，并详细列示所执行的具体程序。

2）恰当报告得出的结果

在实施了商定的程序，取得适当的证据后，注册会计师应当以获取的证据为依据，恰当地报告执行程序得出的结果。

① 注册会计师应当仅报告对特定财务信息执行商定程序的结果及发现的问题，而不应对该财务信息发表鉴证意见或者提供可信性保证。

② 注册会计师应当报告其执行程序所发现的一切问题。执行商定程序业务一般不使用重要性原则，除非与特定主体商定了重要性水平的范围。如果运用了重要性原则，注册会计师应当在报告中说明所商定的重要性水平。

③ 注册会计师应当避免在报告中使用模棱两可的词语。表 15－2 列举了在描述执行商定程序得出的结果时恰当和不当的例子。

表 15－2　描述执行商定程序得出结果时恰当和不当的例子

商定的程序	对工作结果的恰当描述	对工作结果的不当描述
在某一日期的银行存款余额调节表中找出未付款支票，查看在随后一个月的银行对账单中这些支票是否已结清	除了以下情况，银行存款余额调节表中所有未付款的支票都在随后一个月的银行对账单中表明已结算（列出例外的情况）	执行该程序并未发现任何情况
将某一日期、特定顾客的应收账款账龄明细表中“超过 90 天”一栏所列的发票金额、日期相比较，判断金额是否相符，发票日期是否比编制明细表的日期早 90 天以上	所有未收款的发票与明细表中“超过 90 天”一栏所列金额相符，并且这些发票的日期比编制明细表的日期早 90 天以上	未收款发票的金额与明细表中“超过 90 天”一栏所列金额大致相符，对于这些发票的日期是否比编制明细表的日期早 90 天以上，没有发现任何值得注意的情况

2. 报告的基本内容

商定程序业务报告应当包含下列内容。

① 标题。

② 收件人。

③ 说明执行商定程序的财务信息。

④ 说明执行的商定程序是与特定主体协商确定的。

⑤ 说明已按照准则的规定和业务约定书的要求执行了商定程序。

⑥ 当注册会计师不具有独立性时，说明这一事实。

⑦ 说明执行商定程序的目的。

⑧ 列出所执行的具体程序。

⑨ 说明执行商定程序的结果，包括详细说明发现的错误和例外事项。

⑩ 说明所执行的商定程序并不构成审计或审阅，注册会计师不提出鉴证结论。

⑪ 说明如果执行商定程序以外的程序，或执行审计或审阅，注册会计师可能得出其他应报告的结果。

⑫ 说明报告仅限于特定主体使用。

⑬ 在适用的情况下，说明报告仅与执行商定程序的特定财务数据有关，不得扩展到财务报表整体。

⑭ 注册会计师的签名和盖章。

⑮ 会计师事务所的名称、地址及盖章。

⑯ 报告日期。

上述 16 项基本内容构成了商定程序业务的内容，另外还要注意以下几点。

① 与审计报告不同，商定程序业务的报告标题并不要求统一。这是因为商定程序业务的委托目的多种多样，报告的标题也不强求统一。

② 商定程序业务报告的收件人应当是特定主体，一般是委托人，也可以包括业务约定书中指明的其他的报告致送对象。

③ 在对特定数据执行商定程序业务时，说明报告仅与执行商定程序的特定财务数据有关，不扩展到财务报表整体。

④ 报告日期是指注册会计师完成商定程序的日期。

3. 对财务信息执行商定程序的报告范例

对应收账款明细表执行商定程序的报告

ABC 公司：

我们接受委托，对 Y 公司 20×6 年 12 月 31 日的应收账款明细表执行了与贵公司商定的程序。这些程序经贵公司同意，其充分性和适当性由贵公司负责。我们的责任是按照《中国注册会计师相关服务准则第 4101 号——对财务信息执行商定程序》和业务约定书的要求执行商定程序，并报告执行程序的结果。本业务的目的仅是协助贵公司评价 Y 公司应收账款记录的正确性。现将执行的程序及得出的结果报告如下。

一、执行的程序

1. 取得 Y 公司编制的 20×6 年 12 月 31 日的应收账款明细表，验算合计数，并与总分类账核对是否相符。

2. 从应收账款明细表中抽取 50 家客户，检查对应的销售发票与主营业务收入明细账是否相符。抽取方法是从第 10 家客户开始，每隔 20 家抽取 1 家。

3. 对应收账款明细表中余额较大的前 200 家客户进行函证。

4. 对未回函的客户，检查销售发票、发运凭证和订货单是否相符。

5. 对回函金额不符的客户，取得 Y 公司编制的差异调节表，并检查差异调节是否适当。

二、执行程序的结果

1. 执行第 1 项程序，我们发现应收账款明细表合计数正确，并与总分类账核对相符。

2. 执行第 2 项程序，我们发现销售发票与主营业务收入明细账相符，抽取余额占应收账款明细表合计数的 10.5%。

3. 执行第 3 项程序，我们对应收账款明细表中余额较大的前 200 家客户发出询证函，函证余额占应收账款明细表合计数的比例为 80%。收到 180 家客户的回函，回函金额××

元，差异××元(其中正差××元，负差××元)，其余 20 家客户未回函。

4. 执行第 4 项程序，我们发现未回函的 20 家客户的销售发票、发运凭证和订货单相符。

5. 执行第 5 项程序，我们发现除以下回函金额不符外，其他差异通过差异调节表调节消失(列出回函金额不符的应收账款)。

上述已执行的商定程序并不构成审计或审阅，因此我们不对上述应收账款明细表发表审计或审阅意见。如果执行商定程序以外的程序，或执行审计或审阅，我们可能得出其他应报告的结果。

本报告仅供贵公司用于第一段所述目的，不应用于其他目的及分发给其他单位或个人。本报告仅与上述特定财务数据有关，不应将其扩大到 Y 公司财务报表整体。

××会计师事务所　　　　　　中国注册会计师：×××
(盖章)　　　　　　　　　　　(签名并盖章)
　　　　　　　　　　　　　　中国注册会计师：×××
　　　　　　　　　　　　　　(签名并盖章)
中国××市　　　　　　　　　二〇×六年×月×日

15.2 代编财务信息

15.2.1 代编财务信息概述

随着我国经济的快速发展，大型企业在壮大规模的同时，中小企业数量也在激增。一些中小企业出于成本效益的考虑或一时难以找到合适的会计人才，往往委托注册会计师代编财务报表。

1. 代编业务①的目标

代编业务的目标是注册会计师运用会计而非审计的专业知识和技能，代客户编制一套完整或非完整的财务报表，或代为收集、分类和汇总其他财务信息。该业务要求注册会计师应用其会计专业能力，将收集、分类和汇总到的客户相关财务信息，以易于了解的格式将复杂的资料加以归纳整理。注册会计师执行代编业务使用的程序并不旨在、也不能对财务信息提出任何鉴证结论。

代编业务既非审计业务也非审阅业务，不包含任何保证成分，因此不属于鉴证业务。表 15-3 列示了代编业务与鉴证业务的区别。

表 15-3 代编业务与鉴证业务的区别例解

项目 \ 业务类型	代编财务信息（相关业务）	历史财务信息审计（鉴证业务）
关系人	只涉及注册会计师和责任方(管理层)两方关系人	涉及注册会计师、责任方(管理层)和预期使用者三方关系

① 为行文方便将代编财务信息业务简称为代编业务。

续表

项目 \ 业务类型	代编财务信息（相关业务）	历史财务信息审计（鉴证业务）
业务关注的焦点	财务信息的收集、分类和汇总	财务信息的质量
保证程度	不对财务信息提供任何程度的保证	对财务报表不存在重大错报提供合理保证
独立性的要求	不对独立性提出要求，但如果不独立，应当在代编业务报告中说明这一事实	要求注册会计师从实质和形式上独立于被审计单位
对象	可能是历史财务信息，也可能是预测性财务信息	历史财务信息，通常是历史财务报表
标准	客户指定的编制基础，可以是法定的，也可以是非法定的	适用的会计准则和相关会计制度
证据	无须获取证据	获取足以支持所提出结论的充分、适当的证据
报告	如果注册会计师的姓名与代编财务信息相关联，而要出其代编业务报告，但在报告中不提出鉴证结论	以书面形式提供审计报告，并在报告中就财务报表是否存在重大错报提出鉴证结论

2. 注册会计师执行代编业务的职业道德要求

注册会计师执行代编业务，应当遵守相关职业道德规范，恪守客观、公正的原则，保持专业胜任能力和应有的关注，并对执业过程中获知的信息保密。

客观原则要求注册会计师在执行代编业务时，对所执行的代编信息保持客观的态度，以全面考虑拥有的各类信息和资源。

公正原则要求注册会计师在执行代编业务时，要讲诚信，公平对待客户和相关事实，不受自身利益和其他方利益的影响。

专业胜任能力和应有的关注要求注册会计师具备执行代编业务所要求的专业知识和技能，保持应有的职业谨慎，并在必要时寻求专家帮助或咨询其他专业人士。

保密要求注册会计师不得泄露在执行代编业务中获知的客户信息。

15.2.2 业务约定书

1. 签约前的工作

注册会计师应当在代编业务开始前，与客户就代编业务约定条款达成一致意见，并签订业务约定书，明确双方义务和责任，以避免双方对代编业务的理解产生分歧。具体地说，注册会计师应当在代编业务开始前与客户就以下事项进行沟通。

（1）委托目的

在接受委托前，注册会计师应当与客户进行沟通，明确客户委托的目的。通常情况下，客户对注册会计师的认识是以提供鉴证服务为主的，客户提出的业务需求也可能以审计、审阅等鉴证需求为主。客户可能并不清楚鉴证业务与代编业务的区别，注册会计师应当与客户认真沟通，识别出客户的真实需求和目的。

（2）代编业务的性质

注册会计师应当与客户进行沟通，明确代编业务的性质。由于代编业务是由注册会计师执行的，无论是在客户还是信息使用者的印象或认识中，往往都将注册会计师与信息保证联系在一起。即便客户明确地提出代编服务的要求，也可能暗含对某种保证的期待。因此，注册会计师必须在业务承接前明确地向客户指明代编业务的性质，即代编业务既非审计也非审阅，代编业务的程序不用于、也无法用来对代编的财务信息提出任何鉴证结论。同时，客户也不能依赖注册会计师的代编服务来揭露可能存在的错误、舞弊及违反法规的行为，或者内部控制存在的薄弱环节。

（3）客户责任

注册会计师应当与客户进行沟通，明确客户提供信息的范围、性质及对信息提供承担的责任。也就是说，明确客户应当将哪些信息提供给注册会计师，并对这些信息的真实性和完整性承担责任，以确保注册会计师代编的财务信息是真实和完整的。

（4）编制基础

所谓编制基础，通俗地说，就是注册会计师按照什么样的标准对客户提供的信息进行收集、分类和汇总，以编制满足客户需求的财务信息。编制基础既可以是法定的，也可以是非法定的。法定的编制基础可以是适用的会计准则和相关会计制度，也可以是政府监管部门颁布的、特殊的财务信息要求。非法定的编制基础可能是客户治理层或管理层制定的考核要求和计算规则、金融机构制定的贷款条款等。

注册会计师应当就客户采用的编制基础与客户进行沟通，并向客户指明：采用的编制基础将在代编的财务信息中进行披露，如在财务报表附注中予以说明；如果注册会计师出具了代编业务报告，报告中也将相应地说明采用的编制基础。

同时，注册会计师还应向客户说明，如果代编财务信息存在与选定编制基础背离的情形，也将在代编财务信息和代编业务报告中予以披露。

（5）代编信息的预期用途、分发范围和代编业务报告

注册会计师在承接业务时，还需要就代编财务信息的预期用途、分发范围，以及可能出具的代编业务报告与客户进行沟通。

2. 业务约定书的内容

业务约定书应当包括下列主要事项。

① 业务的性质，包括说明拟执行的业务既非审计也非审阅，注册会计师不对代编的财务信息提出任何鉴证结论。

② 说明不能依赖代编业务揭露可能存在的错误、舞弊及违反法规行为。

③ 客户提供的信息的性质。

④ 说明客户管理层应当对提供给注册会计师的信息的真实性和完整性负责，以保证代编财务信息的真实性和完整性。

⑤ 说明代编财务信息的编制基础，并说明将在代编财务信息和出具的代编业务报告中对该编制基础及任何重大背离予以披露。

⑥ 代编财务信息的预期用途和分发范围。

⑦ 如果注册会计师的姓名与代编的财务信息相联系，说明注册会计师出具的代编业务报告的格式。

⑧ 业务收费。

⑨ 违约责任。

⑩ 解决争议的方法。

⑪ 签约双方法定代表人或其授权代表的签字盖章，以及签约双方加盖的公章。

注册会计师与客户就沟通事项达成一致意见之后，应当签订业务约定书，以明确双方对委托事项的理解和达成的约定，保护双方的利益。

3. 业务约定书的格式

业务约定书的格式可以是合同式，也可以是信函式。代编业务约定书范例如下所示。

代编业务约定书

甲方：ABC有限公司

乙方：XYZ会计师事务所

兹由甲方委托乙方代编20×6年度财务报表，经双方协商，达成以下约定：

1. 业务范围

在甲方提供信息的基础上，依据《中国注册会计师相关服务准则第4111号——代编财务信息》的规定，按照企业会计准则和《××会计制度》，代编甲方20×6年12月31日的资产负债表，20×6年度的利润表、股东权益变动表、现金流量表及财务报表附注。

2. 甲方的责任及义务

2.1 根据《中华人民共和国会计法》及《企业财务会计报告条例》，甲方及甲方负责人有责任保证会计资料的真实性和完整性。因此，甲方管理层有责任妥善保存和提供会计记录（包括但不限于会计凭证、会计账簿及其他会计资料），这些记录必须真实、完整地反映甲方的财务状况、经营成果和现金流量。

2.2 及时为乙方的代编工作提供其所要求的全部会计资料和其他有关资料（在20×7年×月×日之前提供代编所需的全部资料），并保证所提供资料的真实性和完整性。

2.3 确保乙方不受限制地接触任何与代编有关的记录、文件和所需的其他信息。

2.4 甲方管理层对其做出的与代编有关的声明予以书面确认。该声明应当包括管理层对会计数据的真实性和完整性负责，以及已向乙方完整地提供所有重要且相关的信息。

2.5 为乙方派出的有关工作人员提供必要的工作条件和协助，主要事项将由乙方在代编工作开始前提供清单。

2.6 按本约定书的约定及时足额支付代编费用及乙方人员在代编期间的交通、食宿和其他相关费用。

3. 乙方的责任及义务

3.1 乙方的责任是在甲方提供信息的基础上，依据《中国注册会计师相关服务准则第4111号——代编财务信息》（以下简称代编业务准则）的规定，按照企业会计准则和《××会计制度》，代编甲方20×6年12月31日的资产负债表，20×6年度的利润表、股东权益变动表、现金流量表及财务报表附注，并出具代编业务报告。

任何对企业会计准则和《××会计制度》的背离都将在财务报表中披露；必要时，也会在乙方的代编业务报告中披露。

3.2 乙方的代编工作将依据代编业务准则进行。代编业务准则要求注册会计师遵守相关职业道德规范，恪守客观、公正的原则，保持专业胜任能力和应有的关注，并对代编过程中获知的信息保密。

3.3　乙方不对这些财务报表执行审计或审阅程序。因此，乙方不对这些财务报表提出鉴证结论。

3.4　乙方对财务报表的代编不能减轻甲方及甲方管理层的责任；甲方及甲方管理层也不能依赖代编业务揭露可能存在的错误、舞弊及违反法规行为。

3.5　乙方将按照双方约定时间于20×7 年×月×日完成本项代编业务。

3.6　除下列情况外，乙方对代编业务过程中知悉的甲方信息予以保密：取得甲方的授权；根据法律法规的规定，为法律诉讼准备文件或提供证据，以及向监管机构报告发现的违反法规行为；接受行业协会和监管机构依法进行的质量检查；监管机构对乙方进行行政处罚（包括监管机构处罚前的调查、听证）及乙方对此提起行政复议。

4. 代编收费

4.1　本次代编服务的收费是以乙方各级别工作人员在本次工作中所耗费的时间为基础计算的。乙方预计本次代编服务的费用总额为人民币××元。

4.2　甲方应于本约定书签署之日起×日内支付×%的代编费用人民币××元，剩余款项于［代编财务报表草稿完成日］结清。

4.3　与本次代编有关的其他费用（包括交通费、食宿费等）由甲方承担。

5. 乙方报告的使用责任

5.1　乙方按照《中国注册会计师相关服务准则第 4111 号——代编财务信息》规定的格式出具代编业务报告

5.2　乙方将向甲方出具代编的财务报表一式××份，该财务报表将用于（填写具体用途）。

5.3　甲方在提交或对外公布财务报表时，不得修改或删减乙方出具的代编财务报表业务报告；不得修改或删除重要的会计数据、重要的报表附注和所做的重要说明。

6. 本约定书的有效期间

本约定书自签署之日起生效，并在双方履行完毕本约定书约定的所有义务后终止，但其中第 3.6、5、6、7、8、9、10 条并不因本约定书终止而失效。

7. 约定事项的变更

如果出现不可预见的情况，影响代编工作如期完成，甲、乙双方均可要求变更约定事项，但应及时通知对方，并由双方协商解决。

8. 终止条款

8.1　如果根据乙方的职业道德及其他有关专业职责、适用的法律、法规或其他任何法定的要求，乙方认为已不适宜继续为甲方提供本约定书约定的代编服务时，乙方可以采取向甲方提出合理通知的方式终止履行本约定书。

8.2　在终止业务约定的情况下，乙方有权就其于本约定书终止之日前对约定的代编服务项目所做的工作收取合理的代编费用。

9. 违约责任

甲、乙双方按照《中华人民共和国合同法》的规定承担违约责任。

10. 适用法律和争议解决

本约定书的所有方面均应适用中华人民共和国法律进行解释并受其约束。本约定书履行地为乙方出具代编报告所在地，因本约定书所引起的或与本约定书有关的任何纠纷或争议（包括关于本约定书条款的存在、效力或终止，或无效之后果），双方选择第________种解决方式：

(1) 向有管辖权的人民法院提起诉讼;

(2) 提交××仲裁委员会仲裁。

11. 双方对其他有关事项的约定

本约定书一式两份,甲、乙方各执一份,具有同等法律效力。

甲方:ABC有限公司(盖章)
授权代表:(签章)
二〇×七年×月×日

乙方:XYZ会计师事务所(盖章)
授权代表:(签章)
二〇×七年×月×日

15.2.3 代编财务信息的程序

1. 计划与程序

注册会计师为客户代编财务信息,应当了解客户的业务和经营情况,熟悉其所处行业的会计政策和惯例,以及与具体情况相适应的财务信息的形式和内容。在与客户签订业务约定书之后,应当制订代编业务计划,详细计划代编业务的程序、时间和人员安排等事项,以便能够将资源合理分配到代编业务的重要领域,有效率地完成代编业务。代编业务计划随着委托项目的规模、复杂程度、注册会计师与客户的交往经验及对客户业务的熟悉程度的不同而不同。同时,注册会计师要了解客户业务交易的性质、会计记录的形式和财务信息的编制基础;通常利用以前经验、查阅文件记录或询问客户的相关人员,获取对这些事项的了解。

注册会计师通常不需要执行下列程序:

① 询问管理层,以评价所提供信息的可靠性和完整性;

② 评价内部控制;

③ 验证任何事项;

④ 验证任何解释。

但如果注意到管理层提供的信息不正确、不完整或在其他方面不令人满意,注册会计师应当考虑执行上述程序,并要求管理层提供补充信息。如果管理层拒绝提供补充信息,注册会计师应当解除该项业务约定,并告知客户解除业务约定的原因。

注册会计师应当阅读代编的财务信息,并考虑形式是否恰当,是否不存在明显的重大错报。如果存在不适当的会计处理方法及应披露事项未予披露等重大错报,注册会计师应当予以在代编财务信息中披露,但不必报告其产生的定量影响。

如果注册会计师获悉客户存在重大错报,应当征得客户同意更正财务信息;如果客户拒绝更正,并且认为财务信息存在误导,注册会计师应当解除该项业务约定。如果客户同意适当披露该事项,注册会计师可继续受任,并应在代编业务报告中加一说明段强调此事项。

2. 管理层声明

注册会计师应当从管理层获取其承担恰当编制财务信息和批准财务信息的责任的书面声明。该声明还应当包括管理层对会计数据的真实性和完整性负责,以及已向注册会计师完整提供所有重要且相关的信息。

以下是管理层声明书范例。

管理层声明书

××会计师事务所：

根据本公司与贵所于 20××年×月×日签订的代编业务约定书，公司管理层批准按照企业会计准则和《××会计制度》编制的 20×6 年 12 月 31 日的资产负债表，20×6 年度的利润表、股东权益变动表和现金流量表及财务报表附注。我们确认，上述财务报表，包括财务报表附注第×条所述的编制基础是恰当的，我们对上述财务报表及所提供用于编制上述财务报表的信息的真实性和完整性承担责任。

ABC 公司（加盖公章）
总经理（签名并盖章）
财务总监（签名并盖章）
二〇××年×月×日

3. 工作记录

注册会计师应当记录重大事项，以证明其已按照本准则的规定和业务约定书的要求执行代编业务。这些重大事项通常包括：

① 业务约定书；

② 代编业务计划；

③ 执行的代编程序；

④ 发现的重大错报；

⑤ 客户管理层声明书；

⑥ 代编财务信息的最终成果；

⑦ 出具的代编业务报告（如果适用）。

15.2.4　代编业务报告及参考格式

在任何情况下，如果注册会计师的姓名与代编的财务信息相联系，注册会计师应当出具代编业务报告。一份措辞适当的代编业务报告，有助于说明注册会计师在代编业务中所扮演的角色，避免陷入不必要的责任纠纷中。

1. 代编业务报告要素

代编业务报告应当包括下列要素。

① 标题。标题统一规范为“代编财务报表业务报告”。

② 收件人。收件人为代编财务信息的委托人。代编业务报告应当载明收件人全称。

③ 说明段。说明注册会计师已按照 4111 号准则的规定执行代编业务；当注册会计师不具有独立性时，说明这一事实；指出财务信息是在管理层提供信息的基础上代编的，并说明代编财务信息的名称、日期或涵盖的期间；说明管理层对注册会计师代编的财务信息负责；说明执行的业务既非审计也非审阅，因此不对代编的财务信息提出鉴证结论；必要时，应当增加一个段落，提醒注意代编财务信息对采用的编制基础的重大背离。

④ 签章及会计师事务所地址。代编业务报告应由注册会计师的签名及盖章，加盖会计师事务所公章，标明会计师事务所地址。

⑤ 报告日期。代编业务报告日期是指报告的签署日期。

2. 代编业务报告参考格式

代编财务报表业务报告，无任何附加说明的格式如下。

代编财务报表业务报告

（收件人名称）：

在ABC公司管理层提供信息的基础上，我们按照《中国注册会计师相关服务准则第4111号——代编财务信息》的规定，代编了ABC公司20××年12月31日的资产负债表，20××年度的利润表、股东权益变动表和现金流量表及财务报表附注。管理层对这些财务报表负责。我们未对这些财务报表进行审计或审阅，因此不对其提出鉴证结论。

××会计师事务所　　　　　　　中国注册会计师：×××
（盖章）　　　　　　　　　　　　（签名并盖章）
中国××市　　　　　　　　　　二〇××年×月×日

代编财务报表业务报告，增加段落以引起对背离编制基础的关注。

代编财务报表业务报告

（收件人名称）：

在ABC公司管理层提供信息的基础上，我们按照《中国注册会计师相关服务准则第4111号——代编财务信息》的规定，代编了ABC公司20××年12月31日的资产负债表，20××年度的利润表、股东权益变动表和现金流量表及财务报表附注。管理层对这些财务报表负责。我们未对这些财务报表进行审计或审阅，因此不对其提出鉴证结论。

我们提请注意，如财务报表附注×所述，管理层对融资租赁的机器设备未予资本化，该事项不符合企业会计准则和《××会计制度》的规定。

××会计师事务所　　　　　　　中国注册会计师：×××
（盖章）　　　　　　　　　　　　（签名并盖章）
中国××市　　　　　　　　　　二〇××年×月×日

本章小结

本章依据新的中国注册会计师相关服务准则及其指南的相关规定，对如何对财务信息执行商定程序及如何代编财务信息两种注册会计师的相关服务进行了较为详细的介绍。通过对本章的学习，应该能够理解和掌握注册会计师相关服务的内容及其目标、业务约定书、计划、程序与记录、报告。

值得强调的是，现实中该类业务充满了众多的不确定性，因此本章中的内容仅限于对注册会计师承接开展此两项服务的规范性介绍，而在实践过程中还需要融入更多注册会计师的专业判断、决断能力等个人素质。

案例与习题

一、单项选择题

1. 以下说法不正确的是（　　）。

A. 注册会计师应该在商定程序中保持其独立性

B. 证据是支持会计师报告的基础

C. 当执行商定程序受到客观条件限制时，注册会计师可依据具体情况解除业务约定

D. 工作底稿是会计师收集的证据和工作记录的载体

2. 以下选项中不属于商定程序业务报告内容的是（　　）。

A. 说明执行商定程序的目的

B. 说明报告仅限于特定主体使用

C. 说明报告仅与特定财务数据有关，不得扩展到财务报表整体

D. 说明统一的标题

3. 如果无法与所有的报告致送对象直接讨论拟执行的商定程序，会计师不应该采取的措施是（　　）。

A. 与报告致送对象的代表讨论拟执行的商定程序

B. 查阅来自报告致送对象的相关信函和文件

C. 运用经常性经验自行采用合理的商定程序

D. 向报告致送对象提交报告样本

4. 下面属于注册会计师代编财务信息业务特征的是（　　）。

A. 对象是历史财务信息，不包括预测财务信息

B. 对财务报表不存在重大错报提供合理保证

C. 业务关注的焦点是财务信息的质量

D. 业务只涉及注册会计师和责任方两方关系人

二、多项选择题

1. 商定程序与审计业务的区别表现在（　　）。

A. 证据收集程序的性质和范围　　B. 保证程度

C. 结论表达方式　　D. 报告分发

2. 执行商定程序运用的程序通常包括（　　）。

A. 观察　　B. 函证　　C. 询问和分析　　D. 重新计算比较

3. 下列选项中属于恰当商定程序的有（　　）。

A. 商定相关参数后进行抽样

B. 就他人进行的工作执行特定程序（如内审人员的工作）

C. 解释注册会计师专业知识以外的信息

D. 对报告结果提供恰当的保证

4. 代编业务的目标有（　　）。

A. 注册会计师运用会计而不是审计的专业知识和技能为客户编制财务报表

B. 注册会计师运用会计知识代客户收集、分类、汇总除财务报表外的其他财务信息

C. 为财务报表提供合理保证

D. 不为财务信息提供任何鉴证结论

5. 代编业务计划随着（　　）不同而不同。

A. 委托项目的规模与复杂程度

B. 注册会计师与客户的交往经验

C. 注册会计师对客户业务的熟悉程度

D. 客户业务交易的性质

6. 代编业务程序中注册会计师通常不需要进行以下（　　）程序。

A. 询问管理层，以评价所提供信息的可靠性和完整性

B. 评价内部控制

C. 验证任何事项

D. 验证任何解释

7. 以下（　　）属于重大错报，注册会计师应当予以在代编财务信息中披露，但不必报告其产生的定量影响。

A. 不适当的会计处理方法

B. 由于会计人员疏忽，导致会计数据记录的错误

C. 应披露事项未予披露

D. 未要求披露的事项予以披露

8. 注册会计师在进行代编业务程序的过程中，需要管理层在管理层声明书中对会计数据的（　　）进行负责。

A. 真实性　　B. 相关性　　C. 可靠性　　D. 完整性

三、判断题

1. 商定程序业务报告不仅要报告所执行的商定程序及其结果，而且要发表相关鉴证意见。（　　）

2. 在执行商定程序业务时，委托人与被执行商定程序的主体可能是同一主体，也可能不是同一主体。（　　）

3. 如果无法与所有的报告致送对象直接讨论拟执行的商定程序，注册会计师可以根据情况自己决定拟执行的商定程序。（　　）

4. 注册会计师在承接代编业务时不要求独立性，所以不需要执行专门的程序来判断独立性，更不需要再代编。（　　）

5. 如果管理层提供的信息不正确、不完整或在其他方面不尽如人意，注册会计师可以要求管理层提供补充信息；如果拒绝补充，可以解除业务约定，并告知解除原因。（　　）

6. 注册会计师代编财务信息的编制基础必须是法定的。（　　）

四、简答题

1. 商定程序业务与鉴证业务有何异同？

2. 注册会计师接受商定程序业务委托的前提条件是什么？

3. 代编业务与鉴证业务的区别有哪些？

4. 注册会计师在实行代编财务信息时应该如何规避风险？

参 考 答 案

第 1 章

二、单项选择题

1. B　2. D　3. C　4. D　5. C　6. A　7. C　8. C　9. C　10. A
11. A　12. B　13. A　14. B　15. C

三、多项选择题

1. BCD　2. AC　3. ACD　4. ABCD

四、判断题

1. √　2. ×　3. √　4. ×　5. ×　6. √　7. √　8. ×　9. √　10. ×

第 2 章

一、单项选择题

1. A　2. C　3. B　4. D　5. C

二、多项选择题

1. ABCD　2. BCD　3. ABC　4. ABCD

三、判断题

1. √　2. ×　3. √　4. √　5. √　6. ×

第 3 章

二、单项选择题

1. C　2. D

三、多项选择题

1. ABC　2. ABCD

四、判断题

1. ×　2. ×

第 4 章

二、单项选择题

1. A　2. A　3. D　4. D　5. C　6. D　7. B

三、多项选择题

1. ACD　2. ABD　3. BCD

四、判断题

1. ×　2. √　3. ×　4. √

第5章

二、单项选择题

1. D 2. D 3. B 4. C 5. D 6. B

三、多项选择题

1. ABC 2. ABCD 3. ACD 4. BCD 5. ABD 6. CD

四、判断题

1.× 2.× 3.× 4.× 5.√ 6.× 7.× 8.√ 9.× 10.× 11.√ 12.√
13.√ 14.√

第6章

二、单项选择题

C

三、多项选择题

ABCD

四、判断题

1.× 2.× 3.√ 4.×

第7章

二、单项选择题

1. A 2. D 3. D 4. B

三、多项选择题

1. ABCD 2. AB 3. ABCD 4. ABCD 5. AD

四、判断题

1.× 2.√ 3.× 4.√ 5.√

第8章

二、单项选择题

1. B 2. D 3. C 4. D 5. C 6. D 7. B 8. A 9. D 10. B
11. B 12. D

三、多项选择题

1. ABC 2. ABC 3. ABCD 4. ABCD 5. ABD
6. ABC 7. ABCD 8. BCD 9. ABD

四、判断题

1.√ 2.× 3.× 4.√ 5.√ 6.× 7.√ 8.√ 9.× 10.×

第9章

二、单项选择题

1. C 2. C 3. A

三、多项选择题

1. ABC　2. ABCD　3. AB　4. ABCD　5. ABCD

四、判断题

1. ×　2. √　3. ×　4. ×　5. √　6. ×　7. ×　8. ×

第 10 章

二、单项选择题

1. A　2. C　3. D　4. A

三、多项选择题

1. AC　2. ABD　3. ABD　4. BCD　5. ABC

四、判断题

1. ×　2. ×

第 11 章

二、单项选择题

1. A　2. C　3. C　4. (1) A; (2) B　5. D　6. C

三、多项选择题

1. ABCD　2. ABC　3. (1) ABD; (2) AD

四、判断题

1. ×　2. ×　3. ×

第 12 章

二、单项选择题

1. C　2. C　3. A

三、多项选择题

1. ABCD　2. CD

四、判断题

1. ×　2. ×　3. ×

第 13 章

二、单项选择题

1. B　2. C　3. C　4. D　5. B

三、多项选择题

1. ABCD　2. AB　3. ABD　4. ABCD　5. AD　6. ABCD

四、判断题

1. ×　2. ×　3. √　4. √　5. √　6. ×

第 14 章

二、单项选择题

1. C　2. C　3. D　4. B　5. B

三、多项选择题

1. ABCDE　2. ABCD　3. ABC　4. ABC

四、判断题

1. ×　2. √

第 15 章

一、单项选择题

1. A　2. D　3. C　4. D

二、多项选择题

1. ABCD　2. ABCD　3. ABD　4. ABD

5. ABCD　6. ABCD　7. AD　8. AD

三、判断题

1. ×　2. √　3. ×　4. √　5. √　6. ×

参考文献

[1] SMIELIAUSKAS W，蒋益俊，陈伟．论审计证据与审计风险．南京审计学院学报，2013（3）.

[2] 白华，刘蔓葶，康林．论风险导向审计中的“风险”定位：兼论风险管理相关内部审计准则的修订．财贸研究，2012（4）.

[3] 鲍圣婴. 国家审计、注册会计师审计与内部审计的定位与协作. 审计与经济研究，2016（06）.

[4] 卜海涛.“指南”为执业准则实施指点迷津. 财务与会计导刊，2007（1）.

[5] 曾建光，张英．信息安全风险、内部控制有效性与审计师行为．山西财经大学学报，2014（11）.

[6] 柴建文，张选智. 注册会计师如何出具非标准审计报告. 财会月刊，2008（31）.

[7] 陈永宏. 规范化、集团化、国际化：事务所做大做强的道路探索. 中国注册会计师，2006（12）.

[8] 陈毓圭，中国注册会计师执业准则体系的创新与特点. 财务与会计，2006（4）.

[9] 陈毓圭. 内部控制与注册会计师审计. 财务与会计（综合版），2006（1）.

[10] 崔宏．职业特征·规范定位·道德恪守：对“注册会计师为什么要遵守职业道德”问题的一个回答．审计研究，2006（6）.

[11] 邓妍鑫，田倩．注册会计师职业道德风险与应对措施．财经界（学术版），2016（02）.

[12] 董景山. 虚假验资报告的法律与会计涵义及其认定：兼评中国注册会计师执业责任鉴定委员会暂行规则. 上海财经大学学报，2008（06）.

[13] 杜美杰. 内部控制鉴证主体与报告、板块及行业的交互分析：基于沪深股市 2011 年的统计. 会计与经济研究，2013（02）.

[14] 方红星，金玉娜．公司治理、内部控制与非效率投资：理论分析与经验证据．会计研究，2013（7）.

[15] 高平．浅论加强注册会计师职业道德培养．西南农业大学学报（社会科学版），2003（3）.

[16] 郭丹．注册会计师对第三人审计法律责任的扩张与收缩．中国注册会计师，2010（5）.

[17] 韩丽荣，郑丽．注册会计师审计业务与相关服务业务性质探讨．财会通讯，2011（25）.

[18] 韩晓梅，郭威．现代风险导向审计与项目审计工时：来自中国证券市场的初步证据．会计研究，2011（12）.

[19] 何芹．后任审计师能够谨慎承接审计业务吗：“四大”与“非四大”比较的实证研究．财会月刊，2014（8）.

[20] 胡继荣，王耀明．论 CPA 不确定性审计意见预测：基于重大疑虑事项的持续经营．会计研究，2009（6）.

[21] 胡嘉将. 刍议注册会计师发现会计错误的后续处理，审计月刊，2006（12）.

[22] 姜付秀，KIM K A，王运通．公司治理：西方理论与中国实践．北京：北京大学出版社，2016.
[23] 雷英，吴建友．内部控制审计风险模型研究．审计研究，2011 (1).
[24] 李博，黄普洪．新审计风险模型：风险导向审计的战略突破．财会月刊，2005 (10).
[25] 李补喜，王平心．审计委员会的设立与公司治理：基于审计收费的实证研究．数理统计与管理，2007 (1).
[26] 李佳，从企业文化看世界五大会计事务所沉浮. 现代会计，2005 (5).
[27] 李菊容，史晓红，许欣．我国审计委员会制度的设置和运行状况．江西社会科学，2006 (8).
[28] 李明辉．公司治理模式会趋同吗？．世界经济研究，2005 (10).
[29] 李明辉．公司治理全球趋同研究．大连：东北财经大学出版社，2006.
[30] 李明辉．试论注册会计师的刑事责任：兼谈我国相关法律的修订与完善．审计研究，2006 (6).
[31] 李莫愁，周红，夏立军. 风险导向的审计准则是否提高了注册会计师的风险敏感性？．财经研究，2015 (09).
[32] 李爽，签字注册会计师的自然轮换状态与强制轮换政策的初步影响. 会计研究，2006 (1).
[33] 李向前，康燕，张宏．固定资产投资计算机审计实施系统设计与运用探讨．审计研究，2013 (3).
[34] 李晓慧，刘钧．注册会计师发展非审计业务探讨．审计研究，2011 (4).
[35] 刘焱，姚海鑫．高管权力、审计委员会专业性与内部控制缺陷．南开管理评论，2014 (2).
[36] 刘玉廷，王宏．提升企业内部控制有效性的重要制度安排：关于实施企业内部控制注册会计师审计的有关问题．会计研究，2010 (7).
[37] 刘兆大．关于未经批准从事注册会计师法定审计业务行为的法律责任探析．中国注册会计师，2012 (7).
[38] 吕先锫. 注册会计师的“信用成本”. 财务与会计（综合版），2006 (12).
[39] 潘博．我国审计项目质量控制的若干实务问题研究．审计研究，2006 (3).
[40] 钱健勋. 行业诚信建设取得积极成果 注册会计师审计监督作用日益显著：读上市公司2005年年报审计分析结果感言. 中国注册会计师，2006 (12).
[41] 沈可言．美国绩效审计．财务与会计导刊，2006 (12).
[42] 时现，陈骏，王睿．公司治理模式、治理水平与内部审计：来自亚太地区的调查证据. 会计研究，2011 (11).
[43] 宋衍蘅，肖星．监管风险、事务所规模与审计质量．审计研究，2012 (3).
[44] 孙晓梅，田文静. 我国注册会计师审计失败与独立性缺失分析：基于证监会处罚报告的思考. 经济问题探索，2009 (7).
[45] 唐建华. 国际审计与鉴证准则理事会审计报告改革评析. 审计研究，2015 (1).
[46] 唐建华．审计方法论的创新：从经营风险入手进行审计．财务与会计综合版，2006 (1).

[47] 万建国，张冬霁，安景琦．一种基于控制数据检查的 ERP 内部控制测试方法．审计研究，2013 (5).
[48] 王布衣. 国际审计报告准则的新发展. 审计与经济研究，2005 (6).
[49] 王广明，沈辉．试论供给导向的风险基础审计．会计研究，2001 (12).
[50] 王海兵．审计准则理论比较研究. 会计之友（上旬刊），2010 (02).
[51] 王红艳．信息技术在实质性审计程序中的应用．中国注册会计师，2014 (6).
[52] 王军. 加快健全我国企业内控标准体系和会计事务所内部治理机制. 会计研究，2006 (9).
[53] 王三边. 完善我国社会审计执业环境的对策. 财务与会计（综合版），2007 (2).
[54] 王守海，吴双双，张盼盼．非活跃市场条件下公允价值审计研究．审计研究，2014 (2).
[55] 王扬．持续经营视角下的审计质量研究：基于破产重整上市公司的实证研究．当代经济研究，2012 (4).
[56] 王颖，王平心，吴清华．审计委员会特征对上市公司盈余管理的影响研究．当代经济管理，2006 (6).
[57] 王咏梅，任飞．谁更愿意设立审计委员会?：基于终极控制人类型的审计委员会设立动机研究．会计研究，2011 (6).
[58] 王跃堂，涂建明．上市公司审计委员会治理有效性的实证研究：来自沪深两市的经验证据．管理世界，2006 (11).
[59] 韦小泉，李琼．基于风险导向的内部审计方法探析．中国内部审计，2015 (12).
[60] 邬华明. 基于行业视角审视新审计准则六大突破. 审计月刊，2006 (11).
[61] 吴清华，王平心，冯均科．审计委员会之治理效率：实证文献述评与未来研究方向，审计研究，2006 (4).
[62] 吴清华，王平心，殷俊明．审计委员会、董事会特征与财务呈报质量：一项基于中国证券市场的实证研究．管理评论，2006 (7).
[63] 吴水澎，李斌．上市公司自愿设立审计委员会的影响因素分析．山西财经大学学报，2006 (1).
[64] 吴溪，赵鸿，陈克杰，等．审计委员会与注册会计师的沟通：基于中国证券市场首次强制披露的描述及其含义．审计研究，2011 (2).
[65] 伍明川. 毕马威“恶性避税”及其分析. 中国注册会计师，2006 (1).
[66] 谢德仁．审计委员会制度与中国上市公司治理创新．会计研究，2006 (7).
[67] 许国艺．注册会计师职业道德价值的回归．中南财经政法大学学报，2011 (4).
[68] 颜延. 注册会计师执业领域拓展研究. 中国注册会计师，2010 (1).
[69] 杨丹．信息技术对内部审计的影响研究．中国管理信息化，2015 (3).
[70] 杨华. 注册会计师审计中的职业谨慎观. 财务与会计（综合版），2007 (2).
[71] 杨明增，任庆玲．现代风险导向审计模式运用及其研究．中国注册会计师，2015 (3).
[72] 杨志君. 上市公司与注册会计师年报分歧思考. 财务与会计（综合版），2006 (9).
[73] 余俊仙，马锐华，汪祥耀. 我国会计师事务所特殊普通合伙制的风险分析和防范对策. 中国注册会计师，2013 (06).

[74] 袁园. 文化对注册会计师及其事务所监督的影响. 财务与会计（综合版）2006（12）.
[75] 袁远. CPA 审计报告日期四大误区分析、财务与会计（综合版），2006（9）.
[76] 张继勋，蔡闫东，刘文欢. 标准审计报告改进、管理层和审计人员的关系与管理层沟通意愿：一项实验证据. 审计研究，2016（3）.
[77] 张继勋，韩冬梅. 标准审计报告改进与投资者感知的相关性、有用性及投资决策：一项实验证据. 审计研究，2014（3）.
[78] 张俊瑞，刘彬，程子健，等. 上市公司对外担保与持续经营不确定性审计意见关系研究：来自沪深主板市场 A 股的经验证据. 审计研究，2014（1）.
[79] 张连起. 我们为什么缺少会计大师. 财务与会计（综合版），2006（10）.
[80] 张萍，葛玉洁，曹洋，等. 公司治理和财务报告内部控制：监管制度的比较：西方内部控制研究文献导读及中国制度背景下的展望（三）. 会计研究，2015（8）.
[81] 张清琼. 现代风险导向审计的实施对审计质量的影响——来自中国 A 股市场的经验证据. 证券市场导报，2015（3）.
[82] 张晓岚，张超，李强，等. 审计判断专家系统：国外研究整理. 当代经济科学，2005（2）.
[83] 张晓岚，张文杰，鲁晓岚. 上市公司持续经营审计判断差异评价. 中南财经政法大学学报，2006（6）.
[84] 张晓岚，张文杰，张超. 持续经营审计判断模型研究：回顾与前瞻. 审计与经济研究，2006（3）.
[85] 赵杏珍. 注册会计师验资中存在的问题研究. 现代商业，2011（26）.
[86] 谢志华，崔学刚. 风险导向审计：机理与运用. 会计研究，2006（7）.
[87] 中国注册会计师协会，中华人民共和国财政部. 中国注册会计师执业准则 2010. 北京：经济科学出版社，2010.
[88] 中国注册会计师协会，中华人民共和国财政部. 中国注册会计师执业准则应用指南 2010. 中国财政经济出版社，2010.
[89] 中国注册会计师协会. 审计. 北京：经济科学出版社，2016.
[90] 中注协专业标准部. 前后任注册会计师的沟通. 中国注册会计师，2008（1）.
[91] 钟标. 新修订审计准则的背景、工作安排及具体内容介绍. 中国注册会计师，2010（11）.
[92] 诸立. 论新注册会计师执业准则对审计理论与实务的影响. 审计与理财，2016（11）.
[93] 陈作习. 对新审计准则中审计与鉴证两个概念的理解. 审计月刊，2007（01）.